KB248361

히말라야 트레킹 가이드, 네팔

히말라야 트레킹 가이드, 네팔

최찬익

마레책방

○ 들어가며 ○

　　이 책은 평범한 사람들을 위한 책이다. 히말라야. 에베레스트 같은 높은 산의 정상은 꿈꾸지 못하지만, 히말라야 14좌의 베이스캠프라도 모두 가봤으면 좋겠다라는 소원을 현실로 이룬 내공이 전혀 없는 사람들의 이야기들이다. 걸어서 야트막한 동네 뒷산이나 남산도 못 오르던 사람을 기준으로 초보 중에 초보를 위해 사고 없이 안정적으로 걷기 위해 고심 끝에 만든 일정들이다. 그러므로 처음 가는 이들에게도 크게 무리한 부분은 없을 것이다. 작은 산들을 밤낮으로 10년간 오르며 몸을 만들고 마침내 히말에 올라 높고 험한 산들과 칼날처럼 눈보라 치는 언덕과 빙하 위를 수없이 걸었다. 인적이 없는 다울라기리에서 조난 당해 죽을지 살지 알수 없는 상황과 만나기도 했다. 이제는 순박하지 않은 인력들의 끝없는 도전을 해결하는 과정도 있었다. 산 길을 가며 수많은 날 동안 지도와 GPS 수치를 확인하고 실제 경험치를 반영해 매일 기록했다. 깊은 밤 차가운 공기 속에 시린 손가락을 호호 불어가며 적어둔 절절한 반성과 후회를 기반으로 했다. 매일 천천히 걷고, 자주 쉬고 자주 차를 마셨다. 그러나 밀어야 할때는 밀어 붙이는 강약과 속도를 잘 조절했다. 그런 노력으로 생초보에 내공 제로로 불리면서도 네팔 히말라야 8좌 베이스캠프를 모두 마쳤다. 전쟁과 환율 상승. 40년 만의 대폭설. 모두가 하산하는 가운데 포기하지 않고 세상에서 가장 긴 빙하와 눈속을 지나 파키스탄의 카라코람 5좌 - K 2, 브로드피크, 가셔블롬 1,2, 낭가파르밧을 마지막으로 히말라야 14좌를 모두 마쳤다. 드디어 한국 커플 최초로 히말라야 14좌 베이스캠프를 모두 마친 사람들이 된 것이다. 다시 하라면 더 잘할 수 있겠지만, 히말라야를 걷는다는 것은 날씨와 시간, 비용, 체력, 인력, 장비 모든게 다 맞아야 가능한 일이다. 그러니 해보지 않으면 정말 모르는 것이 히말라야다. 네팔 히말라야의 대표적 코스인 쿰부와 안나푸르나 지역 그리고 랑탕히말은 잘 발달한 관광지이고 그리 어렵지 않은 코스다. 도전해 보시기를 권한다. 누군가의 두려움 없는 첫 걸음을 축복한다.

2025년 저자 최찬익

○ 차 례 ○

2장　네팔 서부3좌 (안나푸르나 히말라야-안나푸르나, 마나슬루, 다울라기리)

3장　네팔 중부 랑탕 산군

네팔 동부 5좌

쿰부 히말라야(에베레스트, 초오유, 로체), 마칼루, 칸첸중가

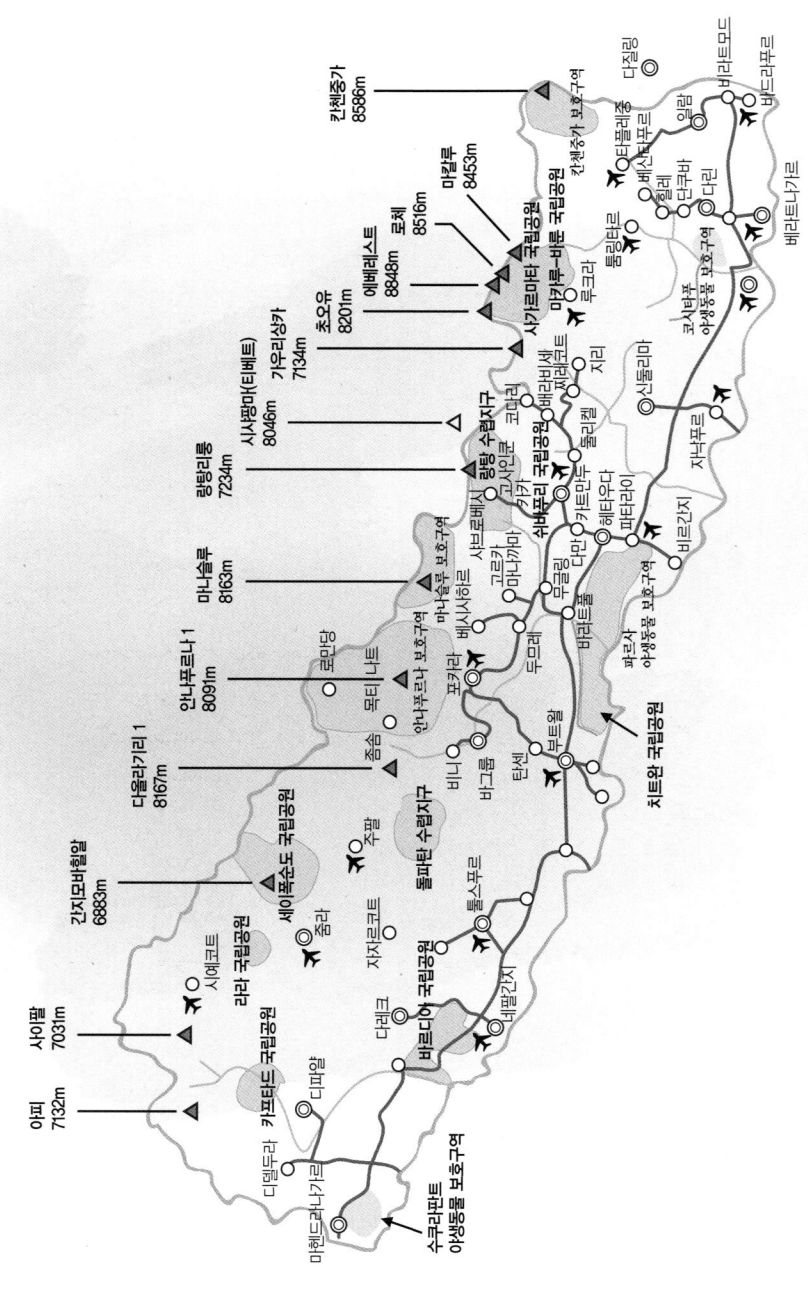

아피
7132m

샤이팔
7031m

간지모바쳄얄
6883m

다울라기리 1
8167m

안나푸르나 1
8091m

마나슬루
8163m

랑탕리룽
7234m

시샤팡마(티베트)
8046m

기우리샹카
7134m

초오유
8201m

아베레스트
8848m

로체
8516m

마칼루
8453m

칸첸중가
8586m

카프틴드 국립공원

라라 국립공원

셰이폭순도 국립공원

돌파탄 수렵지구

안나푸르나 보호구역

마나슬루 보호구역

랑탕 국립공원

사가르마타 국립공원

마카루-바룬 국립공원

칸첸중가 보호구역

바르디아 국립공원

수클라판트 야생동물 보호구역

치트완 국립공원

파르사 야생동물 보호구역

코시타푸 야생동물 보호구역

셰이폭순도 국립공원

쉬바푸리 국립공원

코시타푸 야생동물 보호구역

네팔 동-서의 기준

네팔 동-서의 기준은 수도 카트만두다. 카트만두는 네팔에서 동쪽으로 약 60% 정도 치우친 곳에 위치한다. 카트만두 동쪽으로 쿰부 히말라야(에베레스트, 초오유, 로체)가 있다. 바로 옆으로 쿰부와 이웃한 마칼루, 칸첸중가가 있다. 카트만두 서쪽으로 안나푸르나, 마나슬루, 다울라기리가 있다. 카트만두 북쪽으로 랑탕 히말라야가 있다.

1장에서는 네팔 동부 5좌를 평범한 트레커들의 꿈의 영역인 9 Point까지 넓혔다. 곧 쿰부 히말라야(에베레스트, 초오유, 로체)의 3 BC(Basecamp), 3 PASS(쿵마 라, 촐라 라, 렌조 라), 3 RI(추쿵 리, 칼라파타르, 고쿄 리)다. 333 라고도 부른다. 그리고 인접한 검은 귀신의 산 마칼루와 칸첸중가도 간략하게 살펴본다.

쿰부 히말라야 선정 이유 - 에베레스트를 가장 먼저 방문하자.

네팔의 2019년 통계를 보면 방문하는 외국인 중 중국인과 한국인들의 숫자가 가장 많다. 그 외국 방문객의 약 78%는 에베레스트, 안나푸르나, 랑탕, 3곳을 집중적으로 방문하고 있다. 많은 트레커들이 절대 선망의 대상인 에베레스트로 바로 향하면 좋겠지만, 여러 이유로 쉽게 오르지 못하고 안나푸르나 혹은 랑탕을 먼저 방문하는 경우가 많다. 그런데 랑탕, 안나푸르나로 설산을 처음 시작하면, 기이하게도 에베레스트나 다른 설산들을 방문하는 것이 그리 쉽지 않은 것 같다. 무엇이든 생각하기 나름이니 처음부터 목표를 조금 더 크게 잡아 보는 것이 좋다고 본다.

또 안나푸르나 베이스캠프(ABC), 안나푸르나 라운딩, 랑탕 계곡도 최근의 급격한 기후 변화로 성수기 날씨를 맞추기 까다롭다. 급하게 서두르고 방심하면 고산병이나 부상을 당하기 쉽다. 그리고 같은 장소에서 계속 눈사태, 산사태 등으로 사망사고가 발생하고 있어 쉽지 않다. 단언컨대 하얀 설산은 에베레스트로 시작하는 것이 좋다. 에베레스트를 경험하면 다른 산들은 쉽게 방문할 수 있게 된다. 또 길도 쉽고 넓다. 그런 이유로 이 책에서는 에베레스트로 대표되는 쿰부 히말을 가장 먼저 시작한다. 그동안 에베레스트는 접근이 다른 지역보다 더 까다로웠다. 성수기 비행기를 타려면 루클라 공항의 날씨도 좋아야 했고 치열한 경쟁으로 표를 확보하기도 어려웠다. 당연히 시간과 비용이 더 많이 들며 일정을 맞추는데도 상당한 어려움이 있었다. 또 고도가 출발 고도가 3천 미터에 육박해 다른곳보다 급격하게 높았던 단점도 있었다. 카트만두로 돌아오는 길도 만만치 않아 피난민 탈출 하는 것 같은 그런 광경도 연출되기도 했다. 그러나 최근 지프를 타고 카트만두 - 파플루 공항을 지나 루클라 공항 바로 아래 체플룽 라까지 접근하는 육로가 열렸다. 체플룽 라에서 하루 걸으면 팍딩까지 바로 도달하게 된다. 즉 기존의 항공일정에 2일 정도를 더하면 일정이 정확하게 나오고 고소적응에도 더 유리하게 됐다. 육로비용은 비행기 요금의 10% 정도 밖에 안된다. 절약한 비행기 요금으로 산행비용을 모두 충당할수 있게 된 것이다.

에베레스트는 세계에서 가장 높은 산을 만나려는 열망을 가진 꿈을 실현하고 싶은 이들이 오랫동안 찾아온 곳이다. 각자의 계획에 따라 다양한 코스의 선정이 가능하고 길도 넓고 산행 표지도 정확하다. 최근 늘어난 빵집에서 신선한 빵과 커피를 즐길 수 있는 곳이 지금의 쿰부 히말이다. 비스따리 비스따리 (천천히, 천천히) 걸으며 고소에 적응한다면 에베레스트, 로체, 초오유와 5~6천미터 급의 산들이 즐비한 쿰부 히말의 산군들 곁으로 가는 것은 결코 어렵지 않다.

또한 모두가 겁내는 고산병은 직접 가보지 않으면 아무도 알 수 없다. 100km 산악 울트라 마라톤도 완주하고 역기를 수백킬로그램을 들며 산 잘 타고 체력 좋은 사람도 고도에 적응 못해 고생하는 경우가 있다. 체력도 약하고 산도 별로 안 타본 사람인데, 높은 고도에 잘 적응하는 사람도 있어 정말 알수 없는 일이다. 그러나 이 책에서 나오는 대부분의 트레킹 고도는 하루 거리를 조금 짧게 하고 휴식일을 충분히 가지고 천천히 오르면 대부분 도달 가능한 곳들이다. 그리고 만일 고산병이 오면 조금 고도를 내렸다가 다시 올리는 식으로 시간 여유를 가지고 간다면 대부분 목표한 곳에 충분히, 정확하게 도달할 수 있을 것이다.

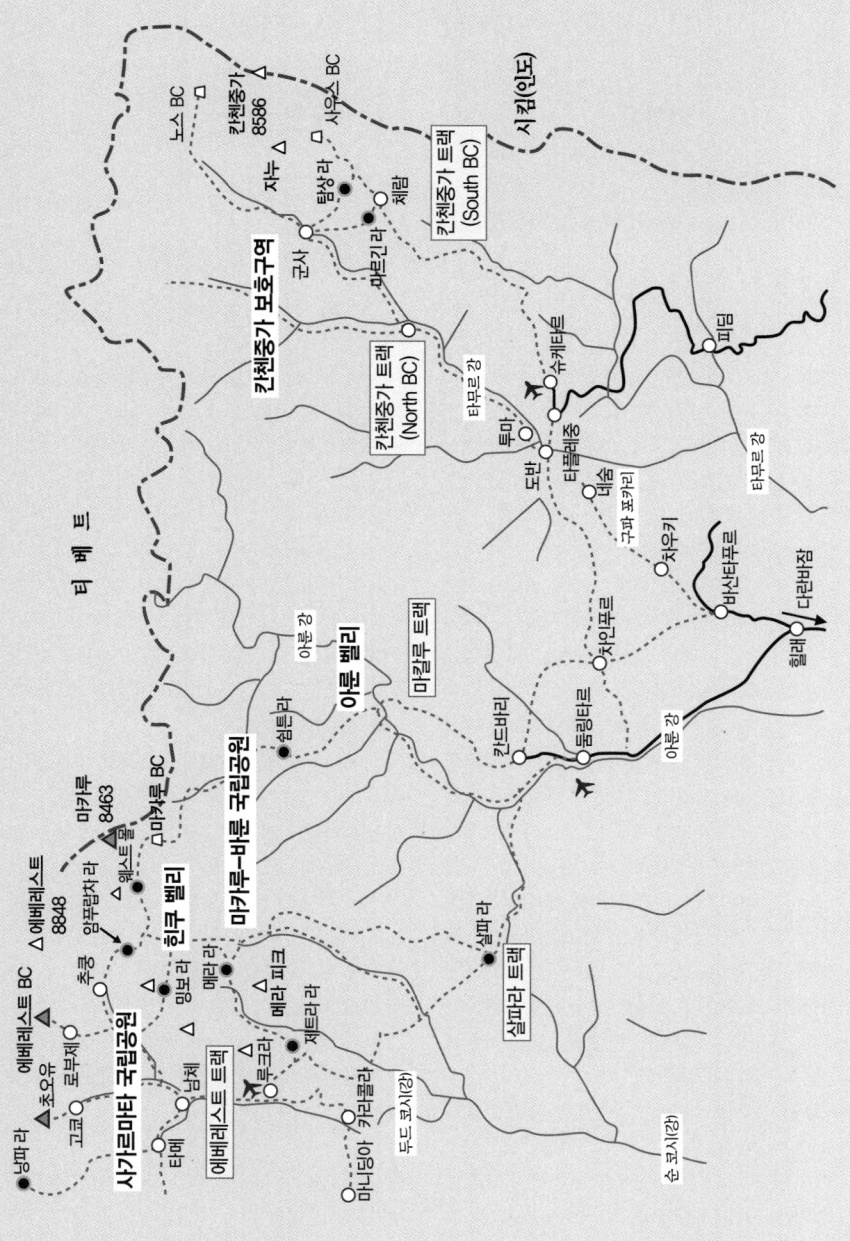

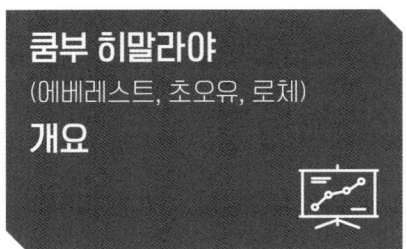

쿰부 히말라야
(에베레스트, 초오유, 로체)
개요

1. 에베레스트(Everest, 초모랑마, 8848m)
세계 1위 봉

히말라야의 쿰부지역은 8000미터 급 산들 중 전세계에서 가장 높은 산인 에베레스트, 로체, 초오유가 있는 지역이다. 그 외에도 5천~7천미터 급의 높고 아름다운 수많은 산들이 있어 그 풍경이 압도적인 곳이다. 그러다보니 전세계에서 가장 많은 트레커들이 방문하는 지역이기도 하다.

쿰부 지역은 루클라를 경계로 한다. 루클라 위로는 쿰부, 루클라 아래는 솔로쿰부 지역으로 구분한다. 이 쿰부 지역에 위치한 에베레스트는 네팔 히말라야 쿰부 산군과 중국 티베트의 경계에 위치한다. 네팔 지역에서는 에베레스트의 머리 부분만 약간 보이는 정도지만 티베트 쪽에서는 평탄한 대평원에 자리 잡고 있어서 에베레스트 전체의 모습이 매우 크게 모두 보인다. 티베트 쪽은 아스팔트 포장도로로 덮여있다. 차들이 고속으로 달리며 5000미터 전후의 고도를 계속 유지한다. 고소 적응 기간 없이 티베트 쪽으로 바로 접근하면 하산할 구간도 없다. 바로 절망적인 상황의 고산병으로 이어진다. 티베트 측에서 에베레스트, 로체, 초오유, 시샤팡마, 카일라스 진입시에 이점을 특히 주의해야 한다.

에베레스트는 네팔 측에서는 사가르마타 (Sagarmatha)라고 부른다. 사가르마타의 사가르는 '하늘' 마타는 '머리'라는 뜻이다. 오래전부터 티베트어로 초모랑마(Chomolangma)라는 고

유한 이름도 있다. 초모랑마의 초모는 '여신' 랑마는 '산골짜기', '지역'이라는, 뜻으로 통상 '대지의 여신'을 의미한다. 고유 명칭이 있음에도 당시 이 지역을 지배하던 영국에 의해 1852년 P 15란 기호로 표기되었다가, 1865년에 당시 영국 식민지 정부의 측량국 장관이었던 조지 에베레스트경 (George Everest)의 이름을 따서 Mt. Everest 라 명명하였다.

2. 초오유(Cho Oyu, 8201m) 세계 6위 봉

산스크리트어로 초 Cho는 신성(神性) + 오 O 는 여성(女性) 즉 여신(女神)을 의미한다. 여기에 유는 푸른색 터키 옥(玉)을 말한다. 즉 터키 보석의 여신 혹은 청록 여신이 머무는 산이란 뜻이 된다. 가끔은 신의 머리, 거대한 머리 혹은 강대한 통치자 혹은 대머리의 신으로 불리기도 한다.

남체를 지나며 고교 쪽으로 길을 잡은 첫날, 4천 미터 지점의 몽라에서 하얗게 빛나는 초오유를 처음 만나 볼 수 있다. 쿰부 히말이 처음이고, 고도 적응에 자신이 없는 이들에게 가장 추천하는 아름답고 쉬운 코스다.

3번 호수인 고교 마을에서 응고줌바 빙하를 우측에 끼고 6번 호수까지 가서, 6번 호수를 가로질러 모래밭으로 가면 거기가 초오유 베이스캠프(5,150m)다. 초오유 BC 뒤로 높은 언덕인 숨나 라(Sumna Pass, 5510m)를 넘어 낭파 라(Nangpa La, 5716m)로 넘으면 초오유 어드밴스 BC로 이어진다. 매년 6~9월 시즌이 되면 양측의 상인들이 야크 떼를 몰고 렌조 라 아래 룽덴을 지나 초오유 어드밴스 BC를 넘어 빙하 사이로 다닌다. 그 물건들이 남체 등에서 팔린다. 일반 트레커들에게는 허락되지 않는다.

인접한 네팔과 중국 티벳의 히말라야 고산들과 마찬가지로 네팔 쪽은 상당한 급경사를 이루며

길고 긴 벽처럼 높은 산들로 구성되어 있다. 중국 티베트 측은 완만한 사면 혹은 대초원으로 되어 있다. 중국 측으로 초오유를 가려면 특수 입경 허가서와 비자를 라싸 혹은 카트만두에서 준비한다. 랑탕에서 고소 적응을 마치고 같은 길로 지프를 30분 정도 타고 중국 측 국경으로 간다. 네팔 쪽은 비포장도로다. 국경을 넘으면 중국 쪽은 아스팔트가 깔린 도로다. 고도는 5000미터가 넘고, 5700미터의 초오유 어드밴스 캠프 바로 밑까지 도로가 연결되어 있다. 중국 티베트 쪽에서 베이스캠프를 가는 경우 트레킹이 될 수 없다. 모두 승용차로 가게 된다. 차에 앉아서, 에베레스트, 초오유, 시샤팡마 등을 관광하고, 말이나 마차, 오토바이를 타고 베이스캠프를 가게 된다. 그리고 허가된 곳 이외에는 아무 곳도 가지 못한다. 차 안에 cctv. 감청장비가 달려 있어 유사시 여행이 중지되고 바로 추방당할수 있으니 주의해야 한다.

초오유 트레킹

남체에서 몽라를 넘어 3~4일간 완만한 길을 걷는다. 3번째 호수를 만나면 거기가 고쿄 호수, 고쿄 마을이다. 고쿄에서 6번째 호수에 도달하면 초오유 베이스캠프다. 거의 대부분의 가이드들이 5번 호수까지만 안내하며 돌아오는 경우가 많다. 경치 구경만 하기에도 4번, 5번 호수에서 보이는 풍경이 모두 아름답다. 그러나 초오유 측, 빙하 너머로 보이는 에베레스트의 다른 얼굴은 엄청나게 압도적이다. 고쿄로 올라온 같은 길 그대로 하산해도 좋고 렌조 라를 넘어 룽덴까지 도달한 후, 다음 날 타메를 지나 남체로 가는 길도 굉장히 아름답다. 렌조 라를 넘는 사람은 많지 않으나 쿰부에서 가장 아름다운 에베레스트와 빙하전망대 중 하나다. 고쿄를 지나 렌조 라를 넘는 길은 쿰부 3 pass 중에 난이도도 가장 낮고, 위험요소도 많지 않으며 상당히 멋지다. 고쿄에서 하루 구경 삼아 렌조 라에 다녀와도 좋다.

3. 로체(Lhotse, 8516m) 세계 4위 봉.

Lho 로는 남쪽. Tse 체는 산. 즉 남쪽의 산이라는 뜻이다. 네팔과 중국 티베트 국경에 위치하고 있다. 일반적인 정상 등반은 에베레스트를 오르는 길로 같이 오르다가 사우스 콜에서 오른쪽으로 가면 로체, 왼쪽으로 가면 에베레스트이다.

트레킹에 나서 남체 위로 올라서면 시커먼 로체 남벽이 보인다. 그 뒤로 에베레스트가 머리를 내밀고 있다. 캉주마로 진입하여 탕보체로 올라선 뒤로는 가는 길 내내 로체 남벽을 보면서 걷게 된다. 로체 남벽 BC는 추쿵에서 출발하여 한국 로체 남벽 BC에 도달하게 된다. 로체 남벽 BC는 바로 옆으로 로체 남벽이 수직으로 약 3000미터 가까이 높이 솟아있다.

GHT (Great Himalaya Trails)

네팔을 관통하는 1,700 km 거리의 트레킹 코스로 10개의 구역으로 나눠 하이 코스 혹은 로우 코스로 칸첸중가 (Kanchenjunga) — 마칼루 바룬(Makalu Barun) — 솔루 쿰부(Solukhumbu) — 로왈링 히말(Rolwaling Himal) — 헬람부(Helambu) — 랑탕(Langtang) — 가네시 히말(Ganesh Himal) — 마나슬루(Manaslu) — 안나푸르나(Annapurna) — 돌파(Dolpa) — 라라호수(Rara Lake) — 훔라(Humla) — 힐사(Hilsa)를 가로지른다. 혹은 인도, 네팔, 부탄과 티베트를 관통하는 4500km의 Greater Himalaya range를 트레킹 하는 것을 말하기도 한다. 1981년부터 실행되었다. 최근에는 포터의 조력 없이 트레커 혼자의 능력으로 칸첸가의 타플레중부터 티벳 국경의 힐사까지 하이 코스로 87일만에 완료한 사례도 있었다.

한국 최초 GHT 완주자는 여성인 설악아씨 문승영이다. 1,700km의 네팔 히말라야 횡단 트레일(Great Himalaya Trail)을 하이 코스로 정확하게 완주했다.

쿰부 출입 요약

(비행기, 헬리콥터, 육로)

1. 항공편(루클라, 라메찹 공항)

에베레스트로 대표되는 쿰부로 가는 가장 대표적인 방법은 카트만두(KATUMANDU, 1350m) – 루클라(Lukla, 2840m)를 비행기로 가는 것이다. 트레커들 중 95% 이상이 이 방법으로 쿰부 히말에 들어간다. 카트만두에서 이륙하면 30–40분이면 충분히 루클라에 도착하니 매우 편리하다.

그러나 코로나 직전부터 네팔 정부에서는 사고를 예방하고 결항 및 지연을 막기 위해 라메찹, 루클라 2개의 공항을 운용하고 있다. 매년 성수기인 3~4월, 9~11월은 라메찹 공항에서 출발한다. 비수기인 여름, 겨울은 카트만두 공항에서 출발한다.

가격: 편도 210~220불. 왕복 410~440달러 (1달러 : 135루피. 2024년 9월 현재)

에베레스트의 관문인 루클라 공항으로 가는 비행기는 15인승 프로펠러 비행기다. 탑승경쟁이 매우 치열하다. 대표적인 항공사는 타라항공(Tara Airlines), 서밋 항공(Summit (Goma) Air), 시타 항공(Sita air) 등을 들 수 있다. 타라 항공이 가장 많은 편수를 운영하고 있어 유사시를 대비, 타라를 이용하는 것이 편리하다. 비행편은 트레킹 시작 2~3달 전에 왕복편으로 확보해야 한다. 카트만두, 라메찹 모두 아침에 루클라로 가장 먼저 떠나는 오전 6시 혹은 7시 출발 비행기들을 예약하는

것이 좋다. 비행기가 작은 관계로 좌석번호는 없고 선착순 탑승이다. 미리 예약이 어렵다면 카트만두의 여행사에서 예약해야 한다.

갈 때는 좌측에 앉으면 에베레스트가 보인다. 자리 차면 5분 안에 바로 출발한다. 승객들 칸과 조종칸의 문이 없어서 조종사 2명이 조종하는 모습과 비행기 앞쪽의 풍경도 그대로 보인다. 작은 비행기지만 스튜디어스도 있고 기내식으로 사탕 1개와 커피 한 잔, 그리고 귀마개를 준다. 흔들림이 심하므로 커피는 안 받는게 안전하다.

비행기는 루클라에 도착하자마자 손님들을 내리고 바로 카트만두 행 손님들을 태우고 돌아간다. 성수기, 비성수기 모두 왕복으로 구매하는 것이 안전하다. 편도는 항상 탑승 순서가 후순위로 밀린다. 날씨 변화로 비행기가 끊기면 공항은 수천 명의 사람들로 붐빈다. 이 경우 비행기는 포기하고 바로 하산 공항 아랫 길로 하산해 파이야 라의 지프 정차장으로 간다. 지프를 타고 설레리까지 간다. 그 다음 날 버스로 카트만두에 도착하면 된다.

카트만두 공항(KATUMANDU, 1350m)

타멜 등에서 택시로 30분 안에 국내선 공항에 도착한다. 요금은 보통 400~500루피다. 출발 2~3시간 전에 도착해 검색 후 일단 짐을 붙인다. 비행기에 들고 타는 짐은 공통적인 금지사항인 액체, 인화성 물질 등은 소지하지 않는다. 항공사마다 다르나 대개 10kg의 수하물과 7Kg 정도의 개인 짐은 들고 타도 인정한다. 초과되는 짐 1kg 당 10달러 정도의 초과 요금이 부가되는데, 때로는 30kg의 수하물을 붙여도 아무 말이 없는 경우도 많다. 이 부분은 운에 맡기자.

공항 안에 간단한 스낵을 파는 곳이 있다. 비행기의 지연과 결항은 자주 있는 일이다. 그리고 기상 상황 때문에 정시 출발을 하는 경우가 별로 없다.

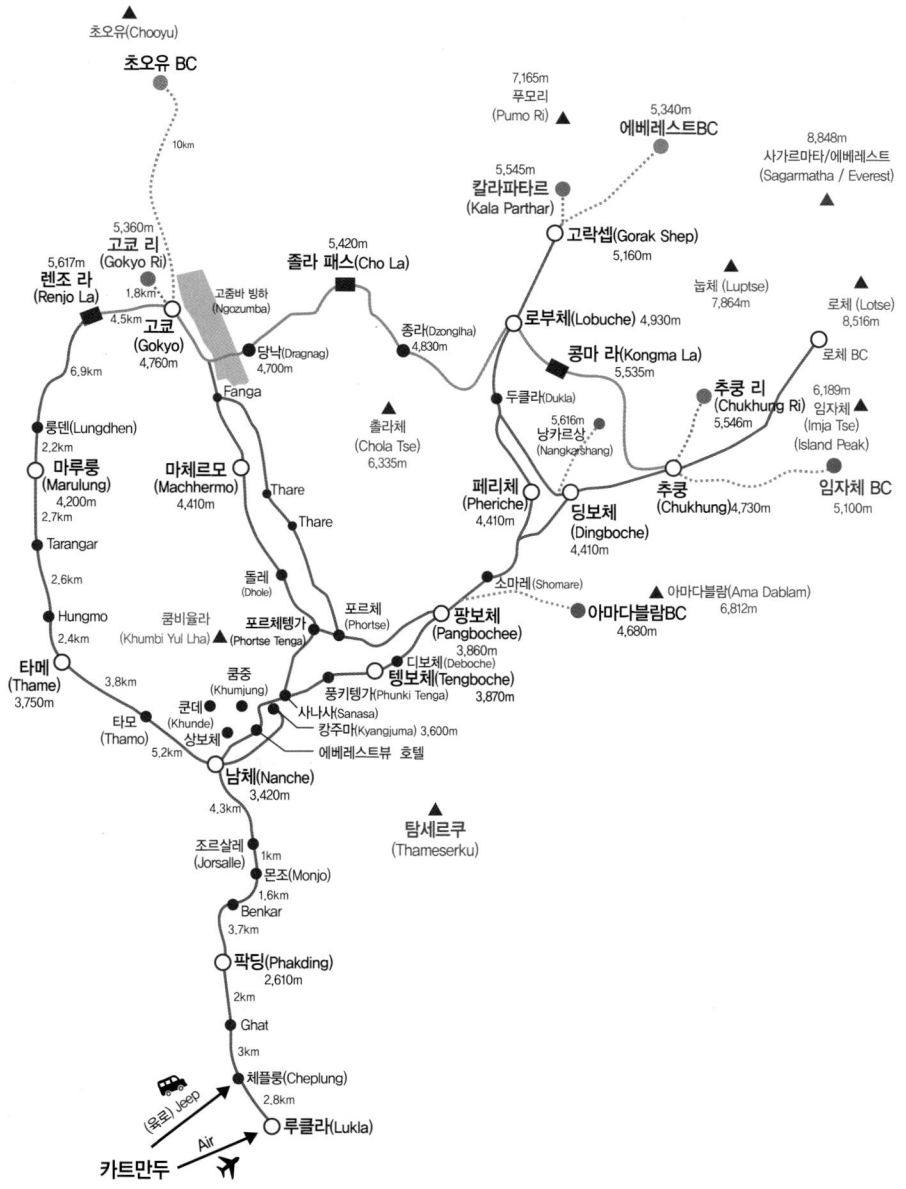

초오유(Chooyu)

초오유 BC

10km

7,165m
푸모리
(Pumo Ri)

5,340m
에베레스트BC

8,848m
사가르마타/에베레스트
(Sagarmatha / Everest)

5,545m
칼라파타르
(Kala Parthar)

5,360m
고쿄 리
(Gokyo Ri)

5,420m
졸라 패스(Cho La)

고락셉(Gorak Shep)
5,160m

5,617m
렌조 라
(Renjo La)

1.8km
고쿄
(Gokyo)
4,760m

4.5km

고줌바 빙하
(Ngozumba)

당낙(Dragnag)
4,700m

종라(Dzonglha)
4,830m

로부체(Lobuche) 4,930m

눕체 (Luptse)
7,864m

로체 (Lotse)
8,516m

콩마 라(Kongma La)
5,535m

로체 BC

6.9km

Fanga

6,189m
임자체 ▲
(Imja Tse)
(Island Peak)

5,616m
낭카르샹
(Nangkarshang)

추쿵 리
(Chukhung Ri)
5,546m

룽덴(Lungdhen)

2.2km

졸라체
(Chola Tse)
6,335m

두클라(Dukla)

마루룽
(Marulung)
4,200m

마체르모
(Machhermo)
4,410m

Thare

페리체
(Pheriche)
4,410m

딩보체
(Dingboche)
4,410m

추쿵
(Chukhung)4,730m

임자체 BC
5,100m

2.7km

Tarangar

Thare

2.6km

Hungmo

돌레
(Dhole)

포르체
(Phortse)

소마레(Shomare)

아마다블람(Ama Dablam)
6,812m

2.4km

쿰비율라
(Khumbi Yul Lha)

포르체텡가
(Phortse Tenga)

팡보체
(Pangbochee)
3,860m

아마다블람BC
4,680m

타메
(Thame)
3,750m

3.8km

쿰중
(Khumjung)

텡보체(Tengboche)

디보체(Deboche)

3,870m

풍키텡가(Phunki Tenga)

타모
(Thamo)

쿤데
(Khunde)

상보체

사나사(Sanasa)

캉주마(Kyangjuma) 3,600m

에베레스트뷰 호텔

5.2km

남체(Nanche)
3,420m

4.3km

탐세르쿠
(Thameserku)

조르살레
(Jorsalle)

1km

몬조(Monjo)

1.6km

Benkar

3.7km

팍딩(Phakding)
2,610m

2km

Ghat

3km

(육로) Jeep

체플룽(Cheplung)

2.8km

Air

루클라(Lukla)

카트만두

그래도 이틀 연속 결항은 많지 않다. 그런 일로 너무 스트레스를 받지 않는 것이 좋다. 이런 이유로 쿰부 히말 트레킹을 준비하면서 일정을 너무 빡빡하게 잡으면 안 된다. 최소 하루나 이틀은 일정 외에도 여유를 두는 것이 좋다. 음악을 듣거나 책이나 영화 같은 것을 준비해서 지루한 시간을 보낼 준비를 하는 것이 현명하다. 비행기 이륙부터 루클라까지는 대략 30분에서 40분이 소요된다. 오후 2시까지 루클라 출발을 못하면 그날은 대개 결항된다.

라메찹 공항(RHP. Ramechhap Airport, 1619m)

카트만두 동쪽. 약 150km 거리에 있다. 5~6시간 정도 포장도로와 비포장도로가 섞인 도로를 차로 이동해야 한다. 카트만두 도착 일정에 맞춰 라메찹에서의 비행기 시간을 예약해야 한다. 저녁 늦게 도착한 경우 카트만두에서 1박 후 새벽 1시경 지프/승합차로 출발해 새벽 6시 전 공항에 도착해야 한다.

카트만두에 낮에 도착한 경우 라메찹으로 이동해서 1박 후 아침 출발 준비를 한다.

라메찹은 시골이라고 생각하면 된다. 공항 근처에 양, 염소가 몰려 다닌다. X -ray 장비가 없어 모두 사람이 검사를 진행하므로 짐검사에 시간이 많이 소요된다. 수하물은 대개 15kg이 기본이다. 타라, 써밋, 스타 항공이 라메찹에 취항한다. 가능한 타라를 예약한다. 라메찹도 지연이나 결항은 자주 있다. 루클라까지 30분 소요된다.

주의: 항공편은 가장 편리하나 지연 및 취소도 많다. 취소 후 재예약이나 다음 날 떠나는 편이 보장되는 것도 아니다. 성수기, 비수기 모두 일정을 맞추기 어렵게 된다. 이런 이유로 예비일을 2일 이상 충분히 가져야 한다. 유사시 예약 변경과 이용객의 편의를 생각하여 카트만두 현지 한국인 여행사를 이용하는 것이 편리하다. 가격도 현지 여행사와 같거나 더 저렴하다.

루클라(Lukla, 2840m)

카트만두나 라메찹에서 떠난 비행기에서 조금만 날아가면 하얀 설산이 조금씩 보인다. 커다란 산들 사이 협곡으로 계속 비행이 이어지고, 갑자기 루클라 공항이 눈앞에 휙 나타난다. 착륙하면 비행기는 경사진 활주로를 올라가서 멈춘다.

착륙하면 짐과 손님들을 내려주고 카트만두로 가는 손님들을 태우자마자 즉시 이륙해서 떠난다. 공항 활주로는 아주 짧다. 짐을 찾아 밖으로 나가면 일거리를 찾는 사람들이 포터를 하기 위해서 기다리고 있을 것이다. 걸어나가면 이제 트레킹의 시작이다.

쿰부 커뮤니티 텍스 등의 행정처리는 루클라 외곽의 사무소에서 처리한다. 루클라 공항으로 하산시 남체 혹은 팍딩에서 반드시 하루 전 하산행 비행기표를 리컨펌한다. 그리고 루클라 입구의 항공기 회사에서 예약 내역을 다시 확인하고 루클라 마을로 진입한다. 하산할 때도 당연히 지연과 결항이 잦다.

쿰부1: 카트만두 – 남체(Namche, 3440m) 참조

---

❶ 2024년 카트만두 - 루클라 시간표. 15인승. 30분 소요.

(변경이 자주 있다. 각 항공사 시간표 및 요금은 반드시 재확인한다.)

편도 : 210~220달러. 수하물 10kg

붓다 항공은 6:15분 비행기부터 출발한다. 편수가 많지 않다. 수하물 25kg을 허용해 준다. 개인 캐리 5kg이다. 수하물 무게가 매력적이다. 편도 220달러. 수하물 10kg

타라항공(Tara air)				
출발지	도착지	편명	출발시간	도착시간
Kathmandu	Lukla	TRA112	06:15	06:45
Kathmandu	Lukla	TRA117	07:45	08:15
Kathmandu	Lukla	TRA119	09:20	09:50
Kathmandu	Lukla	TRA121	09:20	09:50
Kathmandu	Lukla	TRA141	06:15	06:45
Kathmandu	Lukla	TRA143	06:15	06:45
Kathmandu	Lukla	TRA145	07:45	08:15
Kathmandu	Lukla	TRA147	07:45	08:15
Lukla	Kathmandu	TRA112	07:00	07:30
Lukla	Kathmandu	TRA114	07:00	07:30
Lukla	Kathmandu	TRA144	07:00	07:30
Lukla	Kathmandu	TRA118	08:30	09:00
Lukla	Kathmandu	TRA146	08:30	09:00
Lukla	Kathmandu	TRA150	08:30	09:00
Lukla	Kathmandu	TRA120	10:00	10:30
Lukla	Kathmandu	TRA154	10:00	10:30

시타 항공(Sita Airlines)				
출발지	도착지	편명	출발시간	도착시간
Kathmandu	Lukla	STA601	06:45(AM)	07:10(AM)
Kathmandu	Lukla	STA630	11:15 (AM)	11:45(AM)
Lukla	Kathmandu	TRA119	07:25(AM)	07:55(AM)
Lukla	Kathmandu	TRA121	08:00(AM)	08:30(AM)

❷ 2024년 라메찹(RHP) – 루클라(LUA) 시간표 예시. 19인승. 25분 소요.
(변경이 있을 수 있으니 각 항공사 시각표 및 요금은 반드시 재확인 해야한다.) 편도 약 180달러. 수하물 15kg

타라항공(Tara air)				
편도 8편. 25분 소요. 19인승 프로펠러 180달러 수하물 15kg				
출발지	도착지	편명	출발시간	도착시간
라메찹(RHP)	루클라(LUA)	TR-553	07:15	07:40
라메찹(RHP)	루클라(LUA)	TR-569	10:15	10:40
라메찹(RHP)	루클라(LUA)	TR-573	10:15	10:40
라메찹(RHP)	루클라(LUA)	TR-1565	11:15	11:40
루클라(LUA)	루클라(LUA)	TR-1567	11:15	11:40
라메찹(RHP)	루클라(LUA)	TR-1573	12:15	12:40

타라항공(Tara air)				
편도 7편. 25분 소요. 19인승 프로펠러 180달러 수하물 15kg				
출발지	도착지	편명	출발시간	도착시간
루클라(LUA)	라메찹(RHP)	TR-566	08:45	09:10
루클라(LUA)	라메찹(RHP)	TR-582	08:45	09:10
루클라(LUA)	라메찹(RHP)	TR-584	09:45	10:10
루클라(LUA)	라메찹(RHP)	TR-574	10:45	11:10
루클라(LUA)	라메찹(RHP)	TR-1566	11:45	12:10
루클라(LUA)	라메찹(RHP)	TR-1568	12:15	12:40
루클라(LUA)	라메찹(RHP)	TR-1570	12:45	13:10

2. 헬리콥터

헬리콥터는 관광을 위한 용도로 주로 사용되지만, 고산병으로 인한 긴급후송과 비행기 결항시 대체 항공편으로도 이용된다. 최근 항공기 운임이 상승하면서 고락셉 등에서 바로 헬기로 하산하는 경우도 많아지고 있다. 각 마을마다 헬기 착륙장인 헬리포트가 있다. H 로 표시된 곳이다. 지금 여기에서는 관광에 대한 것만 다룬다. 오후 2시 이후 카트만두나 라메찹과의 결항이 확실해지고 다음 날도 불확실한 경우 헬기 이용 입산을 고려해 본다. 카트만두 – 루클라 행 국내선 헬기는 비행기를 예약한 여행사나 가이드 등이 상담하는 것이 유리하다. 외국인이 직접 나서면 가격만 올라가는 경우가 많다.

상행
① 카트만두 공항 – 루클라 공항
전세 헬기 5명까지 탑승 가능하다. 2900~3000달러가 소요된다. 합승 헬기인 경우 1인당 약 500달러이다. 짐 포함 최대 450kg까지 가능하다. 비행시간은 1시간이다. 오전 6시 반, 8시, 10시 반에 출발한다. (각 항공사 문의)

② **라메찹 공항 – 루클라 공항**

전세 헬기 5명까지 탑승 가능하다. 1800 달러가 소요된다. 합승 헬기인 경우 1인당 약 500달러이다. 짐 포함 최대 450kg까지 가능하다. 비행 시간은 20분 소요.

헬기 하산
하산시 컨디션이 좋지 않거나, 계획 단계에서 일정이 충분치 않은 경우 등 헬기 입산 및 하산을 고려하는 이유는 하산하는 기간의 롯지, 음식 비용과 비행기 가격 등을 고려하면 크게 비싼 것이 아니어서 그렇다. 가끔 고락셉이나 로부제, 고쿄, 추쿵 등에서 헬기로 하산하는 경우가 그런 경우다. 상행 코스 후 하산을 헬기로 하면 안나푸르나 지역보다 더 일정이 단축되는 경우가 생긴다.

① **칼라파타르 – 루클라 공항 – 카트만두**

칼라파타르 정상에서 탑승한다. 다소 위험한 부분이 있어 추천하지 않는다. 하산해 고락셉에서 떠나도 충분하다.
전세 헬기 5명까지 탑승한다. 요금은 5500 달러이다. 합승 헬기인 경우 1인당 약 900–1500달러이다. 짐 포함 최대 450kg이다. 카트만두까지 1시간 반 소요된다.

② **고락셉 – 루클라 공항 – 카트만두**

전세 헬기 5명까지 탑승한다. 요금은 3500–4500달러이다. 합승 헬기인 경우 1인당 약 900–1300달러이다. 짐 포함 최대 500kg이다. 카트만두까지 1시간 반 소요된다.

③ **고쿄 – 루클라 공항 – 카트만두**

전세 헬기 5명까지 탑승한다. 요금은 3500달러이다. 합승 헬기인 경우 1인당 요금이 약 900–1300달러이다. 짐 포함 최대 500kg. 카트만두까지 1시간 반 소요된다.

헬기도 가시거리 600미터 이하인 경우에는 결항이다. 이런 경우 난감하다. 다음 날도 헬기, 비행기 모두 운행한다는 보장이 없다. 자연적인 이유이므로 항공사의 배상도 없다. 오늘 못 간 나를 내일 다시 태워준다는 보장 역시 없다. 이럴 때 비용손실을 대비해 보험을 들게 된다. 그러나 보험은 손해비용이나 추가 비용을 보조는 해 주겠으나 일정을 이어주지는 못한다.

3. 육로

카트만두 혹은 라메찹에서 남체로 가는 육로는 처음부터 육로로 길을 잡은 경우와 유사시 비행기 결항 등으로 인해 선택의 경우로 나눌 수 있다. 처음부터 육로로 길을 잡은 경우는 지프의 전세와 합승 등 2가지 정도의 선택사항이 있지만, 결항으로 인해 육로를 선택하는 경우에는 전세 지프 외에는 대안도 없다. 그런 이유로 가격 및 도착 옵션에 대한 흥정에서 불리하다.

일정은 카트만두(라메찹) – 설레리 – 빠이야(Paiya) – 팍딩 – 남체로 가는 코스가 가장 빠르다. 설레리까지 1일. 설레리 – 수르케(Surke, 2290m) 1일. 빠이야 – 팍딩 1일 소요.

① **카트만두(KATUMANDU) – 설레리(SALLERI)**
267km(포장도로)
설레리(SALLERI) – 탐단다(Thamdanda) – 수르케 80km

② **라메찹공항(Manthali) – 설레리(SALLERI)**
155km (포장도로)
설레리(SALLERI) – 탐단다(Thamdanda) – 수르케 80km (비포장도로)

수르케 도착 후 트레킹을 시작해 차우리카르카
– 체플룽에서 에베레스트로 가는 메인 코스와
만난다. 보통 체플룽이나 팍딩에서 1박을 하고 다
음 날 남체에 도착한다.
예비일로 잡은 휴일을 써서 육로로 오르는 길은
오래 걸리고 힘들다. 그러나 비용이 싸고 일정이
정확하며 고소적응기간이 필요 없다는 장점도 있
다. 처음부터 육로로 일정을 잡은 경우는 지프보
다 버스를 이용해 설레리까지 간다.

쿰부 7. 육로 코스 참조

에베레스트 히말라야 – 마운틴 플라잇. (Mountain flight)

산에 오를 시간이 없거나 체력이 부족한 경우 혹은 트레킹을 마치고 한 번 더 산을 가까이 보고 싶은
사람들에게 좋은 선택이다. 일반적인 항로와는 달리 산에 최대한 가까이 비행하므로 멋진 산의 모습
을 볼 수 있다. 보통 카트만두에서 이륙하여 랑탕산군과 시샤팡마를 보면서 시작하여 에베레스트 지역
으로 이동하게 된다. 하루에 1번 약 1시간 정도 비행한다. 날씨 문제로 결항 되기도 하므로 충분한 시간
여유를 가지고 신청하면 된다. 2명 이상 동시에 신청하면 항공사에서 호텔로 픽업 및 드롭 서비스를 해
준다. 안나푸르나는 포카라에서 이륙하여 30분 정도 비행한다.
가격은 200-220불. 오전 6시에 출발한다.

헬기 관광

칼라파타르, 에베레스트 베이스캠프, 고락셉 등 쿰부의 주요한 코스를 돌고 난 후 쿰중에 잠시 착륙해
간단한 식사와 차를 마시고 루클라를 거쳐 카트만두로 내려간다. 보통 4시간 정도 소요된다. 5명이 타
는 경우 1인당 1199 달러. 전세를 내는 경우 5명분을 낸다. 성수기와 비수기의 가격은 차이가 있다.
헬기 스케줄과 가격 등 문의는 각 여행사 혹은 전화 +9779818392976 인터넷 메신저 Whatsapp이나
Viber를 통해 문의하면 된다.

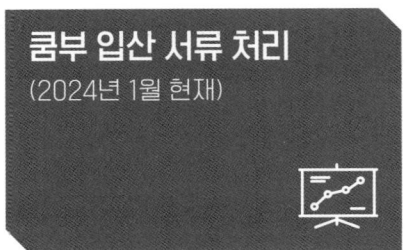

쿰부 입산 서류 처리

(2024년 1월 현재)

증명사진 5장. 여권 사진면과 비자면을 복사해서 5장 정도 준비해 두는 게 편하다.

여권 및 비자 복사본 및 국립공원 입장료를 포터 혹은 가이드에게 주고 체크포인트에서 처리하게 한다. 트레커는 대개 기다릴 필요 없이 트레킹을 계속 진행한다. 통상 1인당 처리 시간이 오래 걸린다. 또 외국인이 직접 처리하면 맨 나중에 처리해 주는 관행이 있다. 가이드나 포터에게 맡겨도 문제가 없으니 맡기자.

간혹 입장료 안 내려고 길을 둘러 가는 사람도 있다. 트레킹 도중 체크포인트에서 대부분 걸린다. 위험한 선택은 하지 않는 것이 좋다.

❶ 쿰부 트레킹 카드 혹은 쿰부 커뮤니티 텍스 – 1인당 3,000루피(2024. 7월 1000루피 인상), 루클라 외곽 우측 쿰부 지역사무실(Khumbu Pasang Lhamu Rural Municipality)에서 납부한다.

❷ 사가르마타 국립공원 입장료(Sagarmatha National Park Permit)
외국인들은 1인당 3000루피에 부가세 13% 더해서 총 3,390루피이다.
몬조/조르살레 국립공원 사무실에서 납부한다.

간혹 외국인들의 항의가 거세면 세금 13% 포함해서 3000루피가 되기도 한다. 매년 달라지는 정책이다.
네팔 사람은 100루피에 세금 13루피 더해서 도합 113루피를 낸다.

트레커 정보 관리 시스템 Trekkers' Information Management System (TIMS) 2023년 3월 31일 네팔 관광청 Nepal Tourism Board (NTB)은 거의 모든 네팔 히말라야의 트레킹 루트에 대해 반드시 가이드를 대동하고 TIMS를 발급받도록 하고 있다.
그런데 쿰부 지역은 TIMS가 무용지물이므로 발급받을 필요가 없다.

쿰부 트레킹 카드 혹은 쿰부 커뮤니티 텍스

네팔 중앙정부와 지역 정부와의 불협화음으로 쿰부 지역은 2017년 11월부터 TIMS를 인정하지 않고 있다. 쿰부 지역은 TIMS 대신 쿰부 커뮤니티 텍스(1인당 3,000루피)를 내야한다.

혹시 여행사 등에서 쿰부에 대한 TIMS 비용을 제시한다면 사정을 모르는 손님에게 부당한 요금을 받는 곳으로 보면 된다. 이미 선 비용으로 지급했다면 돌려받고 다른곳을 알아본다.

TIMS 비용 안에는 본래 가이드나 포터들의 사고에 대비한 보험료가 포함되어 있었다. 그러나 쿰부 커뮤니티 텍스가 인력의 사고시 보험처리가 되는지 그 규정에 대한 문의에 정확한 답을 들은 적이 없다. 외국인 입장에서는 TIMS를 내는게 서류상 더 안정적이지만 어쩔 수 없는 일이다.

가이드, 포터 등 인력의 고용을 카트만두 등의 여행사에서 하고 여행사의 자체적인 보험으로 커버하도록 하는 것이 안전하다.

개인 고용이나 TIMS가 없는 상태에서 가이드, 포터 등의 사망, 부상 사고가 발생하면 트레커가 모든 치료비용과 장례비용까지 수만달러 이상을 모두 다 보상하지 않으면 절대 떠날 수 없다. 조금 아끼려다가 크게 고생하게 된다. 그런 이유로 나이 든 인력이나 술 마시고 도박하는 인력은 절대 고용하지 않는 것이 현명하다.

가이드 강제 고용 규정

2024년 현재 쿰부는 적극적인 가이드 고용을 권하지는 않고 있다. 그러나 포터는 고용하도록 권하고 있다. 가이드가 있어서 좋을 때도 있고, 차라리 없는 게 나은 경우도 많았다. 네팔 정부 자체도 이 규정에 대해 오락가락하며 일관성이 없다. 서양 트레커들은 쿰부 외에 안나푸르나 지역도 가이드, 포터 없이 그냥 다닌다. 이상하게도 한국 등 동양 트레커들에게 좀 더 엄하게 규정을 적용하는 것 같다.

기타 알아둘 점

1. 인력(가이드, 포터, 요리사)의 고용

쿰부는 네팔 3대 트레킹 코스 중 가장 길고 힘든 코스다. 트레킹의 성공 여부는 날씨와 도와주는 사람들과의 관계. 잘 맞지 않는 가이드나 포터와는 트레킹에서 성공하기 어렵다.

쿰부는 TIMS가 무력화되어 사고가 발생했을 때 트레커의 입장이 애매해진다. 가능하면 카트만두의 여행사 소속 가이드를 고용하여 보험으로 커버하는 것이 좋다. 그러나 특별한 도전코스가 아닌 주 크레킹 루트에서는 사고가 날 확률이 높지는 않다.

비용: 가이드는 여정과 난이도에 따라 쿰부지역은 대개 하루 25~35불, 포터는 하루 15~18불 정도 생각하면 된다. 한식 요리사는 하루 20~25불이다. 트레킹 종료 후 1~2일 분의 일당을 팁으로 주는 것이 관례이다.

네팔에서 가이드나 포터의 신분은 두 가지이다. 가이드 자격증을 가지고 여행사 자체에 소속된 숙련된 인력과 성수기 등에 프리랜서로 임시 고용된 인력인 경우이다.

카트만두에서 채용하지 않고, 루클라에서 가이드나 포터를 채용할 경우, 근처 루클라, 팍딩, 남체 등의 오래된 롯지 주인들에게 추천을 받는다. 롯지 주인들이 인력에 대한 보증과 문제 해결을 모두 해준다. 20대 초반 정도의 포터로 숙식 등 모든 비용 포함해서 1일 15불 혹은 1500~ 1800루피 정도로 고용하면 된다.

공항에서 직접 고용하는 것은 보증인조차 없으므로 하지 않는다.

분쟁시에는 당일까지의 임금 지급 후 바로 해고하고, 새로 고용하면 되므로 크게 우려할 필요는 없다. 그러나 사고시에는 보상을 해줘야 할 의무가 있으므로 직접 고용은 가능하면 피한다.

2. 에베레스트 지역(쿰부히말)의 숙박

2015년 대지진 이후 쿰부 지역도 많은 피해가 있

었다. 그러나 빠르게 복구되어 지금은 큰 문제가 없다. 그러나 코로나 기간 동안 네팔은 대지진의 여파와 방문하는 트레커 수의 감소로 롯지를 세내서 운영하는 대부분의 쿰부의 사업자들이 상당히 힘든 시간을 보냈다. 거기에 네팔 물가는 상승하고 환율은 가파르게 올랐다. 현재 쿰부도 코로나 이전과 비교해 예산을 30~50% 이상 더 잡아야 한다.

예를 들어 코로나 이전 남체의 경우, 일반적인 숙소는 방 1개에 300~500루피 정도, 화장실이 포함된 방은 2,000루피 정도로 가격이 형성되어 있었다. 현재는 일반적인 보통 500 루피 이상 때로는 1000루피를 요구하는 경우도 있다. 봄, 가을의 성수기에는 방을 구하기도 어려운 경우가 있으나, 지역의 관계상 겨울 및 비수기에는 협상에 따라 가격이 조금 하락하거나 무료로 제공되는 경우도 있다.

본래 네팔 히말라야 전역이 숙박보다는 식당에서 올리는 수입이 주수입원이다. 가능하면 같은 호텔의 식당을 이용하는 것이 좋고, 저녁식사와 아침식사는 항상 미리 주문해 놓는 것이 좋다.

에베레스트 지역(쿰부히말)의 고급 숙박 시설

주로 짧게 시간을 내서 방문하는 트레커들 혹은 헬기 관광객들을 위해 비교적 저지대인 루클라와 팍딩, 몬조, 남체 등의 낮은 지역에 고급 숙박시설이 몇 군데가 있다. 남체 뒷동산과 쿰중 공항에만 올라도 로체 남벽과 에베레스트, 아마다블람 등의 산들을 볼 수 있으므로 여기까지만 트레킹하고 떠나는 고령의 일본인들과 서양인들이 많다. 의외로 산은 멀리서 보는 산이 더 아름답기도 하다.

1박당 100~200달러 정도면 고급 숙소에서 머물 수 있다.

3. 에베레스트 지역(쿰부히말)의 식사

네팔 트레킹 전 지역에 걸쳐 식당들은 주로 네팔 전통 음식과 서양 음식을 제공한다. 식당들이 서비스하는 네팔 음식의 기본 메뉴는 달밧이다. 네팔 생활수준의 향상으로 최근에 고기 달밧도 생겼지만 대개는 밥과 녹두죽과 야채가 조금 가미된 기본 달밧이다.

그 외에 짜파티(밀가루 반죽을 프라이팬에 넓게 구운 것), 삶은 감자와 삶은 달걀, 볶음밥, 모모(일종의 만두), 뗀뚝(티베트 음식, 수제비와 비슷), 뚝바(티베트 음식, 칼국수와 비슷) 등을 서비스한다. 일부 식당에서 야크 스테이크, 야크고기달밧을 판다. 신라면을 판매하는 곳이 팍딩, 남체, 투클라 등에 몇 곳이 있다.

남체에 도착하기 전 루클라나 팍딩 등의 제과점에서 빵과 커피를 즐길 수 있다. 팍딩과 남체의 헐만 제과점이 가격이 합리적이고 맛도 훌륭하다.

남체에는 제과점이나 바, 좋은 식당들이 많다. 혹시 입맛이 없으면 남체는 남체로 올라가는 계단 우측에 있는 일본 식당 토모다치가 좋은 선택이다. 표지판에 잘 되어 있으므로 찾아가는 것도 어렵지 않다. 토모다치 식당이 있는 롯지의 주방도 라면을 잘 끓인다.

4. 에베레스트 지역(쿰부히말)의 장비, 장비점

쿰부히말 트레킹은 계절에 관계없이 침낭은 영하 10도까지 견디는 동계용으로 준비한다. 등산화는 반드시 중등산화를 준비한다. 스틱은 2개를 준비하는 것이 좋다. 그리고 반드시 고어텍스 자켓을 준비한다. 3 PASS, 3 RI 등을 트레킹하는 경우에는 반드시 아이젠을 준비해야 한다.

혹시 한국에서 준비하지 못한 장비의 구입은 남

체에서 하는 것이 좋다. 남체에는 노스페이스 대리점과 몇 곳의 정품 장비점들이 트레킹과 관련된 장비와 의약품과 식품 및 EPI 가스와 털 모자, 털 양말, 털 장갑, 헤드 랜턴, 지도 등 거의 모든 것을 다 구비하고 있다. 트레킹 도중에는 마지막으로 딩보체에서 일부 물품의 구매가 가능하다. 남체는 오랜 옛날부터 지금까지 고지대인 티베트 사람들과 저지대 사람들이 서로에게 필요한 물건들을 사고 팔던 지역이다. 대부분의 상인들이 유연한 태도를 가지고 손님들과 물건을 거래한다. 흥정하고 물건을 사는 재미가 있는 곳이다.

등산화를 비롯한 모든 장비들을 잘 점검해서 필요한 물건들을 구매하자. 정품 등산화는 카트만두보다 남체의 장비점들이 더 저렴한 경우도 있다. 새 상품도 있고, 중고 상품도 구매 가능한 지역이다. 카드 사용도 가능하다.

5. 쿰부히말에서의 전기 사용

우선 다양한 곳에 꽂을 수 있는 멀티 탭 혹은 멀티 케이블을 준비한다. 남체까지는 수력발전으로 전기가 풍부하다. 전기를 충전할 수 있는 롯지도 많다. 남체 이후로는 대개 태양광을 이용해 전기를 사용한다. 당연히 충전비용도 비싸고 빨리 충전되지 않는다. 심지어 전화기, 카메라의 충전비용이 숙박비용보다 비싼 경우도 있다.

K2 등 완벽한 오지에서 주로 사용하는 휴대용 태양열 충전 장치를 준비해 문제를 해결하는 것도 추천한다. 접었다 펴는 큰 것과 작은 것 2종류를 준비한다. 큰 것은 낮에 트레킹하면서 배낭 뒤에 펴서 매달아 걸으면서 파워뱅크를 충전하고, 작은 태양열 충전기로 전화기 등을 충전하며 사용한다. 휴식하고 롯지에 일찍 도착하면 큰 것을 이용해 전화기와 파워뱅크도 충전한다. 파워뱅크는 3만 암페어급으로 1인당 1~2개를 가져간다.

밤에는 전화기와 파워뱅크 모두 다운 자켓이나 방풍 방온 하는 재질의 것으로 싸서 추위로 방전되지 않게 한다.

6. 쿰부히말 지역의 의료시설과 물

쿰부 히말라야 지역은 산이 높고 험한 관계로 의료 시설은 매우 열악하다. 문제가 생겼을 때 전문 의료 서비스를 기대하기 어렵다.

응급 상황에 대비한 의약품은 미리 충분히, 다양하게 준비해 가는 것이 현명하다. 약품이 부족할 때는 루클라나 남체에서 구입할 수 있다. 소염진통제, 이뇨제, 항생제, 지사제 등을 준비한다. 고산병에 비아그라가 효과가 있다는 말이 있으나, 고도가 4천 미터 이상 상승하면 코피나고 머리 아프고 오한이 나거나 목이 아프기 전에 선제적으로 종합감기약이나 진통제를 잘 사용하는 것이 좋다. 미리 타이레놀을 복용하면 된다. 또 쌍화차 티백을 자주 타서 마셔도 좋다.

쿰부의 지역은 대체적으로 물이 풍부한 편이다. 물은 롯지에 부탁해서 계속 끓인물을 마시는 것이 좋다. 끓인 물 외에 네팔에 도착하기 전 정로환을 며칠 먹어서 물로 인한 배탈을 방지한다. 고락셉 등 에베레스트 베이스캠프 근처는 물로 인해 곤란한 문제가 발생할 만한 지역이다. 주변이 돌과 모래로 덮여 물이 많지 않다. 숙소에서 멀리 떨어져 있는 칼라파타르 아래 작은 샘에서 떠오는 물을 이용한다. 수량이 풍족하지 않고 물도 상태가 좋지 않다.

벌레
쿰부 지역은 대개 루클라에서 트레킹을 시작한다. 본래 위생에 철저한 지역은 아니나 오랜 동안 외국인 손님들을 맞이하면서 빈대, 벼룩 등이 나오는 곳은 없다. 그러나 셀러리/파플루 등을 통해 육로의 저지대에서 시작하는 경우는 모기, 빈대에 대비해 살충제를 반드시 준비하는 것이 좋다.

사고시 후송

사고 발생 및 고산병 등으로 의료적인 도움이 필요한 경우, 가이드, 동행, 롯지 주인 등에게 먼저 상의한다. 참고 버티는 것은 좋은 방법이 아니다. 자존심을 지키거나 남에게 피해를 주는 것도 아니다. 많은 사람들이 아프고 힘들다는 말을 하지 않아 더 큰 피해와 상처를 본인과 남에게 준다. 솔직하게 자신의 몸 상태를 늘 정확하게 밝히고 서로를 항상 살펴본다. 고산병은 주로 밤에 병세가 심해진다. 별달리 특별한 약도 없다. 병세가 심해진다면 깊은 밤이라도 반드시 최대치로 하산해 고도를 낮춰야 한다. 야간이라도 미리 헬기 회사에 연락해 날이 밝는 대로 가장 빠른 편으로 날아와 저지대로 후송하도록 한다. 쿰부는 고교 전 지역과 에베레스트 베이스캠프 지역인 칼라파타르, 고락셉, 로부제, 딩보체, 페리체, 탕보체, 남체, 쿰중, 루클라 등과 추쿵 등 거의 전 지역에 헬기 착륙장이 있어 일정 수준의 날씨면 바로 후송이 가능하다. 인터넷과 전화도 잘 터지므로 후송을 위한 연락도 잘 된다.

7. 쿰부히말의 환전과 ATM

남체 야크 호텔 근처에 ATM기기가 2대 있다. 1회에 3만~4만 루피를 인출할 수 있다. 환전소도 있으나 환율이 좋지는 않다. 간혹 현금이 떨어진 사람들에게 카드 할인으로 현금을 바꿔 주는 숙소들도 있다.

8. 쿰부히말의 산행 안내표시

쿰부히말 지역은 길에 대한 안내 표식이 비교적 잘 되어 있다. 그러나 가능하면 길을 잘 아는 가이드나 포터와 동행하기를 추천한다. 남체 이후 위로 갈수록 표시는 잘 보이지 않는다. 혹시라도 길에 대해 확신이 없다면 길이 분명했던 곳으로 되돌아가서 기다리는 것이 좋다. 겨울이라도 폭설이 내리지 않은 이상 많은 사람들이 오간다. 지나가는 사람 혹은 짐을 지고 가는 말과 야크들을 따라가면 된다. 짐승들이 가는 곳은 대개 물건을 주문한 각 지역의 롯지들이다. 매년 길이 변하는 곳이 있다. 고쿄에서 촐라 패스로 가는 응고줌바 빙하나 추쿵에서 콩마 라를 넘어 가는 쿰부 빙하 길 등은 매년 빙하의 움직임으로 길이 바뀐다. 돌탑으로 쌓아 놓은 표식이 몇 년치가 서로 뒤섞여 더 많은 혼선을 준다. 이런 지역은 여러 팀이 모여 같이 움직이는게 좋다. 각 팀의 가이드와 포터를 내보내서 길을 탐색하고 위험지역의 길도 같이 끝낼 수 있도록 한다. 그 외의 지역에서는 아주 유용하다.

9. 쿰부히말 지역 지도

전화기 등으로 가동되는 GPS지도로는 불충분하다. 카트만두에서 쿰부 지도 최신 업데이트 편과 자신이 가는 루트를 정확하게 반영한 것을 반드시 구입한다. 여러 회사의 다양한 버전이 있으므로 잘 확인한다. 지리 혹은 파플루 이하에서 시작하는 지도가 있고, 루클라 언저리에서 시작하는 지도가 있다. 자신의 여정에 따라 구매하면 된다. 초오유의 6번 호수인 응고줌바 호수와 낭파라 및 숨나패스까지 표시된 지도를 구매하면 초오유 및 로체 사우스 트레킹을 할 때 편리하다. 400-500 루피 정도 하는 것을 구입하면 무난하다.

출발하기 전에 MAPS ME라는 GPS 표시 앱을 휴대폰에 설치하기를 추천한다. 공항에 도착해서 인터넷에 연결이 되면 네팔 전지역의 지도를 다운받아 둔다. 이 MAPS ME는 인터넷이 없어도 정확하게 위치와 거리 및 시간을 표시해 주므로 산에서 트레킹 도중 다음 지역까지의 거리를 잘알 수 없을 때 큰 도움이 된다. 그러나 단 한 곳, 고쿄의 6번 호수인 응고줌바 호수 이후 초오유 베이스캠프 근처의 GPS 신호는 무시한다. 잘 맞지 않고, 엄청난 고생을 할 수 있다. 콩마 라 지역도 조금 애매한 부분이 있다. 그 외의 지역에서는 아주 유용하다.

10. 쿰부히말 지역의 치안 및 안전

쿰부는 예전부터 네팔 히말라야 전역에서 치안이 가장 안정된 지역이었다. 약 25년전 공산 혁명군들인 마오이스트들이 에베레스트 지역은 물론 네팔의 산악지역 전체를 모두 장악했을 때도, 혁명세를 걸을지언정 외국인들을 괴롭히지는 않았다. 그러나 최근 네팔인들과 중국인들의 분쟁이 자주발생하고 있다. 한국인들과 중국인들을 잘 구분하지 못하는 네팔 사람들이 한국 사람을 중국 사람으로 오인하여 부당한 행위를 하거나 불친절한 경우가 가끔 발생하고 있다. 뭔가 적대적인 분위기가 감지되면 즉각 우리는 한국인이라고 외쳐본다. 그러면 순식간에 분위기가 우호적으로 바뀌는 경험을 할 수 있을 것이다.

현지인들과의 분쟁이 발생했을 때, 특히 가이드나 포터와의 분쟁은 산에서 매우 난감하다. 때로는 거짓말로 곤란하게 하는 경우도 많고 수많은 복잡한 상황이 있다. 항상 스태프들과의 관계는 조심할 필요가 있다. 대부분의 분쟁이 그렇듯이 트러블이 발생하면 모든 잘못을 외국인에게 전가한다. 일이 묘하게 잘못되면 트레커와 마을 사람들 전체와의 분쟁으로 비화하기도 한다. 이럴 때 흥분을 가라앉히고, 고성을 지르거나 거친 언쟁이나 몸싸움은 해서는 안 된다. 그 마을 유지에게 중재를 부탁하거나 경찰이 있으면 경찰을 불러분쟁 해결을 의뢰하면 잘 해결되는 경우가 많다. 그러나 최선은 분쟁을 하지 않는 것이다. 흥분은 자주 문제를 악화시킨다.

쿰부에는 의외로 친지나 가족이 한국에 거주하는 사람들이 많이 있다. 이들은 한국에 대해서 대개 호의적이다. 루크라는 히말라야 롯지의 사장, 남체 지역의 유지인 야크 호텔의 주인 등은 한국인들에게 상당히 우호적이다. 그 외에도 한국에 우호적인 이들이 많다. 어려운 점이 발생하면 그런 이들과 상의하면 일정 부분 도움을 받을 수 있다.

쿰부를 비롯한 일부 히말지역에는 일부다처제를 유지하는 마을도 여전히 있다. 그러나 현지 여성들 혹은 한국에 가고 싶은 남성들과 지나치게 친밀해지는 것은 큰 문제의 소지가 있으므로 주의해야 한다. 짐을 진 말이나 당나귀가 지나갈 때는 항상 산 쪽으로 붙고, 절벽 쪽에 붙으면 위험하다. 의외로 관련 사고가 많다. 당나귀나 말이 자칫하면 짐을 싣고 지나가면서 몸으로 밀어버리는 일이 생길 수 있기 때문이다.

반드시 넘어야 하는 높은 고도의 패스 혹 라가 있는 지역이 아니라면 고도를 하루 500미터 이상은 올리지 않는다. 낮은 지역에서 높은 고도에 도착하는 경우 중간에 쉬어 가더라도 반드시 오후 3시 이후에 도달해야 한다. 또 일찍 산행을 시작해서 오후 5시 이전에 반드시 산행을 마친다. 빨리 걷는 것보다 천천히 걷는 것이 고산병에는 훨씬 효과적이라는 사실도 기억하자.

11. 보험

여행자 보험은 항공기 출입 및 네팔 입출국 과정에도 반드시 필요하다.

❶ 각종 사고를 커버해주는 보험은 일반 여행자 보험과 특수 여행자 보험이 있다. 여러 번 보험을 들어보고 사고도 당해 보면서 특히 특수 여행자 보험은 그 규정과 적용이 매우 모호하고 함정이 많았다.

보험을 문의하면 트레킹은 위험한 것이 아니니 모두 보장해준다고 말을 한다. 그러나 실제 사고가 발생하면 그 처리를 제대로 해주지 않는 경우가 많았다. 실제로 보험 가입 이전 일정표를 보험사에 제출하고 승인을 받아야 보험에 가입이 가능하다. 서면으로 확답을 받아두는 것이 중요하다. 광고는 모든걸 보장하겠다 라고 하지만 실제로는 그렇지 않다. 예를 들면 에베레스트 3 pass를 하는데 에베레스트 BC, 칼라파타르는 위험하니 보장이 안되고, 고락셉까지만 보장.이라는 식의 이상한 규정이 적용된다.

초고가인 해외 유명 보험회사의 어드벤처 보험의 경우, 각종 사고와 분쟁, 조난 등에도 보장된다고 약속한다. 그러나 긴급시 연락이 되지 않고 사후에 다른 소리를 하는 경우도 있었다.

헬기 구조의 경우도 그 위험하고 전화도 잘 되지 않는 지역에 있는 사람에게 이것저것 증빙하라고 요구하고, 보험증서번호로의 처리는 불가능하니 본인카드로 선 결제 후 나중에 청구하라는 식으로 말이 바뀐다.

결론적으로 보험회사에 상세일정표를 접수하고 서면으로 보험인수 허락을 받은 후, 보험에 관한 안내를 정확하게 받을 수 있으면 유효한 보험이다. 그 응답이 애매모호하다면 정확히 알아보고 가입하기 바란다.

가장 좋은 것은 위험한 상황을 만들지 말고 즐거운 트레킹이 되도록 하는 것이다.

❷ 보험사기

들어둔 보험을 믿고, 에이전시 등의 권유로 병원으로 후송하는 것으로 말을 맞춘 후 헬기 하산을 하는 경우들이 많다. 그런데 대개 보험 가입자만 피해를 보는 경우가 많다. 심하게 말하면 사기에 가깝다. 보통 트레킹을 시작하기 전에 여행사에 보험 관련 서류를 제출하게 된다. 하산이 시작되면 여행사 측에서 여행자가 여행자 보험이나 어드벤처 보험의 가입자일 때, 두통이나, 어지럼증 등의 증상을 나타낼 때 헬기로 하산을 하는 것을 권하는 경우가 있다. 비용을 보험회사에서 되돌려 받을 수 있다고 설득하며 먼저 선결제로 하산을 하자고 권하는 것이다. 그렇게 하산을 했는데, 나중에 보험회사에서 헬기 사용에 대한 보험 약관이나 트레킹 일정 및 여행의 약관에 위배된다는 점을 들어 보험금 지급을 거절하는 경우가 있다. 이렇게 될 경우, 네팔 여행사, 병원, 헬기회사 등은 돈을 벌지만, 여행자는 헬기를 타고 하산한 것 외에 아무 이익이 없게 된다. 헬기를 이용한 하산은 신중히 선택해야 한다. 고지대에서 컨디션이 좋지 않거나 빠른 하산을 해야 하는 상황에 대비해 예산을 충분히 확보하거나, 처음부터 헬기 하산을 선택하고 쿰부 히말을 트레킹하는 것이 더 좋지 않을까 생각한다.

12. 쿰부히말 지역의 통신 상태

남체까지 종종 정전은 있지만, 전기 사용에는 큰 문제가 없다. 전화는 N-CELL의 전화가 비교적 통화가 잘 되는 편이다. 유사시 구조 헬기를 부르거나 필요한 연락을 취하는 것이 가능하도록 카트만두 공항에서 심카드를 사서 준비하는 것이 좋다. 혹은 롯지나 식당의 전화를 사용하여 구조 헬기를 부르거나 필요한 연락을 취하는 것도 가능하다. 의외로 네팔은 국제 전화 요금이 저렴한 편이다. 자주 이용해도 크게 부담스럽지 않다. 인터넷이나 와이파이도 큰 마을에서는 이용이 어렵지 않다. 남체 이후로는 쿰부 지역 전체를 커버하는 인터넷 카드를 사서 사용하면 베이스캠프 지역과 인적이 없는 몇 곳을 제외하면 쿰부 대부분의 지역에서 인터넷 검색과 카톡 등 인터넷 메신저와 전화 이용도 가능하다.

일정의 점검

남체는 휴식과 남체 이후 본격적인 산행 준비에 최적의 장소다. 산을 내려가는 경우와 올라가는 경우 모두 아래의 순서에 맞춰 준비한다.

1. 현지 날씨
2. 자신의 건강상태
3. 가이드, 포터 등의 계속 고용 여부
4. 필요한 추가장비 구입
5. 트레킹 예산 예측.
6. 항공/육로편의 이해.

1. 현지 날씨

남체에서는 하산길의 트레커들에게 고지대 날씨에 대한 정보를 들을 수 있다. 롯지 혹은 호텔의 주인들과 상인들에게 여러 정보를 얻을 수 있다.

히말라야에서는 늘 자신의 상상대로만 되지 않는다. 준비되지 않은 사람에게는 고산병이라는 시련이, 잘 준비된 사람에게도 날씨가 일정부분 포기할 것을 요구하기도 한다. 쿰부 히말은 다른 지역에 비해 시설도 좋고, 날씨 변화도 덜한 편이다. 그래도 날씨 변화에 대해서 조심스럽게 대비하는 것이 좋다.

2. 자신의 건강상태

자신의 건강은 자신이 가장 잘 알지만 곁에서 지켜보는 동료도 잘 이해할 수 있다. 스스로 과신하지 말고, 주변에도 자신의 건강에 대해 이해시키고 유사시 도움을 받을 수 있도록 정보를 교환해 둔다.

특히 고혈압, 당뇨, 고지혈 등이 있는 경우는 저지대에서 잘 조절되고 괜찮았지만 고도가 올라가면 상황이 달라진다. 인체가 체지방을 먼저 연소시키고 혈행이 늦어지면서 혈당의 조절기능도 복잡해지고 변화가 잦아진다. 기압의 압박을 받으므로 혈압도 상승한다. 기타 신체의 생리적인 기능에 급격한 변화가 나타나기도 하므로 고산에 올라보지 않은 경우 대비가 조금 어려운 부분이다. 평소 복용 약물에 대한 성격도 잘 알아두고 구급키트와 비상간식 등도 충실하게 준비한다.

건강한 사람들도 갑작스럽게 고산병이 나타나면, 처음에는 머리가 아프고 숨이 가쁜 정도로 시작하지만, 곧 토하거나 뭘 먹기도 힘들어진다.

민감한 사람은 루클라 공항에 내리기만 해도 약간 어지럽고, 머리가 아프다. 공항에서 고도가 200미터 정도 내려가면서 괜찮다가 남체로 고도를 올리면서 고산 증세가 나타나는 경우도 있다. 특히 술을 많이 마시는 사람들이 이 구간을 만만하게 보고 방심하며 창, 락시를 마시다가 고산병에 내려가야 하는 경우도 있었다.

고산병은 약이 없으나 머리가 아픈 단계에서 일단 진통제(타이레놀이 효과가 있다.)를 먹어서 몸이 잘 적응하도록 하고, 따뜻한 물과 블랙티, 마늘 스프, 팝콘(마늘 스프와 팝콘은 의학적으로 증명된 것은 아니고, 현지인들이 효과가 있다고 권하는 것이다.) 등을 자주 먹는 것이 효과가 있다. 음양을 모두 보하는 쌍화탕이나 십전대보탕 엑기스나 차도 좋다.

남체에서 당일과 휴식일을 지내면서 별 무리가 없으면 더 높은 곳으로 진행할 준비가 된 것이다.

주의할 점: 루클라 도착 후부터 상행길 동안에는 찬물을 마시거나 찬물로 샤워하면 안 된다. 그리고 절대 술을 마시면 안 된다. 가끔 그런 조언을 무시하고 계속 술을 마시는 경우가 있는데, 그러면 트레킹에 실패할 확률이 높다.

3. 가이드, 포터 등의 고용 여부

히말라야에 들어서면 날씨 이외에 가장 큰 위험 요소는 사람이다.

사람을 잘못 만나면 평생동안 사랑해온 산을 못 올라가거나, 분쟁으로 지쳐 산에 대한 혐오감까지 생기게 된다. 특히 아직 고산이나 사회적인 계급 및 계약 문화에 익숙하지 않고, 언어 소통에 어려움을 겪는 한국인에게는 비교적 많은 주의사항이 있다.

최근의 대지진과 코로나의 영향인지, 네팔의 정책적인 노력 때문인지는 모르겠으나 과거와 달리 트레커들을 곤란하게 하는 일이 잦아졌다. 또 여행객인 트레커와 현지인들 사이에서 어떤 분쟁이 발생했을 때 경찰이나 관공서에 의한 처벌이나 관리는 전혀 안 되고 있다. 그런 측면에서 여행사의 선정이나 고용한 사람들을 잘 감별하는 개인의 능력치가 매우 중요해졌다.

일단 가이드나 포터가 각 여행사에 소속된 경우는 매우 드물다. 시즌에 손님이 있고, 사람이 필요할 때 여행사에서 가이드나 포터에게 연락해 손님과 연결해 주는 인력회사식 운영을 하는 경우가 대부분이다.

다만 여행사 사장이 포터나 가이드로 오래 일한 경우, 운영도 잘하고 인력들도 잘 따르는 편이다. 가이드 등이 친척인 경우도 비교적 큰 말썽 없이 운영된다. 그러나 영어, 일본어, 중국어, 독일어 등을 구사하는 가이드는 비교적 많은데 비해 아쉽게도 한국어를 구사하는 여행사나 가이드는 여전히 드문 편이다. 그러므로 한국어가 가능한 가이드는 인건비가 비싸다는 것을 고려해야 한다. 또 가이드 겸 포터라는 직업은 존재하지 않는다. 가이드는 가이드, 포터는 포터. 가이드는 짐을 지지 않으며, 포터는 가이드를 하지 않는다. 손님은 지시와 결정을 하고 역시 짐을 지지 않는다.

각자의 영역을 존중하여 트레커가 산에 익숙하지 않은 경우는 가이드, 포터를 각각 고용해야 한다. 비용 및 인원의 규모 등의 문제로 한쪽만 고용해야 한다면 포터를 고용해야 한다. 대부분의 트레커들이 방문하는 쿰부 히말의 에베레스트 BC, 고쿄, 쿰부 히말 라운딩, 안나푸르나 BC, 안나푸르나 라운딩, 푼힐, 랑탕 계곡 트레킹 정도에서는 포터만으로도 대부분 큰 문제가 없다. 가이드는 아주 어려운 난코스(3패스 등)들에서는 필수로 고용해야 한다.

❶ 계약

파파고나 구글 등 번역기를 이용하여 유사시 모두가 이해 가능한 영어로 번역해서 계약서를 준비한다. 여행사와 카트만두 등에서 계약시 계약금을 남체까지만 내고 하산 후 사무실에서 정산하는 것이 안전하다. 비용을 모두 지불해버리면 가이드와 여행사 모두 연락이 두절되거나 책임을 회피하는 황당한 일도 생길 수 있다. 말이 자주 바뀌거나 비용이 수시로 변동되거나 위와 같은 계약 조건을 거부하는 경우 미련을 두지 말고 즉시 다른 여행사를 알아보는 것이 현명하다.

남체까지 가는 시간이면 고용한 사람들의 성향을 대강은 파악할 수 있다. 나태하거나 음주가 심하거나 전화기로 하루 종일 통화하며 시끄럽고 고집이 세고, 손님과 기 싸움을 하는 가이드와 포터들도 많다. 손님이 가격 흥정이 필요한 경우 손님을 돕지 않고 상점 주인이나 롯지 주인과 짜고 바가지를 씌우거나 흥정을 못하도록 하거나 손님의 결정과 관계없이 자기가 아는 곳을 가려고 강압이나 억지를 쓰는 난감한 경우도 있다. (가이드와 포터의 숙박비용은 항상 1+1이다. 손님이 식사를 하면 가이드나 포터도 같은 종류의 식사를 무료로 혹은 저렴하게 한다. 손님이 숙박을 하면 가이드나 포터의 숙박 비용도 무료로 혹은 매우 저렴하게 책정된다.)

트레킹 기간 동안 모든 결정은 손님이 가진 지갑의 힘으로 한다. 숙소와 음식, 일정 등은 일정 부분 가이드의 의견을 들어준다. 그러나 가이드 등이 오해하여 가끔 자신이 잘 아는 혹은 이익을 많이 챙겨주는 낡고 허름한 곳으로만 가는 경우도 많이 있다. 이런 경우 단호하게 거절하고 좋은 곳으로 옮기면 된다. 모든 최종결정과 책임은 결국 손님이 하는 것이다.

❷ 해고와 재고용

해고와 재고용은 항상 피곤한 일이다. 그러나 잘못된 만남은 빠른 정리가 답이다.

남체 이전에 주의를 한 번 이상 줬으나 개선되지 않는 경우 해고하고 다른 방법을 찾는 것이 좋다. 사람은 쉽게 고쳐지지 않는다. 남체 도착 후 혹은 팍딩 이전이라도 롯지 주인 혹은 메니저를 불러

도움을 부탁하고, 그가 중재하는 가운데 여행사에 연락하여 가이드와 포터의 교체를 요구한다. 대부분 해고된 가이드 등은 즉각 하산조치되고 새 가이드와 포터가 당일 혹은 다음 날 도착하므로 일정에 큰 영향이 없다. 인건비는 가이드 등이 불량한 태도로 일정을 늦추거나 힘들게 한 날만큼 빼고 카트만두에서 지불하면 된다. 여행사도 고객과 분쟁을 벌일 이유가 없고, 평판에도 문제가 있으므로 대개 쉽게 합의에 응한다. 또 공제한 부분만 인건비를 지급하므로 큰 문제는 없다.

한국식으로 언성을 높이거나 비난하거나 잘못을 지적하지 않는다. 잘못된 부분. 그 점에 대해 요점만 간단히 말한다. 해당 사유에 대해 간단한 메모지에 경고/해고 사유를 쓰고 사인받는다. 사인을 안 한다고 해도 상관없다. 새 가이드가 즉각 혹은 다음 날 아침에 오면 싫어도 악수하고 헤어지면 된다. 루클라 등에서 롯지 주인 등의 소개로 직접 인력을 구한 경우, 역시 여행사와 같은 방법으로 해고하고 새 인력으로 교체를 요구하면 된다. 루클라 공항 주변에서 떠돌이 인력을 구한 경우는 조금 복잡하다. 처음 고용시에 남체까지 고용하고, 계속 고용 여부는 남체에서 결정한다 라는 내용을 메모지 등에 써서 사인받고 채용하는 방법을 추천한다. 또 계약기간을 3-5일 간격으로 잘라 명시한다. 제멋대로 3패스를 모두 계약했다. 라는 식으로 오해하고 난동을 부리는 경우도 많다. 해고의 경우 롯지 등에 들어가 주인에게 도움을 요청하고 모두가 보는 가운데 해고사유를 간단히 써서 일한 날짜와 액수를 명시하고 너무 심하지 않았다면 하루 일당의 20-30% 정도를 팁으로 주고 해고하면 된다.

❸ 새로운 인력의 직접 고용

팍딩, 남체의 추천 롯지 등에서 소개받으면 된다. 그렇게 어렵지 않으므로 괜히 마음에 안드는 불성실한 가이드나 포터와 여행하면서 마음 상하고

불안해하지 않는 것이 좋다.

롯지 주인의 입회 아래 일정, 비용, 장비 유무 등을 서로 확인하고 해고 사유로 음주, 도박, 흡연, 소음 등 고용주인 손님의 원하는 상황을 명확하게 확인한다. 계약기간은 위에 명시한 것처럼 각 코스를 여러 부분으로 잘라 해당 지점에 도달하면 연장하는 식으로 한다.

고용비용 즉 일당은 네팔의 일반 여행사의 경우, 손님인 트레커가 포터 1일 임금 20달러를 지불하면 8-9불 혹은 1000루피 정도를 본인에게 지급하는 것이 관례다. 그를 기준으로 볼 때 개인 직접 고용은 그 중간인 1일 1200-1500 루피 정도로 하는 게 적당하다. 중간 가격도 자국민 기준으로는 굉장히 많이 주는게 된다.

20살 전후의 나이 어린 포터가 좋다. 노회하고 나이 든 포터 등은 고용하지 않는다.

4. 쿰부 히말의 주요 트레킹 코스

	코　　스	일　정
쿰부1	카트만두 – 루클라(Lukla, 2840m) – 남체(Namche, 3440m) – 카트만두	4일 (예비일+2일)
쿰부2	남체 – 에베레스트 베이스캠프(EBC, 5364m) – 칼라파타르(Kala Patthar, 5550m) (리)	8–9일 (입산+3일)
쿰부3	남체 – 고쿄 호수(GOKYO tcho, 4750m) – 초오유BC (Chooyu BC, 5220m) – 고쿄 리 (GOKYO RI, 5360M)	10–12일 (입산+3일)
쿰부4	남체 – 추쿵(Chhukung, 4730m) – 로체BC(Lhotse, 5200m) – 추쿵 리(Chhukung Ri, 5550m) – 아일랜드피크BC (Island Peak Base camp, 5200m)	10–12일 (입산+3일)
쿰부5	남체 – 에베레스트 라운딩(쿰부 써킷, 시계방향, 순방향) 촐라 패스(Chola pass, 5420m)	18–20일 (입산+3일)
쿰부6	3 BC / 3 PASS / 3 RI (9 Point) 로체BC – 추쿵 리 – 콩마 라 패스(Kongma La, 5535m) – 에베레스트BC – 칼라파타르 (리) – 촐라 패스(라) – 초오유BC – 고쿄 리 – 렌조 라 패스(Renao La pass, 5345m)	19–21일 (입산+ 3일)
쿰부7	육로편: 카트만두 – 설레리(salleri, 파플루) – 탐단다(Tham danda) – 빠이야(Paiya, 2730m) – 팍딩 – 남체	상행 + 4일 하행 + 3일

카트만두 – 남체 구간은 대개 3일로 잡는다. (입산+3일)로 표시했다. 여기에 예비일 1–2일을 추가하는 게 바른 일정이다. 예상 일정은 충분한 휴식을 취하도록 하고 느린 걸음으로 걷도록 했다. 일정은 신축적이다. 자신의 일정과 예산에 맞게 재설정한다. 특히 휴일을 잘 운용하고 입산과 하산시 판단을 정확하게 한다. 가이드의 의견은 늘 참조한다. 최종 결정은 자신이 하고 책임도 자신이 진다. 헬기와 육로 출입도 처음부터 충분히 고려한다.

루클라 공항 핵심요약(꼭! 알아두기)

쿰부 주요 트레킹 코스

- 쿰부 1. 　카트만두 – 루클라 공항 – 남체
- 쿰부 2. 　남체 – 에베레스트 베이스캠프(EBC) / 칼라파타르
- 쿰부 3. 　남체 – 초오유 BC / 고쿄 / 고쿄 리
- 쿰부 4. 　남체–로체 BC / 아일랜드 피크(임자체) BC / 추쿵 – 추쿵 리
- 쿰부 5. 　남체–에베레스트 라운딩(쿰부 써킷, 시계방향, 정방향)
  　고쿄 – 촐라 패스 – 에베레스트 BC – 아일랜드 피크(임자체) BC
- 쿰부 6 　에베레스트 라운딩(쿰부 써킷, 시계 반대방향, 역방향) –
  　추쿵 – 아일랜드 피크 BC – 에베레스트 BC – 촐라 패스 – 고쿄
- 쿰부 7. 　쿰부 3 BC / 3 PASS / 3 RI (9 Point)
  　로체 BC – 추쿵 리 – 콩마 라 – 에베레스트 BC – 칼라파타르 –
  　촐라 패스 – 초오유 BC(6번 호수) – 고쿄 리 – 렌조 라

육로 코스
육로편 핵심요약 (꼭! 알아두기)

- 쿰부 8. 카트만두 – 설레리 – 수르케 – 체플룽 – 팍딩

기타
쿰부 헬리콥터 / 비행기 관광

쿰부 지역의 추가장비 구매

식량, 옷, 모자, 아이젠, 스틱, 등산화, 파워 뱅크, 장갑 등등.

남체를 지나 고도가 올라가면 하루 방값보다 많이 드는 것이 물값, 전기 충전비용, 인터넷 비용 등이다. 그 외에 의외로 입맛이 돌변하여 가져간 음식이 안 맞아 고전할 수 있다. 남체에서 여러가지 식품을 더 준비하고 여벌 장갑과 털모자 등을 더 준비한다.

남체에서 등산화가 망가지면 차라리 감사한 일이다. 좋은 품질의 등산화를 차라리 카트만두 타멜지역보다 더 괜찮은 가격으로 구입할 수 있다. 그러나 웬만하면 등산화는 한국에서 좋은 것으로 준비해 가자.

탕보체를 지나가면 전화기의 충전비용이 계속해서 가파르게 상승한다. 파워뱅크와 태양광 충전기로 충전비를 절약하는 것이 좋다. 가파르고 위험한 패스를 넘는 경우 본인의 아이젠은 물론 가이드나 포터용으로 저렴한 아이젠을 구입해 놓는 것도 중요하다. 예전과 달리 길이 더 험해졌다. 기존의 새끼줄로 등산화를 묶고 콩마 라나 촐라 라를 넘는 것이 어려워 졌다.

챙이 넓은 모자와 선글라스도 매우 중요하다. 발이 터지거나 살이 스쳐서 생기는 상처에 바를 로션도 준비하는 것이 좋다. 남체에서 파는 인도제 진통제나 휴대용 정수기, 정수 알약 등도 좋은 선택이다.

한기와 먼지를 막는 스카프나 모자도 중요하다. 밤에 잘 때 양말 위에 두꺼운 폴라텍 버선을 신고 자는 것도 좋은 방법이다. 의외로 침낭 속에 들어가도 발이 추운 경우가 많다.

쿰부 지역 트레킹 예산 예측

남체쯤 올라오면 음식값, 방값 등 예산에 대한 감이 오기 시작할 것이다. 남체 위로 올라갈수록 환율도 좋지 않고 방값과 음식 가격도 많이 올라 놀라울 정도다. 코로나 이전에 비해 2024년 이후부터는 30% 이상 예산을 더 잡아야 한다.

예비일을 포함한 일정 등을 고려하여 전기충전, 방값, 물값 등 절약할 부분과 반드시 지출할 부분을 확인해 둔다. 세상이 달라져서 고쿄나 에베레스트 근방에서 카드 할인 이른바 카드깡도 해준다. 최악의 상황에 몰리면 유사시 가능하므로 너무 큰 걱정은 하지 말자.

환전은 가능하면 카트만두에서 한다. 네팔의 문화 특성상 환전소 표시 환율 그대로 환전하면 안된다. 반드시 흥정을 해야 한다.

예 필요경비 1000 달러를 환전한다. 환전소 고시 환율이 130인 경우. 133 혹은 133.5 정도까지 돈을 더 받을 수 있다. 아침 일찍 첫 손님으로 문 열자마자 간다. 환율이 맘에 안 드는 듯 환전소 문을 2번 정도 나가는 듯한 태도를 보여야 한다. 가급적 인도계 환전상과 협상하는 것이 유리하다. 한국인과 생김새가 비슷한 티벳계 환전상은 환전, 장비구매 모두 협상이 험난하고 불리하다. 남체에서 환전은 매우 불리하여 안 하는 것이 좋다. 해야 한다면 은행보다는 남체 한 복판의 대형장비점들이 유리하다. 역시 100달러 이상 하는 경우는 반드시 흥정을 해야 한다. 네팔 사람들은 돈을 험하게 쓴다. 특히 찢어지고 구멍난 네팔 돈은 롯지, 식당, 가게에서 안 받는 경우가 많다. 환전할 때 주의하여 깨끗한 돈을 요구한다. 훼손된 돈은 교체를 요구한다.

· 쿰부 1 · 카트만두 – 남체(Namche, 3440m)

카트만두 → 루클라(Lukla, 2840m) → 남체(Namche, 3440m) → 카트만두

일	구 간	최대 고도	예상 시간	비 고
1	카트만두(KATUMANDU, 1350m) → 루클라(Lukla, 2840m) → 팍딩(Phakding, 2610m)	2840	7–8시간	항공. 200미터 하강. 평이.
2	팍딩(Phakding, 2610m) → 남체(Namche, 3440m)	3440	7–8시간	평이. 남체 600미터 상승
3	남체(Namche, 3440m) → 몬조 → 루클라	3440	7–8시간	(하산) 남체 계속 내리막. 루클라 200미터 상승.
4	루클라(Lukla, 2840m) → 카트만두	2840	40–50분	항공. 사이렌 후 비행기 착륙, 바로 카트만두로 이륙.

일정: 4일 (상행 2일, 하행 2일).
항공편 예비일 필요.
최고 고도: 남체(Namche, 3440m)
난이도: ★★ **편리성:** ★★★★
풍경: ★★★ **이용도:** ★★★★★

일정 소개

세계에서 가장 높은 산. 에베레스트가 있는 쿰부 히말라야 지역의 대표적인 관문은 남체다. 남체는 시간이 많지 않아 오래 걸을 수 없거나, 고산 적응에 확신이 없을 때 짧은 산행으로 계획할 수 있는 곳이다. 남체에서 마음이 움직이면 산행을 계속하도록 바로 계획을 수정할 수도 있다.

쿰부 트레커들 중 99% 이상. 거의 대부분은 비행기 혹은 헬리콥터로 루클라에 도착해 남체 방향으로 산행을 시작한다. 남체의 둘레길을 걷거나 남체 뒤로 쿰중에 오르면 에베레스트, 로체 남벽,

아마다블람 등 쿰부의 유명한 산들을 바로 만나볼 수 있다.

남체는 더 멀리, 더 깊게 쿰부의 깊은 곳으로 걸을 수 없는 트레커들에게 오래오래 기억에 남을 마을이다. 이제 본격적으로 쿰부의 깊은 곳으로 들어갈 사람들에게는 고도에 적응하고 트레킹에 필요한 물품을 추가로 준비하며 좋은 숙소와 맛있는 식사를 즐길 수 있는 마을이다.

상세 일정 : 4일

1일차	카트만두(KATUMANDU, 1350m) → 루클라(Lukla, 2840m) → 체플룽(CHEPLUNG, 2660m) - 팍딩(Phakding, 2610m)	비행 40분 트레킹 3시간
2일차	팍딩 → 몬조(Monjo, 2835m) → 조르살레(Jorsale, 2740m) → 남체(Namche, 3440m)	7~8시간
3일차	남체 휴식	휴식

1일차 (총 7~8시간)

카트만두(Katumandu, 1350m) ⇨ **루클라**(Lukla, 2840m) 비행기 40분 ⇨ **팍딩**(Phakding, 2610m) 4~5시간

> **TIP**
> 카트만두 공항에 최대한 일찍 도착해 짐을 붙이고 기다리는 것이 좋다. 연착, 결항이 잦으므로 너무 예민하게 생각하지 않도록 하자. 루클라에 도착하면 오후 3시 이후 팍딩에 도달하도록 매우 천천히 간다.

비행기는 카트만두가 아닌 루클라의 날씨가 맑아야 출발한다. 성수기, 비성수기를 막론하고, 제 시간에 비행기가 떠나는 경우는 거의 없다. 1~2시간 연착은 기본이고 점심시간 전에만 도착해도 감사하다. 오후 3시까지 카트만두 출발이 안 되는 경우 그 다음 날 출발도 장담하기 어렵다. 일정이 빠듯하면 당일 헬기출발도 고려해야 한다.
비행기가 정상적으로 출발하는 경우, 비행기는

정해진 좌석이 없이 선착순으로 앉아서 간다. 빠르게 탑승해 비행기 왼쪽 좌석에 앉으면 설산이 잘 보인다.
루클라 공항은 해발 2,840m에 있다. 공항의 활주로 길이가 460m로 매우 짧다. 비행기를 타고 가다보면 공항이 있을까 싶은 지형인데, 갑자기 협곡 사이에 짧은 활주로가 나타나고 착륙을 한다. 그리고는 오르막을 올라간다. 착륙한다는 실감이 전혀 나지 않는다. 비행기가 도착하면 손수레 등으로 짐을 내려준다. 산에서 필요한 추가 물품은 모두 남체에서 구입하면 되고 루클라에서 특별히 구입할만한 것은 없다. 공항에서 나가 우측 담장을 끼고 돌아나간다.

루클라 마을이 거의 끝나는 곳 우측에 쿰부 지역사무실(Khumbu Pasang Lhamu Rural Municipality)이 있다. 여기서 쿰부 트레킹 카드 혹은 쿰부 커뮤니티 텍스 티켓을 끊는다. 1인당 가격은 3,000루피. 쿰부 지역은 2017년 11월부터 TIMS를 인정하지 않는다. 대신 쿰부 커뮤니티 텍스를 낸다. 혹시 여행사 등에서 따로 쿰부 TIMS 비용을 요구하면 거절하고 이미 냈다면 돌려받도록 한다.
아치로 장식된 문을 지나 루클라에서 남체 방향으로 걷는다. 200m 정도 내리막 길을 따라가면 공항 아래 마을인 수르케를 지나 루클라 공항 아래 계곡 길을 걸어 육로로 올라오는 길과 만난다.

이 마을이 체플룽이다. 여기서 점심을 먹는다. 점심 후 좌측으로 강을 끼고 정면에 보이는 쿰비율라(5760m) 산을 보면서 걷는다. 동네 풍경을 보면서 천천히 걷는 것을 추천한다. 숙소까지는 천천히 걸어도 충분히 도착하는 거리이므로 차도 마시고 사진도 찍으며 매우 천천히 걷자.

천천히 걸어서 오후 3시 정도에 팍딩에 도착하더라도 그냥 팍딩에 숙소를 잡는 것을 추천한다. 고산병에 대비해 저녁 메뉴로 마늘스프(현지인들이 고산병에 마늘스프가 효과가 있다고 추천한다.)를 먹는 것을 추천한다. 날씨에 따라 팍딩부터 오리털 다운 자켓이 필요한 경우도 있다. 잘 때 양말을 신고, 스카프를 목에 두르고 모자를 쓰고 머리를 따뜻하게 하고 자는 것이 좋다.

▶ **팍딩 추천 숙소:** 상그리라 롯지

TIP 물 관리.
빙하가 녹은 물은 본래 식수로 부적합하다. 사서 마시는 미네랄 워터(생수)도 뭔가 믿음직스럽지가 않다. 미네랄 워터를 사서 마시는 것 보다 끓인 물과 차를 마시는 것이 더 안전하다. 정로환을 1~2알씩 출발 2~3일 전부터 먹어 두는 것을 추천한다. 숙소에서 가장 큰 보온병으로 물을 주문해서 밤에 마신다. 잘 때는 날진(Nalgene) 물병 등에 뜨거운 물을 넣고 안고 자는 것을 추천한다(물병은 BPA free 표시가 있는 것으로 준비한다). 다음 날 걸을 때 그 물을 마시면서 일정을 소화한다. 고도가 올라갈수록 물값도 매우 비싸진다. 이에 대한 대책으로 진한 티백을 준비하고 휴대용 정수기나 여행용 브리타 정수기를 준비하는 것도 좋은 방법이다.

2일차 (총 7~8시간)

팍딩(Phakding, 2610m) ⇨ **몬조**(Monjo, 2835m) 3시간 ⇨ **조르살레**(Jorsale, 2740m) 30분 ⇨ **남체**(Namche, 3440) 3시간

오늘은 남체까지 가는 날이다. 조르살레를 지나면 마을이 없고, 오르막길만 있다. 무조건 남체까지 가야하는 날이다. 물과 간식을 잘 준비하자.

팍딩에서 다리를 건너면 예쁜 롯지들이 많고, 괜찮은 제과점도 있다. 여기에서 간식으로 빵을 사두는 것도 좋다. 여러 개의 다리를 건너 작은 오르막과 내리막을 천천히 걷는다. 3시간 정도 걸으면 몬조와 조르살레 경계에 위치한 사가르마타 국립공원 체크포인트가 나온다. 여기서 입산신고하고 국립공원 입장료를 지불한다. 육로로 올라가는 이 체크포인트에서 국립공원, 쿰부 커뮤니티 텍스 2가지 입장료를 징수하고 확인한다.

입장료와 여권 복사본 및 커뮤니티 tax 영수증을 가이드 혹은 포터에게 주고 다리 건너 식당에서 만나기로 하고 먼저 떠난다. 외국인이 직접 처리하면 줄을 먼저 서도 가장 나중에 처리해 준다.

TIP
〈이후 여권 복사본과 커뮤니티 TAX 영수증은 가이드 및 포터에게 보관하라고 향후 만나는 체크포인트에서 직접 처리하게 하고 상관하지 않는 것이 좋다.

제법 긴 계단으로 내리막을 지나 긴 철 다리를 건너면 강가에 식당들이 있다. 마음에 드는 곳에서 점심을 먹으면 된다. 조르살레 마을 이후로는 다리를 여러 개 건너게 된다. 여기서부터 남체까지 고도 약 600미터를 올리게 된다. 강에서 보면 그

리 높아 보이지 않는 다리가 2개 걸려 있다. 그러나 막상 언덕을 올라 다리 앞에 서면 난간을 붙들고 망설이면서 한참동안 건너지 못하는 사람들이 많다.

다리를 건너면 조금 가파른 오르막을 내내 오른다. 길 중간의 군부대는 지금은 이전했다. 힘내서 계속 오르면 소나무, 전나무가 가득한 흙 길을 만난다. 그 길을 오르면 남체 체크포인트가 있다. 가이드나 포터에게 처리하게 하고 계속 걸어서 올라간다.

작은 가게들을 지나 오른쪽으로 돌면 마법처럼 갑자기 변환한 마을 남체를 만나게 된다. 큰 일주문과 대리석으로 만든 수로와 정자들이 나타나고 분수대와 탑들과 큰 건물들이 있는 이곳이 바로 남체다. 쿰부 히말 트레킹의 첫 번째 힘든 코스가 끝났다. 남체에 도착한 것을 축하한다 !!

▶ 추천숙소: 야크 호텔.

TIP
인체는 3천미터를 돌파하면 기압과 고도에 매우 민감하게 반응한다. 특히 빠른 걸음으로 높은 고도를 오르며 인체를 강하게 압박하면 자신도 모르는 사이 인체의 미주신경이 아주 묘하게 작동한다. 가능한 오랜 시간 높은 고도에 자신을 노출시켜 인체가 적

응하는 시간을 길게 가져가야 한다. 아무도 빨리 달려 올라가 고산병과 만나라는 사람은 없다. 남과 경쟁할 이유도 없다. 천천히 천천히 간다. 남체 도착은 반드시 오후 3시 이후가 되도록 한다. 높고 긴 철제 현수교와 오르막길에서 말이나 야크 등을 만나면 반드시 산쪽으로 붙는다. 절대로 계곡 쪽으로 서 있으면 안 된다. 물건이나 짐승의 배에 살짝만 부딪쳐도 사람은 그냥 날아간다. 당연히 큰 사고가 날 수 있다. 다리를 건널 때 현지인이나 야크떼, 말 등이 오는 경우 이들이 다 지나간 후 건넌다. 동네 꼬마들은 다리를 달려서 건넌다. 말을 타고 전속력으로 다리를 건너가는 배려가 전혀 없는 현지인들도 있어 주의해야 한다.

• 정보: **사가르마타 국립공원 입장료**
(Sagarmatha National Park Permit)
외국인 : NPR 3000 per person + 13% VAT = 3390루피. (2024년 1월 현재)

입장료는 3,000루피인데 tax 13%를 다시 여행자에게 부담시켜서 3390루피였다가 2019년에야 개선되어 tax 13% 포함 3000 루피로 되었다가 코로나 이후 다시 환원되

어 2024년 1월 현재 다시 3,390루피가 되었다. 입장료는 자주 변동하므로 확인한다.

국립공원 사무소 창구 앞에서 가이드 혹은 포터에게 입장료와 여권 복사본(앞면, 비자면)과 커뮤니티 tax 영수증을 주고 처리하게 한다. 여권 원본은 가이드/포터 등을 포함해 남에게 맡기면 절대 안 된다.

알아두기: 남체는 모든 롯지에서 화장실이 딸린 방은 2,000루피. 공용화장실의 경우는 300~500루피의 숙소가격이 마을 전체에 형성되어 있다. 숙박에 관한 한 가격흥정이 애초부터 없는 곳이다.
이동과 관광의 편리성 및 시설에 따라 트레커 스스로 선호하는 숙소를 정하면 된다.
뜨거운 물이 나오고 방에 충전시설이 있는 곳을 선택하는 것이 좋다.
겨울철 같은 비수기는 트레커에게 유리하다. 화장실과 샤워실이 있는 단독객실을 크게 할인받을 수도 있다.
가이드 등이 손님의 숙소 결정 등을 강요하거나 방해하는 일이 자주 있다. 특히 남체 위로 올라가는 경우 빈번하게 발생한다. 숙

소 결정에 대해 손님이 결정권을 가지는 것이 바람직하다. 숙소 선택에 대해 여러 번 문제가 발생하면 경고 후에 해고한다. 그리고 그곳에서 가이드나 포터를 구하면 된다. 가이드나 포터의 해고와 고용은 쉬운 지역이다. (뒤의 가이드 고용 편 참조)

남체 구경하기

TIP
남체는 일정상 다음 날 쿰중이나 캉주마에 들렸다가 하산할 수도 있으나 먼 길을 가는 트레커들처럼 하루 이상 쉬었다가 가는 것을 추천한다.
장거리를 가는 경우 남체 마을 정도를 둘러보고 고도를 올리지 말고 쉬는 것이 좋다. 쿰중은 탕보체, 포르체 텡가로 올라가는 길에 들러서 가면 된다.

남체는 역사적으로 티벳과 인도 및 네팔의 상인들이 모여 장을 열던 시장이 있는 곳이다. 네팔의 경제가 인도와 중국에 거의 종속되면서 네팔 물

건은 농산물 등이 주를 이루고 공산품은 최근 중
국제 물건이 많다.

장은 마을 동쪽 끝 공터에 있다. 토요일 오전에
시장이 열리고 티벳 상인들의 장이 매일 선다. 장
터로 가는 길에도 상점이 많다. 상점과 노점 모두
지독할 정도로 치열한 흥정으로 가격이 정해진
다. 반 정도 깎으면서 물건을 안 살듯이 등을 보
이며 가격 거절을 최소 2~3번 하면 괜찮은 가격
이 나온다.

남체는 마을 전체 통신과 전기 사정이 좋은 편이
다. 제과점과 식당이 거의 대부분 무료 wifi를 제
공한다. 인터넷 전화 통화품질도 우수하다. 네팔
자체 국제전화 통화료가 매우 저렴하므로 한국과
직접 통화도 괜찮다.

남체에는 보건소와 우체국은 물론 은행과 환전
소와 ATM도 있다. 세탁기가 있는 세탁소도 있다.
약 100여 곳의 숙소와 노스페이스 등 유명 장비
점도 여럿 있다. 최신 명품 등산화와 중고 등산화
도 카드 및 현금으로 구입이 가능하다. 타멜의 장
비점에서 부지런히 흥정하는 것보다 더 나은 가
격이 가능하다. 중국제나 짝퉁 장비는 마을 동쪽
끝 공터 혹은 마을 입구 상점에서 많이 거래된다.
당구장도 있다. 세계 각국의 여러가지 식품이 있
는 고급 식료품점도 여러 개 있다. 팝 음악과 축구
방송이 케이블 TV로 흘러나오며 맥주와 야크 스테
이크가 있는 아이리쉬 바도 있고 서양식의 음식점

도 매우 많다. 일본 음식점도 있고 신라면을 끓여
주는 식당도 있다. 야크 호텔 앞 헤르만(Hermann)
제과점의 빵이 팍딩, 고쿄와 함께 쿰부 히말 전체
에서 세 손가락 안에 들어갈 만큼 맛있다.

남체 휴식시간 이용하기

> **TIP**
>
> 트레커는 원정대가 아니다. 미리 앞당겨서
> 길을 오르고 내리면서 고도를 올리지 않는
> 다. 마을 근처의 산책 정도로 만족한다. 안
> 개가 많이 끼는 날에는 남체 마을 외곽의
> 넓은 길들을 걸어도 바로 몇 미터 옆의 마
> 을 전체가 전혀 보이지 않는다. 많은 사람
> 들이 살지만 불빛도 잘 안 보이고 사람 소
> 리나 개들이 짖는 소리조차 잘 들리지 않는
> 다. 특히 지친 몸 상태로 하산하는 경우 길
> 이 더 안 보여 남체를 지나치기도 한다.
> 맵스 미(Maps me) 등 GPS 앱을 항상 가동
> 시키고, 길 한 곁의 길게 뻗은 장대에 설치
> 한 이정표가 어디에 있는지 늘 확인하며 걷
> 는다. 안개 속으로 진입해도 마을로 들어서
> 면 조금씩 길이 보인다.

남체가 최종 목표이고 하산하는 경우, 새벽 6시

전에 출발해 언덕을 거슬러 샹보체와 쿰중을 둘러본다. 샹보체에는 중대형 헬기들의 공항이 있고, 에베레스트 뷰 호텔이 있다. 이곳에서 로체 남벽 능선 위로 머리를 내밀고 있는 에베레스트, 그리고 아름답기로 유명한 아마다블람을 보는 것을 추천한다. 적당한 롯지에서 차를 마시고 산들을 구경하면서 우측으로 길을 잡아 사나사로 천천히 하산하여 캉주마를 지나 남체로 돌아온 뒤 바로 하산하면 된다.

계속 트레킹을 하는 사람들은 남체에서 고도 적응을 위해서 하루 휴식하는 것을 추천한다. 주변의 오르기 쉬워보이는 길이라 하더라도 오르지 않는 것이 좋다. 이미 샹보체의 높이가 3800m. 안나푸르나 BC 가는 길의 마차푸차레 베이스캠프(MBC)의 고도인 3,700m보다 높다.

쿰중에서 좌측으로 하산하면 남체의 전기와 통신시설이 모여 있고, 티벳 절들이 있는 마을 타모다. 타모로 하산하여 둘레길을 걸어 남체 시내 좌측으로 들어선다. 필요시 남체를 오가는 헬기는 타모 가는 길에 위치한 착륙장에서도 출발한다. 언덕이 부담스러운 경우, 평탄한 남체 우측 언덕 길을 따라 캉주마까지 가서 거기서 에베레스트, 로체 등을 조망하고 차나 식사를 하고 천천히 남체로 돌아오면 된다. 캉주마 가는 길 우측 아래 숲에 파랑새들과 공작새들이 많이 산다.

종종 무리하여 남체에서 좌측으로 타모-타메로 가는 하이킹을 하기도 한다. 타메는 매우 아름답고 번화한 티벳 불교 마을이지만 고도도 올라가고 길도 멀어서 왕복하면 몸이 지친다. 남체를 마지막으로 하산하는 일정이 아니라면 당일 소풍 길로 추천하지 않는다.

남체 이후를 위한 적응

고산 적응 휴일인 경우, 남체 마을의 여러 곳을 둘러보고 찻집이나 제과점, 식당 등을 둘러보는 것만으로도 충분히 고소 적응이 된다. 3400m가 넘는 고도에서 사람의 혈액 안에 산소를 공급하는 헤모글로빈의 숫자가 늘어나면 고산에 적응이 됐다 라고 한다.

쿰중이 궁금하다면 다음 날 아침 노란 표지판을 보고 좌측으로 꺾어 언덕으로 올라가면 셀파족들이 모여사는 마을인 샹보체, 쿰중 등의 마을에 도착하게 된다.

여기서 사나사로 하산하여 왼쪽으로 급하게 올라간 뒤 계속 진행하면 몽 라 – 고쿄 즉 초오유로 가는 길이다. 오른쪽으로 급하게 내려갔다가 계속 올라가면 탕보체 – 에베레스트 베이스캠프(EBC)로 가는 길이다.

3일차 (하산)

남체(Namche, 3440m) ➜ **몬조**(Monjo, 2835m)
➜ **팍딩**(Phakding, 2610m) 걸어서 3시간 ➜ **루클
라**(Lukla, 2840m)

4일차

루클라(Lukla, 2840m) ⇨ **카트만두**(Katuman-
du, 1350) 항공 30-40분

· 쿰부 2 · 남체 - 에베레스트 베이스캠프(EBC) / 칼라파타르(리)

일자	일정	이동시간
1일차	남체 → 쿰중(Kumjung, 3790m) → 사나사(Sanasa, 3600m) → 풍키텡카(Phungi Tanga, 3250m) → 텡보체(Tengboche, 3860m)	7–8시간
2일차	텡보체 → 데보체(Deboche, 3710m) → 팡보체(Pangboche, 3985m) – 소마레(shomare, 4010m) → 딩보체(Dingboche, 4410m)	7–8시간
3일차	휴식	
4일차	딩보체 → 투클라(Tukla, 4620m) → 로부제(Lobuche, 4910m)	7–8시간
5일차	로부제 → 고락셉(Gorakshep, 5140m) → 에베레스트 베이스캠프(EBC, 5364m) → 고락셉(Gorakshep, 5140m)	7–8시간
6일차	고락셉 → 칼라파타르(Kala Patthar, 5550m) → 고락셉 → 로부제 → 페리체(Periche, 4270m) → 로워 팡보체(Pangboche, 3880m)	11–12시간
7일차	로워 팡보체 → 텡보체 → 풍키텡카 → 사나사 → 남체 / 어퍼 팡보체 → 포르체 → 포르체 텡가 → 몽라 → 남체	8–9시간
8일차	남체 → 팍딩 → 루클라	8–9시간
9일차	루클라 → 카트만두	40분

비상시 하산 : 헬기 / 쿰부8. 육로편 참조.

일정: 항공편 예비일(고소 휴식 1일, 예비일 2일 포함) 필요.

최고 고도: 에베레스트 베이스캠프(EBC, 5364m), 칼라파타르(Kala Patthar, 5550m) 카트만두 포함 8~9일 소요. (입산+3일)

난이도: ★★★★   **편리성:** ★★★★
풍경: ★★★★   **이용도:** ★★★★★

일정 소개

세상에서 가장 높은 산. 에베레스트를 보려는 전 세계 수많은 트레커들의 꿈의 코스다. 히말라야 중에서도 가장 오랫동안 외국인들을 맞이한 지역으로 수천 년간 티벳 및 인도를 연결하고 마을들이 연결되고 있다.

일단 남체에 오르면 고소적응 휴식일을 1일 이상 가진 뒤 시작한다. 에베레스트 외에도 8000미터가 넘는 산 로체와 초오유가 바싹 붙어 트레커들의 방문을 기다리고 있다. 가는 길에 세계적으로 아름다운 산 중 하나로 꼽히는 아마다블람도 산행 내내 여행자들을 반갑게 맞이한다.

에베레스트 BC로 오르는 길은 등산로 자체가 매우 넓고 평이하다. 또한 루클라에서 출발해 에베레스트 베이스캠프까지 그냥 쭉 이어진 길이어서 길을 잃을 우려도 전혀 없다. 비행기, 헬리콥터, 당나귀, 야크 등으로 물품의 공급도 잘 이뤄져 풍요로운 트레킹 루트다.

최근에는 에베레스트 베이스캠프까지 에베레스트 자체 wifi가 연결되어 인터넷 사용 환경도 좋고, 태양열을 통한 발전도 활발해 일부 롯지는 전기장판도 사용 가능하다. 남체 기준 1주일 정도면 충분히 에베레스트 BC와 칼라파타르에 도달이 가능하다. 하산은 내리막이므로 3~4일이면 가능하다.

에베레스트가 있는 쿰부 히말을 트레킹하고 싶은데, 일정에서 시간이 부족할 때는 돈을 쓰면 다녀올 수 있다. 1인당 100만원 정도를 항공 교통비로 더 지출하면 에베레스트 베이스캠프까지 오른 뒤에 하산은 헬리콥터로 고락셉이나 로부제에서 하면 된다.

남체를 지나 사나사에서 내리막길로 풍키텡카에 도착한다. 내려간만큼 다시 오르고 조금 더 좁고 높은 소나무 사이로 오르면 쿰부에서 제일 큰 절이 있는 탕보체에 도착한다. 탕보체에서 내리막길로 가다가 팡보체부터는 내내 오르막을 오르면서 소마레에서 4천 미터를 돌파하고 페리체/딩보체에 도착해서 고소 적응 휴식일을 가진다.

페리체/딩보체에서 개울을 건너 이 코스에서 가장 힘들다고 생각될 투클라 언덕의 에베레스트 메모리얼을 지나 콩마 라와 촐라 라와 연결되는 로부제에 도착한다. 로부제에서 다시 빙하 지역의 너덜지대를 오르내리다 마지막 언덕을 오르면 넓은 모래밭. 에베레스트의 전진기지인 고락셉으로 내려간다. 고락셉에서 조금 더 올라가 우측으로 쿰부 빙하 한 복판으로 들어가면 에베레스트 BC(EBC, 5364m)다. 좌측의 언덕을 오르면 거기가 이 코스에서 가장 높은 곳인 칼라파타르(Kala Patthar, 5550m)다. 시간을 잘 배분해 두 곳을 모두 다녀오면 평범한 산행을 하는 이들의 평생의 꿈인 에베레스트 BC 방문이 이뤄진다.

단페 이야기

네팔의 국조는 단페다. 무지개 꿩이라고도 하는데 상당히 아름답다. 특히 수컷이 아름다운데 얼른 봐서는 '공작이 아닌가?' 그런 생각을 하게 된다. 남체에서 사나사를 지나는 구간에 많이 나온다. 안개가 낀 어느 날 화려한 새들이 밭에 자리 잡고 있길래 반가운 마음에 바라봤더니 농부들이 심어 놓은 감자를 수컷은 망을 보고 암컷들이 캐 먹고 있

없다. 너무 멋지게 생겨 도둑질 같은 것은 안할줄 알았더니……

상세 일정 : 8일

1일차 (총 7~8시간)

남체(Namche, 3440m) ⇨ **사나사**(Sanasa, 3600m) <u>2시간</u> ⇨ **풍키텡카**(Phungi Tanga, 3250m) <u>30분</u> ⇨ **텡보체**(Tengboche, 3860m) <u>3시간</u>

남체까지 일정 쿰부1: 카트만두-루클라-남체편 참조

아침 7시 반 경 출발해 쿰중으로 올라가 에베레스트와 로체, 아마다블람을 보면서 걷게 된다. 내내 내리막길로 사나사에 도착한다. 2시간 반.

사나사에서 왼쪽으로 오르면 고쿄로 가는 길이고, 오른쪽 내리막길로 가면 텡보체로 가는 길이다. 30분 정도 내려가 다리를 건너면 강 바닥에 위치한 마을 풍키텡카다. 여기서 점심을 먹는다. 텡보체 오르는 길에 체크포인트가 있다. 가이드 혹 포터에게 처리하게 한다. 길은 내내 오르막이다. 높이에 따른 어려움을 빼고 생각하면 팍딩에서 남체로 오르는 날과 남체에서 텡보체에 오르는 길이 가장 힘들다. 천천히 지그재그로 계속 오르면 결국 앞에 텡보체 곰파(절) 앞에 서게 된다. 텡보체에 도착하면 왼쪽으로 곰파가 매우 크게 자리 잡고 있고 유명한 숙소들은 오른쪽에 있다. 가운데로 가로 질러 절이 끝나는 부분 왼쪽에 위치한 롯지에 간다. 충전이 가능하고 인터넷도 잘

되는 가장 최근에 지은 롯지다.

곰파 왼쪽 담장으로 계속 걸어가면 넓은 공터와 절벽이 나온다. 여기에 서면 몽라, 포르체 텡가와 지나온 모든 산들과 고쿄로 가는 길가의 산들이 장엄하게 자리 잡고 있다. 가이드나 포터가 30분 정도 더 가면 있는 디보체로 가자고 조를 수 있다. 그냥 텡보체에서 쉬는 것을 추천한다.

추천 롯지: 텡보체 롯지

2일차 (총 7~8시간)

텡보체(Tengboche, 3860m) ⇨ **팡보체**(Pangboche, 3985m) <u>2시간</u> ⇨ **소마레**(shomare, 4010m) <u>2시간 30분</u> ⇨ **딩보체**(Dingboche, 4410m) <u>2시간 30분</u>

텡보체에서 내리막으로 30분 정도 더 가면 디보체다. 포터들은 디보체가 텡보체보다 좀 더 따뜻해서 선호한다고 한다. 평탄한 길을 걷다 좁아지는 길을 만나면 오른쪽으로 바싹 붙어 걷는다. 왼쪽은 무너진 모양이 안 보여 위험할 수 있다. 제법 높은 철다리를 건너 오르막을 오르면 멋진 암석들이 나온다. 거기에 종종 산양이 있다.

팡보체(Pangboche, 3880m)는 아랫 마을(Lower Pangboche)과 윗 마을(Upper Pangboche)이 있다. 올라가느라 힘들테니 자주 찻집에서 차를 마시며 걷는 것이 좋다. 어차피 딩보체나 페리체까지 간다. 천천히 가도 충분하다. 아마다블람 BC는 팡보체 윗 마을에서 오른쪽 강을 건너 가면 된다. 팡보체에서 왕복 5-6시간 정도 걸린다.

팡보체 윗 마을을 지나 소마레 마을의 아기자기한 언덕 중턱쯤에서 점심을 먹는다. 소마레에서 4000m를 돌파하면 날씨가 쌀쌀하고 건조해서 땀이 많이 나지 않는 걷기에 좋은 높이다. 그러나 산소량이 부족해서 힘들테니 천천히 쉬면서 걸어

야 한다.

갈림길에서 왼쪽으로 가면 페리체, 오른쪽으로 가면 딩보체다. 딩보체가 됐든 페리체가 됐든 하루는 쉬어야 한다. 페리체에서 쉬는 사람도 많지만, 딩보체를 추천한다. 페리체보다 조금 더 고도가 높지만, 풍경이 훨씬 좋다. 이 고도에서는 그래도 큰 마을이다. 가게들과 찻집이 많으니 필요한 물품이 있으면 여기에서 구입하는 것이 좋다. 가능하면 천천히 걸어서 오후 3시에 이후 도착하도록 하는 것이 좋다. 그게 몸의 고소적응에 더 유리하다.

추천 롯지: Valley view lodge. Cafe Himalaya

> ### 산양
> 파키스탄 히말의 경우는 거대한 산양을 사냥하는 사람들이 많지만 네팔 특히 쿰부는 금지하고 있다. 그런 이유로 덩치가 큰 산양들이 사람들이 지나다니는 절벽 근처에 나와 사람들을 구경하는 경우도 많다. 사진을 찍어도 도망가지 않는다. 팡보체 오르는 길에 많이 나온다.

3일차 (총 7~8시간)

···휴식. 좋은 차를 마시고, 페리체쪽 언덕으로 올라가 보거나 추쿵 방향으로 조금 걸으면서 쉬는 날이다. 4000미터를 넘었으니 하루 쉬면서 고소에 적응해야 한다.

4일차 (총 7~8시간)

딩보체(Dingboche, 4410m) ⇨ **투클라**(Tukla, 4620) 2시간 ⇨ **로부제**(Lobuche, 4910) 4시간

딩보체에서 왼쪽의 언덕을 오르면 아래에 마을이 보인다. 거기가 페리체다. 언덕의 하얀 초르텐을 이정표 삼아 올라 오른쪽으로 길을 잡아 걷는다. 뒤로 돌아보면 풍경이 압도적이고, 환상적이다. 히말라야가 무엇인지 가슴으로 들어온다. 언덕에 올라서 페리체 말고, 길이 가는 쪽의 롯지가 보일 텐데, 그렇게 금방 도착하지는 못한다. 생각보다 시간이 오래 걸린다. 그렇게 걷다가 길을 내려서서 강을 건너 올라가면 롯지와 식당이 나오는데, 여기가 투클라다. 여기서 점심을 먹고 차도 마시고 충분히 쉬었다가 로부제로 출발한다. 시간은 넉넉하니 서두르지 않아도 된다.

점심 후 가이드 혹은 포터를 먼저 보내 잘 곳을 예약하게 한다. 아주 천천히 바람 불고 덥고도 추운 깔딱 고개를 넘으면 에베레스트 메모리얼이 나온다. 등산 중 사망한 유명한 등반가들을 기리는 탑들이 많이 서 있다. 추모판 중 "He always aim to high"란 구절이 가장 좋았다.

투클라 언덕을 넘으면 앞에 무척이나 멋지게 생긴 산이 보인다. 푸모리(7161m)이다. 푸모리에 감탄하며 걷다보면 왼쪽에 롯지가 여럿 있는 마을이 나온다. 여기가 로부제(Lobuche, 4910m)이다. 고도가 높으니 입맛이 없고 몸도 힘들다. 차 마시면서 푹 쉬자. 따뜻하게 입고. 컨디션이 괜찮아도 타이레놀 한 알 정도는 먹자.

5일차 (총 7~8시간)

로부제(Lobuche, 4910) ⇨ **고락셉**(Gorakshep, 5140m) 2시간 ⇨ **에베레스트 베이스캠프** (EBC, 5364m) 2시간 ⇨ **고락셉**(Gorakshep, 5140m) 2시간

로부제에서 숙박하는 동안 고산병에 큰 문제가 없었다면 고락셉도 큰 문제는 대개 발생하지 않는다. 로부제에서 고락셉으로 가는 길은 푸모리를 보며 걷게 된다. 오르고 내리는 너덜지대를 지나 칼라파타르가 보이고 넓은 모래 사장과 같은 평지로 내려가면 롯지들이 보인다. 하루 안에 EBC와 칼라파타르를 마칠 수도 있으나 힘들다. 고락셉에서 차를 마시거나 이른 점심을 먹고 조금 쉰 다음 천천히 EBC로 진입한다. 얕은 오르막을 올라 우측으로 들어서 빙하 둑에 서면 에베레스트가 잘 보인다. 빙하 가운데에 위치한 에베레스트 베이스캠프는 대개 길이 잘 나 있어 크게 위험하지 않고 표지석이 크게 자리 잡고 있다. 빙하 가운데 길을 따라 가면 원정대가 모여 있는 곳으로 갈 수 있는데, 가지 않는 것이 안전하다. 고락셉으로 돌아와 가장 맛있는 음식과 음료를 시켜 산행 성공을 자축한다. 아프지 않아도 진통제를 복용해 둔다. 역시 따스하게 먹고 양말을 신고 목에 스카프를 두르고 모자를 쓰고 핫팩을 등에 붙이고 잔다. 물이 귀한 곳이다. 물값, 충전비용 등 모든 것이 비싼 곳이기도 하다. 해질녘 눕체의 꼭대기에 바람이 불고 흰눈이 날리면 빨간불이 성화처럼 보인다. 밤의 고락셉은 독특한 매력이 있다. 춥지만 잠시 밖에 나와 별 구경을 해보는 것을 추천한다. 수많은 별과 유성들이 마음을 설레게 할 것이다. 다음 날 아침 일찍 칼라파타르에 올랐다가 그대로 하산한다.

6일차 (총 11~12시간)

고락셉(Gorakshep, 5140m) ⇨ **칼라파타르** (Kala Patthar, 5550m) 왕복 4~5시간 ⇨ **고락셉** (Gorakshep, 5140m) 2시간 ⇨ **로부제**(Lobuche,

4910m) 2시간 ⇨ **페리체**(Periche, 4270m) 2시간 ⇨ **로워팡보체**(Pangboche, 3880m) 2시간

새벽에 일찍 일어나 칼라파타르에 오르거나, 혹은 아침에 밥 먹고 천천히 칼라파타르에 올랐다가 하산을 해도 늦지 않다. 5천미터가 넘은 곳이니 빨리 걷기가 힘들다. 그래도 천천히 걸어가면 정상에 도달할 수 있다. 칼라파타르 정상에 오르면 왼쪽으로 푸모리의 깊은 속이 보이고 오른쪽 정면으로 에베레스트와 로체, 눕체 등이 선명하고 당당하게 서 있다. 멀리 마칼루도 시커먼 모습을 보이며 나와 있다. 우리가 책에서 보는 에베레스트 사진들은 거의 대부분 칼라파타르에서 찍은 사진이라고 보면 된다.

고락셉으로 하산해 아침 식사 후 바로 하산을 시작한다. 고락셉의 언덕에서 에베레스트와 작별하고 남체에서 다시 만나도록 한다. 너덜지대를 빠르게 하산해 로부제를 지나 에베레스트 메모리얼을 지나 투클라에서 점심을 먹는다. 강을 건너 넓고 완만한 길을 따라 페리체로 길을 잡아 내려간다. 페리체를 지나 우측으로 내내 걷다가 언덕을 내려가 강을 건너 다시 오르막을 올라 또 내려가면 소마레를 지나 팡보체에 도착한다. 팡보체 아랫 마을까지만 간다.

오전에 천천히 칼라파타르에 갔다가 천천히 출발해 페리체나 딩보체까지만 가도 남체까지 가는 일정은 같은 날수가 걸린다.

고쿄로 가는데, 촐라 패스로 가기가 적당하지 않은 시기이거나 위험하면 밑으로 돌아서 가면 된다. 어퍼 팡보체에서 우측으로 길을 잡아 포르체로 가면 된다. 하산 중이나 아직 안전한 고도가 아니므로 음주는 하지 않기를 바란다.

*헬기 하산의 경우 고락셉 혹은 로부제 중에 선택하여 탑승한다.

로워 팡보체(Pangboche, 3880m) ⇨ **텡보체** (Tengboche, 3860m) <u>1시간 반</u> ⇨ **풍키텡카**(Phungi Tanga, 3250m) <u>30분</u> ⇨ **사나사**(Sanasa, 3600m) <u>2 시간</u> ⇨ **남체**(Namche, 3440m) <u>2시간</u>

트레킹 시간이 짧은 날이다. 로워 팡보체에서 다리를 건너 텡보체로 올라가는 길이 하산길에서는 힘든 편이다. 텡보체로 올라올 때는 그렇게 힘들었던 길이 하산이라 편할 것이다. 그 길을 힘들게 올라오는 사람들에게 힘을 주고 싶을 것이다. 올라올 때와 같은 V자 계곡이다. 체크포인트는 가이드나 포터에게 처리하게 한다. 풍키텡카까지 내내 내리막이다. 다리가 안 풀리게 주의한다. 강바닥까지 길이 닿으면 가능한 쉬지 말고 내려온 힘으로 쭉 차고 올라가 사나사까지 간다. 올라가는 길이 제법 힘들지만 그래도 하산 길은 즐겁다. 내려갈 때는 풍경 좋은 곳에서 점심 먹고, 차 마시며 남체로 간다. 일정상 하산이 급하거나 좀 더 고도를 내리고 싶은 경우 팍딩/체플룽은 물론 루클라까지 하산도 가능하지만 너무 멀기도 하고 서두르다가 다치기라도 하면 큰 문제가 생기므로 추천하지 않는다.

> **파랑새 이야기**
>
> 간혹 아침에 남체 뒷동산에 오르면 까마귀 떼와 파랑새 떼가 같이 있는 것을 볼수 있다. 옆에서 보고 있어도 별로 도망가 가지 않는다. 공작 비슷하게 생긴 단페들과 함께 있기도 한다. 매우 신기한 일이다.

남체(Namche, 3440m) ⇨ **몬조**(Monjo, 3440m) <u>3시간 반</u> ⇨ **팍딩**(Phakding, 2610m) <u>2시간 반</u> ⇨ **체플룽**(CHEPLUNG, 2660m) <u>1시간 반</u> ⇨ **루클라**(Lukla, 2840m) <u>1시간 반</u>

남체에서 아쉬운 하산을 시작한다. 잘 꾸며진 돌계단을 지나 왼쪽으로 돌면 아무것도 보이지 않는다. 우거진 소나무 숲을 말과 당나귀를 조심하며 하산한다. 그리고 강에 걸쳐진 몇 개의 강을 건너 작은 언덕을 넘고 폭포를 하나 지나 강가를 걸으면 여기가 조르살레다.

다리를 건너 돌계단을 오르면 몬조의 마지막 자락에 위치한 국립공원 체크포인트다. 하산 신고를 하고 여기서 점심식사를 한다. 가격도 적당하고 주인들도 친절한 마을이다. 식사 후 다시 작은 오르막과 내리막을 반복하고 다리를 건너 팍딩을 지난다. 조금 오르막을 올라 걸으면 체플룽이다. 루클라까지 오르막이 제법 길게 시작된다. 루클라 마을의 아치문을 지나면 좌우로 작은 가게들과 롯지들이 자리 잡고 있다. 밤의 루클라는 굉장히 어둡다. 루클라는 전체적으로 시설도 좋지 않고 가격도 비싸며 불친절한 편이다. 잘 살펴보면 겸손한 뚱바집이나 식당 등에서 성공적인 하산을 자축할 수 있다. 작은 가게 등에서 맥주 등을 사서 모모 등을 안주로 해서 조촐하게 한잔하는 것도 좋다.

> **Everest Judo Club   에베레스트 유도장**
>
> 몬조(2850m)에 위치한 세계에서 가장 높은 곳에 위치한 유도장이다. 학교 옆에 단독건물로 국제경기용 매트가 설치되어 있다. 일본 정부의 기금으로 매트를 헬기로 공수받아

한 장 한 장 학생들이 산에서 가지고 내려와 설치했다. 유
도장 관장은 에베레스트 정상을 오르는 셀파로도 유명하
다. 겨울에는 운영하지 않는다.

✓ 가이드나 포터에게 팍딩 등에서 다음 날 비
행기표를 리컨펌하게 하고 루클라의 항공 사
무소 등에서 예약 여부를 다시 확인하고 일주
일간의 비행 상황 등을 문의하는 것이 안전하
다. 다음 날 새벽 사이렌이 울리면 카트만두 혹
은 라메찹에서 비행기가 이륙한다는 신호이다.
40-50분 안에 도착하는 비행기를 타고 10분
안에 이륙하여 하산이 완료된다.
하산 비행기표는 왕복 항공권에 우선권이 주어
지고, 예약한 날짜에 역시 우선한다. 날짜가 넘
거나 줄어드는 경우 구매한 여행사 등에 문의하
여 처리한다. 편도를 끊고 루클라에서 다시 편
도를 끊는 것은 좌석 확보에 불리하다.

✓ 포터 등을 루클라/체플룽 등에서 고용한 경
우 루클라에서 약속한 임금과 팁 등을 주고 작
별한다.

✓ 육로 하산인 경우 체플룽에서 이정표를 잘
확인하고 오른쪽으로 하산하여 어퍼 차우리카
르카-혹은 수르케(surke)까지 하산한다. 이후
전화로 지프를 예약하고 도로에 정차된 지프를
타고 설레리까지 간다.

그 다음 날 새벽 3-4시경 설레리-카트만두 행
버스를 타고 하산을 완료한다.

✓ 하산이 급한 경우 매우 힘들 것을 각오하고
새벽 2-3시에 수르케에서 전세 지프를 타고 설
레리로 하산하여 계속 주행해 카트만두로 간다.

9일차

루클라(Lukla, 2840m) ⇨ 카트만두(Katumandu, 1350m) 비행기 40분

가능한 가장 빠른 비행기표를 예약하고 공항에
들어가 짐을 붙인다. 정시에 출발하는 경우는 거
의 없다. 1-2시간 연착은 기본이다. 너무 초조해
하지말고, 루클라의 풍경을 즐기기를 바란다. 언
제 다시 올 수 있을지 모르는 히말라야 아닌가.

공항 출입은 까다롭지 않으나 비행기에 탑승하는
마지막 검색이 매우 심하다. 가지고 다니던 칼,
만능 도구 등 장비나 기념으로 주운 돌, 암모나이
트 등을 작은 배낭 등에 넣고 있는 경우 바로 압
수된다.

비행기 도착 후 선착순 탑승이다. 조종사 기준 오
른쪽으로 앉으면 산들을 바라보면서 비행한다.
산꼭대기의 집들이 보이고 작은 건물들이 보이면
곧 카트만두 공항이다. 짐을 찾아 공항 앞으로 조
금 걸어 나가 길가에 정차된 혹은 호객꾼들에게
400-500 루피 정도를 제시하면 적당한 택시를
물색해서 타멜의 숙소까지 간다.

라메찹 공항인 경우 공항에서 카트만두까지 6시
간 정도 지프/승합차를 타야 한다. 성수기인 봄,
가을에 라메찹 공항을 이용하게 되는 경우가 많
다. 공항이 라메찹인 경우 일정을 1-2일 정도 더
잡아야 한다.

· 쿰부 3 · 남체 - 고교 - 초오유 BC - 고교 리

* 쿰부3. 남체 – 고교 – 초오유BC – 고교 리 코스 단순 일정표

1일차	카트만두(KATUMANDU, 1350m) → 루클라(Lukla, 2840m) → 체플룽(CHEPLUNG, 2660m) → 팍딩(Phakding, 2610m)	비행 40분 트레킹 3시간
2일차	팍딩 → 몬조(Monjo, 2835m) → 조르살레(Jorsale, 2740m) → 남체(Namche, 3440m)	7–8시간
3일차	남체 휴식	휴식

쿰부3. 남체 – 고교 – 초오유 – 고교 리 일정표

일자	일정	이동시간
1일차	남체 → 쿰중(Kumjung, 3790m)/캉주마 → 사나사(Sanasa, 3600m) → 몽라(Mong la, 3970m) → 포르체 텡가(Phortse Thanga, 3670m)	7–8시간
2일차	포르체 텡가 → 돌레(DOLRE, 4100m) → 라팔마(Lafarma, 4330) → 루자(LUZA, 4410m) → 마체르모(Machhermo, 4470m)	6–7시간
3일차	마체르모 → 팡(Pang, 4480m) → 1번 롱반다 호수(Longabanga tcho, 4710m) → 2번 타우중 호수(Taujung tcho, 4740m) → 3번 고교 호수(GOKYO cho, 4750m)	5–6시간
4일차	고교 호수 → 4번 토낙쵸 호수(Thonak tcho, 4870m) → 5번 응고줌바 호수(Ngyozumba tcho, 4990m) → 6번 갸줌바호수(Gyazumba cho, 5200m) → 초오유BC (Chooyu BC, 5220m) → 고교 호수	12–14시간
5일차	고교 – 휴식.	휴식
6일차	고교 → 고교 리(GOKYO RI, 5360M) → 고교	4시간
7일차	고교 → 마체르모 → 돌레	7–8시간
8일차	돌레 → 포르체 텡가 → 몽라 → 사나사 → 남체	7–8시간
9일차	남체 → 팍딩 → 루클라	6–7시간
10일차	루클라 → 카트만두	30분

일정: 남체-고교 왕복 10일-12일 (입산+3일)
최고 고도: 고교 호수(GOKYO tcho, 4750m). 초오유 BC (Chooyu BC, 5220m). 고교 리(GOKYO RI, 5360M)

난이도 : ★★★★★　　**편리성 : ★★★★**
풍경 : ★★★★★　　**이용도 : ★★★★★**

일정 소개

에베레스트 라운딩 코스의 첫 관문으로 쿰부 히말에서 가장 아름다운 경치를 자랑하는 곳이다. 높은 고도에 자신이 없고 산을 잘 타지 못해도 남체까지 큰 문제가 없다면 충분히 다녀올 수 있다. 만약 초오유 베이스캠프에 가지 않는다면 고교 리를 포함해도 난이도를 별 3개 반 정도로 정할 수 있을 정도다.

남체에서 쿰중 혹은 캉주마로 길을 잡아 에베레스트와 로체 등 높은 산과 아마다블람의 아름다운 모습을 보면서 천천히 걷는다. 차를 한 잔 마신 뒤 몽 라를 넘어 내내 초오유를 바라보면서 넓고 평탄한 잔디밭 같은 길을 걷는다. 오른쪽으로 빙하를 끼고 작고 아름다운 호수 2개를 지나 크고 넓은 3번째 호수를 만나면 거기가 고교 호수다. 주변이 조용하고 아름답다. 오래 머물면서 한동안 다른 곳으로 가기 싫을 정도의 풍경을 자랑하는 곳이다. 힌두교의 성지로 살생을 금지한다. 마을 사람들이 온화하다. 살생 금지의 이유 덕분에 야생 오리떼들이나 박새 등이 사람 곁에서 먹이를 얻어 먹으며 도망가지 않는다.

고교 리에 오르면 칼라파타르보다 더 크게 에베레스트가 보인다. 에베레스트와 로체, 마칼루, 촐라체 등 고봉들이 늘어서 쿰부 산군이 정말 아름답게 보인다. 고교에서 초오유 베이스캠프는 거부하기 어려운 선택이다. 5번 호수를 지나는 빙하 가장자리와 6번 호수로 오르는 언덕에서 빙하 너머로 바라보이는 에베레스트와 그를 호위하는 칼날 같은 엄청난 산군들의 색다른 모습은 고교 리와 칼라파타르 등 다른 곳에서는 보기 어려운 최고의 풍경이다. 6번 호수 한 가운데를 지나 초오유 베이스캠프의 모래밭에 도달하면 고산의 처연한 아름다움이란 어떤 것인지, 기후의 변동은 어떤 것인지 알 수 있게 된다.

고교 리(GOKYO RI, 5360M) 이야기

고교는 도착하는 동안에도 마음이 포근해지는 좋은 코스다. 고교 마을에 겨울을 제외한 계절에는 찰랑거리는 맑은 호수에서 산책을 할 수 있다. 그런데 고도가 4900m까지 올라가므로 도착한 첫날 밤에 진통제나 감기약을 쓰지 않으면 자는 동안 머리도 좀 아프고 목도 칼칼하고 콧물도 난다. 트레커들이 누운 방안에서 코 풀고 콜록거리는 소리로 심심치 않다.

그런데 고교에는 챌린지가 하나 있다. 롯지의 로그북에 이름을 적어 놓고 1시간 안에 고교에서 고교 리까지 오르는 것이다. 성공한 사람들의 이름이 내내 적혀 있다. 몸 상태가 괜찮으면 한번 도전해 볼만도 하다.

참고로 필자도 1시간 안에 도달해 본 적이 없다..

상세 일정 : 10일

1일차 (총 7~8시간)

남체(Namche, 3440m) ⇨ **쿰중**(Kumjung, 3790m) ⇨ **사나사**(Kyangjuma, 3600m) 2시간 ⇨ **몽라**(Mong la, 3970m) 2시간 ⇨ **포르체 텡가**(Phortse Thanga, 3670m) 1시간

반드시 남체에서 고소 적응 휴식일 하루를 가진 후 길을 나선다. 오늘 일정은 4천미터에 가까운 몽 라(Mong la, 3970m)를 넘어 가는 길이다. 약 530미터를 올리게 되므로 최대한 천천히 올라야 한다.

남체에서 몽 라로 가는 길은 2가지로 선택할 수 있다. 언덕길로 올라 샹보체를 지나 쿰중으로 오르면 힘은 들지만 좀 더 맑고 아름다운 쿰부 산군의 모습을 볼 수 있다. 특히 로체 남벽과 아마다블람이 아주 크게 조망된다. 아마다블람은 '어머니의 목걸이' 라는 뜻으로 전 세계에서도 가장 아름다운 산 중 하나로 꼽힌다. 로체 남벽은 전세계에서 아직 아무도 오르지 못한 난공불락의 벽이다. 많은 사람들이 캉주마로 가는 길을 더 선호한다. 사나사로 내려간다. 사나사에서 쿰중에서 내려오는 길과 캉주마에서 오는 길이 모두 만난다. 2시간 소요.

몽 라(Mong la, 3970m)

사나사 갈림길에서 고교 표지판을 주의깊게 보면서 왼쪽의 높은 계단길로 오른다. 산허리를 타고 멀리 초르텐과 깃발이 휘날리며 매우 가깝게 보이는 몽 라로 내내 걷는다. 길을 가는 동안 아마

다블람과 포르체 마을과 텡보체가 보인다. 몽 라에 도착하면 쉬면서 점심을 먹는다. 몽 라는 쿰부의 수호성인으로 추앙받는 라마 상과 도르제의 고향이다. 롯지가 5-6개 있다. 2시간 소요.

포르체 텡가(Phortse Thanga, 3670m)

몽 라에서 포르체 텡가는 만병초가 우거진 가파른 내리막길이다. 텡가는 '다리'라는 뜻으로 포르체 마을 입구로 가는 다리가 있다는 뜻에서 유래한 지명이다. 포르체 텡가는 협곡 아래로 응달이 져서 조금 추운 곳이다. 시간이 남지만 일정을 여유롭고 신축적으로 운용할수 있으므로 고소에 덜 적응된 몸에 4천 미터 이상의 압박을 빨리 받게 할 필요가 없다. 천천히 간다. 포르체 텡가에서 숙박한다. 1시간 소요.

> **알아두기**
> 높은 산에서는 사물이 매우 가까워 보이지만 실제로는 거리가 멀다. 가까운것으로 생각하고 서두르거나 긴장을 늦추지 말고 매우 담담하게 걸어야 목표지에 도달할 수 있다

> **Tip. 선글라스**
> 고산에서 선글라스가 없으면 저지대에서 올라온 사람들은 단 하루도 견디기 힘들다. 4천 미터를 넘으면 이미 강렬한 햇볕과 얼음과 눈에 반사되는 빛으로 주변을 바로 바라보지 못하는 경우가 많다.
> 특히 고교 리와 초오유 BC 혹은 에베레스트 라운딩 코스로 연장해서 오르려면 선글라스를 좋은 것으로 준비한다. 기본적으로 좋은 것을 준비하고, 깨질 것에 대비해서 1개 정도는 예비로 가지고 있는 것이 좋다. 남체에서 보조 선글라스를 300-500루피 선으로 구입해도 된다. 가이드는 대개 가지고

있는 경우가 많지만, 남체에서 저렴한 것을 하나 사서 포터에게 선물해주면 큰 선물이 된다.

2일차 (총 6~7시간)

포르체 텡가(Phortse Thanga, 3670m) ⇨ **돌레** (DOLRE, 4100m) 2.5시간 ⇨ **라팔마**(Lafarma, 4330) 1시간 ⇨ **루자**(LUZA, 4410m) 1시간 ⇨ **마체르모** (Machhermo, 4470m) 1시간

오늘은 지도상으로는 800미터를 올리는 날이다. 그러나 아침에 만나는 첫 언덕이 조금 힘들 뿐 나머지는 평이이다.

돌레(DOLRE, 4100m)
아침의 활력으로 돌레로 가는 언덕길을 넘는다. 돌레는 겨울이면 왼쪽 산의 절벽에 얼음이 얼어 빙벽을 등반하며 훈련하며 클라이밍 셀파가 되려는 이들이 이곳에 가득하다. 천천히 이리저리 오르면 그리 크게 힘들이지 않고 잘 올라가게 된다. 이 언덕만 오르고 나면 여기서부터 오늘의 목적지인 마체르모까지 실제로는 고도가 올라가는 느낌이 별로 없고 힘들다고 할 만한 구간이 없다. 우측으로 두드코시 강이 흐르고 정면으로 초오유가 잘 보인다. 2시간 30분 소요.

라팔마(Lafarma, 4330m)
돌레에서 라팔마는 마을을 지나 작은 언덕을 넘어 룽다가 휘날리는 2개의 큰 언덕을 넘으면 나온다. 1시간 소요.

루자(LUZA, 4410m)
라팔마에서 1시간 걸으면 조금 큰 마을인 루자다. 루자에서 점심을 먹는다. 1시간 소요

마체르모(Machhermo, 4470m)
루자에서 1시간 정도 평탄한 오르막을 오르면 하얀 초르텐과 깃발이 휘날리고 마을 뒷편의 산이 멋지다. 멀리 초오유도 하얗게 잘 보이고, 마을 입구에 넓게 흐르는 개울을 건너면 그림 같은 큰 마을인 마체르모다. 햇볕이 잘 들고 마당이 큰 숙소를 잡아 맛있는 음식을 시켜서 먹으며 침낭을 말리고 책을 보거나 음악을 들으며 산행의 즐거움을 느껴본다. 대개 오후 일찍 도착한다.

3일차 (총 5~6시간)

마체르모(Machhermo, 4470m) ⇨ **팡**(Pang, 4480m) 1시간 ⇨ **1번 롱반다 호수**(Longabanga tcho, 4710m) 1시간 반 ⇨ **2번 타우중 호수** (Taujung tcho, 4740m) 1시간 ⇨ **3번 고쿄 호수** (GOKYOtcho, 4750m) 30분

오늘은 대망의 고쿄 호수에 도착하는 날이다. 일정은 짧지만 고도가 높아지므로 주의해야 한다. 고쿄 마을은 고도가 4,900m까지 올라간다.

팡(Pang, 4480m)
마체르모 뒷동산을 올라 평탄한 길을 따라가면 팡에 도착한다. 팡은 1995년 11월 눈사태로 일본인 트레커들과 네팔인 가이드와 포터들이 대거 사망한 곳이다. 사고 이후 롯지들이 산 아래 두드코시 강 근방으로 내려왔지만 지금은 이곳에서 머무는 사람들이 거의 없다. 볕이 좋은 롯지에서 차 한 잔을 마시며 쉬었다가 돌계단과 언덕을 올라 초오유의 제1번 호수를 만나러 간다. 1시간 소요.

1번 롱반다 혹은 롱판다 호수

(Longabanga tcho, 4710m)

아침에 너무 일찍 시작하면 1번 호수의 물로 길이 얼어서 걸을 수가 없다. 돌 계단길이 미끄러우니 조심해서 올라야 한다. 맑은 개울과 작은 다리를 건너 언덕이 끝나면 돌탑이 수천 개 세워져 있는 신성한 호수의 영역이 시작된다. 수심이 1미터도 안 되는 얕고 맑은 호수 옆으로 지나간다. 청동오리 등 갖가지 새들이 많다. 1시간 30분 소요.

2번 타우중 호수

(Taujung tcho, 4740m)

말(타)과 방목장(우중)이라는 이름을 가진 호수다. 넓고 깊은 호수로 지금은 말보다는 야크들이 많이 방목되고 있다. 10년 전에는 응고줌바 빙하를 건너가는 길이 타우중 호수 옆으로 나 있었고, 많은 지도에도 2번 호수 뒤로 빙하를 지나는 것으로 표기되어 있다. 그러나 2017년 이후로는 빙하의 이동으로 고쿄 마을 뒤로 빙하를 건너야 한다. 매년 빙하는 몇 미터씩 길이 이동하는데 최근에는 기후의 변화로 이동 거리나 속도가 예측하기가 어렵다. 이 점은 상당히 주의해야 한다. 1시간 소요.

3번 호수 고쿄

(GOKYO tcho, 4750m)

고쿄 호수는 쿰부는 물론 네팔 히말라야 전체를 통틀어서도 가장 아름다운 곳 중 하나다. 고쿄에 도착하면 자신도 모르게 아름다운 광경에 찬탄을 멈추지 못하는 자신을 발견하게 된다. 본래 고쿄 카르카로 야크를 많이 방목하던 곳이었다.

고쿄 리는 해가 지는 광경을 보거나 찬란하게 떠오르는 저녁 달을 보기 위해 오르기도 하지만 첫날은 쉬는 것이 좋다.

고쿄 리조트 혹 나마스테 롯지에 짐을 풀고 점심을 먹고 편하게 쉰다. 고쿄 리조트(Gokyo Resort)

는 옛 롯지 자리에 대규모 자산을 투입해 만들었다. 성수기 5천루피. 비수기 1500루피까지 할인 가능하다.

성수기는 가격 조율이 어렵고 비수기에는 본래 방값은 무료였는데 몇 번의 자연재해 후 조금씩이라도 방값을 받는 추세다. 고쿄 리조트는 놀랍게도 전기장판도 무료로 제공하고, 전기 코드도 기본으로 구비되어 있다. 마치 한국의 작은 스키 리조트나 산장 급이다.

식당 정면으로 호수가 넓게 펼쳐지고, 고쿄 리가 한눈에 보인다. 밝은 채광과 깨끗한 화장실 흠잡을 것이 없다. 쿰부 최고의 제과점이 있고 다양한 빵이 있다. 식당의 메뉴 중에 특히 철판에 나오는 야크 시즐러가 달밤에 지친 트레커들을 유혹하는 최고의 메뉴다.

나마스테 롯지가 고쿄의 원조 야크 시즐러와 제과점으로 유명하다. 식당 난로가 훌륭하고 채광과 보온도 탁월하고 각 객실의 구조도 매우 좋다. 비수기 가격 조정도 유연하다. 비수기는 피츠로이와 함께 운영을 중지하는 경우도 자주 있다.

고쿄 호수 근처로 헬기가 정기 운항을 하며 필요한 물품을 운반한다.

고쿄 도달 첫날은 역시 아프지 않아도 진통제를 복용하고 목을 따스하게 하고 양말을 신고 모자를 쓰고 잔다.

추천 숙소: 나마스테, Gokyo Resort

고쿄의 야생 새떼

고쿄마을 근처에 도달하면 수십 마리의 아름다운 새들이 날아다니는 것을 보게 된다. 그러다 마을에 도착하면 새떼들이 동네 꼬마들이 주는 밥풀이나 과자를 얻어먹기 위해 집 오리나 닭처럼 우르르 몰려다니며 날아가지도 않는다. 장난끼 있는 트레커들이 따라가서 엉덩이나 날개를 찔러도 단지 조용하게 꽥꽥이라는 한 마디를 할 뿐 별다른 반응을 하지 않는다. 어떻게 새들이 이렇게 순하단 말인가? 그렇게 사람들 곁에서 잘 놀다가 기분이 동하면 단체로 어딘가로 날아갔다가 다시 마을로 돌아와 놀다가 간다.

고쿄에 도착하면 조금만 언덕을 올라도 5천미터가 넘게 된다. 호수 지역 특유의 안개와 바람과 눈은 물론 인접한 응고줌바 빙하의 한기까지 작용해 밤이나 이른 새벽에는 상당히 춥다. 롯지에서 주는 이불과 간단한 침낭 등을 준비해서 밤을 지내려고 하면 정말로 잘못된 결정이다. 말할 수 없는 추위에 길고 긴 밤을 몸서리치며 견뎌야 한다. 쿰부에 오르려면 영하 20도 까지는 견뎌주는 좋은 침낭을 개인 준비하거나 한국의 장비점이나 카트만두에서 빌리는 것이 좋다.

** 이 코스는 옵션이다.

4일차 (총 12~14시간)

3번 고쿄 호수(GOKYO tcho, 4750m) ⇨ **4번 토낙쵸 호수**(Thonak tcho, 4870m) 1시간 ⇨ **5번 응고줌바 호수**(Ngyozumba tcho, 4990m) 2시간 ⇨ **6번 갸줌바 호수**(Gyazumba cho, 5200m) ⇨ **초오유 BC** (Chooyu BC, 5220m) 30분 ⇨ **3번 고쿄 호수**(GOKYO tcho, 4750m) 6시간

고쿄-초오유 BC 구간은 왕복 약 22km이고 고도를 대략 530미터 정도를 올리게 된다. 하루 캠핑을 하는 것이 가장 좋고, 왕복을 하는 경우 12

시간 이상을 잡고 새벽 4-5시 경에는 시작해야 한다. 식사와 간식을 넉넉하게 준비하고 가이드, 포터와 시간 약속을 정확하게 하고 출발해야 한다. 저녁에 단단하게 말해도 새벽에 가이드나 포터가 정시에 일어나 잘 움직여주는 경우가 많지 않다. 이런 경우 롯지 등에 말해두고 개인장비만 챙겨 먼저 길을 떠나면 뒤늦게 따라온다.

고쿄에서 6번 호수에 도달해 호수 한 가운데로 가로지르거나 호수 가에 바싹 붙어 모래톱까지 도달한 뒤, 돌아올 때도 역순으로 돌아와야 한다. GPS/지도 표시는 초오유 BC에서는 무시한다.

고도와 기압으로 인해 피로도가 높다. 아침식사와 점심식사를 지나칠 정도로 든든히 준비하고 비상식량 및 헤드랜턴, 보조랜턴, 방풍, 방수 장비를 준비하는 것이 좋다.

4번 토낙쵸 호수

토낙쵸 호수 근처의 산은 정상 부근이 성처럼 되어 있어서 '마법의 성' 같다. 그러나 서양의 등산가들은 이 산이 마치 동상에 걸려 잘린 손가락과 비슷하다고 '잘린 손가락 산'이라고도 부른다. 4번 호수로 오는 이들이 많아 길은 복잡해 보이지만 정확하다. 2010년까지 응고줌바 빙하 가장자리로 났던 등산로가 이제는 모두 녹아 무너졌다. 호수와 빙하 가운데로 움푹하게 길이 나있다. 1시간 소요.

5번 응고줌바 호수

응고줌바 호수는 가까워 보이지만 먼 호수다. 호수 옆으로 지나 5번 호수 끝까지 너덜길로 복잡한 빙하 옆길로 오르다가 빙하와 가까운 높은 곳으로 오른다. 여기서 고쿄 리는 물론 다른 지역에서는 볼 수 없는 에베레스트의 남면과 피라미드처럼 반듯하고 칼날처럼 깎은 듯한 아름다운 산

군들이 선명하게 보인다. 이곳이 고교 리와 쌍벽을 이루는 쿰부 지역 최고의 조망처다. 95% 이상의 가이드들이 이 지점에서 여기가 '초오유 베이스캠프'라고 하는데, 여기는 초오유 베이스캠프가 아니다. 2시간 소요.

6번 갸줌바 호수

5번 응고줌바 호수에서 갸줌바로 가는 길은 좁고 험한 너덜지대로 오르내리다가 다시 평탄하며 오르내리기를 수없이 반복하는 이 코스에서 가장 어려운 구간이다. 그러다 길이 왼쪽으로 꺾이면서 언덕으로 높이 올라간다. 이 지점이 또한 쿰부 최대의 전망지 중 하나로 사진 촬영 등에 최적의 장소이기도 하다. 에베레스트는 물론 초오유 깊은 곳의 룽삼파 빙하도 잘 보이고 빙하 역시 응고줌바 빙하에서 갸줌바 빙하로 바뀌게 된다. 갸줌바의 여러 개의 호수 끝 우측 가장자리 모래톱이 초오유 BC이다. 갸줌바 호수 언덕에서 20분 정도면 이제는 물이 거의 다 말라 버린 호수가로 내려서게 된다.

초오유 BC (Chooyu BC, 5220m)

6번 호수 갸줌바는 어느 날부터 물이 사라진 상태가 대부분이다. 호수 가운데 혹은 오른쪽 가장자리로 걸어서 오른쪽 맨 끝의 모래밭으로 가면 거기가 초오유 BC다. 30분 소요.

초오유 BC 모래밭에서 오른쪽으로 언덕을 10분 정도 오르면 초오유의 깊은 속을 그대로 볼 수 있다.

초오유 BC 왼쪽의 언덕으로 오르면 티벳과 연결되어 무역상들이 야크를 몰고 왕래하던, 남체-타메-낭파라와 연결시켜주는 숨나 라다. 초오유는 네팔 쪽에서 오르는 것이 대단히 힘들고, 티벳 쪽에서 낭파 라를 어깨로 해서 오르는 것은 쉬운 길이다. 룽덴 등에서 군인들이 길을 막고 있다.

✅ **고교로 하산-초오유 BC에서 하산은 절대로 지도와 GPS 표시를 따르면 안 된다.**
왔던 길 그대로 걸어 내려간다. 절대로 지도와 GPS 표시를 따르면 안 된다. 왼쪽 빙하 둑 능선을 타지 않는다. 초오유 BC로 가는 동안 고도의 압박을 받으므로 경치는 아름다우나 체력이 급격히 떨어진다. 6번 호수 언덕을 넘어 가장 까다로운 길이 5번 호수까지 이어진다. 5번 호수 도착시간이 오후 3시가 넘었다면 헤드랜턴을 준비한다. 시간이 늦으면 4번 호수를 지나도 고교의 불빛은 전혀 보이지 않다가 고교 입구의 개울 앞에서야 밝은 불빛이 보이기 시작한다. 고교마을의 작은 언덕을 넘으면 하산 완료이다. 길고 힘든 길이다. 5천미터 높이에서 22km를 걷는 것은 힘든 일이다.

주의: 초오유 BC 로 가는 길 - 지도와 GPS를 믿지 않는다.
빙하 길을 따라가지 않는다. 지도나 인공위성 앱 등에는 호수 주변의 빙하 둑을 끼고 길이 있는 것으로 나오고 실제로 길도 있는 것처럼 보인다. 순탄하게 보이는 빙하 둑의 예전의 흔적이나 지도 및 등산 앱을 보고 길로 따라가거나 오래전 기억으로 인도하는 가이드를 따라 빙하 둑으로 길을 잡으면 실제로는 빙하 둑이 3킬로 정도 무너져 중간에 길이 끊어진다.
길이 끊어진 상태에서 호수 한가운데로 이어진 작은 트레킹 코스와 다시 연결하려면 뻔히 보이는 그 길로 가기 위해 집채만한 돌들 수천 개 사이로 2시간 이상 악전고투하며 위험한 길을 걸어야 한다. 빙하 길을 따라가지 않는다.

5일차

3번 고쿄 호수(GOKYO tcho, 4750m) 휴식

초오유 BC를 마치고 나면 다음 날은 휴식일을 가지는 것이 좋다. 호수 주변을 둘러보고 마을의 카페나 식당을 다니면 잘 먹고 편하게 쉬는 것을 추천한다.

고쿄 리 1시간 챌린지
예전에는 고쿄에 '고쿄 리 1시간 챌린지'라는 내기가 성행했다. 고쿄 호수에서 고쿄 리 정상까지 1시간 안에 도착하는 챌린지였다. 여기에 성공하면 롯지에 이름을 적어 놓고 콜라 한잔을 마시면서 축하하곤 했다. 그런 도전에 성공한 사람들의 이름이 오래된 롯지에 여전히 남아 있고, 도전하는 이들은 아직도 여전히 있다.
겨울이 되면 호수가 얼었다 풀리기를 반복하는 소리가 들린다. 호수가 얼었어도 호수 위로 다니는 것은 위험하다.

6일차 (총 4시간)

고쿄(GOKYO tcho, 4750m) ⇨ **고쿄 리**(GOKYO RI, 5360M) 2시간 ⇨ **고쿄**(GOKYO tcho, 4750m) ⇨ **점심 후 휴식**

고쿄 리에 오른 후 휴식하거나 하산한다. 새벽의 조망이 가장 아름답고 저녁때는 운이 좋아야 한다. 고쿄 리에서는 에베레스트와 로체, 마칼루, 촐라체, 1,2,3번 호수를 모두 볼 수 있고 응고줌바 호수의 진면목도 볼 수 있다. 쿰부에서 조망이 가장 아름다운 곳이 고쿄 리다.

고쿄에서 작은 개울을 건너면 고쿄 리와 렌조 라를 알리는 표지를 만나게 된다. 표지판을 따라 오른쪽의 언덕을 오른다. 언덕이 가파르다. 힘들게 오르다가 뒤를 돌아보면 보이는 산과 호수와 빙하의 모습은 정말 경탄스러운 모습이다. 힘은 들지만 어떤 모습을 보게 될지 궁금한 마음에 조금씩 발걸음을 더 옮기게 된다. 금방 오를 것 같은 봉우리가 내내 끝이 나지 않는다. 그러나 천천히 조금씩 오르면 늦어도 2시간 정도면 대개 오색 룽다와 타르쵸가 세차게 휘날리는 정상에 오를 수 있다.

고쿄 리에 올라 힘들다고 숨을 몰아쉬는데 에베레스트 라운딩을 한다는 러시아 가족 5살난 남자아이와 4살난 딸도 부모님과 씩씩하게 올라와 감탄을 금치 못한 적도 있었다. 이 산의 새들은 사람들이 간식을 먹고 있으면 손 위에 올라와 간식을 얻어 먹기도 하고 재롱을 부리기도 한다.
고쿄 리에서 내려가는 길은 서운할 정도로 금방 끝이 난다. 날씨에 따라 환상적인 풍경도 가능하고, 기대한 풍경이 아닐 수도 있다. 그런 건 운에 맡기고 하산 후 푹 쉬자.
1시간 소요

7일차 (총 7~8시간)

고쿄(GOKYO tcho, 4750m) ⇨ **마체르모**(Machhermo, 4470m) 3시간 ⇨ **돌레**(DOLRE, 4100m) 3시간

간혹 산에서 빠르게 잘 걷는 사람들이 고쿄에서 남체까지 약 30km 정도의 거리를 하루만에 가기도 한다. 하산길이라 더 빨리 진행되기도 하지만 대개 밤에 도착하게 되고 안개가 끼면 위험하기

도 한 구간이므로 이틀에 걸쳐 천천히 하산할 것을 권한다.

오를 때와는 달리 하산길은 매우 빠르게 진행된다. 2번, 1번 호수 내려가는 길에 돌계단 위로 흐르는 물과 얼음을 주의한다. 팡에서 포르체 마을로 가는 길도 있으나 길이 멀다. 선택하지 않는다. 마체르모에서 점심을 먹고 시간상 포르체 텡가까지 충분히 갈 수 있으나 동네가 응달이라 춥다. 하산길로는 크게 시간 차이가 나지 않으니 돌레까지만 간다.

> 고쿄-렌조 라-룽덴/룽덴-타메-남체로 가는 2일 간의 하산길도 고려할만 하다.
> 렌조 라는 에베레스트와 쿰부 산군을 조망하는 또 다른 멋진 조망지다.
> 쿰부6. 3 베이스캠프 3패스 3 리 편에서 다룬다.

8일차 (총 7-8시간)

돌레(DOLRE, 4100m) <u>1시간 반</u> ⇨ **포르체 텡가**

(Phortse Thanga, 3670m) ⇨ **몽라**(Mong la, 3970m)

<u>1시간</u> ⇨ **사나사**(Sanasa, 3600m) <u>1시간 반</u> ⇨ **남체**

(Namche, 3440m) <u>2시간</u>

넉넉하게 쉬며 천천히 걸어도 하루 일정이 금방 끝난다. 남체 이하로도 내려갈 수 있으나 큰 이점은 없다. 돌레에서 내리막으로 편하게 출발한다. 포르체 텡가로 내려가는 탄력으로 단번에 몽 라를 오른다. 만병초 군락을 지나 하늘에 펄럭이는 룽다를 보며 몽 라에 들러 차를 한잔 하고 쉬었다가 사나사로 출발한다. 돌계단을 내려와 사나사 갈림길에 도착한다. 평탄한 길을 잡아 캉주마를 거쳐 천천히 남체로 간다.

> **알아두기 :** 트레킹 일정의 시작과 마무리. 짐을 꾸려서 포터에게 주고 7시 반까지 아침식사를 마치고 바로 떠나는 걸로 정확하게 시간을 정하면 큰 무리가 없다. 하루 일정의 마무리는 아무리 늦어도 오후 5시를 넘기면 안 된다.

· 쿰부 4 · 남체 - 추쿵 - 로체 BC - 추쿵 리 - 아일랜드 피크(임자체) BC

* 쿰부 4. 남체 – 추쿵 – 로체 BC – 추쿵 리 – 아일랜드피크(임자체) BC 트레킹 단순 일정표

1일차	카트만두(KATUMANDU, 1350m) → 루클라(Lukla, 2840m) → 체플룽(CHEPLUNG, 2660m) → 팍딩(Phakding, 2610m)	비행 40분 트레킹 3시간
2일차	팍딩 → 몬조(Monjo, 2835m) → 조르살레(Jorsale, 2740m) → 남체(Namche, 3440m)	7–8시간
3일차	남체 휴식	휴식

쿰부 4. 남체 – 추쿵 – 로체 BC – 추쿵 리 – 아일랜드피크(임자체)BC 일정표
* 딩보체까지 쿰부 2. 에베레스트 베이스캠프와 코스 동일.

일 자	일　　　정	이동시간
1일차	남체 → 쿰중(Kumjung, 3790m) → 사나사(Sanasa, 3600m) → 풍키텡카(Phungi Tanga, 3250m) → 텡보체(Tengboche, 3860m)	7–8시간
2일차	텡보체 → 데보체(Deboche, 3710m) → 팡보체(Pangboche, 3985m) → 소마레(shomare, 4010m) → 딩보체(Dingboche, 4410m)	7–8시간
3일차	딩보체 → 나갈창 피크(Nangkartshang Peak, 5083m) → 추쿵 (Chhukung, 4730m)	8–9시간
4일차	추쿵 → 로체 남벽 베이스캠프(Lhoche south BC, 5300m) → 추쿵(Chhukhung, 4730m)	5–6시간
5일차	추쿵 → 추쿵 리(Chhukhung ri, 5550m) → 추쿵	6–7시간
6일차	추쿵 휴식	
7일차	추쿵 → 아일랜드피크 BC(Island Peak BC, 5200m) → 추쿵 → 딩보체 → 로워 팡보체 (Pangboche, 3880m)	8–9시간
8일차	로워 팡보체 → 텡보체 → 풍키텡카 → 사나사 → 남체	8–9시간
9일차	남체 → 팍딩 → 루클라	8–9시간
10일차	루클라 → 카트만두	40분

비상시 하산: 헬기 / 쿰부 8. 육로편 참조.

일정: 남체 – 추쿵 리 – 아일랜드 BC 왕복 (고소 휴식일 포함) 13–15일

최고 고도: 추쿵 (Chhukung, 4730m) / 나갈창 피크 (Nangkartshang Peak, 5083m) / 로체 BC(Lhotse, 5200m) / 아일랜드피크 BC (Island Peak Base camp, 5200m) – 추쿵 리 (Chhukung Ri, 5550m)

난이도: ★★★★★　　**편리성:** ★★★★

풍경: ★★★★★　　**이용도:** ★★★★★

일정 소개

에베레스트 BC 방향의 길로 간다. 남체에서 출발해 텡보체를 지나 팡보체 지나 소마레를 넘어 딩보체로 길을 잡는다. 딩보체에서 연습삼아 나갈창 피크 (Nangkartshang Peak, 5083m)도 올라본다. 로체 남벽을 보며 우측으로 계속 걸어 이 지역의 등정과 트레킹의 중심지인 추쿵(Chhukung, 4730m)에 도착한다. 로체 BC, 아일랜드 BC, 추쿵 리, 3개의 주요 트레킹 포인트가 모두 추쿵에서 시작한다. 쿰부 9 point 중 가장 위험하고 극악한 난이도를 자랑하는 콩마 라도 추쿵에서 출발한다.

로체(Lhotse, 8516m)는 세계에서 네 번째로 높은 산이며, 에베레스트의 남동쪽에 바로 붙어 남쪽(lho) 봉우리(tse)라는 뜻으로 이름이 붙었다.

로체 남벽은 80도 이상의 수직 암빙벽이 3,500m 이상 우뚝 서 있다. 로체 남벽으로 로체를 등반해 에베레스트 북벽으로 내려오는 완전 종주 코스는 전세계를 통털어 아무도 성공한 바 없는 지구상 단 하나 남은 마의 코스다.

남체부터 볼 수 있는 검고 날카롭게 솟아오른 높은 벽이 로체 남벽이다. 로체 남벽 바로 아래 로체 빙하를 옆에 낀 가장 높은 곳에 위치한 곳이 한국 홍성택 팀의 로체 베이스캠프다. 로체 남벽은 장비가 없으면 1미터도 오를 수 없는 난코스다.

추쿵(Chhukung, 4730m)에서 아침 일찍 뒷마을 길로 추쿵 리(Chhukung Ri, 5550m)에 오르면 탁 트인 조망이라는 말이 무엇인지를 저절로 실감하게 해 준다. 아일랜드 피크와 아마다블람이 가깝고 로체와 마칼루도 잘 보인다.

추쿵(Chhukung, 4730m)에서 다시 시작해 작은 언덕들과 개울들을 지나 길을 따라가면 온통 모래밭이다. 모래밭 한 가운데 외롭게 섬처럼 떠 있는 임자체 즉 아일랜드 피크 BC(Island Peak BC, 5200m)로 간다.

매년 9월 –12월초, 4월 중순 – 5월초까지 아일랜드 피크 정상에 오르는 사람들의 수많은 텐트가 쳐져 있다. 겨울에는 화장실 건물 하나와 창고만 있는 고요한 풍경이 펼쳐진다.

> *** 일정이 부족한 경우 추쿵 혹은 딩보체에서 헬기로 루클라–카트만두로 당일 하산한다. 일정을 준비할 때 여행사에서 예약 혹은 숙박하는 롯지 주인 및 가이드에게 문의하여 헬기 회사의 가격과 일정을 조율하면 된다.**

상세 일정 : 10일

1일차 (총 7~8시간)

남체(Namche, 3440m) ⇨ **사나사**(Kyangjuma, 3600m) 2시간 ⇨ **풍키텡카**(Phungi Tanga, 3250m) 30분 ⇨ **텡보체**(Tengboche, 3860m) 3시간

✓ 남체(Namche, 3440m)까지 쿰부1. 카트만두-루클라-남체 참조

✓ 딩보체(Dingboche, 4410m)까지 상행 및 하행 쿰부 2. 남체 - 에베레스트 베이스캠프 (EBC)/칼라파타르(리) 참조

남체(Namche, 3440m)에서 아침 7시 반 경 출발해 쿰중에 올라 내리막길로 사나사에 도착한다. 우측 내리막길로 가면 30분 정도 내려가 다리를 건너면 풍키텡카다. 여기서 점심을 먹고 쉬다가 텡보체(Tengboche, 3860m)를 천천히 오른다. 길이 내내 오르막이고 힘든 코스다.
추천 롯지: 텡보체 롯지

2일차 (총 7~8시간)

텡보체(Tengboche, 3860m) ⇨ **팡보체**(Pangboche, 3985m) 3시간 ⇨ **소마레**(shomare, 4010m) 2시간 반 ⇨ **딩보체**(Dingboche, 4410m) 2시간

텡보체(Tengboche, 3860m)에서 내리막으로 30분 정도 걸으면 데보체다. 평탄한 길을 걷다 긴

철 다리를 건너 오르막을 오르면 팡보체(Pangboche, 3880m) 아랫 마을이다. 팡보체 윗 마을(Pangboche, 3985m)을 지나 소마레(shomare, 4010m)에서 점심을 먹는다. 소마레에서 길이 평평하다가 강을 건너 다시 오르막으로 올라간다. 오른쪽으로 가면 딩보체다. 길 좌우에 가게들과 찻집과 숙소들이 많다. 휴식은 길가의 작은 숙소들이 편리하다. 나갈창에 오른다면 좌측 언덕에 하얀 탑이 보이는 지점 아래 혹은 근처에 숙소를 정한다. 하얀탑 아래 크고 새로 지은 숙소들이 많다. 오후 3시 이후 도착하도록 한다.

딩보체부터 엔셀 유심을 탑재한 전화기의 인터넷이 잘 터지지 않는다. 롯지 자체 와이파이 연결은 하루 700루피 정도로 비싸진다. 전기충전, 뜨거운 물 값 숙소 등도 잘 흥정해야 하고 가격도 잘 확인해야 한다. 처음에 들은 가격과 바뀌는 경우가 있다.

추천 메뉴로는 치킨 스테이크, 팝콘, 마늘 스프 등이 괜찮다.
추천 롯지: Valley view lodge. Dingboche resort hotel.

3일차 (총 7~8시간)

딩보체(Dingboche, 4410m) ⇨ **나갈창 피크**(Nangkartshang Peak, 5083m) 4시간 ⇨ **추쿵**(Chhukung, 4730m) 3시간

나갈창 피크는 5615m의 산이다. 추쿵(Chhukung, 4730m)에 바로 도착해 추쿵 리나 로체 BC 등을 바로 진행하기에는 고도의 압박이 있으므로 나갈창에 올라 고도도 적응하고 주변 경치를 보는 것도 좋은 선택이다. 일반 트레커는 5083m까지 오른다.

아침을 먹고 간식과 물을 준비해 딩보체의 경계를 알리는 하얀 붙탑(초르텐)을 끼고 북쪽 능선을 오른다. 2시간 반 정도 오르면 5,083m 전망대에 도달한다. 쿰부 지역 8000미터 이상급 산인 마칼루, 로체, 초오유를 볼 수 있다. 또 아일랜드 피크의 빙하와 아마다블람이 매우 아름답게 보이는 곳이다.

나갈창에서 천천히 하산. 딩보체에서 점심을 먹고 완만한 길을 따라 추쿵으로 향한다. 2시간 정도 가면 작은 집이 있다. 그곳에서 1시간 정도 돌길을 더 걸으면 좌우로 롯지가 몇 개 있다. 왼쪽보다는 오른쪽의 캉그리 리조트 호텔이 괜찮다. 갑자기 아일랜드 피크 정상을 오르고 싶어지면 여기에서 입산수속을 하고 클라이밍 셀파를 고용하고 장비를 빌려 오를 수도 있다.

역시 인터넷, 전기 충전 등등이 비싸진다. 태양열 충전기가 유용하다. 캉그리 롯지 자체 인터넷은 48시간 1500 루피이고, 신라면을 먹을 수 있는 곳이다. 셀파스튜도 잘 만든다.

추천 롯지: 캉그리 리조트 호텔

4일차 (총 6~7시간)

추쿵(Chhukung, 4730m) ⇨ **로체 남벽 베이스캠프**(Lhoche south BC, 5200m) 3시간 반 ⇨ **추쿵**(Chhukung, 4730m) 2시간 반

캉그리 리조트 호텔 2층 뒷마당에서 정확하게 1시 방향으로 로체를 바라보면서 간다. 가다가 길을 잘못 잡으면 아일랜드 피크 가는 우측 능선 길과 합류하게 된다. 계속 로체 남벽만 바라보면서 대 협곡 사이의 황량한 사막과 돌들 사이를 걷는다.

맵스 미 기준 고도가 5000미터를 돌파하면 넓고 평평한 지대가 나오고 대개의 가이드가 여기가 로체 베이스캠프라고 말하고 돌아선다. 그러나 여기서는 로체 남벽이 막히고 빙하도 보이지 않는 곳으로 목표지가 아니다.

우측 오르막 능선으로 길을 잡아 200미터 정도를 오르면 로체 빙하의 둑 같은 곳과 만난다. 좌측 능선으로 직진하면 돌로 만든 방풍벽과 아주 큰 돌탑을 만난다. 거기가 New BC 즉 한국 로체 남벽 BC(5200m)다.

로체 남벽의 차가운 검은 벽을 직접 만져도 볼 수 있고 우측으로 로체 빙하도 볼 수 있다. 200미터 차이가 어마어마한 풍경의 변화를 가져온다. 방풍 벽 아래에서 간식하고 주변 경치를 둘러보고 왔던 길을 되짚어 추쿵 마을로 돌아온다.

하산 길은 사람과 야크의 길이 섞여 아일랜드 피크 가는 길과 합쳐지며 조금 헷갈릴 수도 있다. 갈림길에서는 항상 우측으로 길을 잡아야 한다.

5일차 (총 5~6시간)

추쿵(Chhukung, 4730m) ⇨ **추쿵 리**(Chhukung Ri, 5550m) 3시간 ⇨ **추쿵**(Chhukung, 4730m) 2시간

해발 820미터를 올린다. 올라가는 길은 칼라파타르와 비슷하다. 간식을 든든하게 준비하고 출발한다. 많이 올라온 것 같은 느낌이 들고, 정상인 것 같은 느낌이 드는 곳이 계속 나타난다. 그러나 착각이다. 처음 1시간 반 정도 오르면 넓고 평평한 지역이 나온다. 이곳에서 그만 올라가고 싶다는 유혹이 가장 많이 생긴다. 하지만 저 위에 돌탑과 휘날리는 오색 깃발이 보인다. 결국 계속 올라가야 한다. 다음을 기약하자며 속삭이는 또다른 자신과 순간적으로 타협하거나 스스로 충분하다고 속이거나 포기하지 말자. 다음에 여기를

다시 올라오게 될 확률은 전 인생을 걸쳐 거의 없다.

평평한 지대를 지나 다시 가파른 오르막이 나오고 드디어 오색 깃발이 눈에 들어온다. 그곳에서 왼쪽으로 바위 능선을 타고 15분 정도 더 올라가면 추쿵 리 정상이다. 드디어 풍경이 사방으로 트이고 먼 곳의 설산 정상들과 눈높이가 맞춰진다. 개인차에 따라 오르는 시간이 다르다. 5시간 넘게 걸리는 경우도 있다. 다만 하루 안에만 다녀오면 된다. 꾸준히 쉬며 오르며를 반복한다.

정상에서는 에베레스트, 로체, 로체사르, 눕체, 아일랜드 피크(임자체), 마칼루, 아마다블람, 다보체, 탐세르쿠, 촐라체 등의 산들이 시야에 들어온다. 하산시 마음은 급해진다. 그러나 자주 쉬면서 다리가 풀리지 않도록 더욱 천천히 천천히 하산한다.

6일차

추쿵(Chhukung, 4730m) 휴식

휴식일을 갖는다. 침낭을 햇볕에 말리고, 태양열 충전도 한다. 다운 받아온 영화가 있으면 보거나, 주변을 산책하고, 입맛에 맞는 음식이 있다면 맛있게 먹으면서 즐거운 시간을 갖기를 추천한다.

7일차 (총 11-12시간)

추쿵(Chhukung, 4730m) ⇨ **아일랜드 피크 BC**(Island Peak BC, 5200m) 왕복 4-5시간 ⇨ **추쿵**(Chhukung, 4730m) ⇨ **딩보체**(Dingboche, 4410m) 1시간 반 ⇨ **소마레**(shomare, 4010m) 2시간 ⇨ **로워 팡보체**(Pangboche, 3880m) 2시간

아침 일찍 아일랜드피크 BC (Island Peak BC, 5200m)에 들렀다가 하산을 시작한다.

추쿵 마을의 캉그리 롯지에서 오른족, 동쪽으로 작은 능선을 넘는다. 중간에 아일랜드BC를 알리는 작은 안내 표지판도 있다. 돌길과 모래 길과 개울이 뒤섞인 길을 가다가 작은 호수도 나온다. 협곡 사이로 들어서서 내내 걸으면 갑자기 눈 앞에 큼직한 산 한 덩어리가 모래밭 위에 홀로 서 있다. 거기서 오른쪽으로 꺾으면 거기가 아일랜드 피크 BC다. 성수기에는 수많은 텐트가 트레커를 맞이한다. 위쪽의 어드밴스 베이스를 바라보면 쉽게 정상을 오를 수 있을 것 같은 느낌이 들겠지만 생각보다 쉽지 않다.

우측 정면으로 영원히 닿을 수 없는 높은 벽처럼 암부랍차 라가 막고 있다. 이 고개를 넘어 3 col을 지나 마칼루 BC로 연결되는 GHT 코스도 아일랜드 피크 BC에서 이어진다.

같은 길로 추쿵으로 하산한다. 천천히 하산해도 일정상 전혀 무리가 없다. 길을 길게 잡지 않는다. 추쿵에서 간단히 점심을 먹고 딩보체 방향으로 하산한다. 딩보체에 도착하면 직진하여 마을을 통과하여 그대로 진행하면 소마레, 팡보체에 도착하게 된다. 팡보체 아랫마을에서 하루를 마친다.

8일차 (총7-8시간)

로워 팡보체(Pangboche, 3880m) ⇨ **텡보체** (Tengboche, 3860m) 1시간 반 ⇨ **풍키텡카**(Phungi Tanga, 3250m) 30분 ⇨ **사나사**(Sanasa, 3600m) 2시간 ⇨ **남체**(Namche, 3440m) 2시간

쿰부 2. 남체 - 에베레스트 베이스캠프(EBC) / 칼라 파타르(리) 하산 일정표를 참조한다.

남체 이후 팍딩 혹은 루클라까지 하산할 수 있으나 천천히 천천히 내려간다. 사고는 대부분 하산 길에서 일어난다. 하산 축하주는 남체 이하 팍딩 등에서 저녁에 창 정도로 마시는 것이 적절하다.

9일차 (총 8-9시간)

남체(Namche, 3440m) ⇨ **몬조**(Monjo, 2835m) 3시간 반 ⇨ **팍딩**(Phakding, 2610m) 2시간 30분 ⇨ **체플룽**(CHEPLUNG, 2660m) 1시간 반 ⇨ **루클라** (Lukla, 2840m) 1시간 반

10일차

루클라(Lukla, 2840m) ⇨ **카트만두**(KATU-MANDU, 1350m) 비행기 40분

*비상시 쿰부 8. 육로 및 헬기 입산 및 하산 편 참조
*추쿵 - 딩보체 구간에서 헬기 하산시 약 4일이 줄어듦.

아일랜드 피크 (임자체, 6367m) 등반

6000미터급 산의 정상에 올라보고 싶은 사람들에게 비교적 만만한(?) 산 중 하나가 아일랜드 피크다. 보통 추쿵에서 2~4일 정도 걸려 아일랜드 피크 정상에 오른 뒤 추쿵으로 돌아온다. 6천 미터급 고산에 처음 올라보는 사람들은 추쿵의 롯지 앞마당에서 익숙하지 않은 장비 사용법을 익힌다. 롯지에 상주하는 전문 클라이밍 셀파와 함께 아일랜드 BC로 간 뒤 어드밴스 BC에 올라 1일 야영하고 깊은 밤 혹은 새벽에 일어나 단번에 오른다. 추쿵의 롯지 주인들이 고산 전문 등반가인 경우가 많다. 또 롯지마다 전문 클라이밍 셀파들이 상주한다. 카트만두에서 혹은 추쿵에 도착한 다음 고도에 몸이 잘 적응하는지 살펴보고 현지 롯지에 문의하여 결정하는 것도 좋은 방법이다.

대체로 추쿵 출발 기준 1인당 1000달러 정도의 등반비용이 청구된다. 또 장비 대여, 퍼밋 비용 등등 기타 비용이 추가된다. 히말라야 쪽은 물가가 자주 가파르게 오른다. 길을 떠나기 전 대략적인 것을 미리 확인해 보는 것을 추천한다.

콩마 라 패스(Kongma La, 5535m)

추쿵에서 또 다른 선택지는 콩마 라 패스(Kongma La, 5535m)다. 이 패스는 매년 20~30명의 사망자가 계속 발생하는 구간이다. 흔히 위험하다는 촐라 라 정도는 우스울 정도로 위험하고 힘들다. 안전한 트레킹을 원하는 트레커들은 이 코스를 선택하지 않는 것이 좋다.

콩마 라 패스 정상으로 가는 길은 끊임없는 오르막의 연속으로 상당한 체력이 소모된다. 길도 길고 무척 가파르다.

추쿵에서 서쪽 능선길로 대각선으로 올라 한참을 오르다 보면 커다란 빙하호수를 만나게 된다. 그 빙하호 뒤로 보이는 정상에 콩마 라 패스를 알리는 오색깃발이 휘날린다. 그 칼날 능선을 올라 콩마 라 정상에 도달한다.

정상에 오른 뒤 추쿵으로 되돌아가는 하산길은 비교적 안전하다. 그러나 긴장의 끈을 놓아서는 안된다.

3 패스(Pass) – 콩마 라 패스 트래버스

3 패스(Pass)를 하기 위해 콩마 라 정상에 오른 뒤, 위험한 칼날 능선들을 타고 넘어 에베레스트 BC로 가는 중요 포인트인 로부제로 가는 길은 위험 부담이 상당하다. 먼저 콩마 라 패스(Kongma La, 5535m) 정상에 오른 뒤 하산하는 길은 거의 수직에 가까운 가파른 각도다. 모래와 자갈이 뒤섞인 모레인 지대로 돌이 구르면 사고가 발생할 수 있어 매우 위험하다. 트레커들끼리 최대한 떨어져 거리를 유지하면서 천천히 내려가야 한다.

한참을 가파르게 내려오고 나면 평평한 지대가 이어진다. 그러다 다시 가파른 오르막을 오르게 되면 빙하 지대로 진입하게 된다. 호수를 여러 개 건넌 뒤에 빙하를 건너 로부제 바로 앞으로 나오게 된다.

성수기에는 비교적 많은 사람이 넘지만, 여름이나 겨울 비수기에는 넘는 사람이 전혀 없을 때도 있다. 포터가 가는 길, 짐승이 가는 길, 가이드와 트레커가 가는 길이 구분되어 있어 혼자 넘기 쉽지 않다. 또 정확하게 길이란 것이 규정되어 있지도 않다. 빙하 내부의 길은 매년 변한다. 길을 알리는 오래된 돌 표식이나 진입금지 표시도 혼란

스럽다. 위험한 능선 구간에서 시간도 많이 소모
된다. 눈이 많이 오거나 빙하 내부가 무너져 길이
끊어져 있는 경우, 지형 식별이 잘 안되므로 원점
으로 돌아가는 것도 어려워 사고가 자주 발생한
다.

콩마 라 조난

간혹 혼자 진입하다, 혹은 팀 일부나 전체가 탈진
한 경우 헬리콥터 착륙장인 헬리포트 사인인 H
가 있는 곳까지 가야 하는데, 날씨가 안 좋은 경
우는 헬기의 접근도 어렵다. 위성전화도 터지지
않는다. 일반 전화는 신호 자체가 전혀 안 터진
다. 실력이 없는 가이드가 팀을 리딩 중이면 길을
잘 못 찾아 위험한 길로 손님을 끌고 다니며 체력
을 소모시킨다. 거기에 가이드와 손님 간에 신뢰
가 깨져 있는 경우, 트레킹 팀 내부에 분쟁이 있
어 단합이 되지 않는 경우도 산행 속도는 늦고 날
카로운 감정의 소모로 인해 피로도도 높아진다.
유사시 가이드의 경험 부족으로 무사 탈출도 어
렵고, 헬기 착륙장 H를 찾는것도 어렵다. 또 상황
이 위험해지면 가이드와 포터 등은 어떻게든 탈
출한다. 그러나 험난한 길에 외롭게 남겨진 트레
커들은 헬기 및 구조 요청도 해보지 못하고 피난
처도 발견하지 못한 채 탈진한다. 이런 케이스가
그동안 많은 사고의 이유였다.

조난 사고는 대개 자연적인 사고와 사람과의 다

툼으로 일어난다. 또 지병이나 갑작스런 체력 저
하와 고산병의 발생으로도 일어나는데, 쿰부에서
는 콩마 라와 촐라 라 지역에서 사고가 주로 난
다.

콩마 라 패스는 진입 전 가이드 및 포터의 태도,
장비, 체력, 음주, 도박 어느 하나라도 부정적으
로 작용하는 경우 트레커에게 위험한 상황이 반
드시 도래한다. 참는 것도 어느 정도 여유가 있
을 때 가능한 일이다. 이런 때는 콩마 라에 대한
도전을 하루 정도 멈추고 추쿵에서 콩마 라 패스
구간만을 안내해 줄 가이드 혹 포터를 머무는 롯
지 주인에게 의뢰해 임시로 고용한다. 2일분 임
금을 주면 충분하다. 이렇게 인력을 재배치하고
상황 정리를 한다. 다행히 좋은 여행사에서 성실
하고 뛰어난 가이드를 고용한 경우 그의 판단을
잘 따른다. 그러나 항상 최종 결정은 고용주인 트
레커 본인에게 달려 있고 모든 책임을 진다는 것
도 명심해야 한다.

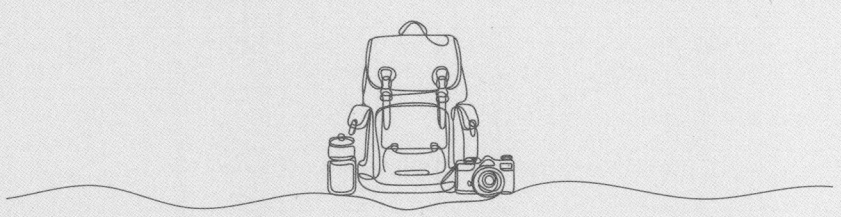

· 쿰부 5 · 남체 – 에베레스트 라운딩(쿰부 써킷, 시계방향, 순방향)

남체 – 고쿄(고쿄 리) – 촐라 패스(라) – 에베레스트 BC (칼라파타르) – 아일랜드 피크(임자체) BC

1일차	카트만두(KATUMANDU, 1350m) → 루클라(Lukla, 2840m) → 체플룽(CHEPLUNG, 2660m) → 팍딩(Phakding, 2610m)	비행 40분 트레킹 3시간
2일차	팍딩(Phakding, 2610m) → 몬조(Monjo, 2835m) → 조르살레(Jorsale, 2740m) → 남체(Namche, 3440m)	7–8시간
3일차	남체(Namche, 3440m) 휴식	휴식

쿰부 5. 남체–에베레스트 라운딩(쿰부 써킷) 단순 일정표
*쿰부 3. 남체 – 고쿄 – 초오유 BC – 고쿄 리 코스 세부 일정표 참조

일 자	일 정	이동시간
1일차	남체 → 쿰중(Kumjung, 3790m)/캉주마 → 사나사(Sanasa, 3600m) → 몽라(Mong la, 3970m) → 포르체 텡가(Phortse Thanga, 3670m)	7–8시간
2일차	포르체 텡가 → 돌레(DOLRE, 4100m) → 라팔마(Lafarma, 4330m) → 루자(LUZA, 4410m) → 마체르모(Machhermo, 4470m)	6–7시간
3일차	마체르모 → 팡(Pang, 4480m) → 1번 롱반다 호수(Longabanga tcho, 4710m) → 2번 타우중 호수(Taujung tcho, 4740m) → 3번 고쿄 호수 (GOKYO tcho, 4750m)	5–6시간
4일차	고쿄 호 → 4번 토낙쵸 호수(Thonak tcho, 4870m) → 5번 응고줌바 호수(Ngyozumba tcho, 4990m) → 6번 갸줌바호수(Gyazumba cho, 5200m) → 초오유 BC (Chooyu BC, 5220m) → 고쿄 호수	12–14시간
5일차	고쿄 호수 – 휴식.	휴식
6일차	고쿄 → 고쿄 리(GOKYO RI, 5360M) → 고쿄 → 닥락(Dragnag, 4700m)	8–9시간
7일차	닥락(Dragnag, 4700m) → 촐라 패스(Chola pass, 5420m) → 종 라(Dzong la, 4850m)	8–9시간
8일차	종 라 → 로부체(Lobuche, 4910m) → 고락셉(Gorakshep, 5140m) 쿰부 2. 남체 – 에베레스트 베이스캠프(EBC)/칼라파타르(리) 코스 참조	7–8시간
9일차	고락셉 → 에베레스트 베이스캠프(EBC, 5364m) → 고락셉	4시간
10일차	고락셉 → 칼라파타르(Kala Patthar, 5550m) → 고락셉 → 로부제 → 투클라(Tukla, 4620m) → 딩보체(Dingboche, 4410m)	10–11시간

11일차	딩보체 → 비브레(Bibre, 4570m) → 추쿵(Chhukhung, 4730m) 쿰부 4. 남체 – 추쿵 – 로체 BC – 추쿵 리 – 아일랜드피크(임자체)BC 일정표 참조	3시간
12일차	추쿵 → 로체 남벽 베이스캠프(Lhoche south BC, 5200m) → 추쿵	6–7시간
13일차	추쿵 → 추쿵 리(Chhukhung ri, 5550m) → 추쿵	5–6시간
14일차	추쿵 휴식	
15일차	추쿵 → 아일랜드피크 BC(Island peak, Imjache, 5100m) → 추쿵 → 딩보체 → 소마레 → 로워 팡보체(Pangboche, 3880m)	11–12시간
16일차	로워 팡보체 → 텡보체(Tengboche, 3860m) → 풍키텡카(Phungi Tanga, 3250m) → 사나사 (Sanasa, 3600m) → 남체(Namche, 3440m)	7–8시간
17일차	남체 → 팍딩 → 루클라	8–9시간
18일차	루클라 → 카트만두	40분

비상시 하산 : 헬기/ 쿰부 8. 육로편 참조.

✅ 에베레스트 라운딩 중 초오유 BC, 추쿵 리, 로체 BC 방문을 빼면 전체 일정에서 약 3일이 줄어든다.
✅ 추쿵 – 딩보체 구간에서 헬기 하산을 선택하면 약 4일이 추가로 줄어든다.

✅ 라운딩 코스는 4계절 장비를 모두 준비한다.
✅ 장비의 보충은 카트만두의 타멜, 루클라, 남체, 딩보체에서 할 수 있다. 그 외 구간은 장비를 전혀 구할 수 없다. 주의해야 한다. 각 패스를 넘을 때, 두꺼운 옷 한 벌보다는 얇고 따스한 기능성 옷을 여러 벌 준비한다. 땀이 나면 벗고, 추우면 다시 입는 과정을 반복한다. 고어텍스 방한, 방풍 잠바는 항상 배낭에 준비한다. 바라클라바 등 머리를 보호하고 체온을 유지하는 장비와 고소모를 여러 개 준비한다. 장갑은 얇은 장갑과 두꺼운 오버 장갑 등을 여벌로 준비해둔다. 빙하 통과시, BC에 근접시 선글라스를 써서 눈을 보호하고, 반드시 아이젠을 준비해야 한다. 침낭은 영하 −10도 이상은 견뎌주는 것으로 준비한다. 침낭이 부실하면 긴 밤이 지옥으로 변한다. 의류는 면으로 된 것을 피하고 기능성으로 준비한다. 카트만두, 남체 등에서 양털로 짠 덧버선을 구매한다. 가격은 200–500 루피 정도다. 밤에 양말 위에 신으면 발가락이 시린 것을 상당히 방어해 준다.

쿰부 5
일정: 남체-에베레스트 라운딩(쿰부 써킷) 고소 휴식일 포함 18–23일
최고 고도: 고쿄 호수(GOKYO TCHO, 4750m)/ 초오유 BC (Chooyu BC, 5220m)/고쿄 리(GOKYO RI, 5360m)/촐라 패스(Chola pass, 5420m)/에베레스트 베이스캠프(EBC, 5364m)/ 칼라파타르(Kala Patthar, 5550m)/로체 BC(Lhotse, 5200m)/아일랜드피크 BC(Island

Peak Base camp, 5200m)/추쿵 리(Chhukung
Ri, 5550m)

난이도: ★★★★★   편리성: ★★★★
풍경: ★★★★★   이용도: ★★★★★

일정 소개

쿰부 지역의 8000미터 이상 고봉인 초오유, 에
베레스트, 로체의 내부로 들어가 크게 한 바퀴
를 회전하며 모두 방문하는 일정이다. 에베레스
트 라운딩 혹은 쿰부 서킷이라고도 한다. 초오유
+ 에베레스트 + 로체를 촐라 패스로 연결했다고
생각하면 된다.

쿰부 히말의 유명 트레킹 코스들은 길들이 매우
좋다. 길이 넓은 고쿄 코스로 올라 높은 고도에
도 잘 적응할 수 있다. 고쿄 호수, 고쿄 리, 초오
유를 만난 뒤에 길고 넓은 빙하를 건너 촐라 라
(패스)를 넘어서 에베레스트 베이스캠프와 칼라파
타르에 오른다. 하산하면서 왼쪽으로 회전해 딩
보체를 지나 추쿵에서 로체와 추쿵 리, 아일랜드
베이스캠프를 방문한다. 순방향(시계방향). 역방향
(시계 반대방향) 모두 촐라 패스를 넘지만 고쿄에
서 에베레스트 베이스캠프 방향으로 넘는 것이
쉽다.

보통 고쿄에서 닥락으로 빙하를 가로지르는 길
과, 고쿄 쪽에서 촐라 패스를 넘는 길을 가장 어
렵게 생각한다. 촐라 패스는 어두운 새벽 아주 일
찍 길을 시작한다. 닥락의 언덕을 넘어 내리막길
을 걸어 고개 아래에 도착한다. 좁고 가파른 암
벽의 오르막을 몇 걸음 오르고 한번 쉬는 식으로
넘으면 된다. 앞서간 많은 사람들이 아주 천천히
오르고 있으므로 빨리 갈 수도 없다. 길의 표지
도 정확하다.

촐라 패스는 여러 번의 대지진으로 지형이 많이
변했다. 오른쪽 암벽 능선으로 빠져나갈 수 없게

됐다. 내리막의 빙하 지역 중앙지역을 통과한다.
언제나 얼음과 눈이 덮여 있는 구간으로 스틱과
아이젠이 반드시 필요하다.

수년 전에 길을 알리는 긴 장대가 촐라 패스에
설치됐다. 많은 부분이 파손됐으나 길을 가는데
는 큰 도움이 된다. 그러나 항상 가이드와 포터
를 먼저 내려보내 길을 탐색하며 가야한다. 얼음
이 가득한 길에서는 팀원들끼리 바싹 붙어 같이
걷는다. 그리고 내리막을 내내 걸어 촐라체 BC인
종 라에 도착한다. 이 코스는 촐라 패스 외에 큰
어려움은 없다.

🏔 상세 일정 : 18일

고교 쪽 정보는 앞의 고교 부분을 참고한다.

※ 고교 리 및 주변 쿰부 3. 남체 - 고교 - 초오유 BC -
고교 리 코스 세부 일정표 참조

1일차 (총 7~8시간)

남체(Namche, 3440m) ⇨ **쿰중**(Kumjung, 3790m)
⇨ **캉주마**(Kyangjuma, 3600m) 2시간 ⇨ **사나사**
(Sanasa, 3600m) 2시간 ⇨ **몽 라**(Mong la, 3970m) 2
시간 ⇨ **풍키 텡카**(Phungi Tanga, 3250m) 1시간

※ 고교 리 및 주변 쿰부 3. 남체-고교-초오유 BC-고
교 리 코스 세부 일정표 참조

2일차 (총 6~7시간)

포르체 텡가(Phortse Thanga, 3670m) ⇨ **돌레**
(DOLRE, 4100m) 2시간 반 ⇨ **라팔마**(Lafarma, 4330)
1시간 ⇨ **루자**(LUZA, 4410m) 1시간 ⇨ **마체르모**
(Machhermo, 4470m) 1시간 소요

3일차 (총 5~6시간)

마체르모(Machhermo, 4470m) ⇨ **팡**(Pang,
4480m) 2시간 반 ⇨ **1번 롱반다 호수**(Longa-
banga tcho, 4710m) 1시간 반 ⇨ **2번 타우중 호
수**(Taujung tcho, 4740m) 1시간 ⇨ **3번 고교 호수**
(GOKYO tcho, 4750m) 30분

6일차 (총 8~9시간)

고교(GOKYO tcho, 4750m) ⇨ **고교 리**(GOKYO ri,
5360m) ⇨ **고교**(GOKYO tcho, 4750m) 4시간 반 ⇨
닥락(Dragnag, 4700m) 3시간

고교 리 등반

오르는데 2시간 가량 걸리고 내려가는 데 1시간
정도 소요된다. 고교에서 작은 개울을 건너면 고
교 리와 렌조 라를 알리는 노란색 표지를 만나게
된다. 오른쪽의 언덕을 바로 오르는 표지판을 따
라가면 가파른 언덕을 곧 만나게 된다. 천천히 조
금씩 2시간 정도면 오색 룽다가 정신없이 휘날리
는 고교 리 정상에 오르게 된다.

고교에서 닥락까지

고교 리에서 내려와 숙소에서 점심 식사를 한 뒤
닥락으로 출발한다. 고교 마을 바로 뒷편으로 닥
락으로 가는 길이 열려 있다. 바로 응고줌바 빙하
를 건넌다.
빙하 속으로 가파르게 내려간다. 서두르지 말고
많이 주의해야 한다. 빙하 안은 복잡하다. 여러
개의 크고 작은 가파른 언덕을 넘어야 한다. 히말
라야 빙하는 TV나 사진에서 보는 것처럼 얼음과
눈으로 뒤덮인 곳이 아니다. 바깥쪽이 자잘한 돌
들과 흙으로 덮힌 채 아주 천천히 움직이는 만년
설이다. 바로 그 위를 건너는 것이다. 반드시 가
이드와 포터를 대동하고 가능한 여러 팀이 모여
건너는 것이 좋다. 매년 새로 길을 만들면서 돌을

여러 개 쌓아 돌탑으로 길 표시를 새로 하고 있는데, 몇 년 전에 쌓아 놓은 것이 그대로 있어 혼선이 있을 수 있다. 올해 열린 새 길이 어떤 것인지 잘 살피고, 지나간 사람들의 발자국을 유심히 확인하면서 길을 가야 한다. 빙하 가운데를 지날 때는 크레바스를 조심하고 건넌다. 양측 모두 빙하의 마지막 턱 부분은 급격한 오르막이다. 가파르기도 하고 종종 길이 녹아 돌이 굴러오는 경우도 있다. 매사에 주의한다. 1시간 반 정도 소요된다.

빙하를 통과하면 평지가 나온다. 야크나 말을 방목하는 초지가 나오면 곧 닥락(Dragnag, 4700m)이다. 약 1시간 소요된다. 예전 닥락은 롯지가 2곳밖에 없었는데, 지금은 롯지도 많아지고, 규모도 커졌다. 위성 안테나가 설치된 롯지도 많고 돈을 주면 롯지에서 인터넷도 사용할 수 있다. 전기충전도 역시 돈을 내야 한다.

저녁을 든든히 먹고 특히 아이젠을 점검한다. 가이드, 포터 등 일행들의 것도 모두 점검해야 한다. 아이젠이 없으면 새끼줄이나 빨랫줄이라도 그 대용으로 준비해야 한다.

7일차 (총 8~9시간)

닥락(Dragnag, 4700m) ⇒ **촐라 패스**(Chola pass, 5420m) 5~6시간 ⇒ **종 라**(Dzong la, 4850m) 3시간

촐라 패스 넘는 날

오늘은 촐라 패스(Chola pass, 5420m)를 넘는 날이다. 가장 겁을 먹는 구간이지만 큰 걱정은 하지 않아도 된다. 촐라 패스는 새벽 일찍 출발해 닥락 마을 뒤 언덕을 일찍 넘으면 반은 성공이다. 반대편 에베레스트 측 종 라에서 넘어오는 사람들과 겹치는 시간을 최대한 줄이는 것이 안전하다.

새벽 6시 이전에 일어나 아침 식사를 마치고 간식과 점심, 뜨거운 물을 충분히 준비하고 출발한다. 닥락의 뒷동산을 먼저 오른다. 오색깃발이 높은 장대에 매달려 휘날리는 언덕이다. 2시간 정도 소요된다.

산만 보이고 촐라 패스는 어디에 있는지 구분이 어렵다. 왼쪽 멀리 보이는 산봉우리들 사이 다소 평평한 곳이 촐라 패스다. 처음에 구분하기는 어렵고 그냥 산으로만 보인다. 보통의 산 길들은 희미하게 사람이 가는 길이 보이지만 촐라 패스로 가는 길은 아무 흔적도 보이지 않는다.

한참 내려가서 평지를 걸어 돌들 사이로 걸어 촐라 패스 아래에 도착한다. 예전과 다르게 돌도 많이 치우고 길 표시도 해 놓아 촐라 패스 가는 길이 혼란스럽지 않다.

여러 차례 지진으로 촐라 패스의 양측이 모두 무너졌다. 새로 설치한 철제 안전 로프나 봉 등이 모두 휘어지고 뽑혀 있어 그 기능은 하지 못하고 있지만 이정표로는 충분한 역할을 한다.

촐라 패스는 에베레스트 쪽 종 라에서 출발하는 사람들이 더 빨리 패스를 넘어오게 되어 있다. 그들이 길에서 조심하지 않고 하산길을 재촉하면 그대로 돌이 굴러 고교 측에서 올라가는 사람들에게 위험한 상황을 만든다. 그러므로 촐라 패스를 오르내릴 때 모두 조심해야 한다.

아무리 느려도 포기하지만 않으면 넘을 수 있는 것이 촐라 패스다. 그러나 경사가 가파른 좁은 길을 전혀 못 오르는 사람들도 많다. 길이 좁고 험해서 추월하기도 어렵다. 5분에 몇 걸음 걸어 올라가는 식으로 쉬며 구경하며 천천히 따라 올라간다. 촐라 패스의 좋은 점은 길이 가파르다 보니 조금만 높이 올라가도 시야가 탁 트이면서 촐라 패스를 마치는 시간도 빠르게 다가오는 것을 바로 알게 된다. 촐라 패스 정상 근처까지 오르면 형형색색의 타르초들이 힘차게 휘날린다. 수 많은 돌탑들이 늘어서 수고한 여행자들을 맞아준다.

좀 더 올라가면 길이 조금 넓어지면서 앞 팀을 추월할 수도 있게 된다. 촐라 패스(Chola pass, 5420m) 정상에 오르면 에베레스트 베이스캠프 쪽과 고쿄 쪽 양쪽이 모두 들어오면서 멋진 장관을 볼 수 있다. 정상에서 준비해 간 점심을 먹는다. 닥락에서 출발해 촐라 패스 정상까지 5~6시간 소요된다.

촐라 패스 하산길

기존의 촐라 패스는 아이젠을 착용하고 빙하 가운데로 가다가 오른쪽 벽 방향으로 틀어 1시간 정도를 내려간 뒤 아이젠을 벗고 가파른 내리막의 돌길을 걸었으나 지진이 길을 모두 바꿨다.
2025년 1월 현재 촐라 패스 정상에서 아이젠을 장착하고 바로 빙하의 얼음판 정중앙의 철봉을 기준으로 30분 정도 걸어 얼음이 전혀 없는 곳까지 간다.
이후 아이젠을 벗고 내리막을 걷는데 왼쪽 방향으로 내내 내려간다. 내리막 길이 끝나면 여러 개의 언덕을 오르내리다가 오른쪽으로 촐라체가 높이 솟은 모습을 보면서 종 라(Dzong la, 4850m)에 도착한다. 촐라 패스 정상에서 종 라까지 약 3시간 소요된다.
종 라는 방값은 500 루피 정도로 비싸지 않지만 항상 방이 부족한 곳이다. 촐라 패스를 넘는 사람들이 많은 경우 가파른 내리막이 모두 끝나는 풀밭 지점에서 포터를 먼저 보내 방을 잡아 놓도록 하는 것이 좋다.
해질 무렵 촐라체(6440m)의 모습과 달에 비친 촐라체의 모습이 아름답다. 촐라체는 8천 미터가 높은 산이 즐비한 이 지역에서 높은 산은 아니다. 그러나 정상에 오르는 난이도가 높은 상당히 험한 산이다. 많은 한국 산악인들이 여기서 잠들었다.
의외로 쿰부의 많은 롯지들이 신라면을 준비하고 있다. 그러나 직접 끓여 먹어본 적이 없는 사람들

이다. 면은 삶고 스프를 따로 끓이고, 계란은 후라이를 해서 가져온다. 신라면을 주문했다면 주인에게 양해를 구하고 부엌에 들어가 마늘 약간, 파 조금 얻어 넣고 직접 끓이는 것이 어이없는 라면 맛을 피하는 방법이다.

롯지의 와이파이 이용료는 800루피. 신라면은 900~1000루피이다.

8일차 (총 7~8시간)

종 라(Dzong la, 4850m) ⇨ **로부제**(Lobuche, 4910m) 3~4시간 ⇨ **고락셉**(Gorakshep, 5140m) 3시

쿰부 2. 남체 - 에베레스트 베이스캠프(EBC)/칼라파타르(리) 코스 참조

종 라는 실질적인 촐라체 BC다. 날카롭게 솟아오른 촐라체를 바라보면서 평탄한 산 허리길을 따라 내리막과 평지에 가까운 길로 하루 길을 시작한다. 평탄한 내리막 길에서 산 허리길을 따라 가장 윗쪽 길을 잡아 산을 좌측으로 끼고 걷는다. 만약 아랫쪽으로 길을 잡으면 처음에는 넓고 편하다. 그러나 갑자기 길이 가파르게 내려가면서 개울길, 돌길을 힘들게 걸어서 완전히 본래 코스에서 이탈해 페리체 끝부분으로 내려가게 된다. 그리고 쿰부의 상당한 난코스 중 하나인 투클라 언덕을 굉장히 힘들게 걸어서 로부제로 가는 다시 올라가야 하므로 어떤일이 있어도 우측길이나 고도가 하강하는 길로 가면 안된다.
왼쪽으로 길로 잡아 계속 가다보면 멀리 페리체와 투클라(Tukla, 4620m)의 메모리얼이 보인다. 바로 쿰부 히말의 산에서 떠난자들을 추모하는 수많은 돌탑(초르텐)들이 서 있는 곳이다. 계속 진

행하면 아주 얕은 개울을 지나 투클라를 넘어 에베레스트 BC로 가는 길과 촐라 패스를 넘어 종라에서 내려오는 길이 서로 만난다.

이제 하늘 위로 관광 헬기가 자주 날아가고 사람과 말이 많이 오가는 본격적인 에베레스트 메인 트레킹 코스로 접어들게 된다.

로부체에서 점심을 먹는다. 종 라에서 로부체까지 약 3시간 정도 소요된다. 로부체부터 에베레스트 베이스캠프(EBC) 코스를 참조하여 고락셉(Gorakshep, 5140m)에 도착한다. 잠시 쉬었다가 칼라파타르에 다녀올 수도 있으나 남은 일정이나 체력 안배를 생각해서 쉬는 것이 좋다. 고락셉은 물이 부족한 지역이다. 산책에도 그리 좋은 지역은 아니다.

고락셉은 고도가 높아서 아프지 않아도 미리 진통제(타이레놀을 추천한다.)를 하나 정도 먹고, 입맛이 없어도 식사를 최대한 든든히 해둔다. 고산에서는 오래 자기 어렵다. 새벽에 깨면 긴긴 밤 상당히 지루하다. 저녁 9시 이후 조금 늦게 잠자리에 든다.

인터넷 800-1000루피/1일.
신라면 900-1000루피.

> **알아두기:** 한국인들이 많이 찾지만 다른 나라 사람들은 거의 찾지 않는 이른바 '코리안 시즌'은 겨울철이다. 봄, 가을의 성수기의 고락셉의 롯지들은 방도 부족하고 음식을 주문해도 빨리 나오지 않는다. 로부제에서 포터를 미리 보내 방을 미리 잡고, 도착 시간에 맞춰 음식을 시켜 놓도록 조치한다.

이탈리안 피라미드(Italian pyramid, 5050m)
로부제에서 30분 정도 걸어 우측 능선에 이탈리안 피라미드가 있다. 이정표가 잘 되어 있다. 고

락셉이 고도 및 일정상 부담스러운 경우, 이탈리안 피라미드 숙박도 괜찮은 선택이다. 1일 5000루피 정도에 샤워 및 Wifi, 서양식 저녁식사와 다음 날 아침 식사를 제공한다. 정해진 가격이란 것이 없어 약간의 흥정이 필요하다.

9일차 (총 4시간)

고락셉(Gorakshep, 5140m) ⇨ **에베레스트 베이스캠프**(EBC, 5364m) ⇨ **고락셉**(Gorakshep, 5140m) 왕복 4시간

쿰부 2. 남체 - 에베레스트 베이스캠프(EBC)/칼라파타르(리) 코스 참조

10일차 (총 10~11시간)

고락셉(Gorakshep, 5140m) ⇨ **칼라파타르**(Kala Patthar, 5550m) 왕복 4-5시간 ⇨ **고락셉**(Gorakshep, 5140m) ⇨ **로부제**(Lobuche, 4910m) 2시간 ⇨ **투클라**(Tukla, 4620m) 2시간 반 ⇨ **딩보체**(Dingboche, 4410m) 2시간 반

쿰부 4. 남체 - 추쿵 - 로체 BC-추쿵 리-아일랜드피크(임자체)BC 일정표 참조

11일차 (총 10~11시간)

딩보체(Dingboche, 4410m) ⇨ **비브레**(Bibre, 4570m) <u>2시간</u> ⇨ **추쿵**(Chhukung, 4730m) <u>1.5시간</u>

쿰부 4. 남체 - 추쿵 - 로체 BC - 추쿵 리 - 아일랜드 피크(임자체)BC 일정표 참조

12일차 (총 6~7시간)

추쿵(Chhukung, 4730m) ⇨ **로체 남벽 베이스 캠프**(Lhoche south BC, 5200m) <u>3시간 반</u> ⇨ **추쿵**(Chhukung, 4730m) <u>2시간 반</u>

한국 로체 남벽 베이스캠프(Lhoche south BC, 5200m)에 방문. 거대한 벽과 빙하를 보고 온다.

13일차 (총 5~6시간)

추쿵(Chhukung, 4730m) ⇨ **추쿵 리**(Chhukung Ri, 5550m) <u>3시간</u> ⇨ **추쿵**(Chhukung, 4730m) <u>2시간</u>

앞의 추쿵 편 참조

14일차

추쿵(Chhukung, 4730m) **휴식**

앞의 추쿵 편 참조

15일차 (총 11~12시간)

추쿵(Chhukung, 4730m) ⇨ **아일랜드 피크 BC**(Island Peak BC, 5200m) 왕복 4~5시간 ⇨ **추쿵**(Chhukung, 4730m) ⇨ **딩보체**(Dingboche, 4410m) <u>1시간 반</u> ⇨ **소마레**(shomare, 4010m) <u>2시간</u> ⇨ **로워 팡보체**(Pangboche, 3880m) <u>2시간</u>

쿰부 4. 남체 - 추쿵 - 로체 BC-추쿵 리-아일랜드피크(임자체) BC 하산 일정표 참조

대부분의 사고는 하산 길에 생긴다. 오전에 아일랜드 BC에 들른 후 추쿵에서 점심을 먹고 고속으로 하산한다. 팡보체를 지나 더 멀리도 갈 수 있으나 하산시 속도 조절을 한다.

16일차 (총 7~8시간)

로워 팡보체(Pangboche, 3880m) ⇨ **탕보체**(Tengboche, 3860m) <u>1시간 반</u> ⇨ **풍키텡카**(Phungi Tanga, 3250m) <u>30분</u> ⇨ **사나사**(Sanasa, 3600m) <u>2시간</u> ⇨ **남체**(Namche, 3440m) <u>2시간</u>

쿰부 2. 남체 - 에베레스트 베이스캠프(EBC) / 칼라파타르(리) 하산 일정표를 참조.

17일차 (총 8~9시간)

남체(Namche, 3440m) ⇨ **몬조**(Monjo, 2835m) 3

시간 반 ⇨ **팍딩**(Phakding, 2610m) 2시간 반 ⇨ **체플룽**(CHEPLUNG, 2660m) 2시간 ⇨ **루클라**(Lukla, 2840m)

앞의 남체에서 하산하는 편을 참조.

18일차

루클라(Lukla, 2840m) ⇨ **카트만두**(KATUMAN-DU, 1350m) 비행기 40분

쿰부 히말의 아름다운 마을을 보다가 비행기를 기다려 카트만두로 간다.
✅ 비상시 쿰부 8. 육로 및 헬기 입산 및 하산 편 참조
✅ 에베레스트 라운딩 중 초오유 BC, 추쿵 리, 로체 BC 옵션 생략시 − 약 3일이 줄어든다.
✅ 추쿵에서 헬기 하산시 약 4–5일이 줄어든다.

> **알아두기:** 촐라 패스를 넘지 못하는 경우. 만반의 준비를 했지만 날씨가 좋지 않거나 팀원들의 몸 상태가 좋지 않을 수 있다. 촐

라 패스에 대한 두려움도 갑자기 생길 수 있다. 이런 어려운 문제가 발생한다면, 비교적 낮은 저지대로 코스를 수정해서 완료하는 차선책을 선택하는 것이 현명하다.

고쿄에서 닥락(Dragnag, 4700m)으로 출발하면서 날씨를 면밀히 살펴본다. 눈이 많이 쌓였거나 길이 얼어서 길을 찾기 어렵거나 길이 열리지 않은 경우 아래와 같은 선택을 하면 된다.

1. 고쿄 코스를 역순으로 하산해 포르체 텡가에서 포르체 마을을 통과해 팡보체로 건너간다. 그리고 계속해서 에베레스트 방향으로 오른다. 시간은 조금 더 들지만 고도에 대한 압박을 덜고 평탄한 코스로 안전하게 갈 수도 있어 이 길의 선택도 괜찮다.

2. 고쿄에서 1번 호수를 지나 팡(Pang, 4480m)까지 하산한 후 두드코시 강을 건너 나 마을로 간 뒤 산허리 길을 계속 걸어간다. 중간에 롯지가 없어 쉬거나 음식을 제대로 먹기 힘들고 길도 안전하다고 말하기 어렵다. 또 포르체 마을까지 해지기 전 하루 안에 주파해야 한다. 시간은 조금 더 절약할 수 있으나 매우 괴롭고 힘든 하루가 될 수 있다.

에베레스트 마라톤(Everest Marathon)

1953년 5월 29일 에드먼드 힐러리와 네팔 셰르파 텐징 노르가이의 에베레스트 첫 등정을 기념해 열리는, 전세계에서 가장 높은 곳에서 열리는 마라톤이다. 2025년 42Km 풀코스 참가자는 216명 정도이고 기록은 3시간 초반이다. 10% 정도는 기권한다. 70km 울트라는 참가자가 20명정도이고, 기록은 8시간 초반이다. 30% 정도가 기권한다. 한국인도 도전했으나 기권한 것으로 안다. 하프마라톤은 도리어 참가자가 적다. 23명 참가. 1명 기권. 성공 요인은 오직 하나 고도 적응이다.

- 하프마라톤 – 21km
- 풀 코스 마라톤 – 42km(EBC – 남체)
- 울트라 마라톤 – 70km(EBC – 포르체 – 마체르모 – 몽 라 – 남체)

어떤 사람들은 산행속도를 매우 중시한다. 에베레스트 BC에 오르막으로만 올라 고도에 적응된 상태다. 몸에 근육이 충분히 붙어 힘도 충만하다. 기왕에 하산 속도를 내고 싶으면 발목 보호대와 무릎 보호대를 준비하고 등산화 대신 트레일 러닝화를 신고 달려 내려가 보자. 에베레스트 마라톤은 화끈하게 에베레스트에서 달려 남체 혹은 루클라까지 단번에 가고 싶은 사람들을 위한 마라톤 대회다. 2022년 매우 재미있을 것 같아 필자가 한국인들을 대상으로 프로모션을 했으나 신청자가 딱 1명에 불과해 포기했다. 포터에게 짐 들고 따라오게 하고 하산 길에 한번 달려 보는 것도 좋은 경험일 것 같다. 오르막이 나오면 걷고 내리막이나 평지는 달리면 42km 풀코스는 8-10시간 정도면 충분하다. 다만 70km 울트라 코스는 사람이 많이 다니지 않으며 협곡 지역으로 탈진시 도움을 받기 어렵다. 추천하지 않는다.

· 쿰부 6 · 3 BC / 3 PASS / 3 RI (9 Point)

로체 BC(Lhotse, 5200m) **– 추쿵 리 – 콩마 라**(패스) **– 에베레스트BC –**
칼라파타르(리) **– 촐라 패스**(라) **– 초오유BC – 고쿄 리 – 렌조 라**(패스)

* 3 PASS : 역방향 렌조 라 – 촐라 라 – 콩마 라(렌조 라, 콩마 라 2지역이 힘들고 위험하다)

1일차	카트만두(KATUMANDU, 1350m) → 루클라(Lukla, 2840m) → 체플룽(CHEPLUNG, 2660m) → 팍딩(Phakding, 2610m)	비행 40분 트레킹 4–5시간
2일차	팍딩 → 몬조(Monjo, 2835m) → 조르살레(Jorsale, 2740m) → 남체(Namche, 3440m)	7–8시간
3일차	남체 휴식	휴식

쿰부4. 남체– 추쿵–로체BC–추쿵 리–아일랜드피크(임자체) BC 일정표 참조
고소 휴일은 개인 일정 및 취향에 맞춰 실시한다.

일자	일정	이동시간
1일차	남체 → 쿰중(Kumjung, 3790m) → 사나사(Sanasa, 3600m) → 풍키텡카(Phungi Tanga, 3250m) → 텡보체(Tengboche, 3860m)	7–8시간
2일차	텡보체 → 데보체(Deboche, 3710m) → 팡보체(Pangboche, 3985m) → 소마레(shomare, 4010m) → 딩보체(Dingboche, 4410m)	7–8시간
3일차	딩보체 → 나갈창 피크(Nangkartshang Peak, 5083m) → 추쿵(Chhukung, 4730m) * 나갈창에 오르지 않는 경우 추쿵 도착 후 휴식	8–9시간
4일차	추쿵 → 로체 남벽 베이스캠프(Lhoche south BC, 5300m) → 추쿵	6–7시간
5일차	추쿵 → 추쿵 리(Chhukhung ri, 5550m) → 추쿵	5–6시간
6일차	추쿵 휴식	
7일차	추쿵 → 아일랜드피크BC (Island Peak BC, 5200m) → 추쿵	5–6시간
8일차	추쿵 → 콩마 라 패스(Kongma La, 5535m) → 로부제(Lobuche, 4910m)	10–12시간
9일차	로부제 → 고락셉(Gorakshep, 5140m) → 에베레스트 베이스캠프(EBC, 5364m) → 고락셉 * 쿰부2. 남체– 에베레스트 베이스캠프(EBC) / 칼라파타르(리) 참조	7–8시간

일자	일정	이동시간
10일차	고락솁 → 칼라파타르(Kala Patthar, 5550m) → 고락솁 → 로부제 → 종 라(Dzong la, 4850m)	9-10시간
11일차	종 라 → 촐라 패스(Chola pass, 5420m) → 닥락(Dragnag, 4700m)	8-9시간
12일차	닥락(Dragnag, 4700m) → 고쿄(GOKYO tcho, 4750m)	3-4시간
13일차	고쿄 호수(GOKYO tcho, 4750m) → 4번 토낙쵸 호수(Thonak tcho, 4870m) → 5번 응고줌바 호수(Ngyozumba tcho, 4990m) → 6번 갸줌바호수(Gyazumba cho, 5200m) → 초오유BC (Chooyu BC, 5220m) → 고쿄 호수 * 쿰부3. 남체-고쿄-초오유BC-고쿄 리 참조	12-14시간
14일차	고쿄 휴식	
15일차	고쿄 → 고쿄 리(GOKYO RI, 5360M) → 고쿄	4시간
16일차	고쿄 → 렌조 라(Renzo La pass, 5435m) → 룽덴(Lungden, 4380m)	8-9시간
17일차	룽덴 → 타메(Thame, 3800m) → 남체	8-9시간
18일차	남체 → 팍딩 → 루클라	8-9시간
19일차	루클라 → 카트만두(KATUMANDU, 1350m) 예비일을 3일 정도 준비한다. 육로: 남체 → 수르케 → 설레리 / 설레리 → 카트만두 2일(지프, 버스)	항공 40분

일정: 쿰부3 BC / 3 PASS / 3 RI (9 Point)

19-21일(입산+3일)

최고 고도:

▲ **3 BC:** 로체 BC(Lhotse, 5200m / 에베레스트 베이스캠프(EBC, 5364m) / 초오유BC (Chooyu BC, 5220m)

▲ **3 PASS:** 콩마 라 패스(Kongma La, 5535m) / 촐라 패스(Chola pass, 5420m) / 렌조 라 패스(Renao La pass, 5345m)

▲ **3 RI:** 추쿵 리(Chhukung Ri, 5550m) / 칼라파타르(Kala Patthar, 5550m) / 고쿄 리(GOKYO RI, 5360m)

▲ **아일랜드피크 BC**(Island Peak Base camp, 5200m)

난이도: ★★★★★   편리성: ★★★

풍경: ★★★★★   이용도: ★★

일정 소개

촐라 패스를 사이에 두고 로체 BC, 에베레스트 BC, 초오유 BC를 모두 연결하는 코스다. 에베레스트 BC로 먼저 오르는 에베레스트 라운딩 역방향 코스에 콩마 라와 렌조 라를 연결해 길을 넓혔다고 이해하면 된다.

쿰부 4. 남체-로체BC-추쿵 리-아일랜드피크(임자체) BC+콩마 라+쿰부 2. 남체-에베레스트 베이스캠프(EBC) / 칼라파타르(리)+촐라 패스+쿰부 3. 남체-고쿄-초오유 BC-고쿄리+렌조 라+남체+루클라로 연결되는 코스가 된다.

난이도는 콩마 라 패스(Kongma La, 5535m)가 시간도 많이 들며 어렵고 위험하다. 촐라 패스 (Chola pass, 5420m)나 렌조 라 패스(Renao La pass, 5345m)는 자주 쉬면서 넘으면 그렇게 어렵지 않다.

걸어서 오를 수 있는 높은 리(언덕)는 추쿵 리 (Chhukung Ri, 5550m)가 가장 어렵고, 칼라파타르(Kala Patthar, 5550m)가 그 다음. 고쿄 리 (GOKYO RI, 5360m)가 가장 쉽다.

쿰부지역 8000미터 이상 3개의 BC와 3패스 3개의 리로 구성된 9 포인트를 모두 하는 것이 이번 코스다.

고도의 압박과 희박한 공기, 장기간의 트레킹 등 일반 트레커로서는 어려운 부분이다. 난이도도 일반 트레커에게는 최강의 코스다.

좋은 날씨와 인력, 적재적소에 필요한 등산 장비와 예비일, 4계절에 일어날 수 있는 모든 것을 다 예상하고 준비해야 한다. 또 반드시 성공할 수 있다는 장담도 없다. 언제나, 누구나 실패할 수 있다. 쉽게 생각하고 쉽게 오른 사람은 많지 않다. 코스를 모두 마치면 보통 체중의 10% 이상이 빠진다. 가이드북에 표시한 소요 시간의 기준은 산에서 무척이나 느린 사람을 기준으로 했다.

이 코스는 9 포인트가 목표지만 3 PASS로 줄여서 하기도 하는 신축적인 코스다. 여러 이유로 완료하지 못하는 것은 하늘이 허락하지 않는 것이고, 산에서 주는 또 다른 초대장이다. 최대한 노력하지만, 무리하지 말고 다음을 기약하는 것도 좋은 방법이다.

정상을 등정하는 전문 산악인도 좋은 경치를 구경하며 높은 곳을 다니는 트레커도 안전하게 집에 돌아가는 것이 최선이다.

알아두기

에베레스트 라운딩(역방향)-촐라 패스 넘는 시간만 조금 짧다. 많이 이용한다. 코스가 내내 오르막으로만 진행되어 전체적으로 순방향보다 조금 더 힘들다. 콩마 라-촐라 라-렌조 라 순으로 넘는다.

가. 쿰부6. 쿰부3 BC / 3 PASS / 3 RI (9 Point) 세부 일정표

1일차	카트만두(KATUMANDU, 1350m) — 루클라(Lukla, 2840m) — 체플룽(CHE-PLUNG, 2660m) — 팍딩(Phakding, 2610m) 쿰부1. 카트만두-루클라-남체 참조 육로: 1일차 카트만두-셀레리 　　　2일차 셀레리-체플룽 　　　3일차 체플룽-남체	비행 40분 트레킹 3시간
2일차	팍딩(Phakding, 2610m) — 몬조(Monjo, 2835m) — 조르살레(Jorsale, 2740m) — 남체(Namche, 3440m)	7~8시간
3일차	남체(Namche, 3440m) 휴식	휴식

쿰부4. 남체-추쿵-로체BC-추쿵 리-아일랜드피크(임자체) BC 일정표 참조

1일차 (총 7~8시간)

남체(Namche, 3440m) ⇨ **사나사**(Kyangjuma, 3600m) 2시간 ⇨ **풍키 텡카**(Phungi Tanga, 3250m) 30분 ⇨ **텡보체**(Tengboche, 3860m) 3시간

(콩마 라 이전까지)
쿰부2. 코스를 참조한다.
쿰부4. 남체-추쿵-로체BC-추쿵 리-아일랜드피크(임자체) BC 일정표 참조

2일차 (총 7~8시간)

텡보체(Tengboche, 3860m) ⇨ **어퍼 팡보체**

(Pangboche, 3985m) 3시간 ⇨ **소마레**(shomare, 4010m) 2시간 반 ⇨ **딩보체**(Dingboche, 4410m) 2시간 반

쿰부2. 코스를 참조한다.

추천 롯지 : Valley view lodge. Dingboche resort hotel.

3일차 (총 7~8시간)

딩보체(Dingboche, 4410m) ⇨ **나갈창 피크** (Nangkartshang Peak, 5083m) 4시간 ⇨ **추쿵** (Chhukung, 4730m) 3시간

앞의 추쿵 코스를 참조한다.

추천 롯지: 캉그리 리조트 호텔

4일차 (총 6~7시간)

추쿵(Chhukung, 4730m) ⇨ **로체 남벽 베이스 캠프**(Lhoche south BC, 5200m) 3시간 반 ⇨ **추쿵** (Chhukung, 4730m) 3시간

앞의 추쿵 코스를 참조한다.

5일차 (총 6~7시간)

추쿵(Chhukung, 4730m) ⇨ **추쿵 리**(Chhukung Ri, 5550m) 3시간 ⇨ **추쿵**(Chhukung, 4730m) 2시간

앞의 추쿵 코스를 참조한다.

추쿵 리로 단순하게 오른다. 추쿵 리 건너편 북쪽의 언덕은 추쿵체(5860m)다. 추쿵 리에서 능선을 건너는 것은 매우 까다롭다. 아일랜드 피크(임자체) 정상을 준비하는 경우, 훈련 삼아 피켈과 스틱을 준비해 처음부터 추쿵체의 동쪽의 가파른 골짜기로 오른다.

6일차

추쿵(Chhukung, 4730m)

휴식일. 몸을 쉬게 한다. 마당에서 침낭을 말리고 태양열 충전도 한다. 넘어가려면 멈춰야 한다. 쉬지 않으면 도달하지 못한다.

7일차 (총 6~7시간)

추쿵(Chhukung, 4730m) ⇨ **아일랜드 피크 BC** (Island Peak BC, 5200m) 왕복 4-5시간 ⇨ **추쿵** (Chhukung, 4730m)

아일랜드 피크 BC (Island Peak BC, 5200m)에 들렀다 추쿵으로 돌아온다. 내일은 로부제. 빙하를 건너 힘든 날을 간다. 잘 먹고 편히 쉰다. 전화기,

카메라와 필요한 도구들을 충전하고 떠날 준비를 한다. 점심 삶은 계란, 삶은 감자, 볶음밥, 초코바 등 충분한 음식과 간식 및 물을 자기 배낭에 준비한다. 헤드랜턴, 손전등, 스틱, 등산화를 점검. 본인 짐은 모두 줄인다.

8일차 (총 9~12시간)

추쿵(Chhukung, 4730m) ⇨ **콩마 라 패스** (Kongma La, 5535m) 6-8시간 ⇨ **로부제**(Lobuche, 4910m) 3-4시간

새벽 4시 출발한다. 이동거리는 10km 정도다. 새벽 일찍 출발해야 날씨의 조력을 받으며 쉽게 넘을 수 있다. 아무것도 보이지 않을 때, 헤드랜턴을 켜고 최대한 고도를 올린다. 추쿵 마을 앞 우측 능선을 대각선으로 타고 비브레 측으로 이동하며 눕체 빙하와 나갈창 피크 사이 콩마 라 계곡으로 오른다. 다시 우측으로 콩마체를 바라보며 오른다. 여러 개의 오르막과 작은 호수를 만난다. 조금 큰 호수를 만나면 거기가 콩마 라 호수다. 호수에서 가파르고 돌 굴러 오는 거친 길을 350~400 미터 정도 올리면 콩마 라 패스를 알리는 오색 타르초가 휘날린다. 6~8시간 소요.

하산길 – 쿰부 빙하 통과

정상에서 로부제까지 가는 길이 선명하게 실제보다 더 가깝게 보인다. 날카로운 돌들로 가득찬 거칠고 가파른 길로 하산한다. 쿰부 빙하 둑에 도달한다. 쿰부 빙하는 처음 높은 언덕에 가깝다. 빙하 내부로 들어가 오르고 내리기를 수없이 반복한다. 빙하 진입시 모든 팀의 스텝들과 의견이 일치되면 같이 떠난다. 계속 오르고 내린다. 다시 맞은편 빙하둑으로 올라가면 로부제가 거의 눈앞

에 보인다. 길은 마지막까지 거칠다. 가파른 너덜
길로 하산한다. 4시간 소요.

로부제(Lobuche, 4910m)

성수기의 로부제에는 방이 없을수 있다. 이때는
30분 정도 올라 좌측 협곡에 Italian Research
Center의 Pyramid를 시도하는 것도 좋은 선택이
다. 태양열과 수력발전기를 이용하고 있어 전력
도 풍부하고 통신과 샤워도 편리하다.

**눈비가 내리고 바람이 심하게 불어 위험한 경우
나 고도의 압박에 지친 경우 추쿵에서 딩보체
로 하산해 우측 능선을 타고 투클라를 지나 저
지대로 로부제에 오른다. 콩마 라를 넘어가는
시간과 딩보체로 하산해 투클라를 올라 로부제
로 도달하는 시간은 거의 비슷하다.**

사향노루(Thar)

로부제 부근에 가끔 양이나 염소 비슷한 동
물들이 자주 나타난다. 영양의 일종인 사향
노루(Thar)다. 다른 곳에서는 보기가 힘든데
풀밭과 물이 많은 이곳에 주로 서식한다.

스노우 쿡(Snow Cock)

고쿄와 고락셉에는 생긴 건 칠면조 비슷하
지만 공작새의 일종인 스노우 쿡이 수십 마
리씩 떼로 다닌다. 간혹 1~2마리가 롯지 부
근에서 어슬렁거린다. 덩치도 오리나 거위
만 하다. 사람들이 간식 같은 것을 먹고 있
으면 가까이 다가와 간식을 주기를 기다린
다.

9일차 (총 7~8시간)

로부제(Lobuche, 4910m) ⇨ **고락셉**(Gorakshep,
5140m) <u>2-3시간</u> ⇨ **에베레스트 베이스캠프**
(EBC, 5364m) <u>왕복 4시간</u> ⇨ **고락셉**(Gorakshep,
5140m)

쿰부2. 남체- 에베레스트 베이스캠프(EBC)/칼라파타
르(라) 참조

✓ EBC와 칼라파타르는 1일에 할 수도 있으나
나눠서 한다.

10일차 (총 9~10시간)

고락셉(Gorakshep, 5140m) ⇨ **칼라파타르**(Kala
Patthar, 5550m) <u>왕복4-5시간</u> ⇨ **고락셉**(Gorakshep,
5140m) ⇨ **로부제**(Lobuche, 4910m) ⇨ **종 라**
(Dzong la, 4850m) <u>2시간 반</u>

새벽 일찍 칼라파타르에 오른다.

**고락셉에서 막바로 직선으로 치고 올라가지 말
고, EBC 쪽으로 올라가다가 칼라파타르 중간쪽
길 어깨에서 좌측으로 타고 오르는게 덜 힘들고
빠르다. 현지 사람들에게 물어보는 게 좋다.**

칼라파타르에 대한 자세한 이야기는 앞의 쿰부 2
를 참조하기 바란다. 칼라파타르에서 내려오면 바
로 하산을 시작한다. 로부제(Lobuche, 4910m)를
지나 갈림길에서 오른쪽으로 길을 잡아 완만하
고 좁은 협곡 길로 계속 오른다.

장쾌한 경치를 보면서 왼쪽으로 촐라체를 바라보며 계속 가다보면 개울을 건너 촐라체를 바로 정면으로 마주 보는 마을인 종 라(Dzong la, 4850m)에 도착한다. 성수기에는 로부제에서 포터를 먼저 보내 방을 잡아 놓도록 한다. 촐라체가 산 끝까지 보인다. 아름답지만 산의 압박이 무시무시하다.

가능한 하루를 일찍 시작해 전화기 등 전자기기에 태양열 충전을 조금이라도 더 해놓도록 한다. 앞에서도 이야기했지만, 종 라나 다른 곳에서도 라면을 시켜 먹을 때는 양해를 얻어 직접 조리해서 먹을 것을 권한다.

고도가 높아 조리 시간이 조금 더 걸린다. 보온하고 손, 발 관리하고 감기약 등을 복용하고 비타민 등을 복용한다. 조금 일찍 잔다.

11일차 (총 9~10시간)

종 라(Dzong la, 4850m) ⇨ **촐라 패스**(Chola pass, 5420m) <u>4시간</u> ⇨ **닥락**(Dragnag, 4700m) 5시간

〈닥락에서 종 라로 넘는 촐라 패스는 앞의 ~~p 참조〉

오늘은 드디어 촐라 패스를 넘는다. 새벽 5시 반. 물과 간식 및 점심(삶은 계란, 감자, 샌드위치 등)을 준비해 떠난다. 새벽 공기가 상당히 춥다. 내복을 잘 챙겨 입고 머리를 잘 보온하고 장갑도 겹으로 낀다. 썬글라스와 아이젠(크램폰, Crampons)을 반드시 준비한다. 고도는 570m 정도를 올리고, 거리는 촐라 패스 정상까지 4km, 정상에서 닥락까지 5km 정도이다. 고쿄 쪽의 720m 상승보다 길이 짧아 넘는 속도는 더 빠르다.

산장 뒤 작은 언덕을 오르내리며 시작한다. 산들을 봐도 어디가 패스인지 가늠이 되지 않는다. 정면의 조금 낮은 사이에 일자로 된 부분이 약간 보인다. 거기가 촐라 패스다. 1시간쯤 걸으면 슬슬 돌산이 시작되며 오르막이다. 그러다 큰 돌벽이 막으면 이제 본격적인 시작이다. 등 뒤로 태양이 떠오르면 추위가 덜하다.

촐라 패스로 접근하는 등산로를 지진과 더운 날씨가 돌아가며 코로나 기간동안 심하게 바꿔놨다. 예전의 왼쪽 길이 지진과 더운 날씨로 다 무너져 오른쪽 길로 올라가게 된다. 당연히 불 안정한 날카로운 능선에 돌 들이 자주 굴러와 위험하다.

오르막을 오르고 조금 괜찮다가 다시 오르막이 계속되는 식으로 내내 오른다. 뒤를 돌아보면 멀리 아마다블람이 서 있고 문득 앞을 보면 거대한 얼음 덩어리가 버티고 있다. 2시간 반 소요.

간식도 먹고 한숨 돌린 후에 아이젠을 부착한다. 네팔 정부에서 얼음 가운데로 긴 철봉을 세워 뒀다. 거대한 얼음 덩어리의 한복판으로 걸어간다. 크레바스에는 가까이 가지 않는다.

촐라 패스에 근접하면 길이 왼쪽으로 붙는다. 능선이 날카롭고 위험하다. 정상에 사람들이 보이기 시작하면 더 조심해야 한다. 정체 구간에서 돌 굴러오고 사람들이 자주 넘어진다. 마지막 구간은 손발을 다 써서 올라가야 한다. 드디어 오색 타르초가 휘날리면 촐라 패스 정상이다. 양쪽의 풍경을 보고 준비해 온 점심을 먹는다. 종 라에서 촐라 패스 정상까지 약 4시간 소요.

내려가는 길은 매우 급경사다. 길은 예전 지진에 완전히 무너졌다. 네팔 정부에서 설치한 철봉과 펜스가 모두 무너져 언제 돌들이 날아올지 모르니 더 위험하다. 닥락에서 올라오느라 힘든 사람들에게 작은 돌이라도 하나 굴리면 크게 위협이 된다. 뭔가 굴리면 크게 소리를 질러 경고한다. 돌계단과 돌벽을 굽이굽이 돌아 내려간다.

촐라 패스 내리막을 모두 내려가면 이젠 검고 큰 돌이 가득한 너덜길이다. 예전에는 돌 사이로 힘

들었으나 네팔 정부에서 이정표도 세우고 길 비슷하게 해 놓았다. 뒤돌아보면 촐라 패스는 길이 아니고 그냥 산이다. 성수기의 경우 여기서 포터를 먼저 보내 닥락의 방을 잡아야 한다.

여기서 닥락으로 가는 길은 V자 협곡이다. 뻔히 보이는 길을 한참 내려가다가 다시 언덕을 올라간다. 언덕에 오르면 높은 장대에 타르쵸와 룽다가 휘날린다.

개울을 따라 길고 지루한 내리막이 시작된다. 물이 많이 나는 철에는 상당히 주의해야 한다. 조금 지겨워하면서 걷다 보면 롯지들이 보인다. 롯지는 닥락의 상당히 높은 곳부터 낮은 곳까지 다양하다. 대략 오후 3~4시경 도착한다.

뜨거운 차를 마시며 힘들고 놀란 긴 하루를 축하한다. 닥락은 춥다. 이 구간부터 고쿄까지 가래와 거친 기침이 나고, 코피도 조금씩 난다. 당연히 가래에 피도 약간 섞여 나오게 된다. 종합감기약. 진통제를 미리 복용한다. 렌조 라를 지나 룽덴을 지나 타메를 넘어서면 잦아들 것이다.

알아두기

: 사고의 대응

사고 혹은 고산병에 컨디션 난조 등으로 몸이 너무 불편한 경우, 낮과 밤. 날씨에 따라 대응이 달라진다. 경우에 따라 말이나 야크로 최대한 하산하거나 다음 날 혹은 당일이라도 바로 헬기로 내려가야 한다. 가이드, 산장 주인 및 헬기 회사와 상의한다. 카드 승인이 떨어지면 아침 7~8시경에 헬기가 날아와 1시간 안에 카트만두 병원으로 후송한다. 밤에는 헬기가 오지 못한다. 밤에는 말이나 야크 혹 포터가 업고 하산한다. 대사관 등에 연락해서 도움을 받는 것이 이론적으로는 타당한데, 실제로는 연락이 바로 잘 되지도 않고, 필요한 도움을 받는 것도 어렵다.

아프면 자기가 가진 지갑. 신용카드와 여행 보험증서 번호에 의지한다. 간혹 신용카드와 달러는 비바람이 불어도 헬기가 날아오게 하고, 깊은 밤에도 야크나 말을 몰고 산길을 나서게 한다.

밤새 죽을 것처럼 괴로웠던 고산병에 시달리는 것도 괴로운데, 여행자 보험회사와 항공사와 여행사가 짜고 친 사기에 당해 더 분개하는 시간도 있을 수 있다. 사기 칠 기회를 주지 않는 게 최선이지만 희박한 공기 속에서 고산병은 누구에게나 올 수 있다. 잘 대처하는 것이 우선이다.

12일차 (총 3~4시간)

닥락(Dragnag. 4700m) ⇨ 고쿄(GOKYO tcho. 4750m) 3-4시간

길고 긴 응고줌바 빙하를 가로질러 고쿄로 간다. 굉장히 금방 하루 일정이 마무리된다. 게으름을 피우며 천천히 출발해도 된다. 길을 나서 오른쪽으로 길을 잡아 평탄한 길을 걷는다. 왼쪽으로 길을 잡아 가파른 내리막으로 내려가 응고줌바 빙하의 깊숙한 곳으로 들어간다. 서두르지 말고 천천히 걷고 스틱질 한번도 쉽게 하면 안 된다. 표지석이 최근의 것인지 잘 확인한다. 맞은 편의 빙하 둑은 마치 작은 산처럼 높게 보인다. 응고줌바 빙하는 팡에서 녹아 두드코시 강으로 발현해 네팔 전체를 적셔주는 큰 강이 된다. 그러나 지구 온난화로 빙하가 녹고 빙하 둑이 계속 무너지면서 폭이 넓고 깊어지고 있다. 빙하 안에서 오른쪽으로 하얗게 빛나는 초오유와 선명한 고쿄 리, 어딘지는 모르나 그곳일 것 같은 렌조 라를 내내 보

면서 진행한다. 빙하 속을 3시간 정도 롤러코스
터 타는 것처럼 오르고 내린다. 막판에 작은 산을
하나 오르듯 가파른 길을 올라 고쿄 마을 뒤로
올라서면 고쿄 호수와 고쿄 리가 보인다. 언덕의
풀밭을 걸어 마을로 간다.

고쿄 마을은 신기하게도 마을 맨 위부터 가격도
비싸고 시설도 좋다. 심지어 전기장판과 전기충
전도 무료인 롯지도 있다. 호수로 가까이 붙을수
록 시설은 열악하지만 오랜 시간 자리를 지켜온
롯지들이 있다.

성수기엔 어려우나 겨울 등 비수기엔 방값은 반
드시 깎는다. 방값 할인부터 인색한 집들은 음식
과 모든 것이 비싸고 불편하다. 쿰부의 모든 숙소
는 식사 판매와 부가서비스가 소득의 주요 부분
이고 방은 서비스다. 의외로 큰 숙소들이 싸고 편
하며 기본은 한다. 나마스테, 피츠로이 등이 기본
에 충실하다. 고쿄 리조트는 개선은 필요하나 전
체적으로 매우 좋다.

추천숙소: 나마스테, Gokyo Resort

13일차 (총 9~10시간)

3번 고쿄 호수(GOKYO tcho, 4750m) ⇨ **4번 토
낙쵸 호수**(Thonak tcho, 4870m) <u>1시간</u> ⇨ **5번 응
고줌바 호수**(Ngyozumba tcho, 4990m) <u>2시간</u> ⇨
6번 갸줌바호수(Gyazumba cho, 5200m) <u>2시간
반</u> ⇨ **초오유BC**(Chooyu BC, 5220m) <u>30분</u> ⇨ **3
번 고쿄 호수**(GOKYO tcho, 4750m) <u>6시간</u>

쿰부 3. 남체-고쿄-초오유BC-고쿄 리 일정표 참조.

왕복 21km.

14일차

고쿄 호수(GOKYO tcho, 4750m) **휴식**

15일차 (총 4시간)

고쿄(GOKYO tcho, 4750m) ⇨ **고쿄 리**(GOKYO RI,
5360M) ⇨ **고쿄**(GOKYO tcho, 4750m)

내일은 렌조 라를 넘는 날이다. 고쿄 리에 가볍게
올라 산들을 조망하고 고쿄로 돌아와 쉰다.

16일차 (총 8~9시간)

고쿄 호수(GOKYO tcho, 4750m) ⇨ **렌조 라**
(Renzo La pass, 5435m) <u>4시간</u> ⇨ **룽덴**(Lungden,
4380m) <u>4-5시간</u>

고쿄에서 렌조 라를 넘는 날이다. 거리는 4.5km.
정상까지 4시간 정도 잡는다. 이제 대망의 9포인
트는 모두 완료된다. 렌조 라의 높이는 5360m 또
는 5435m라는 두 가지 견해가 있다.

식당에서 점심과 물을 준비해서 'Renjo la pass'
라고 쓰인 노란 이정표를 따라 간다. 길은 고쿄
호수 옆으로 나 있고, 처음에는 평탄하다가 곧
오르막이 시작된다. 간간이 뒤를 돌아보면 히말
라야 연봉이 가는 길을 마중해 준다.

렌조 라는 10단 계단이라고 생각하면 된다. 가파
르게 오르고 조금 평탄하다가 다시 가파르게 오
르고를 반복하다 막판에 확 치고 올라간다. 높이
오를수록 경치는 좋아진다.

좌측에 파리랍체를 끼고 계속 오른다. 저 칼 같은 산들 사이 어디로 지날 것인가 하며 궁금해진다. 도무지 길이 있을 것 같지 않은 풍경이다. 촐라 패스보다 더 보이지 않는다. 가파른 언덕에서 숨이 거칠어지면 경치를 보면서 쉰다. 뒤에 에베레스트, 눕체, 로체, 촐라체 등등이 큼직하게 나온다. 같은 길을 오르는 사람은 만나기 쉽지 않다.

> ✅ 렌조 라 넘어 룽덴 가는 길에 우측으로 틀어 다시 오르면 낭파 라다. 초오유 어드밴스 BC로 진입하여 티벳으로 넘어가는 무역로인 낭파 라(Nangpa-La, 5716m)는 룽덴에 주둔하는 네팔 군에 의해 외국인의 진입이 금지되는 길이다. 나중에 기회가 되면 초오유 BC를 뒤로 넘거나 룽덴에서 진입해 걸어보고 싶은 길이다.

어느 정도 올라서면 고쿄 마을 너머 응고줌바 빙하 속이 보이며 에베레스트는 더 크게 보인다. 길은 돌들이 많아 걷기가 쉽지 않다. 넓은 평원이 나오고 산 밑에 붙어도 길은 보이지 않는다. 에베레스트와 촐라체 사이에 멀리 삼각형의 시커먼 산이 보인다. 검은 귀신의 산 마칼루다.

길은 거칠지만 올라갈수록 풍경은 더 멋지다. 숨을 고르며 그래도 계속 오르면 저 앞에 오색타르초와 돌탑이 가득한 곳에 도착하게 된다. 그곳이 렌조 라 정상이다.

정상에서 점심을 먹고 풍경을 본다. 고쿄 쪽에서 오르는 길은 지진으로 다 무너졌지만, 룽덴으로 내려가는 길은 잘 정돈된 돌 계단길이다. 자주 안개가 끼는 지역이고, 안개가 끼면 산은 보이지 않는다. 이제 에베레스트의 모습과는 잠시 안녕이다. 남체에서 다시 만날 것이다. 룽덴까지는 7km 내내 내리막이다.

응골둠바쵸 호수를 보며 급하게 하산한다. 고도를 1000m 하강하여 탁트인 내리막을 내내 걷는다. 작은 수력 발전기가 보이고 천천히 내려서면 뭔가 황량한 마을인 룽덴이다.

17일차 (총 8~9시간)

룽덴(Lungden, 4380m) ⇨ **타메**(Thame, 3800m) ⇨
남체(Namche, 3440m) <u>8-9시간</u>

룽덴은 목축업을 하는 작은 마을이다. 비교적 분위기는 허름하다.

그러나 타메는 이 지역 티벳 불교의 중심지이며 히말라야 전체에서 가장 뛰어난 클라이밍 셀파들이 탄생한 곳이다. 남체 이외에 가장 번화한 부자 마을이다. 감탄스러울 정도로 깨끗하고 마을의 시설들도 훌륭하다. 타메에서 점심을 먹고 남체로 간다.

GHT로 진행하는 경우 타메 뒤로 넘어 히말라야 산군을 계속 이어 가게 된다. 타메에서 긴 다리를 지나 수많은 가축들 사이로 길을 간다. 산허리를 따라 난 길은 힘들지는 않지만 제법 길다. 타모 마을에 도착하면 큰 곰빠와 수력 발전소, 헬기 착륙장이 있다. 타모에서 좌측으로 쿰중 언덕으로 올라갈 수 있다. 타모에서 남체 마을 왼쪽 끝으로 진입해 곰빠 옆에서 가운데로 들어서 남체로 내려선다.

18일차 (총 8~9시간)

남체(Namche, 3440m) ⇨ **팍딩**(Phakding, 2610m)
⇨ **루클라**(Lukla, 2840m) <u>8-9시간</u>

루클라(Lukla, 2840m) ⇨ **카트만두**(KATU-MANDU, 1350m) <u>40분</u>

비상시 쿰부 7. 육로 및 헬기 입산 및 하산 편 참조

콩마 라 패스 트래버스 (Kongma La, 5535m)
날씨를 꼭 체크하고 떠난다. 콩마 라 도착 전날 눈이 많이 왔을 수도 있기 때문에 롯지 주인에게 길 상태를 물어보면 정확히 알 수 있다. 성수기 (봄, 가을)에도 얼음과 눈이 있는 경우가 있다. 겨울에 눈이 내리지 않아 눈을 볼 수 없는 경우도 있다. 눈이 없으면 곧 날씨가 춥다는 뜻이다.
명심해야할 것은 오후 1시 전 반드시 콩마 라 정상을 통과해야 한다. 실패시 강한 바람으로 실패할 가능성이 높다. 탈진하게 되면 탈출이나 구조 연락도 쉽지 않다. 즉, 자칫하면 조난을 당하게 된다.

콩마 라 패스(Kongma La, 5535m) 정상으로 가는 길은 지겨울 정도로 오르막이다. 숨이 차서 더 이상 오를 수 없다고 느낄 때쯤 길이 넓어지며 가파른 오르막도 조금 완만해진다. 쿰부의 모든 코스 중에서 가장 길고 어려운 코스다. 산에서의 경력이 짧고, 안전한 트레킹을 원하는 트레커에게는 권하지 않는다. 쿰부에는 오랫동안 걸을 수 있고, 안전하면서도 풍경이 좋은 코스들이 콩마 라패스 외에도 많다. 준비가 잘 되어 있고 도전적인 사람들에게만 권한다. 콩마 라 패스를 8~9시간 안에 통과할 수 있다면 K2 트레킹 준비가 된 것으로 본다.

매년 20-30명의 탈진 및 낙석 사망자가 발생하는 구간이다. 보통 12~14시간 소요되며 그 이상도 각오해야 한다.

추쿵에서 서쪽 능선길로 오른다. '콩마 라' 노란 이정표가 보인다. 자잘한 돌이 가득한 좁은 길을 대각선으로 오른다. 길은 잘 보이지 않는다. 한참 올라 길을 오른쪽으로 틀어 나갈창과 눕체 빙하 사이의 협곡의 절벽길인 콩마 라 계곡길로 들어선다.

풀밭이 계속되는 길이다. 오르막을 한참 오른다. 오른쪽으로 틀면 콩마 라의 주봉인 콩마체(5820m)가 보인다. 그 왼쪽인 콩마 라를 넘게 된다. 이름에 라가 붙어있으면 언덕(pass)이라는 뜻이다. 멀리서 봐서는 길이 잘 구분되지 않고, 오색 타르초도 잘 보이지 않는다. 뒤를 돌아보면 아마다블람이 굉장히 크게 보인다.
아마도 콩마 라 아닐까라고 생각되며 그렇게 믿고 싶은 언덕을 오르고 또 오르는 오르막의 연속이다. 간혹 작은 호수들이 보인다. 여기서부터 계단식으로 오르막이 계속 더 가팔라진다. 조금 괜찮다가 다시 좁고 급한 오르막 걷기를 반복한다. 그러다가 제법 큰 호수가 나온다. 거기가 콩마 라 호수다.

콩마 라 호수에서 바라보면 콩마 라 패스를 알리는 오색 타르초가 휘날린다. 여기서 오른쪽으로 오르기 시작한다. 고도가 높으면 사물이 실제보다 가깝게 보인다. 숨을 돌리고 천천히 오른다. 날이 더워지면 호수의 얼음이 녹는다. 둥둥하고 제법 큰소리로 호수에서 얼음이 깨지는 울음소리가 들린다. 체력 보충을 위해 간식을 먹고 오르는 것을 추천한다. 길이 좁고 가파르고 위험하다. 양손을 써가며 안전하게 오르도록 한다. 드디어 정상이다.

6~8시간 혹은 그 이상 소요된다.

콩마 라 하산-쿰부 빙하 통과-로부제 도착

정상은 바람이 많이 불어 오래 머무르지 못한다. 점심은 하산하는 길에 평평한 곳에서 하는 것을 추천한다. 포터를 콩마 라 정상에서 로부제로 먼저 보내 방을 예약하는 것을 추천한다.

정상에서 콩마 라 호수와 아마다블람이 정면으로 보인다. 점심이 되면 조망은 좋지 않다. 멀리 칼라파타르와 푸모리 등등 로부제의 산군들과 롯지들 그리고 하산길이 매우 명확하게 보인다. 역시 실제보다 가까이 보이는 것이다. 천천히 조심해서 내려간다. 모래와 자갈이 뒤섞인 모레인 지대로 가파르고 미끄러운 길의 연속이다. 반드시 스틱을 사용하여 천천히 하산한다. 트레커들끼리 거리를 유지하며 주의한다. 작은 개울을 따라가면 쿰부 빙하에 도착한다. 콩마 라 정상에서 3시간 소요.

빙하의 턱이 매우 높아 100m짜리 산 하나를 오르듯 올라간다. 빙하 통과의 시작점은 매년 변한다. 다른 팀의 가이드 포터들과 길 확인을 마치면 통과를 시작한다. 빙하 내부는 계속 오르고 내리는 롤러코스터 길이 수없이 반복된다. 마지막에 100m 짜리 작은 언덕을 다시 넘는다고 생각하고 빙하둑에 오른다. 1시간 소요된다.

빙하둑에 오르면 로부제가 보인다. 롯지들이 보이고 야크도 다닌다. 힘들고 배고픈 중에 매우 반갑다. 급경사 길을 내려가 로부제로 들어선다. 다만 성수기에 방이 없으면 고생할 수 있다.

방이 없으면 콩마 라를 넘어와서 너무 힘들어 다른 곳 못 간다며 방을 사정해보고, 그게 안 되면 이탈리안 피라미드로 가야한다. 아니면 고락셉으로 가야하는데, 그건 콩마 라를 넘은 사람에겐 너무 멀다.

콩마 라 조난 – 새벽 5시 전에 떠난다.

오후 2시 이후 콩마 라 정상은 바람이 매우 거세다. 2시 이후에 콩마 라 정상을 넘는 경우에는 어둡고 위험한 산길을 각오해야 한다. 특히 마지막 코스인 쿰부빙하에서 낙오되면 무척이나 위험하다.

추쿵에서 출발할 경우 콩마 라에 도착하기 전 헬기장이 있다. 간혹 혼자 진입하다. 혹은 팀 일부나 전체가 탈진한 경우. 낙석, 추락, 삐거나 골절 등 부상이 있는 경우 시간과 체력 등 모든 것을 고려하여 트레킹을 포기해야 한다면 이곳의 헬기장을 이용해야 한다. 이곳을 지나가면 헬기를 이용할 수 없게 된다.

그런데 일반 전화는 신호도 안 터지고 고도가 높아 남을 돕는 것도 쉬운 일이 아니다. 밤이 되거나 바람이 강하면 헬기가 뜨지 못한다. 누군가 소식을 전해주던가, 최선을 다해 탈출해야 한다. 그런데 하산길의 마지막이 쿰부 빙하다.

거기에 가이드 등과 사이가 좋지 않은 경우, 트레킹 팀 내부 단합이 안 된 경우. 가이드가 빨리 마치려고 위험한 길로 끌고 다니거나 당황하면 길을 못 찾고 체력 소진이 더해진다. 상황이 위험해지면 가이드나 포터들은 어떻게든 탈출하지만, 남겨진 트레커는 탈진하여 위험한 상태에 이르게 된다. 5000미터의 밤이 주는 압박과 체력소진은 상상을 초월한다. 아침까지 살아남는다고 해도 후송이나 치료 및 회복도 쉽지 않다.

조난 사고는 대개 자연적인 사고와 사람과의 다툼이 원인이 되어 일어난다. 그 외에 지병이나 체력 저하와 고산병도 원인이 된다. 주로 콩마 라와 촐라 패스 지역에서 사고가 많다. 고락셉, 고쿄, 추쿵 같은 곳에서는 주로 고산병이 문제가 되는데, 이런 지역은 대개 바로 조치가 가능하지만, 콩마 라는 대처가 쉽지 않다.

콩마 라 패스는 가이드와 포터의 상태 및 태도, 장비, 체력, 음주, 도박 어느 하나라도 마음에 걸

가운데, 검은색으로 보이는 바위산이 에베레스트이다.
오른쪽으로 뾰족하게 보이는 산은 눕체(Nuptse 7,819m)이다.

리는 것이 있으면 안 된다. 그런 스탭들과의 콩마
라 동행은 거의 대부분 트레커에게 위험한 상황
을 만든다. 특히 이 지역의 사람들은 죽을 지경이
되어도 힘들다거나 아프다고 하지 않는다. 가이드
나 포터들도 고산병에 시달리는 경우가 있고, 경
험이 없는 경우도 많으니 꼭 자세히 살펴봐야 한
다.

운이 좋아 괜찮은 여행사에서 뛰어난 가이드와
포터를 고용한 경우 그들의 판단을 잘 따르고 아
니면 앞쪽에서 언급한 것처럼 그 지역의 콩마 라
를 잘 아는 가이드를 롯지 주인에게 물어 섭외하
는 것이 좋다. 그러나 항상 최종 결정은 트레커
본인에게 달려있고 모든 책임도 자신이 지는 것
이라는 것을 명심해야 한다.

쿰부3 BC / 3 PASS/ 3 RI (9 Point)도 역방
향이 가능하다. 다만 남체부터 렌조 라까지

내내 오르막이어서 무척 힘들다. 그러나 혼
자서 혹은 포터만 데리고 하는 사람들이 있
다. 대개의 여행사 가이드와 포터들은 모두
거부하거나 추가금을 요구한다.

렌조 라 자체는 2024년 1월 기준 룽덴에서
고쿄로 넘는 역방향의 돌계단 길이 지진에
무너지지 않아 정확하고 선명했다. 촐라 패
스도 별 문제는 없다. 그러나 로부제에서 진
입해 트레버스하는 콩마 라의 난이도가 매
우 높고 어렵다.

쿰부 7 · 육로편 : 카트만두 – 설레리 – 빠이야(Paiya) – 팍딩 – 남체

남체

팍딩(Phakding)

체플룽(Chheplung, 2687)

Thalsharoa
2687

Upper
차우리 카르카

루클라공항(LUKLA)

Trek

수르케
(Surke, 2290)

Jeep

Chutok La
2,949

빠이야
Paiya (Chutok)

파플루 공항(Phaplu)
설레리

카트만두

쿰부7. 육로편

카트만두 – 설레리 – 빠이야(Paiya) – 수르케 (Surke, 2290m) – 팍딩 – 남체

(2025년 1월 현재)

일정: 카트만두 – 남체

전세 지프	상행: 2일 트레킹 2일
	하행: 트레킹 1일
	지프 1일, 버스 1일
버스 & 지프	상행: 버스/지프 2일 트레킹 2일
	하행: 트레킹 1일
	지프 1일, 버스 1일

최고 고도: 남체마을

난이도: ★★★★   편리성: ★

풍경: ★★★   이용도: ★

〈육로로 쿰부히말 접근〉

현재 네팔 정부는 카트만두-루클라 구간의 교통 혼잡 및 항공기의 결항 및 지연율을 낮추기 위해 노력 중이다.

성수기인 봄, 가을에는 카트만두에서 북쪽으로 지프로 약 5~6시간 거리인 라메찹 공항을 운영 중이다.

비수기에는 카트만두~루클라 공항 구간이 운영 된다. 루클라는 고도가 거의 3000미터에 달하므 로 날씨가 조금만 안 좋으면 비행기가 올라가지 못하고 역시 카트만두로 돌아가는 편도 운행되지 못한다. 그런 변수가 발생하면 올라가는 일정과 내려가는 일정이 모두 꼬여 여행자로서는 난감한 상황이 발생하는 것이 현재까지의 상황이었다.

그러나 카트만두-루클라, 라메찹-루클라 상/하 행의 비행편 혹은 헬리콥터까지 모두 막힌 경우 또는 고산병에 대한 우려가 있는 경우, 예산 절약

이 필요한 경우, 모두 이 육로를 이용하는 방법을 사용하면 된다.

※ 카트만두 – 설레리(salleri) – 수르케(surke) – 지 프/버스 정보 (2025년) 약 323km

2024년 이후 계속된 도로 건설로 2025년 수르 케(surke)까지 8km를 연장해 도로가 열렸다. 그 리고 설레리에서 수르케까지 버스도 들어갈수 있 게 됐다. 인심 극악한 빠이야 라 숙박을 피하고 바로 수르케에서 체플룽까지 들어 선 뒤 거기서 부터 에베레스트 본래 루트에 올라서 다음 날 남 체에 도달할수 있게 됐다. 하산 길 역시 남체에서 떠나 upper 차우리 카르카/체플룽에 도착. 2박 3 일 안에 카트만두로 돌아갈수 있게 됐다.

상행

카트만두에서 하루에 수르케까지 가는 것은 어렵 다.

- 1일 카트만두-설레리.
- 2일 설레리-수르케(지프/버스 2-3시간)/체플 룽(트레킹 2시간)을 기본으로 한다.

전세 지프인 경우 2일로 길을 잡는다. 버스/합승 지프는 2일을 기본으로 한다.

1. 카트만두-설레리 약 270km 구간. BP High- way로 둘리켈을 지나 설레리로 간다. 합승 지 프 3000~4000루피. 버스 1500루피. 카트만 두 뉴 버스 팍, 차바힐(Chabahil) 탑승

   전세지프 20,000~35,000 루피(전세. 합승 지 프 모두 호텔 픽업 가능)

2. 설레리-타마단다-빠이야 라-수르케(surke) 약 55km. 지프 6-7시간. 버스 7-9시간. 버스

700–1000루피. 합승지프 2000–2500루피(볼레로 4륜 구동 지프). 전세지프 15000–20000루피.

2024년까지 타마단다–빠이야 라가 마지막이었다. 2025년 빠이야 라에서 수르케까지 8km 구간이 연장됐다. 수르케는 루클라 공항 바로 아래 마을이다. 수르케에서 2–3시간 정도 걸어서 체플룽 마을로 들어서면 에베레스트로 가는 메인 도로로 올라설수 있다.

지프는 특히 설레리부터 각 마을에 카르텔이 형성되어 있다. 전세지프도 그렇다. 중도에 각 마을의 경계에서 차를 바꿔타고 100–300 루피씩 돈을 조금씩 더 내는 경우가 있다.

육로 구간: 매년 6월 중순–9월. 많은 비로 도로가 유실되면 운행정지.
겨울 12월–2월 사이 가끔 폭설인 경우 운행 중지.

1) 운행거리
카트만두(KATUMANDU)–설레리(SALLERI) 267km(포장도로)
설레리(SALLERI)–탐단다(Thamdanda)–빠이야(Paiya)–수르케(surke) 약 55km. (비포장도로)

라메찹 공항(Manthali)–설레리(SALLERI) 155km (포장도로)
설레리(SALLERI)–탐단다(Thamdanda)–빠이야(Paiya)–수르케(surke) 약 55km.(비포장도로)

2) 비용 절감
성수기 항공권 최저가 약 210달러 왕복 420달러. (2024년 8월 현재 1달러 = 134 네

팔 루피) 1인당 400달러 이상을 바꾼다면 환율은 135루피 이상이 된다.
2025년은 카트만두–루클라 왕복 항공권이 외국인 가격 520달러까지도 올랐다.
135x420달러 = 56700루피. 합승 버스/지프비용 왕복 7000루피. 1인당 약 50000루피 절약.
돈을 쓰기 나름이긴 하지만 쿰부 1일 예산으로 1인당 5000루피 정도면 여행할 수 있다. 비행기가 아니라, 육로로 가면 여행 경비 10일 정도는 나온다는 결론이다.

3) 여정의 확립 및 단축
전통적인 육로편은 지리–루클라에 이르는 구간이었다. 그러나 도로가 발달하여 지리의 도로도 확장되었다. 상행인 경우 설레리/파플루 공항에서 만들어진 길과 지리에서 올라오는 길이 합쳐지고 탐단다(Thamdanda)를 지나 빠이야 라 아래 빠이야 마을을 지나 루클라 공항 바로 아래 강 옆인 수르케 마을까지 길이 났다. 차로 수르케 마을까지 가고 2시간 이하로 걸어 에베레스트 본래의 길인 체플룽 마을에 도착할수 있다.

하산인 경우. 남체에서 체플룽까지 하산하고 다음 날 수르케 마을 아래에 대기중인 전세/ 합승 지프를 타고 설레리를 거쳐 카트만두로 갈 수 있다. 전세 지프인 경우 비용만 충분히 지불하면 깊은 밤에도 카트만두까지 운행이 가능하다.(긴급)

도로의 확장:
수르케에서 약 20km정도 더 도로를 건설해 목표지점은 체플룽 바로 아래 마을인 차우리카르카 라고 한다. 트레킹을 차우리카

르카 혹 조금 더 위에서 시작하면 하루면 남체에 도달이 가능하다. 기대할 만한 일이다. 비행기 연착이나 결항으로 인한 일정의 불안정한 것이 많이 해소되는 것이다. 이런 이유로 육로편 지리-루클라 코스는 더 이상 육로편으로 유용하지 않게 되었다. 이에 파플루 공항 옆 큰 마을인 설레리-체플룽-팍딩-남체편을 육로의 기본코스로 삼는다.

4) 단점
전세가 아닌 합승인 경우, 버스나 지프 모두 고장 혹은 오랜 휴식으로 소모되는 시간이 많다. 길도 좋지 않고 오랜시간의 차량 탑승 이동으로 체력적인 부담이 크다. 비행편이 결항만 없다면 시간도 절약할 수 있고, 체력적으로도 유리하다.

서바이벌 네팔리-

지프 값 얼마에요? : 요 지프 꺼띠 호?
비싸요 : 머헝고. 머헝고 처.
좀 깎아주세요 : 얼리 꺼띠 밀라이 디누스
있다, 없다, 이다, 아니다 : 처, 처이나, 호, 호이나

방이 있나요? : 룸 처? 없을까요? 룸 처이나???
한국 사람입니다 : 코리안 호.
설레리로 가주세요 : 설레리 마 자누스

☑ **간단한 한마디에 많은게 달라진다.**

쿰부7. 육로편 상세일정

카트만두 - 설레리 - 빠이야 (Paiya) - 수르케(Surke, 2290m) - 체플룽 - 팍딩 - 남체

1) 전세지프 운행

카트만두(KATUMANDU) - **설레리**(SALLERI) - **빠이야**(Paiya) **거리 327km**

▶ 전세 지프 상행 일정표

입산(상행) **전세 지프 이용시.**

일	일 정
1일	카트만두 차바힐(Chabahil) - 설레리(salleri, 파플루)
2일	설레리(salleri, 파플루) - 빠이야(Paiya) - 수르케(surke) - 체플룽(cheplung)

1일	카트만두 차바힐(Chabahil) -설레리(salleri, 파플루)	267km(포장도로) 10-12시간

1. 숙박 호텔 메니져에게 전세 지프 수배를 부탁한다. 적당한 수수료를 더해 새벽에 호텔 입구로 차가 오도록 한다.

2. 출발 전날 파슈파트나트 앞에 위치한 차바힐(Chabahil) 지프 터미널에서 적당한 운전사를 골라 조용하게 흥정을 해서 부르는 가격에서 30% 정도 깎아서 숙소로 픽업하도록 하면 된다. 여러 명의 운전사와 동시에 흥정하지 않는 것이 좋다. 각개격파식으로 1명 하고만 흥정을 하는 것이 성공률이 높다. 호텔이나, 여행사에서 추천을 받으면 차량 비용은 20~30% 정도 증액된다. 합승 지프/버스표 같은 경우 가격이 2배로 청구되기도 한다.

출발 전 적당한 종이에 계약서를 쓰고 사인을 받아 둔다. 감액 옵션을 정확하게 명시한다. 중간에 연료비 등을 요구하는 경우 10% 정도만 지불하고 도착 후 나머지를 정산하는 방식으로 한다. 최종 목적지에 도착하기 전까지는 비용을 모두 지불하지 않아야 한다.
카트만두-설레리 구간은 보통 인도 타타사의 스모 지프 7인승이다.
운전사 포함 6~8명 탑승한다. 합승 지프인 경우 14명도 탄다.

3. 전세 지프로 하루만에 설레리 이후 빠이야와 수르케에 간다고 운전사들이 말해도 너무 믿지는 않아야 한다. 타타 지프로는 설레리 이후에 오르기 어렵고. 각 마을 간의 카르텔을 깨는건 더 어렵다. 특히 설레리 이후로는 야간 운행이 되므로 더 어렵다. 산에서 내려가는 경우는 혹 가능할 수 있겠다.

2일	설레리 - 탐단다(Tham danda) 정류장 - 빠이야(Paiya) - 수르케(surke) - 체플룽(cheplung)	6-8시간 트레킹 2시간

체플룽 이후 쿰부 1. 루클라 - 남체 편 참조

설레리에서 깊은 새벽. 볼레로 지프로 갈아 탄다. 과거에 걸어서 넘던 수많은 언덕을 차로로 넘는다. 그리고 긴 점심시간과 휴식시간들. 각 마을의 카르텔이나 도로의 유실 여부 등 여러 이유에 따라 전세는 결국 전세가 아니게 된다. 차가 탐단다를 지나면 루클라로 가는 비행기를 자주 만난다. 빠이야 라를 지나 수르케로 가면 도로의 마지막이다. 전세 지프 6-8시간.

수르케에서 오르막을 오른다. 오르막으로 한 시간쯤 올라가면 과거로 500년은 되돌아간 것 같은 마을이 나온다. 차우리카르카 아랫마을이다. 30분을 더 올리면 남체만큼이나 깨끗하고 부유한 마을인 차우리카르카 윗마을이 나온다.

30분 정도 더 걸으면 어느 호텔에서 세운 표지판이 우측 오르막으로 나 있다. 무시하고 큰 길을 따라 평탄한 길로 곧바로 걸으면 루크라에서 오는 길과 만나는 체플룽(cheplung)이다. 여기서부터 남체로 가는 메인 코스다. 체플룽 숙소를 잡는 것을 추천한다.

일	일정	소요시간
3일	체플룽(cheplung) – 팍딩 – 남체 도착. 쿰부1 루클라 – 남체 코스 참조	6–7시간

전세 지프를 이용하는 경우 카트만두–남체 구간에 3일이 소요된다.
비행기를 이용할 경우 같은 구간에 2일이 소요된다. 하루의 차이가 난다.

2) 일반 버스/합승 지프 상행 :

▶ 일반 버스/합승 지프 상행 일정표

입산(상행) 일반 버스/합승 지프 이용시.

일	일정	소요시간
1일	카트만두 차바힐(Chabahil) – 설레리(salleri, 파플루) 버스	267km, 12~18시간.
2일	설레리(salleri, 파플루) – 탐단다 (Tham danda)정류장 – 빠이야 (Paiya) – 수르케(surke) – 체플룽(cheplung)	약 53km, 8–9시간 트레킹 2–3시간

〈버스/합승지프 운행 비용〉
• 타멜–차바힐(Chabahil) 터미널 택시:
400~500루피
• 호텔 픽업시 3500~4000루피
(2번 이상 가격 확인 요망)

일	일정	소요시간
1일	카트만두 차바힐(Chabahil) – 설레리(salleri, 파플루) 버스	267km, 12~18시간

합승지프/버스는 설레리 도착이 하루 최대 운행 거리다. 새벽 4~5시 출발하고 대략 12~18시간 소요된다.

타멜–차바힐(Chabahil) 터미널 택시: 400~500루피

지프는 묵고 있는 호텔 카운터에 부탁하면 새벽 일찍 호텔로 태우러 온다. 호텔 픽업시 3500~4000루피.

둘 다 자주 정차하고 카트만두 시내 여러군데를 다니며 손님 태워서 출발해 버스 안이 혼잡하고 밤에 도착한다. 지프는 대개 타타 스모 지프다. 한 줄에 4명씩 타므로 매우 좁고 불편하다. 그리고 자주 내리고 자주 서면서 길에서 쉬는 시간이 많다. 도로는 포장도로와 비포장도로가 섞여 있고 많이 흔들린다.

출발 전날 파슈파트나트 근처의 차바힐(Chabahil) 터미널에서 표를 예매해야 한다. 터미널은 무척 혼잡하다. 지프보다는 버스가 편하고 덜 힘들다. 버스비는 1인당 1500루피다.

카고백 등 짐이 많은 경우 합승지프를 이용한다. 지프가격도 흥정하기 나름이다. 바가지 쓰는 거 아닌가 하는 생각에 스트레스 받지 말고 편하게 즐기는 것도 여행의 한 묘미이다. 차바힐 터미널

에서 설레리까지 합승지프는 1인당 2000-2500 루피이다.

합승지프를 호텔로 부르는 값이 택시비를 감안 1인 당 500루피 정도가 된다.

늦은 밤 설레리 도착 후, 지프 운행 회사가 운영 하는 숙소에서 식사 후 1박 한다. 1박 500 루피 정도다. 무료 충전 가능. 이 지역 뚱바가 맛있다. 다음 날 수르케 행 지프를 미리 예약해둔다.

| 2일 | 설레리(salleri, 파플루) – 탐단다 (Tham danda)정류장 – 빠이야 (Paiya) 마을 – 수르케(도로 종료) – 체플룽(트레킹) | 약53km, 8-9시간 트레킹 2시간 |

설레리 – 탐단다(Tham danda) 중턱

새벽에 떠나 차는 매우 느긋하게 운행한다. 자주 쉬고 점심 먹으면 탐단다에 도착한다. 판자집 같 은 지프 정거장에 내리면 대개 지프는 다른 볼레 로 지프로 바뀐다. 길이 비포장이기도 하지만 험 해서 차가 많이 흔들린다.

빠이야(Paiya) 마을에서 도로가 강으로 붙으며 수 르케까지 8km를 주행한다.

수르케에서 내려 차우리카르카 아랫 마을 30분. 윗 마을을 지난다. 30분 소요. 체플룽까지 트레 킹한다. 수르케 – 체플룽(cheplung) 약 2-3시간 소요.

| 3일 | 체플룽(cheplung) – 팍딩(Phak-ding) – 남체 트레킹 | 10-11시간 |

쿰부1. 루클라 - 남체 편 참조

쿰부1. 루클라 - 남체 편 참조

하산

1) 전세 지프 하산일정표(긴급시)

하산 (2일 소요)

일	일정	소요시간
1일	남체 – 체플룽(cheplung) 숙박	10~11시간
2일	체플룽(cheplung) – 수르케(surke) – 빠이야(Paiya) 마을 – 탐단다(Tham dan-da) – 설레리 – 카트만두	트레킹 3시간 지프 16~20시간

| 1일 | 남체 – 체플룽 | 10-11시간 |

남체에서 출발해 몬조의 국립공원 사무실에서 하산 신고를 하고 점심을 먹는다. 팍딩을 지나 체 플룽의 큰 탑 앞에서 숙박하고 다음 날 지프를 준비한다. 롯지 주인의 조력을 받아 전세 지프 계 약서를 간략하게 쓰고 출발하면 좋다.

☑ **그러나 전세 지프로 바로 카트만두로 직행하 는 코스는 환자가 없는 이상 시도하지 않는 것 이 좋다. 체력적으로 상당히 부담이 된다.**

| 2일 | 체플룽(cheplung) – 수르케(surke) – 빠이야(Paiya) 마을 – 탐단다(Tham danda) – 설레리 – 카트만두 | 10-11시간 |

체플룽(cheplung)에서 약 30분 정도 하산. 지프 가 대기 중인 수르케(surke)에서 새벽 4~5시경 떠난다. 지프에 탑승하기 전 카트만두 당일 도착 에 관한 계약서에 사인 받고 당일 안에 도착하도 록 한다. 하루 종일 차 안에서 네팔의 많은 명소 를 훑어보면서 지나가게 된다. 전세 지프는 합승

과 달리 잠시 쉬면서 계속 간다. 도착 후 더 피곤해 카트만두 일정을 전혀 못하는 경우도 있다. 다만 지프는 일정이 매우 정확해진다. 날씨 등으로 비행기가 못 가는 경우도 지프는 출발한다.

2) 합승 지프/ 버스 하산일정표(3일)

일	일 정	소요시간
1일	남체-체플룽/차우리카르카 윗 마을	10~11시간
2일	체플룽/차우리카르카 윗 마을-수르케(surke) - 빠이야(Paiya) 마을-탐단다(Tham danda)-설레리	트레킹 30분~1시간 지프 8~12시간(지연)
3일	설레리-카트만두	대형버스 12~14시간

1일	남체-체플룽/차우리카르카 윗 마을	10~11시간

합승 지프를 이용하는 경우는 각자 컨디션에 따라 남체에서 체플룽 혹은 차우리카르카 윗 마을로 숙박지역을 결정한다.

전세 지프 하산 일정 참조

2일	체플룽/차우리카르카 윗마을-수르케(surke) - 빠이야(Paiya) - 탐단다(Tham danda) - 설레리	트레킹-3시간 지프-6시간

체플룽/차우리카르카 윗 마을에서 수르케(surke)로 아침 4시쯤 출발한다. 체플룽/차우리카르카 윗 마을에서 지프 운전사에게 문자를 남겨 출발 인원 몇 명이 설레리에 간다는 것과 도착시간을

다시 확약받는다. 기다리고 있는 지프는 많다. 지프가 제 시간에 안 왔으면 설레리로 가는 다른 지프를 타고 가면 된다. 지프는 주민 혹은 트레킹을 종료하는 손님들을 태우고 탐단다로 가서 손님을 더 모아 출발한다.

사람이 차면 바로 출발한다.

설레리는 대개 늦은 밤에 도착한다. 온통 어두운 밤 설레리의 환한 불빛에 환호성이 터진다. 지프 승객들은 모두 다 같은 롯지로 들어간다. 다른 선택의 여지가 없다. 다른 롯지로 가고 싶어도 문연 곳이 없다. 간단한 식사를 하고 식사비와 보통 1000루피 정도를 선불 방값으로 낸다.

카트만두행 버스는 새벽에 출발한다. 롯지 주인에게 물어보거나 정거장을 확인하고 자야한다. 대강 3~4시간 정도를 자고 버스를 타고 가게 된다.

전세 지프 하산 일정 참조

3일	설레리-카트만두	대형버스 12~14시간

카트만두행 버스는 새벽 3~4시경 떠난다. 버스비는 1인당 1500루피다. 하산시 반드시 대형버스를 추천한다. 새벽 시간은 꽤 춥다. 버스는 출발해서 설레리의 몇 군데를 더 들려서 손님을 조금 더 태운 후 간다. 길은 내리막으로 시작한다. 1인 1좌석이라 넓고 편하다. 저렴하고 공간이 커서 다리도 편하고 덜 흔들린다. 차 안에 앉은 채로 일출도 보고, 강바닥도 달리고, 비포장도로에 흔들리며 네팔 시골의 여러 마을에 들러 30분 정도씩 쉬면서 간다. 휴게소의 메뉴는 예외없이 모두 달밧이다. 사모사, 짜이, 삶은 달걀 등도 판다. 네팔의 관광지가 아닌 곳을 보는 즐거움이 있는 길이다.

267km를 달려서 건물과 집이 많아지면 얼추 내릴 때가 다가온 것이다. 대개는 터미널 근처 길가에 내려준다. 400~500루피면 택시가 타멜까지 간다.

미리 예약한 숙소가 있으면 거기로 가면 된다. 예약한 곳이 없다면 타멜에 가서 조금 좋은 숙소에 머무르기를 권한다. 하루나 이틀은 차를 타거나 다른 곳으로 이동하는 것이 힘들 것이다.

항공편에 비해 2일이 추가된다.

아직 젊고 비용을 아끼고 싶고, 시간이 많은 경우 혹은 예기치 않게 갑자기 하산을 하게 됐는데, 비행편이 없을 경우 시도할만한 코스다. 체력적으로 많은 부담이 되니 나이가 있는 여행자는 선택하지 않기를 바란다.

기타 트레킹 코스

마칼루(Makalu, 8463m) BC 트레킹(4,900m)

마칼루 소개

마칼루는 네팔과 티베트의 국경을 이루는 중부 히말라야에서도 쿰부 산군의 동쪽에 위치하며, 에베레스트에서 동쪽으로 22km 떨어져 있다.
마칼루라는 이름은 산스크리트어 마하칼라에서 온 것으로 본다. 마하칼라는 힌두의 시바 신의 이명인Big Black을 의미하는 산스크리트어다. 후에 힌두교와 이 지역을 대표하는 문화인 티벳불교의 융합으로 나타난 것으로도 본다. 즉 티베트 불교에서의 대흑천(大黑天) 즉 마하칼리이기도 하다. 산 전체가 검은빛의 암석으로 구성되어 있고, 강한 바람으로 눈이 잘 붙어있지 못해 더 검게 보이며 산 자체가 다른 산과 어울리지 않고 홀로 피라미드 모양으로 우뚝 서 있어서 더욱 압도적이다. 검은 귀신의 산이라고도 부른다.

트레킹 코스 정보

마칼루는 검은 귀신의 산 즉 대흑천을 상징하는 산으로도 불린다. 많이 가지 않는 산이며 교통도 불편하다. 해발 410m인 툼링타르에서 출발하는데, 마칼루 베이스캠프는 해발 4900m이다. 트레킹이 4500m의 고도를 올리는 것이라서 힘겨운 코스이다. 첫날부터 거칠고 암벽이 많은 험난한 높은 언덕길과 내리막을 자주 반복하여 걷게 되므로 체력적으로 부담이 많은 길이다.
2019년 이후로 현재의 마칼루는 시작부터 베이스캠프까지 전 코스에서 롯지 산행이 가능하다. 과거에는 롯지가 없어서 무조건 야영을 해야하는 곳도 많았다. 그러나 롯지가 있다해도 마칼루-바룬 국립공원의 시설은 쿰부 히말이나 안나푸르나 지역의 시설에 비해서 무척 부실하다. 그러나 인적이 드물어 매우 호젓한 트레킹을 할 수 있다. 아주 최소한의 롯지 시설을 이용하고 자신의 힘으로 모든것을 할수 있게 된다. 진정한 오지를 보고 싶다면 아주 좋은 코스이다.

마칼루는 등산화와 스틱, 모자, 고글 및 기타 장비에 세심한 주의를 기울여야 한다. 특히 음식이 종류도 단순하고 맛도 없다. 밑반찬류를 충분히 준비하거나 팀으로 가는 경우라면 카트만두에서 요리사를 고용하는 것도 좋은 선택이다.
마칼루는 네팔의 성소인 호수를 지나 칸첸중가에서 올라오는 길과 만나 강을 따라 광활한 평지를 지나 마칼루 베이스캠프에 도착하면 장쾌한 베이스캠프와 만나게 된다. 모험을 사랑하는 이들이라면 캠핑을 준비해 고도 6천 지역의 3 Col을 지나 아일랜드 베이스캠프 앞으로 넘어 로체 BC의 전진기지와 만나는 트레킹도 가능하다. 하산하는 길에 산행의 시작지역인 툼링타르에서 여러 날을 걸으면 에베레스트의 시작지점인 루클라 공항 뒷길과 만나 저지대로 에베레스트와 이어지는 확장성이 넓은 코스이기도 하다.

교통

카트만두–툼링타르 공항(비행기) 약 40분.
공항이 산악지대에 있는 것이 아니어서 비행기 운항이 날씨에 영향을 크게 받지 않는다. 가장 빠른 시간대로 예약한다.

툼링타르–눔(NUM)
전세 지프 6000루피,
합승 지프 1인당 500~600루피

저렴하게 가고 싶은 경우:
이 지역 중심지인 칸디바리에 간 다음 눔으로 간다.
툼링타르 – 칸디바리 1인당 100루피
칸디바리 – 눔 전세 지프 4000루피,
　　　　　　합승 지프 1인당 400~500루피

마칼루 등반의 전진기지인 눔까지 합승 지프 혹은 전세 지프로 올라간다. 툼링타르의 지프 기사들은 외국인들에게 전세 지프를 타도록 강요하고 다른 차를 타는 것도 방해하는 일도 있다. 4시간 정도 소요된다.

등반서류 준비(입장료, 허가서 등등)

툼링타르 공항을 나가기 전, 경찰 체크포인트에서 여권 사본 1장이 필요하다. 툼링타르에서 눔까지 가는 동안 약 3번 정도 경찰 체크포인트에 외국인 입산 신고를 하게 된다. 한국 여권을 보여줘도 Republic of Korea가 한국 여권인줄 모르는 경우가 많다. 지프에 동승한 네팔 사람들도 마찬가지. 신고정신은 투철해 중국인이 탔다고 경찰에게 말하는 경우가 많다. 중국인으로 오인하여 특별 허가를 받으라고 요구하는 경찰들도 많다. 한국인은 해당사항이 없다. 반드시 코리언. 코리언. 한국인이라고 여러 번 밝힌다.

세두와(Seduwa, 1510m)의 마칼루 – 바룬 국립공원 관리 사무소에 입산료 3390루피를 지불한다. TIMS 등 다른 사항은 필요 없다.

스탭 고용

카트만두에서 고용하거나 마칼루 출신들이 경영하는 칸디바리에서 고용하는 것을 추천한다. 고용할 시 계약 조건을 명확하게 명시하고 계약서를 쓴다. 상행에 7일 하행에 5일 합 12일 일정으로 고용하면 된다. 고용시 임금 지불 시점을 명확하게 하고, 1~2일분 임금을 팁으로 지불하면 된다.

숙박

네팔 전체에서도 매우 기본 이하 수준인 롯지들이 가격표도 없이 운영되고 있다. 국립공원 관리소가 지역의 토호에게 밀려 가격 표시제 등등 모든 국가 정책이 전혀 시행되지 않는다. 통상 1일 500 ~ 1000루피 정도 생각하면 된다.

식사

세두와 라차시고 롯지 이후. 메뉴와 가격표가 없는 롯지와 식당들이 한 집안에 의해 운영되고 있다. 항상 가격을 확인한다. 음식의 맛이나 실력도 전체적으로 형편없다. 마늘 하나, 파 한쪽에도 비용을 지불하니 조심할 필요가 있다. 밑반찬을 많이 준비하는 것을 추천한다.

장비, 장비점:

칸디바리에서 장비를 구할 수 있다. 이후로는 구할 수 없다.

통신

타시가온(Tashigaon, 2070m) 이후로는 전화도 잘 되지 않는다.

전원

태양광 충전지와 파워뱅크를 준비하는 것을 추천한다. 롯지에서 충전이 가능하기는 하지만, 전압도 약하고 청구되는 비용이 상당하다.

위생, 의료시설

눔, 칸디바리에 보건소와 의원이 있다.

안전

국경지역으로 중국인들에 대한 경계심이 심하다. 경찰, 군인, 지역 주민들이 중국인으로 오인하여 일정을 힘들게 만들기도 한다. 트레킹을 하는 사람은 많지 않고, 길은 험하다. 조심해서 트레킹해야 한다.

분쟁이 발생하면 눔의 경찰 출장소에 같이 가서 그들의 판단에 따르기로 하거나, 출동을 요청하면 된다.

지도

카트만두에서 400~500 루피 정도에 구입하여 사용한다. 마칼루 지도는 매우 간단하다. 그러나 업데이트가 되어 있지 않아서 유용한 편은 아니다.

산행 안내표 : 마칼루에는 산행 안내표시가 거의 없다.

은행, ATM. : 칸디바리에 몇 개 있다.

주요 트레킹 코스

마칼루(Makalu, 8463m) BC(4900m) 트레킹

트레킹 코스	이용 빈도	난이도	편리성	풍경
카트만두-툼링타르-마칼루BC(4900m)	★	★★★ ★★	★	★★ ★★

일정: 15일.

최고 고도 도달: 마칼루BC (4,900m)

카트만두 – 툼링타르 – 마칼루BC(4,900m) 일반 트레킹 상세 일정표

1일	카트만두 – 툼링타르(Tum-lingtar, 450m) – 눔(지프, 1560m)	항공편 30~50분. 툼링타르-눔. 지프 4시간.

최대한 일찍 떠나는 비행기를 탄다. 30-50분 소요된다.

툼링타르 공항에서 100미터 정도 직진하면 왼쪽에 지프 정류장이 있다. 전세 6천 루피. 합승 1인당 500-600루피.

툼랑타르-칸디바리-치치라-데우랄리-눔까지 4시간 소요된다.

2일	눔(Num, 1560m) – 세두와(Seduwa, 1510m)	6~7시간

눔 경찰 출장소에 입산 신고한다. 고도 800미터 정도를 내리는 길이다. 가파르게 내린다. 아룬강을 가로지르는 다리를 건너 다시 고도 800미터를 올린다. 국립공원 관리사무소에 입산료(3390 루피/1인당)를 지불한다. 라차시고 롯지를 추천한다.

3일	세두와(Seduwa, 1510m) – 섹시난다–타시가온(Tashigaon, 2070m)	6~7시간

마을들 사이로 오르막의 길이 있다. 완만한 오르막이다. 섹시난다의 학교와 가게에서 점심식사를 한다. 2시간 정도 숲길로 가다가 1시간 정도 오르막을 오르면 수십 개의 산들이 병풍처럼 둘러싼 마을이 나온다. 타시가온이다. 마을을 지나 거의 끝부분에 위치한 단페 롯지를 추천한다.
좌측의 그럴듯한 롯지는 미믹이 나오는 던전급이다. 가지 않는다.

4일	타시가온(Tashigaon, 2070m) – 콩마 라(Khongma La, 3500m)	7~8시간

병풍 같은 산을 무려 1500미터를 올려 넘어서야 한다. 가파른 산을 오르다 산 중턱의 찻집에 들른다. 오르막을 내내 오르며 만병초 군락을 통과해서 콩마 라에 오르면 멀리 칸첸중가 산군이 보인다. 퇴락한 롯지가 2개 있다. 처음 만나는 허름한 단페 롯지에 머무르기를 추천한다. 셸파 롯지는 피한다. 여기도 만만치 않다.

5일	콩마 라(Khongma La, 3500m)	휴식일

고소적응을 위해 쉰다.

6일	콩마 라(3500m) – 궁마 라 – 쉽턴 라(Shipton La, 4229m) – 칼로 포카리 – 케케라(keke la, 4150m) – 도바떼(Dobate, 3700m)	8~9시간

마칼루 트레킹에서 가장 힘든 하루다. 수많은 오르막과 내리막이 하루종일 지속된다.
콩마 라에서 가파른 언덕으로 고도를 500미터 정도 올리면 궁마 라다. 평탄한 길을 조금 가다가 다시 암릉을 한참 복잡하게 올라서 가다가 갑자기 내리막으로 한참 간다.
왼쪽에 작은 호수를 하나 끼고 상당히 높은 암릉을 돌계단으로 좌우로 비틀면서 숨겨진 높은 언덕에 오르면 거기가 그 유명한 쉽턴 라다. 여기서 점심을 먹는다.
쉽턴 라에서 돌계단으로 가파르게 하산하여 호수를 만나면 거기가 칼로 포카리이다. 다시 암릉을 돌계단으로 오르면 거기가 케케 라다.
케케 라에서 보는 칼로 포카리와 쉽턴 라가 무척이나 아름답다. 1시간 정도를 가파르게 내려가다 왼쪽으로 꺾으면 숨어 있는 롯지가 하나 나온다. 거기가 도바떼(Dobate, 3700m)다.

7일	도바떼(Dobate, 3700m) – 양레 카르카(Yangle Kharka, 3620m)	6~7시간

2시간 정도 가파른 길로 내려가면 바룬 강과 만난다. 강을 따라 칸첸중가에서 오는 GHT 트레일과 연결된다. 길이 상당히 험하다. 너덜지대를 지나 네헤 카르카(Nehe kharka)에서 점심을 먹고 나무 다리를 건너 1시간 반 정도 걷는다. 만병초 군락을 둘러 싸고 강변에 자리 잡은 양레 카르카(Yangle Kharka, 3620m)에 도착한다. 여기서 쉰다.

8일	양레 카르카(Yangle Kharka, 3620m)-렝말레 카르카(4400m)	6~7시간

평탄한 길을 따라 전나무 숲으로 시작해서 길은 오르막으로 연결된다. 왼쪽으로 임산부 암릉이라는 산을 보며 통과한다. 단순해 보이지만 수십 겹의 오르막이 있다. 오르막을 모두 오르면 들판의 언덕 위에 롯지가 2개 있다. 렝말레 카르카(4400m)다.

9일	렝말레 카르카(Lengmale Kharka, 4400m)-셜손(Sherson, 4500m)-마칼루 베이스캠프(MAKALU BC, 4900m)	5~6시간

렝말레 카르카(4400m)를 지나 강을 끼고 홍쿠 출리(Hongku chuli, 6833m)를 정면으로 바라보며 대평원 지역 셜손(Sherson)에 도착한다. 오른쪽 오르막의 넓고 큰 길로만 간다. 셜손을 지나 3시간 정도 올라가면 마칼루BC에 도착한다. 마칼루를 끝까지 다 바라볼 수 있는 모레인 지대의 황량하고 평평한 곳에 자리 잡고 있다.

10일	마칼루 베이스캠프(MAKALU BC, 4900m)-셜손-렝말레 카르카-양레 카르카(Yangle Kharka, 3620m)	7시간

보통 오전에 마칼루 BC 근처로 사이드 트레킹을 하거나 바로 하산한다. 양레 카르카까지 하산한다.

11일	양레 카르카(Yangle Kharka, 3620m)-도바떼(Dobate, 3700m)	7시간

어려운 하산길의 시작이다. 다시 거칠고 위험한 강가의 절벽길을 통과하고, 가파르게 하산했던 길을 내내 오른다. 도바떼는 올라오는 길이나 내려가는 길이나 롯지가 만병초 숲에 숨어 잘 보이지 않는다.

12일	도바떼(Dobate, 3700m)-콩마 라(Khongma La, 3500m)	7~8시간

도바떼에서 케케 라(keke la, 4150m) 오르막을 450미터 오른 뒤, 칼로 포카리로 내려가 쉽턴 라(Shipton La , 4229m)를 긴 계단길로 오른다. 쉽턴 라에서 쉬고 요기한다.
길고 복잡한 길을 내려 간 뒤에 더 가파른 길을 500미터 정도 내리면 콩마 라다.

13일	콩마 라(3500m)-타시가온(Ta-shigaon, 2070m)-세두와(Seduwa, 1510m)	7~8시간

콩마 라에서 타시가온으로 1500미터를 가파르게 하산한다. 힘들고 어려운 산이지만 그래도 아름다운 마칼루 트레킹을 끝낸다.

세두와의 라차시고 롯지의 뚱바가 매우 맛있다.

14일	세두와(Seduwa, 1510m)-눔(Num, 1560m)-칸디바리(지프탑승)	트레킹 3시간. 지프 4시간

마칼루의 마지막 도전코스인 눔으로 가는 V자 계곡을 오른다. 800미터의 고도 하강 후 800미터의 상승이다. 계곡 중턱으로 도로가 개설 중이다.

아침에 일찍 떠나서 점심 전에 눔에 도착하여 경찰서에 간단하게 하산 신고를 하고 칸디바리로 간다. 지프로 4시간 소요된다. 보통 어두운 저녁에 도착한다. 바룬 호텔이 괜찮다.

** 어두운 저녁 무리하게 툼링타르로 가지 않는

다. 칸디바리－툼링타르의 산 속 짧은 구간에는 네팔에도 많지 않은 아리랑 치기(소매치기+ 강도) 도적들이 칸디바리 상인들의 두툼한 지갑을 노리고 있다. 합승 지프 손님을 모으는 척하며 강도짓을 한다. 만약 탄다면 나를 뺀 나머지는 다 도적단이라고 봐도 된다.

칸디바리 호텔 주인들 중에도 심통이 있는 사람들이 있다. 자기 호텔을 이용하지 않으면 따라다니며 방 잡는 것을 방해한다. 큰 호텔로 가면 사라진다.

15일	칸디바리－툼링타르 －카트만두	지프 30분. 비행기 30~50분

오전 일찍 칸디바리에서 툼링타르로 내려간다. 30분 정도 걸린다. 대형 버스 50루피. 지프 100루피이다. 버스가 편하다.
툼링타르 공항 담장 10m 옆으로 롯지들이 줄지어 있고, 손님들에게 와이파이를 무료로 준다. 툼링타르도 만석인 경우가 많아서 반드시 예약하고 타야한다.

카트만두－툼링타르－마칼루BC(4900m) **저지대 트레킹 코스. → 루클라**(에베레스트)

툼링타르－살파 라－루클라(GHT 에베레스트 연결 저지대 코스)

• 마칼루에서 하산 후 살파 라를 넘어 GHT 저지대 코스로 에베레스트 지역과 잇는 코스다.

• **마칼루BC－3 COL－암부랍차 라－추쿵**(GHT 에베레스트 연결 고지대 코스)
• 마칼루 BC에서 3 COL을 넘어 GHT 고지대 코스로 에베레스트 지역과 잇는 코스다.

어드밴처 코스로 마칼루 BC 이후 전 일정을 캠핑하며 6천미터 이상의 가파른 오르막과 내리막을 돌파하며 가혹한 날씨에 적응하며 충분한 예비일을 가지고 하루 12시간 이상 걸을 수 있는 강한 체력이 필요하다. 특히 숙련된 가이드와 스탭들의 보조가 필요하다.
최고 고도 도달: 이스트콜(East Col, 6000m), 웨스트 콜(West Col, 6135m), 암부랍차 라(Amphu Labtsa Pass, 5700m)

칸첸중가(Kangchenjunga, 8586m) 트레킹

칸첸중가는 세계에서 세 번째로 높은 산이며, 인도에서는 가장 높은 산이다. 칸첸중가는 다섯 개의 눈(雪)의 보고(寶庫)라는 뜻이다. 5개의 보물은 금, 은, 보석, 곡식, 경전이다. 네팔과 인도 사이에 정확하게 반씩 걸쳐져 있다.

칸첸중가는 주봉과 네 개의 위성봉으로 이루어져 있다. 주봉 8,586미터, 서봉 얄룽캉, 8,505미터, 남봉 8,494미터, 중봉 8,482미터 모두 8,000미터 넘는 봉이다. 서봉인 얄룽캉은 로체의 위성봉인 로체샤르와 함께 최근 8,000미터급 이상의 단독봉으로 인정받고 있어서 14좌에 덧붙여 14+2좌 또는 16좌로 불리기도 한다. 주봉을 정점으로 이들 능선 사이로 제무빙하, 얄룽빙하, 탈룽빙하, 칸첸중가빙하 등 광대한 빙하가 흐른다.

칸첸중가 트레킹은 네팔의 남면과 북면, 2곳이 모두 같이 혹은 따로 하는 것이 가능하다. 칸첸중가의 다섯 봉우리는 오직 남면에서만 모두 볼 수 있고, 북면에서는 세 봉우리만 볼 수 있다.

인도 쪽의 칸첸중가 트레킹은 시킴의 칸첸중가국립공원에 진입한 후 남쪽 면을 둘러보는 종그리 라(Dzongri La) 혹은 고차 라(Gocha La)를 넘어서 각각 베이스캠프에 진입하게 되지만, 종그리 라 이후 라통 빙하와 고차 라 이후의 산행을 인도 정부에서 자연보호 및 국경의 보안 문제로 제한하고 있다. 그 외에 다질링 근방의 산닥푸에서도 칸첸중가 트레킹이 가능하나 베이스캠프까지 접근하지는 않는다.

통상 칸첸중가는 네팔에서 시작하는 것을 상식으로 한다. 최근에는 네팔 히말라야를 횡단하면서 칸첸중가 베이스캠프를 지나 마칼루로 연결하기도 한다.

인도에서 접근하는 칸첸중가 트레킹 코스는 널리 알려져 있지는 않지만, 인도 시킴 주 입경 허가를 먼저 받은 후 다시 등반 허가를 받아 반드시 그룹으로 칸첸중가국립공원에 진입하여 트레킹을 해야 한다. 네팔과는 달리 인도의 칸첸중가국립공원은 유네스코 세계문화유산으로 지정되어 공원 내 거주가 금지되어 있어서 모든 코스에서 캠핑을 해야 한다.

네팔에서 하는 트레킹은 북면으로 진행한다. 카트만두에서 비행기나 버스로 타플레중까지 간 뒤 지프로 세카툼(Sekathum, 1575m)까지 오른다. 이후 칸첸중가 북면BC 팡페마(Kanchenjunga North Base Camp, Pangpema, 5143m)에 다녀온 뒤 군사로 다시 하산하여 셀레라 하이캠프(Sele La High Camp, 4130m)에 오른 뒤 시니온 라(Sinion La, 4440m), 미르긴 라(Mirgin La, 4480m)를 지나 계속해서 시넬랍체 반장(Sinelapche Bhanjyang, 4646m)을 넘어 남면 베이스캠프에 도착하고 하산한다.

남면에서 시작하는 경우는 반대로 셀레 라를 넘으면 서킷이 완료된다. 마치 쿰부의 촐라 패스 같은 역할을 하는데 여러 개의 언덕이 있어 촐라 패스보다 조금 더 힘들다.

최근 도로의 발달로 비행기를 타고 다시 지프로 이동하는 것보다는 카트만두에서 바로 28인승 디럭스 버스를 타고 오전 혹은 점심 경에 출발해 다음 날 오전 혹은 점심 전에 타플레중 혹은 일람으로 이동한 후 트레킹을 진행하는 것이 더 정확한 경우도 발생한다. 이 부분은 검토가 필요하다.

칸첸중가는 본래 전 일정 야영을 해야 했다. 곰과 같은 야생동물도 출몰하는 곳이다. 현재 롯지가 있다고 해도 네팔 히말라야 전지역 중 가장 열악한 환경이다. 심지어 인도 쪽도 그렇다. 그러나 히말라야의 모든 산 중에 매우 독특한 매력이 있는 곳이기도 하다.

칸첸중가 베이스 캠프

칸첸중가
북면 BC

칸첸중가
(8586m)

⑩
팡페마
⑨
로낙
(5200m)

캄바첸
(4050m)
⑧

칸첸중가
남면 BC

군사
(3430m)
⑪
⑦
⑥

⑮ 체람
⑭
⑬
람체
(4580m)

⑤ 갸블라
(2750m)
⑫
셀레라
(4480m)

④
암질로사
(2400m)

⑯ 톨통
(3000m)

⑰ 얌푸팅
(2080m)

세카툼
(1500m)
③
② 🚌
타플레중
(1820m)

⑱ 케방

⑲ 일람(칸얌마을)
①

카트만두
①
⑳

✈️

바드라푸르
(91m)

✈️ 바드라푸르 공항

1 카투만두 – 바드라푸르 공항 – 일람(칸얌마을)항공/버스
2 일람(칸얌마을) – 타플레중 : 버스/지프
3 타플레중 – 세카툼 : 지프
4 세카툼 – 암질로사 : 트랙
5 암질로사 – 갸블라
6 갸블라 – 군사
7 군사 휴식
8 군사 – 캄바첸
9 캄바첸 – 로낙
10 로낙 – 칸첸중가 북면 BC 팡페마 – 로낙
11 로낙 – 군사
12 군사 – 셀레라 하이캠프
13 셀레라 하이캠프 – 체람
14 체람 – 람체
15 람체 – 칸첸중가 사우스 BC – 람체 – 체람
16 체람 – 톨통
17 톨통 – 얌푸팅
18 얌푸팅 – 케방 카투만두 야간버스
19 캐방 – 일람
20 일람 – 바드라푸르 공항 – 카투만두 야간버스/지프/항공

✈️ AIR
🚌 지프/버스

칸첸중가 베이스캠프 트레킹

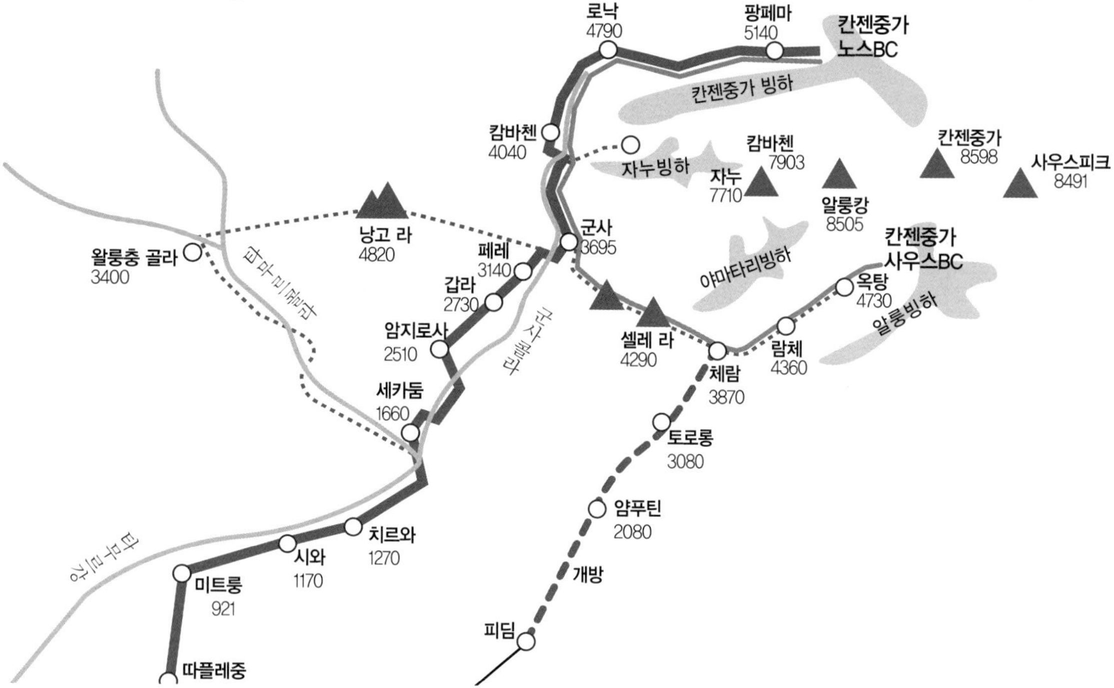

사우스피크
8491

칸첸중가
8598

칸첸중가 노스BC

칸첸중가
사우스BC

옥탕
4730

알룽빙하

알룽캉
8505

칸바첸
7903

제람
4360

람바빙하

지누
7710

체람
3870

지누빙하

람제 라
4290

암푸티
2080

토로룽
3080

개방

평패마
5140

로낙
4790

군사
3695

피딤

칸바첸
4040

페레
3140

감라
2730

군사 콜라

낭고 라
4820

암지로사
2510

세카툼
1660

치트와
1270

시와
1170

탐바 케 콜라

알룽충 골라
3400

마미나 콜라

미틀룽
921

타플레중

트레킹에 가장 좋은 시기는 3월 중순에서 5월 초순, 9월에서 11월 초순 사이이다. 11월 중순이 되면 상당히 추워지기 시작한다. 12월은 사실상 트레킹이 어렵다.

칸첸중가 북면-남면 써킷 일정표

1일	카트만두 공항(Kathmandu) – 바드라푸르 공항(Bhadrapur, 2420m) – 일람(칸얌마을 1595m)	비행기 45분 지프 4시간

바드라푸르는 비교적 저지대 공항이다. 취항하는 비행기는 80인승이다. 공항에 내린 뒤 차의 명산지 일람(칸얌 마을)에서 숙박한다. 전세 지프는 항에서 약6000루피다.

육로: 타플레중의 성지인 파티바라 사원(Pathivara temple, 3794m)으로 가는 사람들이 많다. 카트만두 – 타플레중(Taplejung)까지 675km이고, 28인승 Deluxe Bus가 운항중이며, 버스비는 2800~3500루피이다. 소요 시간은 17~24시간이다. 뉴 버스 스텐드, 차비힐 등에서 점심시간이나 밤에 출발한다. 버스비는 언제나 흥정이 가능하다.

2일	일람(ILAM) – 타플레중(Taplejung, 1824m)	지프 6시간

지프는 운전석이 있는 앞에 4명, 뒤로 6명을 태우는데, 좁아서 힘들다. 지프는 승객이 다 모여야 출발한다. 일람에서 타플레중까지는 153km이고, 그래도 도로는 포장도로이다. 가다보면 이미 칸첸중가의 봉우리 3개가 보이고 잔나피크(7,710m)도 마중나와 있다. 타플레중에서 휴식한다.

3일	타플레중(Taplejung, 1824m) – 세카둠(Sekathum, 1575m)	지프 6시간

지프를 타고 가파르게 길을 내려선다. 중간에 칸첸중가국립공원 체크포인트가 있다. 2개의 강이 만나면 지프길이 사라진다. 내려서 조금 걸으면 강가에 세카둠(Sekathum, 1575m) 마을이 있다.

4일	세카둠(Sekathum, 1575m) – 암질로사(Amjilosa, 2510m)	트레킹 7~8시간

저지대 산행은 덥고 힘들다. 군사콜라(강)를 내내 따라간다. 바닥인 세카둠에서 조금씩 오르고 내린다. 4km쯤 걸어 점심을 먹고 강을 건너 단 번에 500미터를 올린다. 티벳 난민촌이었던 암질로사는 롯지가 하나 있고, 사는 사람도 거의 없다. 이 정도 고도는 아직 모기가 있거나 벌레가 있다. 잘 때 방에 살충제를 뿌려두고 몸에 해충 기피제를 뿌려야 한다. 침대 위에 침대 시트를 하나 더 덮어 두는 것이 좋다. 태양열 충전기 외에 일반 전기는 사용할 수 없는 지역이 시작된다. 파워뱅크와 휴대용 태양열 충전기를 준비한다.

5일	암질로사(Amjilosa, 2510m) – 갸블라(Gyabla, 2730m)	8~9시간

대나무가 있는 길을 지나 소나무와 만병초가 뒤덮인 길을 간다. 거리는 짧아도 힘들다. 숲속에 야크, 염소, 산양들과 새들이 많다. 300미터 정도 오르고 내린다. 길이 내려가다 탐양에 도착하여 점심. 이후 다리를 건너 폭포를 지나면 내내 오르막이다. 막판 급경사로를 30분 정도 좁은 길을 올라가 평탄한 지역에 들어서면 갸블라(Gyabla, 2730m)이다. 호텔 싱기 남종(Shingi Namjong)에서 자는 것이 좋다. 다른 숙소들은 매우 열악하다. 포터가 다른 숙소를 권해도 그냥

싱기 남종으로 가는 것을 추천한다. 항상 트레커 본인의 편의를 중심으로 생각해야 하는 코스이다.

6일	**갸블라**(Gyabla, 2730m) – **군사**(Ghunsa, 3595m)	7~8시간

겨울철이면 산에 있는 사람들이 내려와 지내는 지역이다. 칸첸중가의 겨울은 눈도 많이 오고, 몹시 춥다. 군사는 티벳 난민촌이었다. 지금은 큰 마을로 경찰서, 보건소, 국립공원 사무소, 가게들이 있다. 마을에서 바로 길이 하강하여 계곡 바닥까지 간 뒤 다시 급경사로 오른다. 서서히 경사가 완만해지면서 만병초 군락이 펼쳐지고 페레 마을에 도착하고, 이곳에서 점심을 먹는다. 점심 후에 강을 따라 1시간 정도 걸으면 낭고라 갈림길에 도착하고, 1시간 더 걸으면 군사(Ghunsa, 3595m)에 도착한다. 군사는 롯지 수준이 괜찮다.

7일	**군사**(Ghunsa, 3595m)	고소 휴식

8일	**군사**(Ghunsa, 3595m) – **캄바첸**(Kambachen, 4100m)	8~9시간

점심을 먹을만한 곳이 있는지, 마을 사람들에게 물어서 확인하고, 그래도 간식을 조금 준비한 뒤에 출발한다. 4천을 넘어가면서 걷기에 좋은 날씨가 이어진다. 독수리처럼 생긴 잔누히말(7711m)을 보면서 걷는다. 잔누도 성스러운 산으로 추앙받고 있다. 정상에 금 닭과 은 닭 한 쌍이 살고 있다는 전설이 있다. 스노우 레오파드가 나온다고는 하지만 잘해야 블루 쉽 정도를 만날 수 있다. 소나무와 전나무가 우거진 숲의 오르막을 걷다보면 산에서 쏟아지는 폭포가 자주 보인다.

간혹 찻집이 문을 닫아 점심을 못 먹을 수 있다. 고도가 높아진만큼 나무는 없어지고 이끼지역으로 바뀐다. 다리를 건너 언덕을 넘으면 평평한 지역이다. 여러 색으로 칠한 롯지가 나온다. 캄바첸(Kambachen, 4100m)이다. 칸첸중가에서 이 정도 높이에 오르면 그냥 지붕이 있고, 담이 있는 곳에서 잘 수 있는 것만으로도 만족하자. 이곳은 칸첸중가이지 않은가! 매트와 겨울용 침낭을 좋은 것으로 준비하기 바란다.

9일	**캄바첸**(Kambachen, 4100m) – **로낙**(Lhonak, 4785m)	8~9시간

거리는 10km정도로 멀지 않다. 칸첸중가 봉오리 3개가 보인다. 빙하의 모레인 지역으로 완만한 오르막을 3시간 정도 걷는다. 이후 1km 정도의 긴 경사면을 만난다. 특히 5월에는 낙석이 많아 주의해야 한다. 칸도폭포(4381m)를 지나 평평한 곳에 위치한 작은 집에서 점심을 먹는다. 이후 3km정도 언덕을 올라 다리를 건넌다. 로낙(Lhonak, 4785m)은 넓고 움푹한 곳이다. 산이 사방에 펼쳐진다. 마을은 아니나 롯지는 2개가 있다. 이곳은 칸첸중가라는 것을 잊지 말고 그 중 나은 곳을 선택한다.

10일	**로낙**(Lhonak, 4785m) – **칸첸중가 북면BC 팡페마**(Kanchenjunga North Base Camp, Pangpema, 5143m) – **로낙**(Lhonak, 4785m)	12~14 시간

칸첸중가 북면 베이스캠프를 방문하는 길은 왕복 16km이다. 헤드랜턴과 보조 랜턴을 반드시 점검한다. 전날 팡페마의 롯지가 문을 열었는지 확인하고 닫았다면 문을 열도록 요구한다. 팡페마의 롯지가 문을 열고 있다면 거기에서 1박을 하면 된다. 문을 완전히 닫은 경우 로낙(Lhonak, 4785m)에서 왕복해야 한다. 왕복을 하는 경우 새벽 5시

이전에 출발한다. 고도 5,000미터가 넘으면 대개 1시간에 1km 정도 걸을 수 있다. 하산할 때는 조금 빠르다. 왕복하면 로낙(Lhonak, 4785m)에는 대개 밤이 되어야 돌아온다.

고도차는 약 350미터이다. 처음에는 완만한 모레인 언덕길을 걷는다. 경사로와 빙하가 합쳐져 오르내림을 반복하는 다소 지겨운 길이다. 대평원 가운데 큰 돌이 있고 거기에 작은 찻집이 있다. 여기서 간단히 점심을 먹고 이후 언덕과 계곡을 계속 넘는다. 2시간 정도 걸으면 팡페마의 찻집이 있고 칸첸중가 북면 BC 도착이다. 오색 타르초가 휘날리고 칸첸중가, 얄룽캉, 캄바첸 봉우리 3개가 보인다. 팡페마의 롯지가 문을 열었으면 여기에서 하루 자고 아침에 하산하고, 롯지가 문을 닫았으면 서둘러서 로낙으로 돌아간다.

11일	로낙(Lhonak, 4785m) – 군사(Ghunsa, 3595m)	8~9시간

거리는 21km로 꽤 멀다. 올라올 때 오르내리는 길이었다. 고도차에도 불구하고 하산 속도가 빠르지는 않다. 캄바첸(Kambachen, 4100m)에서 점심을 먹고 군사(Ghunsa, 3595m)에서 쉰다.

12일	군사(Ghunsa, 3595m) – 셀레 라 하이캠프(Sele La High Camp, 4130m)	6~7시간

셀레 라에 오르기 전에 롯지가 문을 열었는지 확인한다. 문을 열지 않은 경우 군사에 거주하는 주인에게 문을 열도록 하거나 키를 받아 오른다.

가파르고 바위가 많은 숲과 풀로 덮인 길을 따라 셀레 라 패스(Sele La pass, 4290m)를 넘어 셀레 라 하이 캠프(Sele La High Camp, 4130m)에 도착한다. 매우 기본적인 찻집이 2개 있다. 여기서 숙

박한다.

(북면 하산인 경우 군사-암지로사-타플레중- 바드라푸르-카트만두. 비행기를 이용할 때는 타플레중에서 탄다.)

13일	셀레라 하이캠프(Sele La High Camp, 4130m) – 체람(Cheram, 3870m)	8~9시간

셀레라 하이캠프(Sele La High Camp, 4130m)에서 시니온 라(Sinion La, 4440m)까지 약 2시간 소요된다. 미르긴 라(Mirgin La, 4480m)를 지나 계속해서 시넬랍체 반장(Sinelapche Bhanjyang, 4646m)을 넘는다.

패스들을 넘을 때 보면 잔누, 마칼루, 참랑, 에베레스트까지 보인다.
마지막 고개인 시넬랍체 반장 아래 치후충 호수의 모습이 무척 아름답다. 체람(Cheram, 3870m)에서 쉰다.

14일	체람(Cheram, 3870m) – 람체(Ramche, 4620m)	4~5시간

체람에서 출발 전 람체 롯지의 영업 여부를 확인한다. 특히 비수기인 경우 더욱 주의하여 알아본다. 북면BC와 같은 방법으로 체람에서 남면BC에 다녀올 수도 있으나 람체까지만 진행하는 것을 추천한다. 맑은 개울을 따라 소나무와 만병초가 우거진 군락을 지나 야크 목장인 얄룽(Yalung, 4100m)으로 오른다.

모레인 지역에 위치한 호수들은 조심스럽게 지난다. 가끔 야생야크를 만날 수 있는 지역이다. 돌로 만든 작은 롯지가 있다. 람체(Ramche, 4620m)는 얄룽 빙하와 산군 아래에 위치해 있다.

밤이 되면 푸른 양들이 롯지근처에 나타나 쓰레기통을 뒤진다.

15일	람체(Ramche, 4620m) – 옥탕(Oktang, 4740m) 칸첸중가 남면 BC – 람체(Ramche, 4620m) – 체람(Cheram, 3870m)	4~5시간

알룽 빙하(Yalung glacier, 4500m)와 칸첸중가 남면BC를 방문하는 날이다. 5~6시간 소요된다. 짐은 람체에 두고 물과 간식 자켓 등 필요한 것만 챙겨 출발한다. 개울을 따라 바위가 많은 길이다.

티벳 불교의 경문이 가득 새겨진 마니월(돌벽)과 오색 타르초를 향해 오른다. 알룽 빙하, 라통(Rathong, 6682m)과 카브루(Kabru, 7412m)가 보이고, 칸첸중가와 잔누 남면이 보인다. 근처에 몇 개의 롯지 터가 남아 있으나 오랫동안 버려져 있어 제 구실을 하지 못한다.

옥탕(Oktang, 4740m)은 캠프사이트로 푸른 양들이 절벽 위에 많이 보인다. 현재 옥탕이 남면 BC로 간주되지만, 약 100미터 더 오르면 나오는 것이 실질적인 남면 BC다. 풍경은 실질적인 남면 BC가 더 좋지만 빙하 길이 무너져 오르기 쉽지 않다. 조금 쉬었다가 빙하와 흰 눈을 품은 칸첸중가를 뒤로 하고 하산을 시작한다.
람체에서 짐을 찾아 체람(Cheram, 3870m)까지 하산한다.

16일	체람(Cheram, 3870m) – 톨통(Tortong, 2980m)	7~8시간

티벳불교와 힌두교가 뒤섞인 지역으로 살생이 금지된 지역이다. 고도가 낮아지니 다시 거대한 소나무 숲과 만병초 군락이 가득하다. 산길을 강을 따라 톨통(Tortong, 2980m)까지 걷는다.

17일	톨통(Tortong, 2980m) – 얌푸딘(Yamphudin, 2090m)	7~8시간

오늘 걸어야 하는 거리는 16km이다. 강을 따라 언덕 2개를 넘어 가는데 길이 매우 가파르다. 셀파들이 사는 어퍼 얌푸딘에 먼저 도착하고, 그곳에서 300미터 더 내리면 얌푸딘(Yamphudin, 2090m) 마을이다.

마을에 칸첸중가국립공원 체크포인트가 있다. 이곳에서 하산 신고를 한다. 남면으로 입산하는 경우는 여기에서 입산 신고를 한다.

18일	얌푸딘(Yamphudin, 2090m) – 케방(Khebang, 1910m)	6~7시간

오늘 걷는 거리도 16km이다. 강을 따라서 하산하는 길이다. 마을과 숲과 논밭을 가로 질러 케방(Khebang, 1910m)에 도착한다. 실질적인 트레킹은 케방에서 끝난다.

19일	케방(Khebang, 1910m) – 칸얌(Kanyam, 1210m) – 일람(Ilam, 800m)	6~7시간

케방에서 아침 식사를 한 후 지프를 타고 칸얌을 거쳐 일람으로 간다. 칸얌, 일람 모두 유명한 차의 주산지다. 외국 여행자들보다는 네팔 국내 관광객들에게 유명한 곳으로 혼잡하다. 일람(Ilam, 800m)에서 숙박한다.

육로를 이용하는 경우 야간 버스로 바로 카트만두로 이동한다.
카트만두로 가는 차편은 많다. 시간과 버스 상태를 확인하고 차장과 가격협상도 한 뒤에 표를 끊고 나중에 출발한다. 승합차보다는 버스가 편하고 빠르다.

육로: 카트만두 – 일람(680km).
카트만두 공가부 터미널(Gongabu) 출발
오전 11시 – 오후 3시. 28인승 디럭스 버스
18~22시간 소요. 2500 – 3000루피(흥정 가능)

일람 – 카트만두 오전 11시 – 오후 3시. 28인승
디럭스 버스
18~22시간 소요. 2500 – 3000루피(흥정 가능)

20일	일람(Ilam, 800m) – 바드라푸르공항(Bhadrapur) – 카트만두 공항	지프 3시간. 비행 50분.

3시간 지프를 타고 바드라푸르공항(Bhadrapur)으로 이동. 비행기 시간에 맞춰 탑승한다. 가능하면 이른 아침 비행기를 예약한다. 지연, 결항은 자주 발생한다. 필요한 경우 육로로 카트만두로 돌아온다.

네팔 서부 3좌

안나푸르나 히말라야 (안나푸르나, 마나슬루, 다울라기리)

안나푸르나 지역을 소개하며

　　　네팔 동-서의 기준은 카트만두로 둔다. 카트만두 기준 네팔 서쪽으로 안나푸르나, 마나슬루, 다울라기리가 있다. 그 중 안나푸르나는 비행기도 72인승 대형 항공기가 연결하며 버스/지프 등으로 접근이 편리하다. 일정도 간단하며 트레킹을 하지 않아도 포카라 등에서 조망이 가능해 안나푸르나를 제 1 방문지로 선택하는 경우도 많다.

　　2장에서는 서로 산길로 연결된 네팔 서부 3좌를 안나푸르나 히말라야(안나푸르나, 마나슬루, 다울라기리)로 통칭했다. 안나푸르나를 중심으로 가장 짧은 코스인 오스트레일리아 캠프, 담푸스 패스로 시작해 서서히 확장한다. 푼힐, 모하레단다를 묶어서 트레킹하고, 다시 더 연장하여 코프라단다, 안나푸르나 베이스캠프(ABC), 마르디 히말로 안나푸르나 내측 써킷을 경험해 볼 수 있도록 했다.

　　또 크게 밖으로 한바퀴 돌며 안나푸르나를 깊숙이 만나보는 안나푸르나 써킷을 마친 뒤, 다시 따또빠니에서 내측의 푼힐 – 모하레단다 – 코프라단다 – ABC – 마르디히말 – 오캠/담푸스 패스를 모두 연결해 안나푸르나의 외측과 내측을 모두 연결하는 그랜드 써킷이 가능하도록 했다.

　　여기에 마나슬루 써킷과 안나푸르나 그랜드 써킷을 연결하면 더욱 장대하고 긴 산행이 될 것으로 생각한다. 여기에 더 길고 안나푸르나의 진수를 보는 산행을 원한다면 말파에서 다울라기리까지 연결하는 GHT까지 확장된다. 어느 좋은 날을 골라 스스로를 벗 삼아 천천히 가볍게 걷다 보면 길었던 산행도 깊은 밤 아쉬운 별들과 끝나게 된다.

안나푸르나 트레킹의 생각해 볼 점

많은 트레커들이 첫 히말라야로 안나푸르나 코스를 선택하는 경우가 많다. 그리고 안나푸르나를 다녀온 트레커들은 알지 못하는 곳에 대한 공포감, 정보의 부재, 고도에 대한 압박 등으로 평생 안나푸르나 언저리만 맴돌다가 히말라야 트레킹을 끝내는 경우가 허다하다. 안나푸르나는 도로의 발달로 일정이 짧아지면서 접근이 쉬워진 것이고, 본래 쉬운 산은 아니었다. 이제는 1주일도 걸리지 않는 안나푸르나 ABC가 원래는 2주가 걸리던 코스였다. 안나푸르나 써킷은 3주가 소요되던 코스였으나 이제는 채 10일도 걸리지 않는 코스가 됐다. 쉬면서 고소 적응을 하던 지역들이 이제는 지프차가 드나드는 지역이 되었다. 일정이 줄어 편리하지만 고소적응에 불리해 산행을 실패하게 하는 더 위험한 면도 생겼다.

안나푸르나 ABC(안나푸르나 베이스캠프)는 길이 내내 오르막과 내리막이 반복된다. 길이 돌계단으로 되어 있어 다리에 무리도 많이 주는 코스다. 그러므로 다른 산보다 체력적으로나 신체적으로 더 힘들고 어려운 코스다. 히말라야 14좌 베이스캠프 트레킹을 시작하면서 안나푸르나 ABC를 가장 먼저 올랐으나 4월 중순 성수기에 우박이 떨어지고 눈비가 오는 등 쉽지 않았다. 안나푸르나는 쿰부에 비해 기후의 변동이 더욱 극심해 날씨의 예측도 어려운 면이 있다.

▶ 일반적인 트레킹은 ABC로 향한다. 그러나 정상을 오르는 원정대들은 남면과 남벽에 비해 덜 까다로운 안나푸르나 북면 베이스캠프로 정상에 오르는 경우가 많다. 그러므로 트레킹을 하면서 원정대를 만나게 되는 경우는 거의 없다.

▶ 한국인다운 속도 경쟁으로 절대 쉬지 않으면서 누가 얼마나 더 빨리, 멀리 오르고 끝내는지를 경쟁하는 것 같은 트레킹 습관은 반드시 단절되어야 할 악습이다. 트레킹은 스스로와 대화하는 인생의 소중한 시간이다. 순위경쟁이 아니니 빠른 걸음은 자랑하지 않는다.

▶ 남녀노소를 막론하고 영원히 정상에 가지 않는 동네 산악회의 전통은 고산에서도 이어진다. 입산 초입부터 가져온 팩 소주와 맥주 등을 많이 마시는 일을 안나푸르나에서도 반복한다. 즐겁게 산행을 하며 자신과 만나야 할 시간은 그날 밤부터 지옥과 같은 고통에 시달리며 온몸을 비트는 악몽 같은 시간이 된다. 안나푸르나 초입부터 술판을 벌린 팀 중에 써킷은 고사하고 ABC도 마친 사람도 거의 없었다는 점을 분명히 한다.

▶ 2023년 약 100만명의 외국인들이 네팔을 방문했다. 그 중 같은 지역의 국가로 우대받는 32만명의 인도인이 가장 많은 수를 차지하고 있고 방글라데시, 부탄 등이 많은 수를 차지하고 있다. 실제 확실한 관광수입을 올려주는 국가들 중 미국인이 약 10만명으로 증가했다. 부동의 1위였던 중국, 일본, 한국인의 수가 대폭 하락한 것으로 집계되었다. 통계상 네팔 관광의 질적인 수준은 아직 완전히 회복되지 않은 것으로 보인다.

▶ 2023년부터 다시 시행하는 네팔 정부의 가이드 강제 고용 정책은, 트레커들의 안전 확보를 명분으로 하고 있다. 그런데 법령이 강제라고 하는데 강제도 아닌 애매한 부분이 있다. 서양 각국의 여행자에게 가이드 고용은 실제 강제되지 않으며 국립공원 입장료만 내면 된다고 이해한다. 그 외에 가이드 고용 이외에 인력의 질적인 면도 문제다. 현재와 같은 자격 관리 부실 상태에서는 인력에 대한 보장은 전혀 없으며 비용만 상승하는 정책들이고 여행자들의 선택의 폭을 현저히 줄인다. 트레커들에게 어떤 영향을 줄지 알수 없다.

2025년 현재로 네팔 정부의 국립공원 관리 정책은 자주 변한다.

▶ 서양 여행자들은 네팔이 매우 비싼 국립공원 입장료를 징수한다고 생각하나 네팔 국민이나 정부는 매우 싸다고 생각한다. 자국민과 인도, 중국 등 인접국은 미미한 수준의 입장료를 받는다.

▶ 여행사 등에서 겨울 모객도 하고 많이들 시도를 한다. 그러나 기본적으로 겨울의 안나푸르나 지역은 매우 위험하다. 목숨을 걸어야 할 정도다. 이 부분은 계속해서 강조하고 싶다. 안나푸르나는 눈이 많이 오고 기후 변화가 극심하다. 산에 진입해 눈에 막히면 후퇴도 못하고 헬기 구조도 안된다. 최근에는 성수기에도 기후가 자주 변해 폭설이 내리고 매년 강풍과 눈사태로 사망사고가 같은 지점에서 계속 반복되고 있다. 그러므로 가능하면 겨울 산행 계획은 안 하는게 좋다. 겨울에 꼭 가야한다면 푼힐, 모하레 단다 정도다. 코프라 단다, 마르디 히말, ABC, 안나푸르나 써킷은 큰 이유가 없는 한 겨울에는 안 하는게 옳은 선택이다. 겨울에는 차라리 에베레스트 지역을 트레킹하는 것이 덜 위험하다.

▶ 안나푸르나는 그 이름과 같다. 겸손하게 잘 준비하고 자기 시간을 가진 이들에게 부드럽고 아름다운 풍광을 선물해주는 산이다. 오랫동안 준비하여 어렵게 가진 여유를 행복한 트레킹으로 마무리 지으면 좋을 것이다.

안나푸르나 트레킹 개요도

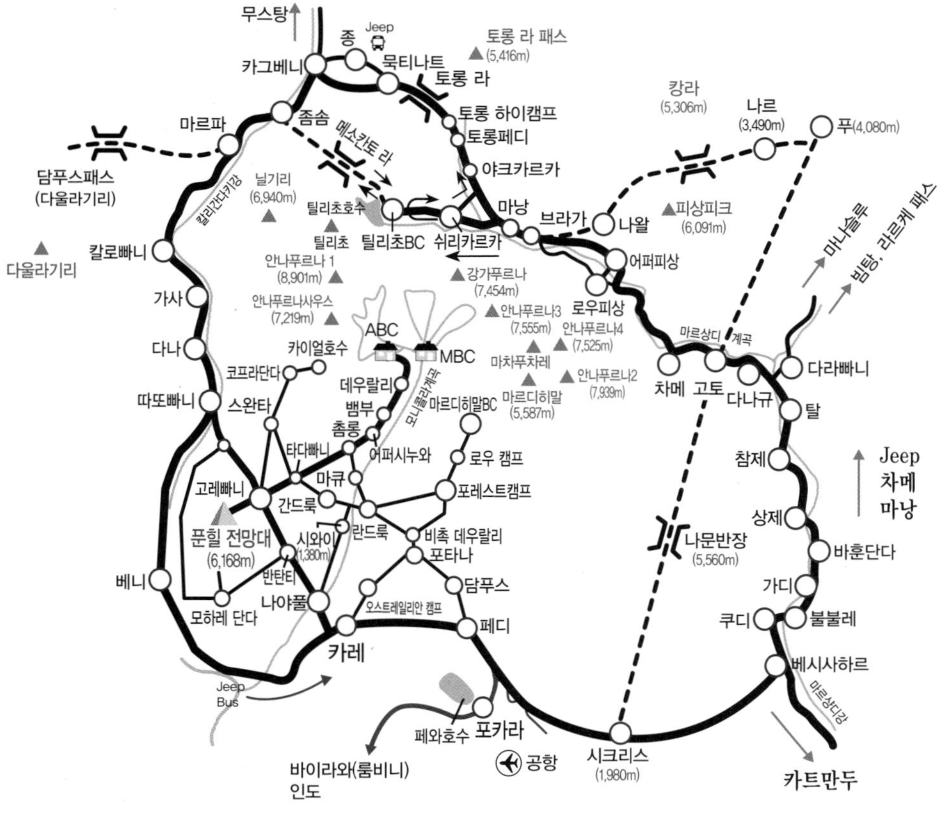

무스탕
종
Jeep
토롱 라 패스
(5,416m)
카그베니
묵티나트
토롱 라
캉라
(5,306m)
나르
(3,490m)
푸(4,080m)
마르파
좀솜
토롱 하이캠프
토롱페디
메소칸토 라
야크카르카
담푸스패스
(다울라기리)
칼리간다키강
닐기리
(6,940m)
틸리초호수
마낭
브라가
나왈
피상피크
(6,091m)
마나슬루
빔탕, 라르케 패스
다울라기리
칼로빠니
틸리초
틸리초BC
쉬리카르카
어퍼피상
안나푸르나 1
(8,901m)
강가푸르나
(7,454m)
가사
안나푸르나사우스
(7,219m)
로우피상
안나푸르나3
(7,555m)
안나푸르나4
(7,525m)
ABC
MBC
마르상디
계곡
다나
카이얼호수
코프라단다
차메
고토
다라빠니
데우랄리
마차푸차레
안나푸르나2
(7,939m)
다나규
따또빠니
스완타
뱀부
마르디히말BC
모디콜라계곡
마르디히말
(5,587m)
탈
촘롱
타다빠니
어퍼시누와
로우 캠프
참제
Jeep
차메
마낭
고레빠니
마큐
간드룩
포레스트캠프
상제
푼힐 전망대
(6,168m)
란드룩
시와이
(1,380m)
비촉 데우랄리
나문반장
(5,560m)
포타나
바훈단다
반탄티
베니
가디
담푸스
나야풀
모하레 단다
오스트레일리안 캠프
쿠디
불불레
페디
카레
베시사하르
Jeep
Bus
마르상디강
페와호수
포카라
시크리스
(1,980m)
공항
바이라와(룸비니)
인도
카트만두

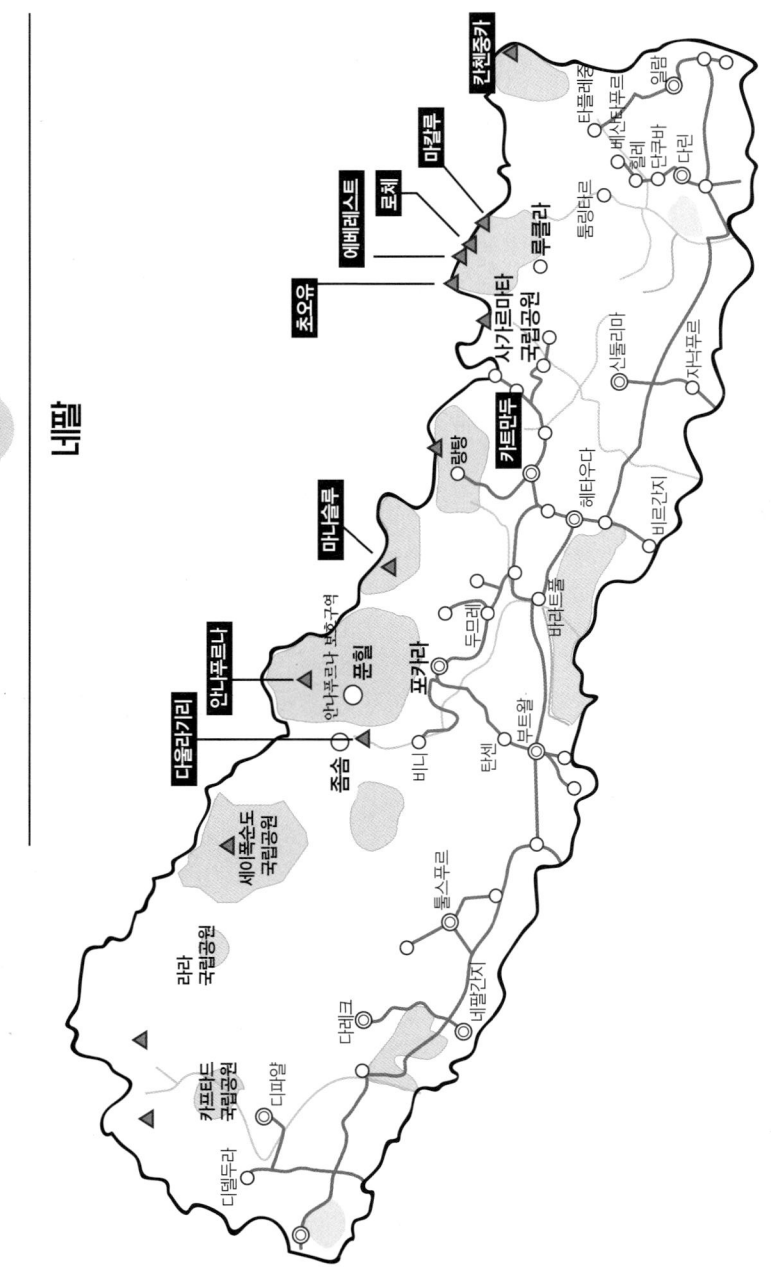

안나푸르나 히말라야(안나푸르나, 마나슬루, 다울라기리) 개요

1. 안나푸르나(Annapurna, 8091m) 트레킹 개요

안나푸르나의 안나(Anna)는 곡식, 푸르나(purna)는 가득하다 라는 산스크리트어다. 풍요의 여신 혹은 수확의 여신이라는 이름의 뜻이다. 또 힌두의 성지(聖地)인 마차푸차레(Machapuchare, Fish Tail, 6993m) 가 있어 깊은 숭상을 받는 성지 중 한곳이다.

14개의 8천미터 이상 고봉 중에서 높이 8,091m로 제10위의 산이다. 동쪽의 마나슬루 산군과 서쪽의 다울리기리 산군 사이에 위치하고 있고 산군의 길이가 55km에 달한다.

안나푸르나는 다른 산군들과 마찬가지로 높이 순서대로 명명이 되었다. 안나푸르나 1봉(8,091m), 2봉(7,937m), 3봉(7,555m), 4봉(7,525m), 강가푸르나(7,455m)등의 순서로 산군이 형성되어 있다. 흔히 포카라에서 보게 되는 안나푸르나는 안나푸르나 남봉(7219m) 이다. 주봉인 안나푸르나 1봉은 뒤로 숨어 낮게 보이거나 잘 보이지 않는다.

안나푸르나의 트레킹 루트들은 네팔을 방문하는 외국인들이 가장 많이 찾는 곳이다. 역사적으로는 티벳과의 무역로로 수천년간 이용되어 왔으나, 티벳과의 무역이 현실적으로 단절된 지금은 아름다운 자연을 찾는 이들이 각자의 일정에 따라 수십 개의 루트를 선택하여 짧거나 길게 내부와 외부로 회전하면서 티벳 국경 가까운 곳까지 트레킹을 하게 되었다.

도로의 발달로 트레킹 루트가 짧아지고, 많은 여행자들로 혼잡해졌다. 최근에는 문명의 손길이 덜 닿은 산악로를 찾아 ABC 혹은 푼힐과 현지인들만 사용하던 마을 길인 안나푸르나-다울라기리 동네 길을 연결해 모하레 단다, 코프라 단다, 마르디 히말 등을 연결하는 새로운 루트들이 시도되고 있다.

2. 안나푸르나 교통(비행기, 육로)

1) 항공편 (카트만두-포카라)

네팔 제2의 도시 포카라는 비교적 저지대에 위치해 있다. 에베레스트로 가는 관문인 루클라로 가는 것보다는 결항률이 낮고 위험도도 낮은 편이다.

포카라 공항이 국제공항이 되면서 활주로가 넓어지고 대형 국제선과 국내선 항공기가 운항중이다. 그러나 한국에서 포카라까지의 직항은 없다. 기존의 15-19인승 작은 항공기에서 72인승 대형 프로펠러 항공기가 운용되고 있다.

예전보다는 상황이 나아졌지만 여전히 지연이 잦고 정시 출발이 이뤄지지 않는 경우도 많으므로 국제선과 연동하는 경우는 충분한 예비일을 두고 일정을 잡는 것이 좋다. 지역적인 특성과 산악 지역의 특성상 오후 3시 이후로는 이용하지 않는게 좋다.

카트만두-포카라(KTM-PKR), 직항편, 20분 편도 약 120달러

항공사 스케줄이나 가격이 자주 변한다. 사전 체크가 필요하다. 수하물에 추가요금이 붙는다.

항공사편	시간	운항일
Shree Airlines 663	오전 1:35-오전 1:55	매일
Shree Airlines 665	오전 2:35-오전 2:55	
Shree Airlines 667	오전 3:25-오전 3:45	
Shree Airlines 669	오전 5:00-오전 5:20	
Shree Airlines 671	오전 5:45-오전 6:05	
예티항공 671	오전 7:00-오전 7:25	
붓다 에어 607	오전 7:00-오전 7:35	
붓다 에어 603	오전 7:30-오전 8:05	
예티항공 673	오전 8:00-오전 8:25	
Shree Airlines 653	오전 8:15-오전 8:35	
붓다 에어 601	오전 8:30-오전 9:05	
붓다 에어 605	오전 8:55-오전 9:30	
예티항공 675	오전 9:20-오전 9:45	
Shree Airlines 657	오전 9:35-오전 9:55	
붓다 에어 609	오전 9:45-오전10:20	
붓다 에어 611	오전10:30-오전11:05	
Shree Airlines 659	오전10:45-오전11:05	
예티항공 677	오전11:05-오전11:30	
붓다 에어 613	오전11:10-오전11:45	
붓다 에어 615	오후12:00-오후12:35	
Shree Airlines 661	오후12:05-오후12:25	
예티항공 679	오후12:10-오후12:35	
붓다 에어 619	오후 1:10-오후 1:45	
붓다 에어 617	오후 1:25-오후 2:00	
예티항공 681	오후 2:10-오후 2:35	
붓다 에어 655	오후 2:40-오후 3:15	
붓다 에어 657	오후 3:25-오후 4:00	
예티항공 683	오후 3:50-오후 4:15	
붓다 에어 659	오후 3:50-오후 4:25	
예티항공 685	오후 5:20-오후 5:45	
붓다 에어 661	오후 5:45-오후 6:20	
붓다 에어 663	오후 6:05-오후 6:40	
예티항공 687	오후6:20-오후 6:45	
예티항공 689	오후7:25-오후 7:50	
붓다 에어 665	오후7:50-오후 8:25	
붓다 에어 669	오후8:25-오후 9:00	

포카라-카트만두(PKR-KTM), 직항편.

20분 편도 약 120달러

항공사편	시간	운항일
Shree Airlines 662	오전 1:00-오전 1:20	매일
Shree Airlines 664	오전 2:30-오전 2:50	
Shree Airlines 666	오전 3:30-오전 3:50	
Shree Airlines 668	오전 4:20-오전 4:40	
Shree Airlines 670	오전 5:55-오전 6:15	
예티항공 690	오전 7:00-오전 7:25	
붓다 에어 670	오전 7:00-오전 7:35	
붓다 에어 664	오전 7:25-오전 8:00	
Shree Airlines 672	오전 7:45-오전 8:05	
예티항공 672	오전 7:45-오전 8:10	
붓다 에어 608	오전 8:00-오전 8:35	
붓다 에어 604	오전 8:30-오전 9:05	
예티항공 674	오전 8:50-오전 9:15	
Shree Airlines 656	오전 8:55-오전 9:15	
붓다 에어 652	오전 9:00-오전 9:35	
Shree Airlines 654	오전 9:10-오전 9:30	
붓다 에어 602	오전 9:30-오전10:05	
붓다 에어 606	오전 9:55-오전10:30	
예티항공 676	오전10:05-오전10:30	
Shree Airlines 658	오전10:30-오전10:50	
붓다 에어 610	오전10:45-오전11:20	
Shree Airlines 660	오전11:40-오후12:00	
예티항공 678	오전11:55-오후12:20	
붓다 에어 614	오후12:10-오후12:45	
예티항공 680	오후 1:00-오후 1:25	
붓다 에어 616	오후 1:00-오후 1:35	
붓다 에어 612	오후 1:25-오후 2:00	
붓다 에어 620	오후 2:10-오후 2:45	
붓다 에어 618	오후 2:25-오후 3:00	
예티항공 682	오후 3:00-오후 3:25	
붓다 에어 656	오후 3:40-오후 4:15	
붓다 에어 658	오후 4:25-오후 5:00	
예티항공 684	오후 4:40-오후 5:05	
붓다 에어 660	오후 4:50-오후 5:25	
예티항공 686	오후 6:10-오후 6:35	
붓다 에어 662	오후 6:45-오후 7:20	
예티항공 688	오후 7:10-오후 7:35	
붓다 에어 666	오후 8:50-오후 9:25	매일

포카라-좀솜(Pokhara-Jomsom) 직항편.
20분 편도

항공사편	시간	운항일
Tara Air U4 551	8:00-8시 20분	$125
Tara Air U4 553	11:55-12시 15분	
Tara Air U4 555	오후 3시 20분-3시 40분	
Tara Air U4 557	오후 4시-4시 20분	
Tara Air U4 559	오후 5시-5시 20분	

좀솜-포카라 (Jomsom-Pokhara) 직항편.
20분 편도

항공사편	시간	운항일
Tara Air TRA198	06:40-7시	$125
Tara Air TRA 90	08:20-8시 40분	
Tara Air TRA 904	09:10-9시 30분	
Tara Air TRA 906	10:00-10시 20분	

네팔 국내선 항공권은 티켓 전문 인터넷 업체들과 현지 할인항공권을 취급하는 네팔 소재 한국 회사(카트만두 미운틴, 에베레스트 아리랑 여행사, 포카라 더 커피)와 큰 차이가 없다. 이 회사에 한국 출발 전 비용을 지불하고 예약한다.

지연, 연착, 취소에 의한 이상 발생시 예약순으로 처리한다. 유사시 스케줄 변경을 조금 더 자유롭게 한국어, 카톡 등으로 처리 할 수 있는 곳이 좋다고 본다.

네팔 국내선 항공 탑승시 설산을 볼 수 있는 위치는 카트만두-포카라 구간은 조종석 기준 오른쪽, 포카라-카트만두 구간은 조종석 기준 왼쪽에 앉으면 좋은 풍경을 볼 수 있다.

공항 체크인 시 대개 좌석 지정을 하지 않는다. 셔틀버스를 타고 비행기 옆으로 간 뒤 문이 열리면 전철과 버스를 타듯이 재빨리 내려 비행기에 올라야 한다. 이 방법은 네팔 국내선 전 구간이

대체로 동일하다.

비행기표 어드벤처
네팔로 가는 항공권 가격은 대한항공 직항의 경우 상당히 고가에 속한다. 미국이나 남미를 가는 가격보다 더 비싸다. 직항은 대한항공 밖에 없어 항공권 가격이 내릴 것 같지도 않다.

대한항공 대비 30% 이하의 가격으로 북경/상해/서안/곤명 항로가 있고, 50%정도 수준에는 말레이시아, 홍콩을 경유하는 항공편이 있다. 태국이나 싱가폴, 인도 등을 경유하는 항공편은 대한항공 항공권 가격의 70% 수준에서 항공권을 구할 수 있다.

네팔로 들어가는 비행기 티켓 값과 국내선 왕복 항공권 가격의 절약만으로도 산행에 필요한 비용 전체를 충분히 충당할 정도가 된다. 시간이 여유가 있다면 자세히 알아보고 항공권을 끊을 것을 추천한다.

비행기 연착 여부
카트만두-포카라 행 비행기도 연착이나 지연, 결항이 잦다. 그래서 국내선 항공기 표 구매에 한국인이 운영하는 회사를 추천하는 이유는 한국인 회사들이 관심을 가지고 비교적 빠르게 대처를 해주기 때문이다.

비행기 사고
카트만두-포카라 구간도 간혹 비행기 사고가 나는 곳이지만, 포카라-좀솜 구간은 8천미터급 산군들인 안나푸르나와 다울라기리가 양측으로 서 있고 그 가운데로 흐르는 칼리간다키 계곡 위로 작은 경비행기가 날아가는 구간이다. 기후변화로 바람 한번 불면 비행기가 버티지 못해 사고가 자주 일어난다. 포카라-좀솜 구간은 비행기로는 20분, 버스는 길도 좋지 않은데 12시간이나 걸리기 때문에 그 유혹이 상당하다. 그래도 필자는

시골동네들 구경한다 생각하고 마지막으로 산과 작별하는 시간을 길게 가진다고 생각하며 버스를 타고 산에서 포카라로 이동하는 것을 추천한다.

2) 육로
① 지프 및 버스
버스는 자가담바로 대표되는 디럭스 고급 버스와 투어리스트 버스/일반 버스로 차별화되었다. 지프와 하이 에이스 등의 승합차로 선택이 다양하고 편리하게 되었다. 다만 포카라-카트만두 도로의 상태가 아직도 열악하다. 고속 주행이 어렵고 시간이 오래 걸린다. 개인 공간의 활용도도 생각해야 한다. 지프/승합차 보다는 버스를 추천한다. 버스 8~10시간가량 소요

● 자가담바 슈퍼디럭스 버스(카트만두 - 포카라)
2016년경부터 운행을 시작했다. 한국의 우등 버스 버전이다. 아침 시간 및 야간에도 운행한다. 자가담바가 인기를 끌자 비슷한 서비스를 하는 짝퉁 자가담바도 여러 곳 생겨났다.
자가담바(http://pkrjagadamba.com)는 네팔 현지 MEA 마운트 에베레스트 아리랑 여행사(https://hcdj1157.tistory.com) 등에서 대행한다.

이호철 사장 카톡으로 (hcdj1157, meatt8848) 좌석 유무를 확인하고 비용을 한국 원화 등으로 지불한 후, 티켓을 전송 받아 인쇄한 뒤, 2장을 준비해서 1장은 출발 당일 차장에게 주면 된다. 각종 여행 변동시 대응이 빠르고 실수가 적으며 현지 가격보다 더 저렴하거나 같아 추천한다.

자가담바 카트만두 오전 출발
1) 발라주 촉(Balaju Chowk)에 있는 밧바뜨니(Bhat Bhateni) 슈퍼마켓 건너편 도로에서 21인승과 30인승이 같이 출발한다. 외국인은 슈퍼 디럭스 21인승에 태운다.

2) 자가담바 본사 사무실(Head Office, 오전 7시 출발) 달바르 말가(Darbar Marga, Kings Way) 왕궁 앞 안나푸르나 호텔 정문으로 간다. 호텔 가드에게 자가담바 탄다고 말하고 당황하지 말고 들어간다. 대개 티벳 전통 의상을 입은 여자 버스 승무원이 대기하고 있다가 친절하게 잘 안내해 준다. 좌측 내부 주차장에 정차 중인 버스에 탄다.

포카라 레이크 사이드와 요청하는 곳에 가능하면 세워준다. 2500루피. 생수, 간식, 점심 식사 포함. (가격, 스케줄 재확인 요망)

자가담바 카트만두 야간 출발
헤드 오피스에서 밤 8시에 출발한다(가격, 스케줄 재확인 요망).
야간버스 하차. 오전에 바로 푼힐 혹은 ABC로 입산하는 계획인 경우 야간 버스 도착시간과 안나푸르나 행 로컬 버스/지프 출발 시간이 거의 비슷해서 일정이 잘 맞을 수도 있다. 포카라 레이크 사이드 할란 촉 투어리스트 버스 터미널에서 4km 정도 떨어진 바그룽 버스 터미널(Baglung bus station)에서 산으로 바로 출발한다.
그러나 야간 버스를 타는 것은 별로 추천하고 싶지 않다. 낮에 출발해 카트만두를 벗어나고 조금만 더 달리면 저 멀리 안나푸르나 남봉이 보인다. 그 안나푸르나 남봉을 보고, 옆을 보면 네팔의 시골 풍경들이 보인다. 굳이 위험한 야간버스보다는 풍경도 볼 수 있는 낮에 이동하는 것을 권하고 싶다.
부득이하게 야간 버스를 이용했다 해도 내려서 바로 트레킹하러 출발하는 것은 추천하지 않는다. 하루 정도는 포카라에서 쉬고, 페와 호수에서 보트도 타며 쉬었다가 출발하는 것이 좋다.

포카라-카트만두(자가담바 야간 버스)
대개의 외국인들이 머무는 포카라 호수-할란 촉

Hallan Chowk(레이크 사이드) 근처 호텔인 경우, 예약시 자가담바 사무실에 호텔 이름과 손님 이름이 통보된다. 각 호텔 앞 큰길 골목에 버스가 정차한다. 대개 호텔 직원들이 버스까지 짐을 들어다 주고 버스 차장이 도와준다. 손님을 다 태우고 출발하므로 따로 버스 터미널까지 이동할 필요는 없다.

야간버스는 카트만두 출발1인 편도 $16. 포카라 출발은1인 편도 $18이다.
(135루피= 1달러. 2024년9월 현재) (가격, 스케줄 재확인 요망)

포카라-카트만두 출발(일반버스/투어버스/승합차)

포카라 레이크 사이드 할란 촉 투어리스트 버스 터미널에서 약 4km 정도 떨어진 바그룽 버스 터미널(Baglung bus station)에서 바로 출발한다.

일반 슈퍼 디럭스 버스-짝퉁 자가담바 (카트만두 - 포카라)

자가담바와 비슷한 서비스와 일정을 제공한다. 외부는 비슷한데 차 내부가 다르다. 그냥 디럭스 버스인데 요금은 자가담바 가격으로 받는다. 카트만두 보다 포카라의 여행사에서 속이는 경우가 많다. 이상 발견시 여행사 앞에 버스를 세우고 차액을 받아내도 된다. 1600~1800루피 사이.

투어리스트 디럭스 버스

자가담바 이전에는 그린라인 등이 투어리스트 디럭스 버스로 유명했다. 현재도 그린라인은 운행 중이다. 그린라인 이외의 투어리스트 디럭스 버스들은 타멜 입구의 가든 오브 드림 앞길의 투어리스트 버스 터미널에 줄을 지어 서 있다. 여기서 포카라는 물론 치트완 등 유명 관광지로 가는 차들도 출발한다.

출발 전날 저녁 산책 삼아 길에 나가서 버스 차장과 만나 미리 예약을 하고 자리는 맨 앞줄로 하는 것이 좋다. 무료 생수가 지급되고 실내 화장실이 있다. 대개 편도 1000~1200루피이나 협상을 해야한다. 등을 보이며 돌아설 때마다 100루피씩 요금은 내려간다. 옆 버스를 한번 둘러 보면 더 내려간다. (네팔인 900루피).

일반버스

네팔 일반 버스는 타멜에서 2.2km 정도 떨어진 뉴 버스 스탠드에서 출발한다. 맵스 미나 구글을 켜서 지도를 보며 강을 따라 걸어가면 금방 도착한다. 택시를 타면 타멜에서 300루피 정도한다. 대개 후문에 내려주려고 한다. 터미널 안으로 들어가 정문 안에 내려달라고 요청하면 들어준다. 많은 차가 출발하므로 특별히 예매할 필요는 없다. 차량의 상태는 좋지 않다.

영어 표기가 전혀 없고 차 번호판도 읽기 어렵다. 구글 이미지와 번역기로 비춰보면서 이해하면 대충 이해가 된다. 버스차장에게 차를 먼저 보여 달라고 하면 된다. 조금 버티면 버스비도 네팔인 수준으로 깎아주고 짐 값도 안 받는다. 그러나 외국인 기준으로는 일반 디럭스 버스나 투어리스트 디럭스 버스와 가격 차이가 그리 크지 않다. 가끔 차에 양, 염소, 닭도 같이 탄다. 대개 400~500루피 정도한다.

카트만두-포카라 행 버스는 중간에 3번 정도 휴게소에 선다. 가능하면 디럭스나 슈퍼 디럭스 버스를 타는 것을 추천한다.

3. 포카라에서 육로 트레킹 코스 접근

1) 오스트레일리아 캠프/포타나
포카라-칸데 지프 1시간

2) 담푸스 패스/포타나
포카라-담푸스 지프차 1.5~2시간.

3) 푼힐, 모하레 단다
포카라 - 울레리/반탄디 등에 지프차로 간다. 3~4시간 소요.
포카라-베니-따또빠니-고레빠니. 지프차로 간다. 지프차 6~7시간 소요.

4) ABC, 코프라 단다, 마르디 히말
포카라-시와이/간드룩/등에 지프차로 간다. 3~4시간 소요.

5) 안나푸르나 써킷/틸리초/안나푸르나 그랜드 써킷
포카라/카트만두-베시사하르-차메 버스/지프 12~14시간.

레이크 사이드에서 전세 지프나 택시를 타고 가는 방법도 있다. 일행을 모아 쉐어 택시나 지프를 이용해도 된다. 여행사 등에 문의하거나 호텔 프론트에 문의해도 된다.

레이크 사이드-바그룽 버스 터미널(Baglung bus station)-나야풀
버스요금은 110루피이다.

나야풀-버스/지프로 다시 목적지로 이동한다.

6) 마나슬루
포카라-고르카(고르카 버스 터미널) 바그룽 버스 터미널(Baglung bus station). 마나슬루로 가는 관문이다.

7) 다울라기리
포카라-베니 버스 터미널-다르방 버스 터미널

● **안나푸르나 입산 서류 처리**(2024년 1월 현재)
증명사진 5장. 여권 사진면과 비자면을 복사해서 5장 정도 준비한다.
이 복사본을 포터 혹은 가이드에게 주고 소요비용을 더해 체크포인트에서 처리하게 하고 트레킹을 계속 진행하면 된다. 1인당 처리 시간이 오래 걸린다. 또 외국인이 직접 처리하면 맨 나중에 처리해 주므로 포터나 가이드에게 맡기는 것이 편리하다.
국립공원 입장료: 1인당 3,000루피(세금포함)
납부. 팀스: 2000루피(현재 팀스는 애매한 상태다. 그러나 납부하는 것으로 생각한다.) 간혹 입장료를 안 내려고 길을 돌아가는 사람도 있는데, 대부분 한 번은 걸리기 마련이고, 위반시에는 벌금이 입장료의 두 배이다.

트레커 정보관리 시스템 : 팀스(Trekkers' Information Management System (TIMS)

2023년 3월 31일 네팔 관광청Nepal Tourism Board (NTB)은 거의 모든 네팔 히말라야의 트레킹 루트에 대해 반드시 가이드를 대동하고 TIMS를 발급받도록 하고 있다. 그러나 법령으로 반드시 지켜야 하는지 아닌지는 아직도 결론이 나지 않고 있다. 정확한 것은 가이드 혹은 포터를 대동하는 것이 분쟁을 피하는 길이다. 가이드 겸 포터 같은 애매한 포지션은 고용하지 않는 것이 낫다. 2025년 현재 서양여행자들은 국립공원 입장료는 반드시 내고 TIMS는 안 내는 걸로 이해하는 사람들이 많다. 국립공원 관리 사무소에서 TIMS 여부는 묻지도 않는 경우가 많아 안나푸르나 역시 네팔답게 애매함이 있다.

4. 안나푸르나의 숙박

2015년 대지진 이후로 타격이 있었으나 빠르게 복구되어 큰 문제는 없다. 그러나 코로나 기간에 네팔은 지진과 관광객이 거의 없어 힘겨운 시간을 보냈다. 코로나 기간을 지나면서 물가는 상승하고 환율은 가파르게 올랐다. 코로나 이전 대비 예산은 30~50% 이상 더 잡아야 한다.

봄, 가을의 성수기에는 방을 구하기도 어려운 경우가 있으나 겨울 및 비수기에는 협상에 따라 가격이 조금 하락하거나 무료로도 제공된다.

본래 네팔 히말라야 전역이 숙박보다는 식당에서 올리는 수입이 주수입원이다. 가능하면 같은 호텔의 식당을 이용하는 것이 불문율이다. 저녁식사와 아침식사는 항상 미리 주문해 놓는다.

5. 안나푸르나의 식사

네팔 트레킹 전 지역에서 식사는 대부분 네팔식과 서양식이 주를 이룬다. 식당들 메뉴의 기본은 달밧이고, 서양식 메뉴는 대부분 선택 가능하다. 야크 스테이크, 야크 시즐러는 쉽게 구할 수 있고, 신라면과 한국 음식이 가능한 식당도 종종 있다.

그 외 안나푸르나 여러 지역에서 제과점의 빵과 커피를 즐길 수 있다.

고산에서 체력적인 부분이 문제가 되면 입맛을 쉽게 잃는다. 특히 네팔 현지 음식에 적응을 못하면 트레킹이 더 힘들다. 신라면을 조리해 주는 곳을 쉽게 볼 수 있지만 조리법이 독특해서 맛이 묘한 경우가 많다. 깻잎, 포장김치, 통조림, 과일 통조림 등 다양한 밑반찬과 컵라면, 라면 스프 등을 가져가면 입맛이 없을 때 큰 도움이 된다. 현지에서 생산하는 빵도 많이 사두고 말린 사과 등도 구매하여 일단 입맛을 잃지 않도록 한다.

6. 안나푸르나의 장비, 장비점

모든 장비는 포카라와 카트만두에서 구입해야 한다. 레이크 사이드의 장비점들을 둘러보고 흥정을 해서 사면 된다. 많이 깎아야 한다. 가게 주인이 티벳 사람이면 가격이 잘 안 내려간다. 정품 매장과 짝퉁 매장이 섞여 있으므로 필요에 따라 구매하면 된다. 가짜 짝퉁 제품이라도 한 번 정도 트레킹에 사용해도 될만한 품질은 되는 경우도 많다.

트레킹을 시작하면 산에서 장비 구매나 보완은 쉽지 않다. 안나푸르나 써킷 코스의 경우 마낭에서 일부 물품의 구매가 가능하지만 장비점도 많지 않고 물품의 종류도 다양하지 않다.

7. 안나푸르나 지역의 전기 사정

객실에 전기 콘센트가 있는 경우가 많다. 멀티 탭을 준비하는 것이 좋다. 그런데 간혹 전기 충전비용이 숙박비용보다 비싼 경우도 있다. 긴 여행이라면 태양열 충전기를 준비하고 여분의 배터리도 준비하는 것이 좋다. 3만 암페어급으로 2개 정도는 준비해야 한다. 밤에 전원이 들어가는 장비들은 모두 옷 등으로 싸서 추위에 방전되지 않도록 해야 한다.

8. 안나푸르나 지역의 위생, 의료시설

산에서 의료 서비스는 도움받기가 어렵다. 소염진통제, 이뇨제, 항생제, 지사제 등은 충분히 구비하는 것이 좋다. 한국에서 충분히 준비하지 못한 약은 포카라에서 구매해서 준비한다.

네팔에 도착하기 전 정로환 등을 한국에서 며칠 먹고 네팔에 도착한 뒤에도 2-3일 먹어서 잘 대비한다. 생수를 사먹기 보다는 끓인 물을 아주 큰 통에 사서 밤에는 보온에 사용하고 낮에는 마신다. 이 방법은 모든 트레킹에서 동일하게 하면 된다.

사고 발생 및 고산병 등으로 유사시 의료적인 도움이 필요하다면 버티지 말고 자신의 상황을 가이드, 동행, 롯지 주인등에게 먼저 상의하는게 좋다. 고산병은 주로 밤에 병세가 심해진다. 깊은 밤이라도 반드시 최대치로 하산하여 고도를 낮추도록 한다. 밤중이라도 헬기 회사에 연락하여 날이 밝는 대로 구조하도록 요청한다.

9. 안나푸르나 지역의 환전 및 ATM.

트레킹 전에 포카라나 카트만두에서 루피로 충분히 환전한다. 산에서는 환전하기가 어렵다.

10. 안나푸르나의 산행 안내표시

비교적 안내표식이 잘 되어 있다. 기본적으로 가이드를 고용하도록 한다. 비용이 부담이 되거나 조용하게 산행을 하고 싶다고 해도 안전을 위해 최소한 포터는 고용하는게 좋다.

자주 GPS와 지도를 보며 방향을 확인한다. 하루에 너무 긴 거리를 움직이는 것도 좋지 않다. 일반적인 트레커들이 이동하는 거리에 준해서 이동하는 것을 추천한다.

11. 안나푸르나의 지도

최신 업데이트 편으로 잘 비교하여 반드시 구입한다. 여러 회사의 다양한 버전이 있으므로 자신의 코스와 목적지에 맞게 확인하여 구매한다.

공항에서 인터넷을 설치하자마자 MAP'S ME 등의 GPS 표시 앱을 전화기에 깔고 네팔 전지역과 티벳 등 인접지역의 지도를 다운받아 둔다. MAP'S ME는 인터넷이 없어도 정확하게 위치와 거리 및 시간을 표시해 준다. 산에서 방향과 거리를 알 수 없을 때 큰 도움이 된다.

12. 안나푸르나의 안전한 산행을 위해

최근 밀수와 여러 가지 이유로 네팔인들과 중국인들 사이에 분쟁이 잦다. 그러다보니 네팔의 정부 관리들이나 경찰관, 지역 주민들이 중국인과 한국인을 잘 구분하지 못하여 중국인으로 오인당해 여러 불이익이 있기도 한다. 한국 여권을 보여줘도, 영어를 읽지 못하는 경우가 많아 경찰관이나 지역 이민국 직원이나 군인들도 중국인이라고 오인한다. 이유 없는 적대감이나 지나친 짐 수색 등을 하는 경우 즉각 중국인이 아닌 한국인, 코리안!!! 이라고 여러번 강조하며 밝혀야 한다. 그러면 바로 우호적인 태도를 보이는 것을 자주 경험할 수 있다.

날씨 등 자연재해보다 가장 위험한 것은 사람이다. 네팔인들과의 분쟁시, 특히 가이드나 포터 등 스탭들과의 분쟁에서는 더욱 주의해야 한다. 분쟁이 발생하는 경우 경찰은 산에서 만나기 어렵다. 산 마을에서 가장 박식하고 대화가 되는 마을의 유지 혹 대형 롯지 주인에게 중재를 부탁하는 것도 좋다. 의외로 문제가 쉽게 풀리기도 한다.

네팔 현지인들과 분쟁이 발생했는데, 경찰이 있는 큰 지역인 경우, 개인적으로 다투지 말고 경찰을 불러 공정한 분쟁 해결을 요청하는 것도 괜찮은 방법이다. 지역 주민들은 경찰을 상당히 무서워한다. 공정하지는 않아도 지나치게 부당한 부분은 해결이 되는 경우가 많다.

하루 일정을 길게 잡지 않는다. 반드시 밀어붙여 넘어서야 하는 지점이 있는 일정이 아니라면 하루 500미터 이상 고도를 올리지 않는다는 원칙을 지킨다. 고도가 높아지면 오후 3시 이후에 도달하고, 오후 5시 이전에 반드시 산행을 마친다는 점도 중요하다. 빠르게 걷는 것은 고산병을 부르는 방법이다.

13. 안나푸르나의 보험

– 쿰부 히말 참조

14. 안나푸르나의 통신

저고도 지역에서는 N-CELL 등의 전화와 인터넷이 잘 작동하지만, 고도가 높아지면 잘 되지 않는다. 롯지에서 유선 전화와 인터넷을 이용할 수 있다. 롯지의 인터넷 1일권을 사용한다. 고도가 더 높아지면 롯지에서의 인터넷도 되지 않는다.

▲ **성수기**: 매년 3월 중순–5월이나 기후 이상으로 인해 봄 시즌에 눈비가 오고 우박이 오는 경우가 많다. 9월 중순–11월 초순의 가을 시즌이 가장 좋다.

▲ **비수기**: 몬순시즌(6–8월) – 눈 쌓인 설산이나 산의 풍경이 아무 것도 보이지 않는다. 산에는 오를 수 있으나 비가 계속 와서 걷는 것도 힘들다. 거머리가 많이 괴롭혀서도 힘들다.

⊘ 겨울 안나푸르나, 마나슬루, 다울라기리는 기본적으로 매우 위험하다. 갑자기 눈이 몇 미터씩 오고 강풍에 앞이 보이지 않는다. 이로 인해 예상치 못한 사고가 자주 발생한다. 가능하면 겨울 안나푸르나, 마나슬루, 다울라기리는 피하기 바란다.

⊘ 겨울에는 안나푸르나 써킷. 안나푸르나 베이스 측, 마르디 히말 측이 더 추워지고 눈도 엄청나게 내린다. 특히 1월 말 – 2월 중순 사이에 갑작스런 폭설이 자주 온다. 아무런 경고 없는 눈사태는 바로 사망사고로 이어진다. 헬기로 탈출할 수 있으면 다행이지만 롯지 천장보다 더 높이 쌓이는 눈에 그냥 갇히거나 사고로 이어질 수 있어 상당히 위험하다. 겨울에 꼭 설산에 가야 한다면 12월이 가장 낫고, 안나푸르나보다는 에베레스트가 더 안전하다. 에베레스트도 2월 산행은 최대한 피한다.

⊘ **입산서류 : TIMS + 안나푸르나 국립공원 입산료.**
팀스/가이드 강제 고용은 현재 애매한 문제다. 그러나 일단은 준비하는 것이 좋다.
트레킹 중에는 **여권사진 6장. 여권 사진면 복사본 5장** 정도를 준비해 수시로 사용한다.
네팔 도착 전, 혹은 출발 전날 준비하도록 한다. 비수기 등에는 체크포인트에서 가이드/포터 등에게 주고 처리하게 한다.

안나푸르나 국립공원 입산료 3000. TIMS 2000루피. 안나푸르나 지역은 TIMS를 반드시 준비한다.

⊘ **가이드, 포터 고용 알아두기**
시간 여유가 없다면 카트만두 도착 전 여행사와 계약해 가이드 등이 마중나오도록 하고 여정을 시작한다. 여유가 있다면 포카라로 이동 후 하루 정도 포카라의 레이크 사이드에 숙박하면서 장비도 더 준비하고 여러 여행사를 방문해서 사장들과 대화해 보고 임금 및 일정을 논의하면 쉽게 결정된다. 지역 특성상 일부만 비용을 지불하고, 산행 후 정산한다.

가이드, 포터는 되도록 직접 고용은 피하고, 여행사를 통해서 고용한다. 입산서류까지 일괄 처리하도록 하고, 입산시 총 비용의 10~20% 정도만 준다. 하산 후 잔금을 정산한다. 비용은 달러 보다는 루피로 거래한다. 손님 2명당 1 포터. 포터 1명당 통상 25~30kg 정도를 진다.

너무 나이 들었거나 건강이 안 좋아 보이는 경우. 술, 여자, 노름을 좋아하는 경우, 너무 친근감이 넘치는 경우 등은 위험하다. 반드시 금지 하도록 하고, 위반시 산행중이라도 반드시 다른 가이드 혹은 포터로 교체를 요구한다.

간혹 한국인들과 산행시 선을 넘는 인력들이 있다. 그동안 한국인의 정 때문에 고용주 스스로 선을 지키지 않았고, 서로 일정 수준 지켜야 하는 부분이 붕괴되었기 때문이다. 지나친 음주 문화, 너무 과다하거나 지나치게 인색한 팁 등으로도 문제가 많았다.

또 영어, 불어, 독일어, 이탈리어, 일본어 등 다양한 언어를 구사하는 가이드 중에 한국어 인력이 가장 비싸고 기본교양도 좋지 않다. 팁은 매 1주일 혹 10일당 1일 분의 일당을 주면 적정선이다. 가이드와 포터가 수령하는 액수는 에이전시 지급 일당의 50~60%다. 즉 팁으로 주는 1일 일당 = 2일분의 실질임금이 된다. 감안하여 잘했다면 조금 후하게 지급한다.

가이드 포터

가이드는 전혀 짐을 지지 않는다. 포터는 짐을 지고 목적지까지만 가면 된다. 그 외에 아무런 의무가 없다. 가이드는 고용주와 항상 같이 있으면서 전반적인 상황을 살피고 포터, 쿡 등 인력들을 감독하고 계획을 잡는다. 그러나 최종 결정은 고용주인 내가 한다. 그리고 결정력은 지갑에서 나온다. 돈을 맡겨 놓고 집행하면 더 싸거나 아껴줄 것 같지만 그렇지 않다.

가이드/포터와 각 롯지 및 지프/택시 등은 서로 공생관계다. 고용주의 편리라는 입장에서 전혀 생각하지 않는다. 자신의 입장에서 이익을 주는 곳을 롯지로 선택하고 가격 결정력에도 개입한다. 교육과 라이센스가 있는 가이드들도 노련하게 고용주인 트레커를 농락하는 경우가 많다. 가이드 라이센스가 없는 1석 2조를 노리고 고용하는 이른바 가이드 포터들은 더욱 심하다.

가이드와 포터 중 하나를 고용해야 한다면 포터를 고용하고 편안하게 가는 것이 낫다.
안나푸르나 지역은 특별한 곳 몇 군데 빼고 길 잃을 위험은 거의 없다. 심지어 안나푸르나 그랜드 써킷도 길을 잃을 일이 없다.

환전: 2024년 9월 기준. 약 135루피.
카트만두 환전소 환율이 가장 유리하다. 여행사, 은행, 호텔, 공항 환전이 가장 불리한 환율이다. 요령은 아래와 마찬가지다. 포카라는 레이크 사이드의 환전소, 금은방, 장비업체 등에서 환전한다.

[환전실제 예시]

기본 환율이 달러당 135루피. 100달러 정도인 경우 135.5만 받아도 잘 받는 것이다. 그러나 500달러 정도면 136.5. 1000 달러 이상이면 137.5 정도. 기준 환율보다 5% 정도 더 받는 것이 괜찮은 거래이다. 협상이 잘 안 되면 그냥 밖으로 나가는 척을 하면 된다. 그럼 환율이 좀 더 유리해진다. 티벳 사람들하고는 협상이 잘 되지 않으므로 피하는 것이 좋다.

안나푸르나 히말라야-마운틴 플라잇. (Mountain flight)

안나푸르나는 에베레스트 지역 마운틴 플라잇보다는 비행시간이 짧다. 포카라에서 이륙하여 30분 정도 비행한다. 일반적인 항로와는 달리 산에 최대한 가까이 붙어 산이 잘 보이는 코스로 비행하므로 히말라야의 멋진 풍경을 감상할 수 있다.

| 가격은 200~220불 사이이다. 새벽 6시에 출발한다. (여행사 등에 자세한 가격과 일정은 문의)

1) 헬리콥터

헬리콥터는 트레킹과 구조 그리고 관광을 위한 용도로 널리 쓰이고 있다. 국내선 항공 헬기는 기본적으로 예약한 여행사나 가이드 등이 상담하는 것이 유리하다. 외국인이 직접 나서면 가격만 올라가고 옵션도 좋지 않다. 팀으로 헬리콥터를 전세 내거나 여러 여행객이 나누어서 내는 방식으로 이용한다.

① 헬리콥터 상행과 하산

안나푸르나도 빠른 트레킹 진행을 위해 헬기를 사용한다. 기본적으로 상행 보다는 하산시 사용하는 것이 맞다고 본다. 그런데 헬기도 가시거리가 600미터 이하인 경우 운항하지 않는다. 그러므로 이런 때 상행인 경우 헬리콥터나 비행기 모두 뜬다는 보장이 없고, 자연 기후의 문제이므로 항공사의 배상도 없다. 다음 날도 헬리콥터나 비행기가 모두 뜬다는 보장이 없다. 오늘 못 간 나를 내일 태워준다는 보장도 역시 없다.

(여행사 등에 가격 일정 문의 요망)

② 관광 헬기

전세를 내거나 여러 명이 나눠 내고 안나푸르나 베이스캠프 등 여러 곳을 보여준다. 비용 옵션에 따라 잠시 내려 차 한잔 정도 하고 내려오거나 중간 기착 없이 돌아오기도 한다.

(여행사 등에 가격 일정 문의 요망)

포카라-안나푸르나 베이스캠프 ABC 관광

안나푸르나(Annapurna)와 마차푸차레(Machhapuchare) 등 히말라야의 산군들과 네팔의 시골 풍경 및 포카라(Pokhara)의 모습을 하늘에서 볼 수 있다. 일반적으로 오전 6시~12시 이전에 관광이 있다. 비행시간은 1시간 반~2시간 반 정도이다.

헬기 관광 예약을 하면 호텔에서 픽업하고 포카라 공항에서 출발한다.
- 포카라 공항-안나푸르나 베이스캠프 약 30분 소요.
- 30분-1시간 안나푸르나 베이스캠프 4,130m 기착.
- 안나푸르나 베이스캠프-포카라 회항 약 30분 소요.

14세 이상 성인 및 휠체어 탑승자도 가능하다. 헬기 1대당 최대 5~6명 탑승한다.

비용: 여행사 및 페와 호수 부근 항공사에 문의하면 된다. 인원수와 시즌에 따라 가격이 달라진다. 단독 팀 혹은 다른 팀과 조인하여 진행한다. 헬기 기종은 대개 유로콥터 350으로 운영한다.

제한
14세 이하 어린이 및 임산부는 탑승이 허락되지 않는다. 7월~9월 중순은 우기다. 계속 비가 내리고 안개가 자욱해서 헬기가 날기 힘들다. 대개 운항하지 않는다.

2) 경량 항공기
관광용으로 경량항공기도 이용이 가능하다. 주로 포카라 부근을 비행한다. 안나푸르나 산군 파노라마와 페와 호수의 절경을 감상할 수 있다.
예약시 호텔 픽업, 포카라 공항 출발. 조종사 1인. 손님 1인이 탑승한다.

비용: 15분 비행 90불. 사진, 동영상 촬영 제공 25불. 1시간 300~400불 정도가 기본이다. 각 여행사와 호텔 관광 부스 등에서 예약 이용하면 된다. 인터넷 예약도 가능하다. 가격, 스케줄 확인후 이용한다.

· 네팔 서부 3좌 · 안나푸르나, 마나슬루, 다울라기리

	네팔 서부 3좌 안나푸르나, 마나슬루, 다울라기리	일 정	난이도	편리성	풍경	이용도
1	오스트레일리안 캠프(Australian Camp, 1920m) 카트만두/포카라 – 오스트레일리안 캠프(Australian Camp, 1920m)	1일– 1박 2일	★	★★★★★	★★★	★★★★★
2	푼힐 전망대(POON HILL, 3210m) 포카라–푼힐(POON HILL, 3210m) – 포카라	1박 2일– 2박 3일	★	★★★★	★★★★	★★★★★
2-1	푼힐전망대(POON HILL, 3210m)–타다빠니(Tadapani, 2600m) 포카라–푼힐(POON HILL, 3210m)–타다빠니(Tadapani, 2600m)–간드룩(Ghandruk, 1990m)–포카라	1박 2일– 2박 3일	★★	★★★★	★★★★	★★★★★
2-2	푼힐전망대(POON HILL, 3210m)–타다빠니(Tadapani, 2600m)–오캠/담푸스 패스 포카라–푼힐(POON HILL, 3210m)–타다빠니(Tadapani, 2600m) – 간드룩(Ghandruk, 1990m) – 란드룩(Landruk, 1640m) (지프)–포타나 체크포인트(지프)–오스트레일리아 캠프/담푸스 패스(마르디 히말 하산)	2박 3일	★★	★★★★	★★★★	★★★★
3	안나푸르나 베이스캠프(ABC, 4130m) 포카라–시와이(siwai, 1380m)/마큐(Matque, 1395m)–안나푸르나 베이스캠프(ABC, 4130m)–포카라	5박 6일– 6박 7일	★★★	★★★★	★★★★	★★★★★
4	푼힐(POON HILL, 3210m)–안나푸르나 베이스캠프(ABC, 4130m) 포카라–푼힐(POON HILL, 3210m) –안나푸르나 베이스캠프(ABC, 4130m)–포카라	6박 7일– 7박 8일	★★★	★★★★	★★★★	★★★★★
5	마르디 히말(Mardi Himal BC, 4600m) 포카라–마르디 히말(Mardi Himal BC, 4600m)–포카라	4박 5일– 5박 6일	★★★★	★★	★★★★	★★★

6	안나푸르나 써킷(Annapuruna Circuit) 카트만두/포카라 - 안나푸르나 써킷(Annapuruna Circuit)-카트만두/포카라. 시계 반대 방향	10박 11일	★★★★★	★★★	★★★★★	★★★★★
6-1	안나푸르나 써킷(Annapuruna Circuit, 5416m) + 틸리초 호수(Tilicho Lake, 4990m) 시계 반대 방향	13박 14일	★★★★★	★★★	★★★★★	★★★★
7	안나푸르나 그랜드 써킷(Annapuruna Grand Circuit) 안나푸르나 써킷(Annapuruna Circuit, 5416m) + 틸리초 호수(Tilicho Lake, 4990m) + 모하레 단다(Mohare Danda, 3320m) + 푼힐(Poon Hill, 3210m) + 코프라 단다(Khopra danda, 3660m)-카얄호수(Khayar Lake, 4620m) + ABC (4130m) + 마르디 히말 BC(4600m)-포카라/카트만두	30박 31일	★★★★★	★★	★★★★★	★★★
8	마나슬루 써킷(Manaslu Circuit, 5160m)	11박 12일-12박 13일	★★★★	★★	★★★★	★★
9	다울라기리 써킷(Dhaulagiri, 8167m)	14박 15일-15박 16일	★★★★★	★	★★★★★	★
10	안나푸르나 3패스 (Annapurna Three High Pass)	23박 24일	★★★★★	★★	★★★★★	★

위 일정에 인천-카트만두 구간의 왕복 국제선 일정과 산행 전후 일정을 더해 산행계획을 잡는다. 최근 극심한 기후 변동으로 인해 긴 코스들은 예비일을 충분히 두는 것이 좋다. 각 코스의 예상 일정은 충분한 휴식과 느린 걸음을 기준으로 했다. 일정은 신축적이다. 자신의 일정, 컨디션, 예산에 맞게 조정해서 사용하길 바란다. 가이드의 의견을 잘 참고하고, 최종 결정은 항상 자신이 해야 한다는 것을 기억하자.

· 안나푸르나 1 · 오스트레일리안 캠프(Australian Camp, 1920m)

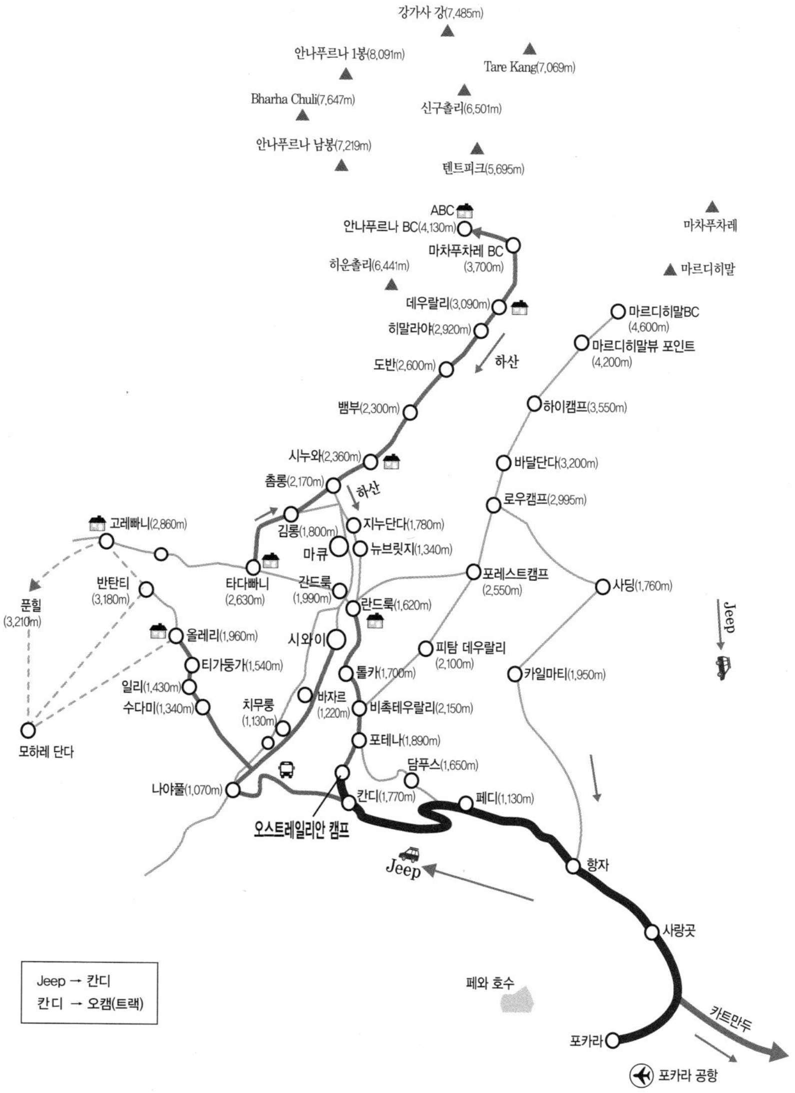

강가사 강(7,485m)

안나푸르나 1봉(8,091m)

Tare Kang(7,069m)

Bharha Chuli(7,647m)

신구출리(6,501m)

안나푸르나 남봉(7,219m)

텐트피크(5,695m)

ABC

안나푸르나 BC(4,130m)

마차푸차레

마차푸차레 BC (3,700m)

마르디히말

하운촐리(6,441m)

데우랄리(3,090m)

마르디히말BC (4,600m)

히말라야(2,920m)

마르디히말뷰 포인트 (4,200m)

도반(2,600m)

하산

뱀부(2,300m)

하이캠프(3,550m)

시누와(2,360m)

바달단다(3,200m)

촘롱(2,170m)

하산

로우캠프(2,995m)

김롱(1,800m)

지누단다(1,780m)

고레빠니(2,860m)

마큐

뉴브릿지(1,340m)

포레스트캠프 (2,550m)

사딩(1,760m)

반탄티 (3,180m)

타다빠니 (2,630m)

간드룩 (1,990m)

란드룩(1,620m)

푼힐 (3,210m)

올레리(1,960m)

티가둥가(1,540m)

피탐 데우랄리 (2,100m)

카일마티(1,950m)

일리(1,430m)

수다미(1,340m)

치무룽 (1,130m)

시와이

바자르

톨카(1,700m)

비촉테우랄리(2,150m)

모하레 단다

포테나(1,890m)

나야풀(1,070m)

담푸스(1,650m)

칸디(1,770m)

오스트레일리안 캠프

페디(1,130m)

Jeep

항자

사랑곳

페와 호수

키트만두

포카라

Jeep → 칸디
칸디 → 오캠(트랙)

포카라 공항

 2장. 네팔 서부 3좌 안나푸르나 히말라야(안나푸르나, 마나슬루, 다울라기리) 135

카트만두/포카라 → 오스트레일리안 캠프(Australian Camp, 1920m)

일정: 1일 방문/1박 2일

최고 고도: 오스트레일리안 캠프

(Australian Camp, 1920m)

난이도: ★ **편리성:** ★★★★★

풍경: ★★★ **이용도:** ★★★★★

일정 소개

산을 오르기 부담스럽거나, 차를 오래 타지 않고 산 길을 오래 걸으며 마지막까지 즐기고 싶은 사람들을 위한 코스다. 포카라 시내에서는 보기 힘든 안나푸르나 사우스(Annapurna South, 7219m), 안나푸르나 III(Annapurna III, 7575m), 안나푸르나 IV(Annapurna IV, 7535m), 마차푸차레(Machhapuchhre, 6993m), 히운출리(Hiunchuli, 6441m), 마나슬루(Manaslu, 8156m) 등 높은 산들을 감상할 수 있는 캠프 사이트 겸 조망대다. 본

래 이름은 툴로 카르카(Thulo Kharka) 즉 큰 목장이라는 뜻이다. 최초 1980년대 오스트리아 사람들이 이곳을 자주 통과하기 시작해 오스트리아 캠프로 이름 붙여졌다. 그런데 네팔 사람들은 오스트리아보다는 오스트레일리아라는 단어가 발음하기 더 편했다. 그렇게 오스트레일리안 캠프(Australian Camp, 1920m)가 되었다.

당일 포카라에서 새벽 일찍 떠나, 일출을 보고 점심식사 후 포카라로 돌아오면 된다. 카트만두에서 비행기를 타고 포카라로 간 뒤 오캠에 들렀다 포카라로 가서 쉬어도 되는 편안한 곳이다. 캠프에 오른 뒤 그곳에서 하루 자면서 별도 보고 아침 일출을 보고 하산하는 1박 2일 코스도 좋은 방법이다.

오르는 코스는 포카라에서-칸데(kande, 1770m)로 오르고 담푸스로 하산하는 코스를 추천한다. 담푸스로 오르는 경우 도로도 좋지 않고, 시간이 많이 걸리며 힘들다.

담푸스캠프_신한범

안나푸르나 1. 오스트레일리안 캠프(Australian Camp, 1920m) 일정표

일	구 간	비 고
1	카트만두 – 포카라 – 칸데(kande, 1770m) – 오스트레일리안 캠프(Australian Camp, 1920m)	항공 25분. 지프 1시간 트레킹 1–2시간
2	오스트레일리안 캠프(Australian Camp, 1920m) – 담푸스(Dhampus, 1650m) – 포카라 – 카트만두	트레킹 약 3시간 지프/버스/택시 약 1시간. 항공 25분

안나푸르나 1. 오스트레일리안 캠프(Australian Camp, 1920m) 세부 일정표

1일차

카트만두–포카라공항	칸데(kande, 1770m)	오스트레일리안 캠프(Australian Camp, 1920m)	항공 25분. 지프 1시간 트레킹 1–2시간
비행 25분	지프 1시간	트레킹 1–2 시간	

▲ 아침 카트만두에서 포카라까지 비행기로 이동한다. 25분 소요.

▲ 포카라 공항 – 칸데(kande, 1770)까지 지프, 택시나 오토바이로 4차선 아스팔트 도로를 따라 이동한다. 약 30km, 1500–2500루피. 약 1시간 소요.

▲ 오스트레일리안 캠프는 안나푸르나국립공원 입장료를 내지 않는다. 가이드, 포터도 필요 없다.

▲ 칸데 – 오스트레일리안 캠프(Australian Camp, 1920m) 약 3km. 트레킹 1–2시간 소요.

도착하면 길도 정확하고 표지판도 잘 되어 있다. 산을 타보지 않은 사람에게는 조금 힘들 수도 있다. 그러나 사람들이 많이 사는 곳이다. 어딘가 조금 높은 마을에 간다고 생각하면 된다. 동네 초, 중학교 학생들의 소풍 장소로도 유명하다.

저지대는 덥다. 마을 길로 천천히 오른다. 돌계단길이나 오르막이 제법 힘들기도 하다. 오전 일찍일수록 산들이 깨끗하게 보인다. 오후가 되면 구름에 가려 산이 잘 보이지 않는 경우가 많다.

네팔 히말라야도 전체적으로 이상 기후다. 안나푸르나 지역의 성수기인 3월 말, 4월 초가 지나도 비가 자주 온다. 저지대에 비가 오면 반드시 산거머리를 조심해야 한다. 해충 기피제와 소금물 스프레이를 준비해서 대비한다.

고도가 낮아서 고산병은 나타나지 않는 지역이다. 다만 일단 캠프에 오른 후에는 제법 쌀쌀하고 춥다. 오스트레일리안 캠프만 간다면 떠날 때 보냉병 혹은 휴대용 아이스박스에 얼음을 가득 채워 물과 음료수를 3리터 정도 충분히 준비한다. 여러 종류의 간식이나 맥주도 몇 병 준비하는 것이 좋다. ABC, 마르디 히말라야 같은 지역은 안 되지만, 오스트레일리안 캠프까지만 간다면 맥주 몇 병은 괜찮다.

롯지가 몇 개 있는데 한국 사람들이 워낙 자주 방문하는 지역이라 한식을 먹는 것이 너무나 쉬운 지역이다. 라면과 김치찌개, 된장찌개, 비빔밥, 닭도리탕, 닭백숙도 가능하다. 그네도 타고 저녁에 캠프 파이어도 한다.

자기 전 밖에 나가 의자에 앉아 별을 바라보면 수많은 별이 반겨준다.

Wifi 사용/핸드폰 배터리 충전가능

추천숙소 : 엔젤스 게스트하우스(Angel's Guesthouse)

2일차

오스트레일리안 캠프 (Australian Camp, 1920m)	담푸스 (Dhampus, 1650m)	페디 (Phedi, 1130m)	포카라	포카라－카트만두
트레킹 1-2시간		1시간(예비)	지프/버스/택시/오토바이 1시간	비행 25분

일찍 일어나 일출을 보고 아침 식사 후 하산을 시작한다. 오스트레일리안 캠프에서 나와 ABC, Potana, Mardi, Landuruk 라고 쓰여진 마을 앞 표지판을 따라 포타나(Pothana, 1950m) 방향으로 길을 잡는다. 안나푸르나국립공원 체크포인트가 포타나에 있다. 약 30분 소요된다.

포타나의 표지판을 따라 담푸스로 향한다. 담푸스(Dhampus, 1650m)는 번화한 큰 마을이며 안나푸르나의 풍경을 조망하는 곳으로 유명하다. 담푸스에서 마차푸차레가 크게 보인다. 마을 끝에 포카라 가는 버스나 지프가 서 있다. 3km. 약 1시간 소요.

만약 담푸스에 차가 없는 경우, 3km 정도 걸어 내려가 큰 길에 위치한 페디(Phedi, 1130m)에서 버스를 타고 포카라로 간다. 제로 포인트에서 버스를 하차하고, 택시를 타고 예약한 호텔로 간다. 예약한 호텔이 없으면 레이크 사이드로 간다. 약 20km. 약 1시간 소요.

포카라 레이크 사이드로 돌아와 보트도 타고 점심 식사를 한 다음 포카라 공항으로 이동해 카트만두로 출발한다. 비행기를 타는 경우 오캠에서 새벽 일찍 떠나도록 한다.

포카라 － 카트만두 야간 버스를 타는 경우 레이크 사이드의 여행사나 버스 사무실에서 자가담바 버스표를 산 다음 호텔 골목들 앞에서 타고 가면 된다.

포카라는 그냥 돌아가기는 아까운, 아름답고 편안한 유명한 휴양지 중 한 곳이다. 일정을 추가해 포카라에 더 머물거나 근처의 도시들을 구경하며 편한 시간을 가질 것을 추천한다.

안나푸르나의 산 거머리

쿰부는 비행기를 타고 들어가면서 고도가 2800미터 이상에서 시작하므로 저지대를 생략하며 산 거머리를 만나지 않는다. 그러나 쿰부도 육로를 따라 저지대에서 시작하면 겨울이 아닌 시기에는 산거머리를 피하기가 어렵다. 안나푸르나는 초반 저지대 구간이 길다. 당연히 산에 사는 거머리들

이 트레커들을 기다린다. 비가 오거나 길이 젖어 있으면, 거머리들이 나무 위에서 떨어져 사람들 머리나 등으로 들어간다. 풀에 붙어 있다가 신발에 붙어있다가 양말과 신발을 타고 들어가기도 한다. 징그럽기도 하고 피를 빨아 먹으므로 다들 싫어한다.

트레킹 출발 전 해충 기피제 액체(스프레이는 항공 규정상 안된다)를 준비해 뿌려둔다. 혹, 빈 스프레이 병에 소금을 반 정도 채워 준비한다. 산행 전 물을 채워 진하게 잘 녹여 소금물을 만든다. 출발하면서 신발과 양말 주변 목과 가슴 등에 뿌려 둔다. 쉬는 시간마다 수시로 뿌려두고 잘 확인하면 거머리 퇴치에 효과가 매우 좋다. 거머리에 물린 곳은 버물리 알파 액을 준비해뒀다 뿌리면 물린 자리의 가려움과 통증이 바로 멎는다. 혹은 이른바 빨간 약이라고 부르는 베타딘 액도 좋다.

Tip
포카라에서 카트만두로 비행기를 타고갈 때.
카운터에서 앞 쪽 레프트(Left) 혹은 마운틴 시트(mountain seat)를 달라고 하면 설산이 잘 보이는 자리를 준다.

· 안나푸르나 2 · 푼힐 전망대(POON HILL, 3210m)

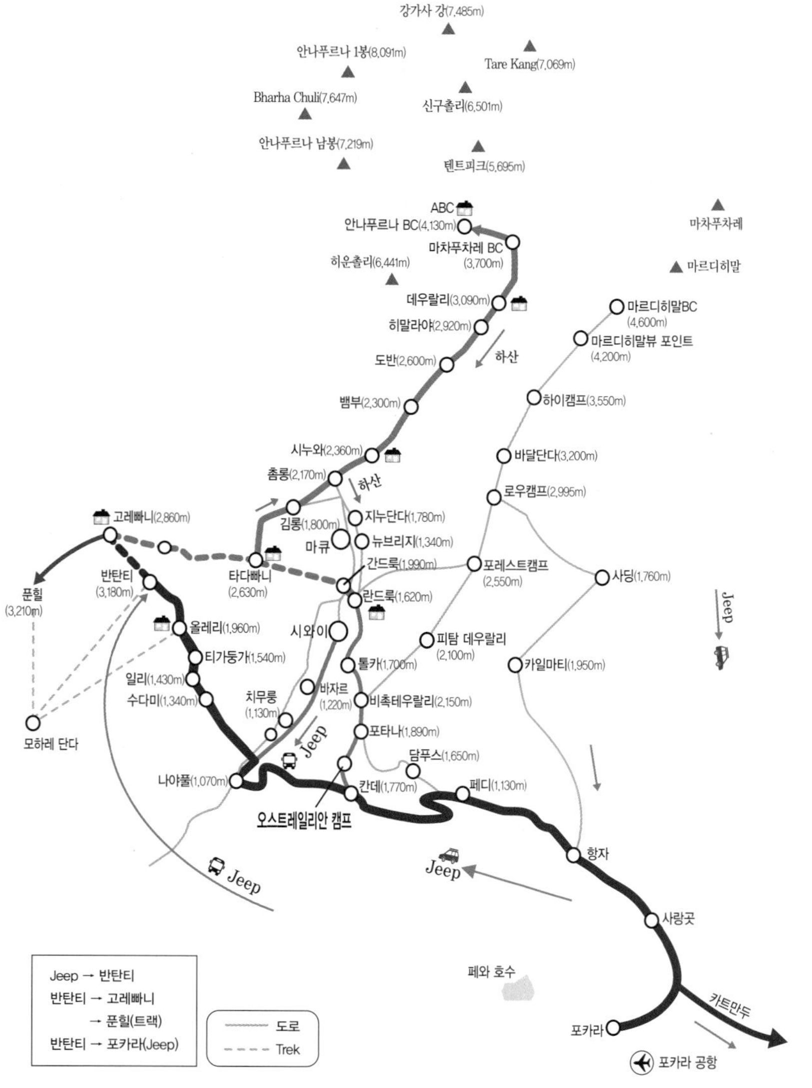

강가사 강(7,485m)

안나푸르나 1봉(8,091m)

Tare Kang(7,069m)

Bharha Chuli(7,647m)

신구촐리(6,501m)

안나푸르나 남봉(7,219m)

텐트피크(5,695m)

마차푸차레

ABC

안나푸르나 BC(4,130m)

마차푸차레 BC (3,700m)

마르디히말

허운촐리(6,441m)

마르디히말BC (4,600m)

데우랄리(3,090m)

마르디히말뷰 포인트 (4,200m)

히말라야(2,920m)

하산

도반(2,600m)

하이캠프(3,550m)

뱀부(2,300m)

시누와(2,360m)

바달단다(3,200m)

촘롱(2,170m)

하산

로우캠프(2,995m)

고레빠니(2,860m)

지누단다(1,780m)

김롱(1,800m)

뉴브리지(1,340m)

사딩(1,760m)

푼힐 (3,210m)

반탄티 (3,180m)

마큐

간드룩(1,990m)

포레스트캠프 (2,550m)

타다빠니 (2,630m)

란드룩(1,620m)

올레리(1,960m)

시와이

피탐 데우랄리 (2,100m)

카일마티(1,950m)

일리(1,430m)

티가동가(1,540m)

톨카(1,700m)

수다미(1,340m)

치무룽 (1,130m)

바자르 (1,220m)

비촉테우랄리(2,150m)

모하레 단다

포타나(1,890m)

담푸스(1,650m)

나야풀(1,070m)

Jeep

칸데(1,770m)

페디(1,130m)

오스트레일리안 캠프

항자

Jeep

사랑곳

Jeep

페와 호수

키트만두

Jeep → 반탄티
반탄티 → 고레빠니
　　　 → 푼힐(트랙)
반탄티 → 포카라(Jeep)

＝＝＝＝＝ 도로
－－－－－ Trek

포카라

 포카라 공항

포카라 → 푼힐(POON HILL, 3210m) → 포카라

일정: 1박 2일~2박 3일(확장 및 연계 가능)
최고 고도: 푼힐(POON HILL, 3210m)
난이도: ★　　　　**편리성:** ★★★★
풍경: ★★★★　　**이용도:** ★★★★★

일정 소개

푼힐(POON HILL, 3210m) 전망대는 안나푸르나 써킷이나 ABC와는 다른 풍경을 보여주는 곳이다. 거칠고 황량한 다울라기리 산군의 다울라기리1,2,3,4 봉의 외측과 닐기리 산군, 담푸스 외에 안나푸르나 산군의 다른 측면을 편안하게 볼 수 있다.

차량의 접근이 포카라 공항부터 푼힐 바로 아래 울레리 – 반탄디까지 이어진다. 안나푸르나 써킷 쪽에서는 포카라 – 베니 – 따또빠니 – 고레빠니 측으로 지프/버스로 연결된다.

푼힐과 연계되는 ABC 측으로는 간드룩 이후까지 도로가 접근했다. 기존 ABC 접근도로도 시와이를 지나 마큐까지 도로가 연장되었다. 간드룩에서 강을 건너 란드룩으로 시작해 마르디 히말 과도 연결되어 있다. 푼힐은 접근이 쉽고 하산도 편안한 곳이다. 고도의 압박도 그리 강하지 않으며 도로의 발달로 어려웠던 돌 계단길을 생략하면서 트레킹에 대한 체력적인 부담도 거의 없어졌다. 어린이들도 쉽게 오를 수 있는 곳으로, 아침의 일출이 아름답고, 저녁에 뜨는 별들도 아름다운 곳이다.

푼힐은 추가적으로 더해지는 산행을 위해 거쳐 가는 전망대로도 훌륭하다. 복잡할 정도로 수많

푼힐전망대_신한범

은 코스들과 연계되어 다양한 조합이 가능하다. 올라갔던 코스 그대로 하산해도 좋고, 다른 코스로 하산해도 멋진 코스가 된다.

푼힐에서 바로 몇 시간 떨어진 모하레 단다는 물론 근처의 코프라 단다. ABC, 마르디 히말을 더해 내측으로 써킷 코스를 만들어 트레킹을 해도 매우 좋다. 마르디 히말로 시작해 역순으로 트레킹을 해도 훌륭한 코스가 된다. 푼힐 연계 코스는 다음과 같다.

안나푸르나 2. 포카라 – 푼힐(POON HILL, 3210m) – 포카라 일정표

안나푸르나 2. 포카라→비렌탄디(Birenthanti, 1000m)→울레리(Ulleri, 1970m)→고레빠니 (Ghorepani, 2860m)→ 푼힐(POON HILL, 3210m)→울레리→포카라

안나푸르나 2-1. 포카라→울레리(Ulleri, 2080m)→고레빠니(Ghorapani, 2874m)→푼힐(POON HILL, 3210m)→타다빠니(Tadapani, 2600m)→간드룩(Ghandruk, 1990m)→포카라 (ABC 코스 하산)

안나푸르나 2-2. 포카라→울레리→고레빠니→푼힐→타다빠니→간드룩→란드룩(지프)→포타나 체크포인트(지프)→오스트레일리아 혹 담푸스 패스 (마르디히말 하산)
A : 오스트레일리아 캠프→칸데(카레)→포카라
B : 담푸스→포카라

안나푸르나 2-3. 포카라 →울레리(Ulleri, 2080m) →고레빠니(Ghorapani, 2874m) →모하레 단다→울레리→포카라

안나푸르나 2. 푼힐 전망대(POON HILL, 3210m) 세부 일정표

1일차

포카라 (Pokhara)	비렌탄디 (Birenthanti, 1000m)	울레리 (Ulleri, 1970m)	고레빠니 (Ghorepani, 2860m)	지프 3–4시간 트레킹 3–4시간
지프 3–4시간			트레킹 3–4시간	지프 3–4시간 트레킹 3–4시간

포카라에서 지프로 출발. 나야풀까지 1시간 소요된다. 비레탄디 다리 앞 국립공원 체크포인트에서 입산 신고를 한다. 갈림길에서 왼쪽으로 가면 푼힐, 오른쪽으로 가면 안나푸르나 ABC 방향이다.

지금은 차가 지나가는 힐레-울레리 구간은 단번에 고도를 약 600미터 올리며 3,500개의 돌계단을 오르는 힘든 코스로도 유명했다. 현재는 도로의 발달로 돌계단을 지나쳐 그 위까지 지프로 울레리까지 간다.

울레리(Ulleri, 1970m)에서 트레킹을 시작한다. 반탄티(2300m)까지는 길이 완만하다. 1시간가량 소요. 나0ːː탄티(2460m) 까지 다시 1시간 소요된다.

조금 나은 시설이 필요하면 고레빠니 아랫마을에서 숙박한다. 그러나 고레빠니 맨 위 능선의 숙소에 가면 바로 앞 다울라기리 산군이 펼쳐져 있는 풍경이 있고, 다음 날 새벽 일출을 보기 위해 푼힐을 오를 때도 좋은 곳이 고레빠니 윗 마을이다. 고레빠니(Ghorepani, 2860m) 윗마을 숙박을 추천한다. 1시간 소요.

나야탄티(2460m)에서 오후 2시까지 쉬었다가 오후 3시 이후에 아주 느릿하게 고레빠니에 진입하는 것을 추천한다. 고레빠니는 쿰부히말의 루클라 공항과 비슷한 고도다. 갑자기 고도가 높아졌으니 몸이 압박을 느끼기 시작한다. 자칫하면 고산병이 올 수도 있으므로 몸에 적응할 시간을 최대한 주는 것이 고산에서 현명한 방법이다. 그러나 고레빠니 정도로는 고산병이 온다고 하더라도 큰 문제가 발생하지는 않는다. 너무 겁은 먹지 않아도 된다.

차가 다니는 코스는 트레킹 코스라고 할 수 없다. 열심히 걷는데 차가 지나가며 먼지를 일으키고, 돌을 굴리며 사람을 밀어붙여서 위험하기도 하다. 도로가 있는 곳은 최대한 차를 이용하고, 트레킹을 하는 코스는 천천히 걸으면서 히말라야를 즐기자.

반탄디에서 모하레 단다로 바로 오르면 곧 고산병이 찾아온다. 모하레 단다 아래 코케 단다도 고산병 위험이 있다. 그러므로 고레빠니 – 푼힐 – 모하레 단다 – 반탄디로 코스를 잡는 게 좋다.

2일차

고레빠니 (Ghorepani, 2860m)	푼힐 (POON HILL, 3210m)	고레빠니 (Ghorepani, 2860m)	울레리 (Ulleri, 1970m)	포카라 (Pokhara)	트레킹 4-5시간 지프 3-4시간
상행 1시간 하행 30분 왕복 1시간 반 소요			2시간	지프 3-4시간	

새벽에 일어나 차를 한잔 마시고 푼힐로 오른다. 일출 시간을 롯지에 미리 물어서 확인하는 것이 좋다. 거리는 2km. 푼힐 입장료 100루피를 징수한다.
푼힐 전망대는 매우 넓다. 정상에 찻집도 있다. 차를 한 잔 마시면서 일출을 기다린다. 동쪽으로 산이 조금씩 붉게 물들며 해가 뜬다. 날씨가 받쳐주지 못하면 일출은 못 본다. 일정에 여유가 있는 여행자들은 고레빠니에서 지는 해도 구경하고 하루 더 머물며 일출을 보고 하산하기도 한다.
푼힐에서는 다울라기리(Mt. Dhaulagiri, 8167m) 1,2,3,4,5 봉과 안나푸르나 1봉(8,091m), 안나푸르나 사우스, 마차푸차레 등 명산들의 측면이 잘 보인다. 멀리서 보이는 다울라기리는 한때 세계 제1위 봉으로 착각되었을 만큼 높고 아름답다.
일출을 본 뒤, 고레빠니에서 아침 식사를 하고 여유있게 하산을 시작한다.
차는 울레리 밑에 여러 대가 항시 손님을 기다리고 있다. 지프로 포카라로 출발한다. 비레탄디에서 하산 신고를 하고 포카라로 향한다.
혹시 카트만두로 그날 돌아가야 하는 경우도, 포카라에서 호수도 구경하고 보트도 타고 저녁 식사를 일찍하고, 밤 차로 출발해도 된다.

> **울레리-포카라 지프**
> 이 구간에서는 하산하는 승객이 갑이다. 다만 여러 대의 지프 기사와 동시에 협상을 진행하면 협

푼힐전망대_신한범

상이 원만하게 이루어지지 않는다. 기가 약해 보이는 기사와 일대일 협상을 하는 것이 훨씬 쉽다. 우리 한국 사람과 비슷한 외모를 가진 티벳 계열의 기사들은 협상을 해도 가격이 잘 하락하지 않는다. 이런 면은 네팔 전역에서 무슨 거래를 해도 비슷하다.
지프 전세 가격 적정가: 6000~8000루피.

참고: 시와이, 마큐 등 ABC 지역은 거리는 멀어도 길은 조금 더 좋다. 역시 차비가 덜 비싸다.

· 안나푸르나 2-1 · 푼힐 전망대(POON HILL, 3210m) - 타다빠니(Tadapani, 2600m)

포카라 → 푼힐(POON HILL, 3210m) → 타다빠니(Tadapani, 2600m) →
간드룩(Ghandruk, 1900m) → 포카라(ABC 코스 하산)

일정: 1박 2일 / 2박 3일
최고 고도: 푼힐(POON HILL, 3210m)
난이도: ★★　　　**편리성:** ★★★★
풍경: ★★★★　　**이용도:** ★★★★★

(Ghandruk, 1940m)에서 지프를 타고 포카라로
간다. 2박 3일을 기본으로 하고 1박 2일도 가능
하다.

일정 소개

최단거리로 푼힐에 오른 뒤 또 다른 전망대인
타다빠니(Tadapani, 2630m)에서 하루 더 묵는
다. 다음 날 하산하여 구룽족 마을인 간두룩

타다빠니(Tadapani)_김시현

안나푸르나 2. 푼힐 전망대(POON HILL, 3210m) – 타다빠니(Tadapani, 2600m) 세부 일정표

1일차

포카라 (Pokhara)	비렌탄디 (Birenthanti, 1000m)	울레리 (Ulleri, 1970m)	고레빠니 (Ghorepani, 2860m)	지프 3–4시간 트레킹 3–4시간
지프 3–4시간			트레킹 3–4시간	

입산 : 안나안나푸르나 2. 참조. 고레빠니까지 도착한다.

2일차

고레빠니 (Ghorepani, 2860m)	푼힐 (POON HILL, 3210m)	고레빠니 (Ghorepani, 2860m)	데우랄리 패스 (Deurali Danda, 3090m)	반탄디 (Ban Thanti, 3180m)	타다빠니 (Tadapani, 2630m)	6–7시간 소요
상행 1시간 하행 30분 왕복 1시간 반 소요			2시간	1시간 반	2시간	

안나안나푸르나 2. 고레빠니 – 푼힐 왕복 구간 참조.

푼힐 왕복 2km. 고레빠니 – 타다빠니(Tadapani, 2630m) 약 10km.

푼힐의 일출을 보고 고레빠니에서 아침 식사 후 타다빠니(Tadapani, 2630m) 전망대로 간다. 오르막과 내리막과 오솔길이 반복된다. 초보들에게는 다소 힘든 코스다. 반드시 무릎 보호대와 스틱을 준비한다. 스틱이 없으면 나뭇가지나 대나무 스틱이라도 준비해 진행한다. 우기엔 거머리가 많다. off 스프레이 및 소금물 스프레이를 1시간 간격으로 뿌린다.

고레빠니(Ghorepani, 2860m)에서 출발. 데우랄리 패스(Deurali Danda, 3090m)로 오른다(1시간 30분). 길이 조금 내려가다 다시 올라간다. 반탄디(Ban Thanti, 3180m)(1시간 30분). 길이 가파르게 내려가다가 조금 순탄해진다. 툴로 오달 카르카(Thulo Odar Kahrka)에서 오르다 내려가고 리우이 카르카(Liui Kahrka)에서 다시 길이 올라간다.

조금씩 길이 내려가면서 안나푸르나의 최고 조망처 중 하나인 타다빠니 전망대 (Tadapani, 2630m)에 도착한다. 2시간 소요. 타다빠니는 밤하늘의 별이 빚어내는 풍경이 아름다운 곳이다. 아침 풍경도 무척 인상적인 곳이다.

일정이 부족한 경우 타다빠니(Tadapani, 2630m)에서 머물지 않는다. 휴식하는 롯지에서 전화로 지프를 대기시키도록 한다. 간두룩(Ghandruk, 1940m)을 거쳐 포카라로 바로 간다.

3일차

타다빠니(Tadapani, 2630m)	간드룩(Ghandruk, 1940m)	포카라(Pokhara)	트레킹 2-3시간
약 6km. 2-3시간		약 2시간 지프	지프 2시간

타다빠니(Tadapani, 2630m)에서 잤으면 천천히 일어나 여유있게 아침 식사를 해도 시간이 충분하다.
새벽에 일어나 안나푸르나 1봉과 마차푸차레에서 솟는 일출을 보는 것도 좋다.

중간에 경사면이 있다. 주의해서 하산한다. 마을 사람들이 다니는 지름길이 있고 큰 길이 있다. 가능하
면 큰길로 가도록 한다.
큰길 갈림길에서 왼쪽은 촘롱(Chhomrong, 2170m)을 거쳐 안나푸르나 베이스캠프로 가는 길이다.
오른쪽은 간두룩(Ghandruk, 1940m)으로 하산하는 길이다.

간두룩은 구룽족의 매우 큰 마을이다. 간두룩 마을까지 다 내려와 지프를 타는 경우, 마을 구경을 하면
서 차 한잔 마시고 여유있게 지프 혹은 택시기사와 개별 가격협상을 한다. 버스가 정차해 있으면 버스
를 탄다. 포카라까지 2시간 정도 걸린다.

간두룩 - 포카라는 약 55km. 차비는 4000~6000루피 정도.

포카라에서 지프로 간두룩에 도착. 타다빠니까지 트레킹 후 푼힐로 오르고 울레리로 하산하는
역순코스도 같은 방식으로 진행하면 된다.

타다빠니(Tadapani)_김시현

·안나푸르나 2-2·

푼힐(POON HILL, 3210m) - 타다빠니(Tadapani, 2600m) -
오캠/담푸스 패스

포카라 → 푼힐(POON HILL, 3210m) → 타다빠니(Tadapani, 2600m) → 간드룩(Ghandruk, 1900m) → 란드룩 (Landruk, 1640m)(지프) → 포타나 체크 포인트(지프) → 오스트레일리아 캠프/담푸스 패스(마르디 히말 하산)

1안: 오스트레일리아 캠프(트레킹 30분) - 칸데(카레) 트레킹 1시간 - 포카라로 나간다.
2안: 담푸스 마을 - 포카라로 나간다.

일정: 1박 2일 / 2박 3일
최고 고도: 푼힐(POON HILL, 3210m)
난이도: ★★ **편리성:** ★★★★
풍경: ★★★★ **이용도:** ★★★★

일정 소개

〈안나푸르나2 코스를 참조〉 울레리에서 트레킹을 시작해 푼힐에 오른 뒤 하산은 고레파니-타다빠니-간두룩(Ghandruk, 1940m)으로 한다. 간드룩에서 강을 건너 마르디 히말 코스의 란드룩(Landruk, 1640m)에서 지프로 하산. 포타나 국립공원 사무소에 하산 신고를 한다. 오스트레일리아 캠프 숙박 후 칸데-포카라로 나간다. 하산은 담푸스 패스로 해도 좋다. 오스트레일리아 캠프를 기점으로 하거나 담푸스 패스를 기점으로 해서 역순으로 푼힐에 올라도 좋은 코스다.

오스트레일리안캠프_신한범

오스트레일리안캠프_신한범

안나푸르나 2. 푼힐 전망대(POON HILL, 3210m) — 타다빠니(Tadapani, 2600m) 세부 일정

타다빠니(Tadapani)_김시현

1일차

포카라 (Pokhara)	비렌탄디 (Birenthanti, 1000m)	울레리 (Ulleri, 1970m)	고레빠니 (Ghorepani, 2860m)	지프 3-4시간 트레킹 3-4시간
지프 3-4시간			트레킹 3-4시간	

안나안나푸르나 2. 참조

포카라(Pokhara) — 비렌탄디 국립공원 관리사무소에 입산신고.
울레리에서 하차. 고레빠니까지 트레킹 3-4시간.

2일차

고레빠니 (Ghorepani, 2860m)	푼힐 (POON HILL, 3210m)	고레빠니 (Ghorepani, 2860m)	데우랄리 패스 (Deurali Danda, 3090m)	반탄디 (Ban Thanti, 3180m)	타다빠니 (Tadapani, 2630m)	6-7시간 소요
상행 1시간 하행 30분 왕복 1시간 반 소요			2시간	1시간 반	2시간	

안나안나푸르나 2. 고레빠니 - 푼힐 왕복 구간 참조.

간드룩_김시현

안나푸르나 2-1. 고레빠니 - 타다빠니 구간참조.

아침에 푼힐 왕복 2km. 고레빠니 - 타다빠니(Tadapani, 2630m) 약 10km를 산 길과 개울을 끼고 가파른 오르막과 내리막을 계속 진행한다. 별 헤는 마을 타다빠니(Tadapani, 2630m)에 도착해 숙박. 밤과 아침을 기분 좋게 지낸다.

3일차

타다빠니 (Tadapani, 2630m)	간드룩 (Ghandruk, 1940m)	란드룩 (Landruk, 1640m)	포타나 (Pothana, 1950m)	A: 오스트레일리안 캠프 (Australian Camp, 1920m)	A: 칸데 (까레,kande, 1770)	포카라 (Pokhara)	A: 트레킹 5시간 지프 30-40분
약 6km. 2-3시간	트레킹 1-2시간	지프 30-40분	30분		1시간	지프/택시 1시간	지프/택시 1시간
			B: 담푸스(Dhampus, 1650m)			포카라 (Pokhara)	B: 트레킹 4-5시간 지프 30-40분
			1시간			지프 1시간	지프 1시간

타다빠니(Tadapani, 2630m)에서 아침 식사하고 간두룩(Ghandruk, 1940m)으로 하산한다.
약 2시간 소요.

간두룩에서 강을 가로질러 마르디 히말 코스인 란드룩(Landruk, 1640m) 마을로 들어간다.
: 1-2시간 소요.

포타나(Pothana, 1950m)까지 지프를 탄다. 30-40분 소요. 포타나 국립공원 사무소에 하산 신고를 한다.
안나푸르나 1. 카트만두 - 오스트레일리안 캠프 세부 일정표를 참조한다.

A : 포타나에서 30분 정도 걸으면 오스트레일리아 캠프에 도착한다. 칸데까지 트레킹 1시간 - 포카라
　　까지 택시 1시간. 오스트레일리아 캠프에서 1박 후 새벽에 나가면 카트만두 항공편 및 버스편에 큰
　　지장을 주지 않는다.
B : 포타나에서 담푸스 패스로 나간다. 1시간 소요. 담푸스에서 지프를 타고 포카라로 간다. 1시간 소요.

2-2 코스는 A, B 모두 2박 3일을 기본으로 한다. 입산은 가장 빠른 울레리로 하고, 하산은 A, B코스
컨디션에 맞춰서 선택해서 하산하면 된다. 한다.
안나푸르나 2-2 코스는 오스트레일리아 캠프를 기점으로 하거나 담푸스 패스를 기점으로, 역순으로
올라도 좋은 코스다.

알아두기

푼힐로 오르는 코스는 안나푸르나 써킷 후 따또빠니(Tatopani, 1190m)에서 오르거나, 안나푸르
나 베이스캠프(ABC)에 오른 후 촘롱(Chhomrong, 2170m)에서 계속 진행하는 방법도 있다. 이 코
스들은 안나푸르나 써킷과 안나푸르나 베이스캠프(ABC)에서 다루도록 한다. ABC의 경우 푼힐로
먼저 오른 뒤, 진행하면 길이 더 힘들다. 그러나 고소적응일이 필요 없어 일정 운용이 편하다는
장점도 있다.

ABC를 먼저 오르고 푼힐/모하레 단다 등은 나중에 가는 경우, 반드시 하루는 고소적응일을 넣
어 쉰다. 항상 목표지를 최적화한 일정표를 준비하고 사이드 트레킹은 옵션으로 남겨둔다. 안나
푸르나 써킷도 정확하게 토롱 라, 혹은 메소칸토 라를 먼저 넘은 후, 사이드 트레킹을 진행해야
한다.

모하레 단다
(Mohare Danda, 3300m) 트레킹

최대고도: 모하레 단다(Mohare Danda, 3300m)

난이도: ★★   **편리성:** ★★★★

풍경: ★★★★   **이용도:** ★★★

모하레 단다_김시현

일정소개

모하레 단다(Mohare Danda, 3300m)는 도로의 발달로 트레킹 코스가 계속 침해당하자 새로운 안나푸르나 써킷과 그랜드 써킷 코스의 일부분으로 개발했다. 바로 안나푸르나-다울라기리 지역의 사람들이 이용하는 동네 길(Annapurna-Dhaulagiri Community Trail)을 개발한 코스다.

확장성이 넓고 이해가 쉬운 코스지만, 아직 푼힐에 가려 명성은 높지 않다. 그래서 한적하다. 식당에 앉아 차를 마시며 일출과 석양을 즐길 수도 있는 코스다. 다울라기리, 안나푸르나 산군들을 내내 보며 능선을 타고 이동하므로 길도 순탄하고 간단하다.

기존의 푼힐 코스로 오른다. 푼힐 정상에서 뒤편 능선길로 3-4시간 정도 걸어 모하레 단다로 오른다. 이후 모하레 단다에서 코케 단다를 거쳐 반탄티(Banthanti, 2300m)로 하산, 지프로 하루 안에 포카라로 돌아갈수도 있다.

✓ 출발지점인 베니와-낭기 마을이 모두 도로로 연결되었다. 따또빠니와 고레빠니 역시 도로로 연결되었다. 나야풀 측도 도로가 울레리/반탄디까지 연결되었다. 3면의 입산로가 모두 도로가 개설되고 산 위에서 서로 도로로 연결되었다. 특

히 따또빠니와 연결된 도로는 고레빠니 아래에서 푼힐과 모하레 단다를 바로 연결하고 있어 단독 트레킹 코스의 의미가 반감되었다. 이런 이유로 상당히 아쉽지만 독자적인 코스로 소개하는 것은 후일로 미룬다.

✓ 모하레 단다의 자세한 코스 설명은 안나푸르나 그랜드 써킷의 여정 중 하나로 삽입했다. 따또빠니에서 모하레 단다로 바로 오르거나 푼힐을 지나 오른 뒤, 코프라 단다를 오르고 ABC를 연결해 마르디 히말로 건너가는 긴 여정이다.

✓ 코프라 단다 역시 4700m 까지 오르는 장쾌한 코스다. 그러나 고소적응을 마친 경우 따또빠니에서 2개의 코스를 따라 단 하루에 오를수 있게 되었다. 간드룩으로 오르는 코스도 몹시 아쉽지만 단독 코스 설정을 하지 않았다. 다만 모하레 단다-푼힐을 연결하고 코프라 단다를 오른 뒤 ABC를 지나 마르디 히말을 지나는 안나푸르나 그랜드 써킷의 일정 중 한 부분으로 자세하게 설명했다.

· 안나푸르나 3 · 안나푸르나 베이스캠프(ABC, 4130m)

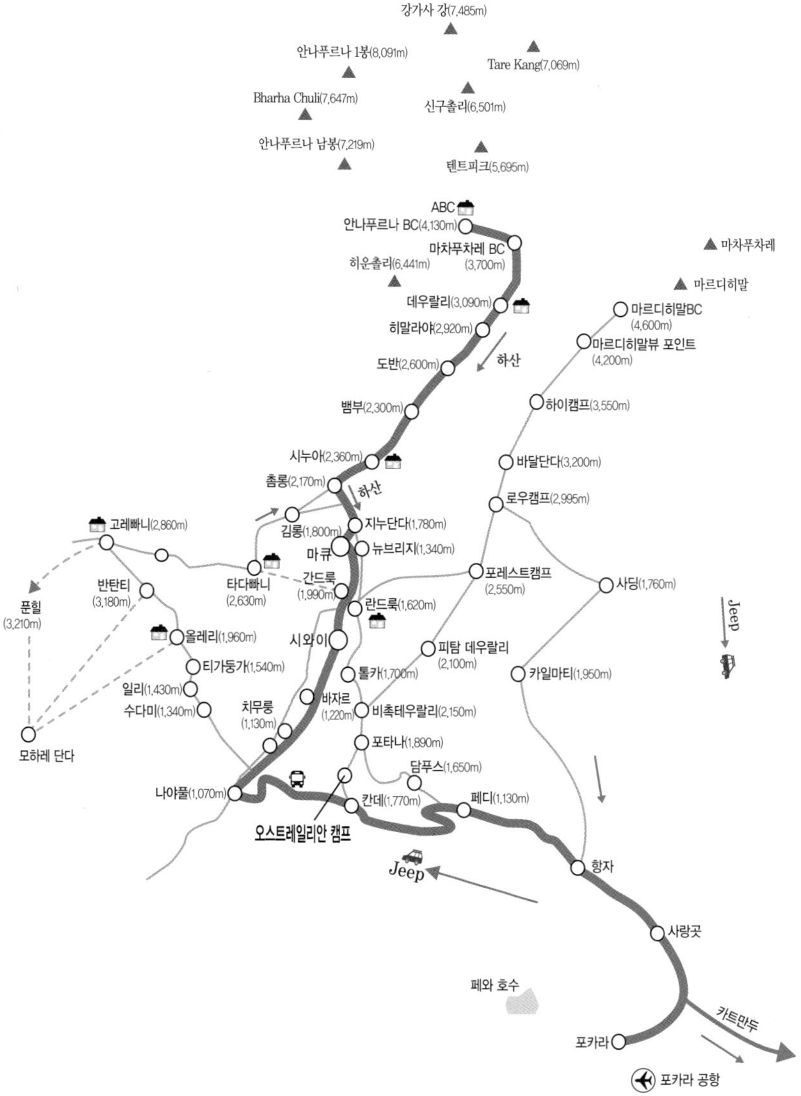

강가사 강(7,485m)

안나푸르나 1봉(8,091m)

Tare Kang(7,069m)

Bharha Chuli(7,647m)

신구촐라(6,501m)

안나푸르나 남봉(7,219m)

텐트피크(5,695m)

ABC

안나푸르나 BC(4,130m)

마차푸차레

마차푸차레 BC (3,700m)

히운촐리(6,441m)

마르디히말

데우랄리(3,090m)

마르디히말BC (4,600m)

히말라야(2,920m)

마르디히말뷰 포인트 (4,200m)

도반(2,600m)

하산

뱀부(2,300m)

하이캠프(3,550m)

시누아(2,360m)

바달단다(3,200m)

촘롱(2,170m)

하산

로우캠프(2,995m)

고레빠니(2,860m)

김롱(1,800m)

지누단다(1,780m)

뉴브리지(1,340m)

포레스트캠프 (2,550m)

사딩(1,760m)

반탄티 (3,180m)

마큐

타다빠니 (2,630m)

간드룩 (1,990m)

란드룩(1,620m)

Jeep

푼힐 (3,210m)

올레리(1,960m)

시와이

피탐 데우랄리 (2,100m)

티가둥가(1,540m)

톨카(1,700m)

카일마티(1,950m)

일리(1,430m)

치무룽 (1,130m)

바자르 (1,220m)

비촉테우랄리(2,150m)

수다미(1,340m)

포타나(1,890m)

담푸스(1,650m)

나야풀(1,070m)

칸데(1,770m)

페디(1,130m)

오스트레일리안 캠프

Jeep

항자

사랑곳

페와 호수

카트만두

포카라

포카라 공항

> **포카라 → 시와이**(siwai, 1380m) **→ 지누단다 → 촘롱 → 시누와
> → 히말라야 → 데우랄리 → MBC → ABC**

일정: 5박 6일/6박 7일
최대 고도: 안나푸르나 베이스캠프
  (ABC, 4130m)

난이도: ★★★   **편리성:** ★★★★
풍경: ★★★★   **이용도:** ★★★★★

마차푸차레 베이스캠프

일정 소개

네팔 히말라야에서 가장 많은 사람들이 찾는 코스다. 안나푸르나 베이스캠프의 시작은 네팔 제1의 관광도시인 포카라다. 설산이 둘러싸고 있어 풍경이 아름답고, 여행자들이 많아서 아름답고 훌륭한 식당과 호텔이 많다.

그러나 계속 산속으로 도로가 개설되면서 코스가 과거에 비해 많이 짧아진 것은 걷는 것을 좋아하는 사람들에게는 아쉬운 일이다. 길이 짧아진만큼 단 시간에 높은 고도로 올라가게 되지만 천천히 고도를 올리도록 여유 있게 코스를 준비한다.

카트만두-포카라에서 지프를 타고 도로의 끝인 마큐에 하차한다.(그러나 포카라에 미리 도착해 하루 정도 쉬었다가 트레킹에 나설 것을 추천한다.) 첫날은 숲 길을 지나 모디콜라강을 따라 걷다가 온천마을 지누단다에서 숙박한다.

이튿날 아침에 까마득하게 높은 촘롱 언덕을 오르고, 다리를 건너 거대한 수정처럼 빛나는 하얀 설산을 만나면서 살생을 금지하는 힌두의 성지로 들어선다. 세계 3대 미봉 마차푸차레(6,997m)를 만난다.

꽃과 산새들이 노니는 길에서 눈과 얼음의 길로 바뀌고 계속 고도를 높여 마차푸차레 베이스캠프(MBC)에 도달한다. MBC에서 머무르다 완만한 오르막길을 계속 더 올라가면 안나푸르나 베이스캠프(ABC)에 도착한다. 가운데 가장 하얗게 빛나면서도 펑퍼짐해 보이는 산이 안나푸르나 1(8,091m)이다.

포카라 → 시와이(siwai, 1380m) / 마큐(Matque, 1395m) → 안나푸르나 베이스캠프(ABC, 4130m) → 포카라

일	구 간	시간
1	**포카라**(Pokhara)**-시와이**(siwai, 1380m) / **마큐**(Matque, 1395m)**-지누단다**(Jhinu Danda, 1780m) 포카라에서 시와이(siwai, 1380m) / 마큐(Matque, 1395m) 까지 지프로 간다. 3-4시간 소요. 이후 약 2시간 정도 트레킹. 지누단다(Jhinu Danda, 1780m) 온천마을에 숙박.	지프 3-4시간 트레킹 2시간
2	**지누단다-촘롱**(Chomrong, 2170m)**-어퍼 시누와**(Upper Sinuwa, 2360m) 이 코스 최강의 급경사를 올라 촘롱에 도착한다. 약 2시간 소요. 촘롱 체크포인트를 지나 돌계단을 내려가 긴 다리를 건넌다. 돌계단을 계속 오른다. 1시간 소요. 로워 시누와 도착. 1시간 정도 더 올라어퍼 시누와(Upper Sinuwa, 2360m) 에 도착.	트레킹 5-6시간
3	**어퍼 시누와-뱀부**(Bamboo, 2300m)**-도반**(Dovan, 2600m)**-히말라야**(Himalaya, 2920m) 아침에 엄청난 일출과 산군들을 본다. 뱀부로 가는 시원한 대나무 숲과 평탄한 길. 오르막과 내리막이 교차한다. 도반도 가볍게 오르막 후 평탄하다. 또 오르막을 오른다. 히말라야에 도착해 하루를 마친다.	트레킹 6-7시간
4	**히말라야 - 데우랄리**(Deurali, 3200m) 고도 적응과 휴식을 위해 오전만 진행하고 쉰다. 히말라야(Himalaya, 2920m) 호텔에서 힌쿠 케이브(Hinku Cave, 3170m)는 내내 오르막이다. 1시간 소요. 힌쿠동굴에서 데우랄리로 가는 길은 얼음계곡이다. 1시간 소요. 총 2시간 소요. ⊘ 모든 계절 아이젠 필수 준비. 겨울철. 특히 1-2월 최고 위험지역으로 사망사고도 가끔 일어난다.	트레킹 2시간
5	**데우랄리 - MBC - ABC - MBC** MBC 가는 구간에 좁은 얼음계곡과 눈사태, 산사태 지역이 있다. 주의하여 신속하게 지나간다. ABC에서 사고가 나면 대개 힌쿠케이브 - 데우랄리 - MBC구간이다. 마차푸차레에 방을 잡고 쉰다. 2시간 소요. 오후 1시쯤 가벼운 차림으로 안나푸르나 BC로 이동한다. 직선으로 오르다 좌측으로 굽어 올라간다. 뻔이 보이 지만 힘들다. 2시간 소요. 기념판에서 10분 정도 올라가면 안나푸르나 BC 롯지가 있다. 50미 터 뒤로 올라가면 안나푸르나에 잠든 박영석 대장 등을 기리는 히말라야 기념비들이 있다. 고도가 높아 위험하고 조망은 큰 차이가 없어 숙박은 MBC에서 한다. ABC - MBC 한시간 소요.	트레킹 7-8시간

6	**마차푸차레 베이스캠프 MBC-데우랄리-히말라야-도반-뱀부-어퍼 시누와**(Upper Sinuwa, 2360m) **도착.** 아침 일출 구경 후 산들과 잠시 작별한다. 마차푸차레에서 데우랄리 지나는 구간과 데우랄리에서 힌쿠 케이브 가는 중간. 얼음이 얼어 있는 길은 아침에는 특히 더 주의한다. 이후로는 크게 주의 할 일이 없다.	트레킹 7-8시간
7	**어퍼 시누와-촘롱-지누단다-마큐/시와이-포카** 아침에 찬란하게 떠오르는 태양과 장엄한 산군들을 보며 식사 후 하산한다. 로워 시누와를 지나 시누와에서 조금 내려가 긴 다리를 건너 촘롱 체크포인트에서 체크 아웃한다. 롯지에서 도로 상황을 확인한다. 마을 길을 따라 다시 올라간 뒤 지누단다로 건너간다. 약 2-3시간 소요. 지 누단다에서 도로 상황을 확인한다. 마큐(Matque, 1395m)에 차가 정상적으로 올라오면 지프를 타고 바로 포카라로 간다. 1시간 소요. 마큐 길이 막힌 경우 강을 따라 하류로 트레킹한다. 시와이(siwai, 1380m) 터미널에서 지프/버스/택시/합승지프/오토바이 등을 타고 포카라로 간다. 시와이가 막힌 경우 간드룩으로 나간다. 간드룩도 막힌 경우 강을 건너 란드룩에서 지프를 타고 마르디 히말을 따라 오스트레일리아 캠프로 하산한다. 1시간 반 소요. ⊘ 하산은 다양한 코스의 조합을 통해 상황에 맞게 선택한다.	트레킹 4-5시간 지프 3-4시간

안나푸르나 3. 안나푸르나 베이스캠프(ABC, 4130m) 세부 일정표

포카라 → 시와이(siwai, 1380m) /
마큐(Matque, 1395m) → 안나푸르나 베이스캠프(ABC, 4130m) → 포카라

1일차

포카라 (Pokhara)	시와이 / 마큐 (siwai, 1380m)　　(Matque, 1395m)	지누단다 (Jhinu Danda, 1780m)	지프 3-4시간 트레킹 3-4시간
지프 3-4시간		트레킹 2시간	

포카라에서 시와이(siwai, 1380m) / 마큐(Matque, 1395m)까지 지프로 간다. 포카라-나야풀까지 거친 포장도로. 이후는 비포장도로다.
비레탄티 체크포인트에서 입산 신고. 갈림길에서 우측으로 간다. 3-4시간 소요.
이후 약 2시간 정도 걷는다. 지누단다 온천 마을에서 숙박한다.

A : 만약 길이 무너진 경우 시와이(siwai, 1380m)에서 하차. 지프 약 3-4시간 소요. 지프/택시 전세 5000루피. (시즌과 흥정에 따라 다름. 확인 요.) 버스 350~400루피.
촘롱 방향으로 길을 잡아 트레킹을 시작한다. 비포장길을 조금 걷다가 오른쪽 숲길로 걷는다. 큐미까지 1시간, 뉴브릿지까지 30분, 지누단다까지 1시간 소요된다.

B : 마큐(Matque, 1395m) 도착. 지프 약 3-4시간 소요. 지프 전세 5000~6000루피. 버스는 못 올라 간다. (시즌과 흥정 기술에 따라 달라진다.)

뉴브릿지 30분 소요. 논밭과 폭포들 사이를 걸어 삼룽(samrung)에서 킴롱(Kimrong River) 강을 가로 지 르는 287m 짜리 철제 구름다리를 건넌다. 다리가 너무 무서우면 예전처럼 그냥 상류로 조금 올라가서 돌아가면 된다. 약 30분 더 걸린다.
지누단다 온천 마을에서 숙박한다. 30분 소요.
간단하게 식사하고 저녁 주문한 다음 온천에 가 본다. 30분 정도 내려가면 강가에 뜨거운 물이 콸콸 나오는 잘 정리된 온천이 있다.
저녁 식사 후 다음 날 아침식사 메뉴와 시간을 정해준다.

> ✓ 산 동네 어린애들의 기본 소지품이자 유일한 장난감은 낫이다. 간혹 애들이 트레커가 지나가면 돈이나 초컬릿, 사탕 등을 달라고 한다. 사람들이 안 주면 좀 부끄러우니 풀을 베거나 괜히 나 무를 찍으며 쑥스러워한다. 그런데 그걸 낫으로 찍겠다는 협박으로 받아들여 알아서 돈을 내

놓거나 먹을 걸 내놓는 사람들도 있었다. 그냥 부끄러워서 그러는 것이니 오해할 필요 없다.

✓ 뉴브릿지/지누단다는 힌두의 순례객들 – 네팔, 인도, 중국인들도 단체로 몰려와 많이 묵는다. 밤새 여행객들의 음주가무에 시끄러울 수 있다. 항의해도 별 소용이 없는 경우가 많으니 숙소를 옮기거나 운에 맡기자.

✓ 한국 단체팀도 만만치 않다. 기본 소양이 안된 채 나이만 든 사람들은 트로트를 크게 틀어댄다. 초대형 블루투스 스피커까지 사용하는 경우도 많다. 한국 유명 여행사의 깃발이나 카고백이 잔뜩 있는 곳은 피하는 것이 좋다.

✓ 산에서 음주가무를 즐기는 사람들은 트레킹을 실패할 확률이 매우 높다. 단 한번도 목적지에서 만난 적이 없다. 고산병에 고통받을 확률이 높으니 산에서 만이라도 술과 담배는 자제하자.

2일차

지누단다 (Jhinu Danda, 1780m)	촘롱 (Chomrong, 2170m)	어퍼 시누와 (Upper Sinuwa, 2360m)	트레킹 5–6시간
1–2시간		3시간	

지누단다-촘롱은 이 코스 최악의 가파른 돌계단길이다. 무릎에 물파스 바르고 무릎보호대 차고, 스틱 2개를 모두 사용해야 한다. 특히나 하산길. 내리막에서는 스틱을 꼭 사용하자.

촘롱은 푼힐과 연계해 ABC와 만나는 교차로다. 촘롱에 올라 날씨가 좋으면 가슴이 확 트이는 안나푸르나 사우스와 히운출리, 안나푸르나 3 등이 정면에서 보인다.

촘롱에서 처음 만나는 이 광경에 히말라야와 사랑에 빠진 사람들이 많았다. 지누단다에서 촘롱까지 2시간 정도 소요된다.

내리막길로 더 내려가 마을 중턱 게단 옆에 촘롱 체크포인트가 있다. 안내지도도 하나 받아둔다. 다시 내려가 긴 철 다리를 건너 시누와로 건너간다.

다리를 지나 조금 평탄한 길 우측에 수십년 된 가게가 하나 있다. 여기가 ABC지역 전체에서 물건도 많고 가격도 가장 저렴한 곳이다. 필요한 물건이 있으면 구입해 두자.

시누와는 돌계단을 오르고 오른다. 인내심을 갖고 올라야 한다. 마차푸차레가 보여서 그래도 참고 견딜만하다. 처음 만나는 시누와는 로워 시누와다. 대개 지쳐서 여기서 많이 머문다. 그러나 조금 쉬었다가 1시간 정도 더 올라 어퍼 시누와로 간다. 도착하면 마차푸차레와 다른 산군들의 찬란한 모습들이 펼쳐진다.

시누와도 큰 마을이다. 감자튀김을 시키면 밭에서 감자를 캐서 튀겨준다. 찐 감자도 맛있다. 신라면도 메뉴에 자주 보인다.

3일차

어퍼 시누와 (Upper Sinuwa, 2360m)	뱀부 (Bamboo, 2300m)	도반 (Dovan, 2600m)	히말라야 (Himalaya, 2920m)	트레킹 6-7시간
2-3시간		1.5시간-2시간	1.5시간- 2시간	

뱀부로 가는 길은 길고 가는 대나무들이 숲을 이뤄 시원하다. 길도 매우 평탄하다. 작은 폭포와 개울을 건넌다. 늘 이랬으면 하는 길이다. 이후 오르막과 내리막이 반복되며 뱀부를 만난다.

시간은 충분하니 차 한잔 마시고 푹 쉬다가 도반으로 간다. 30분 정도 평탄하고 다시 오르막이 시작된다. 대나무 숲이 가득한 호젓한 산행이다.

도반은 길이 넓고 평탄하며 볕이 잘 드는 곳이다. 여기서 점심을 먹는다. 1.5시간 – 2시간 소요된다.

도반 이후로는 양측에 산이 높은 협곡이다. 히말라야까지 가는 오르막은 대부분 오르막이다. 예전에 히말라야 호텔이 있어서 지명이 히말라야다. 시설은 그냥 평이하다. 1.5시간- 2시간 정도 소요된다.

고도는 하루에 500m 정도만 올리는 것이 최선이나 데우랄리까지는 대개 큰 문제는 없다. 보통 단번에 데우랄리까지 진행하기도 한다. 이 일정은 고도에 대한 적응과 예비일의 성격도 가지고 있다.

4일차

히말라야 (Himalaya, 2920m)	데우랄리 (Deurali, 3200m)	트레킹 2시간
2시간		

히말라야(Himalaya, 2920m) 호텔에서 오르는 길은 폭포가 많다. 야생화도 아름답다. 히말라야 호텔에서 힌쿠 케이브(Hinku Cave, 3170m)까지는 내내 오르막이다. 동굴이라기보다는 큰 바위 아래 비를 피할 만한 곳이다. 힌두의 사두들이 신에게 기도를 올리고 도를 닦던 곳이다. 간혹 오렌지색 옷을 입은 사두들이 순례하는 것도 볼 수 있다. 1시간 소요된다.

힌두동굴에서 가는 길의 풍경도 매우 아름답다. 그러나 데우랄리로 가는 길에서는 주의를 기울여야 한다. 좌측 높은 절벽에서 흘러 내리는 물에 크고 작은 돌 들이 같이 굴러온다. 그래서 좁은 길은 늘 얼음판으로 덮여있다. 흙 또는 눈이 살짝 덮고 있는 아주 좁은 길로 조심해야 한다.

오른쪽은 계곡이다. 계곡으로 떨어지는 사고가 간혹 방생하니 주의해야 한다. 눈사태나 낙석 사고로 인한 사고도 이 구간에서 자주 발생한다. 꼭 아이젠을 준비하자.

얼음 구간을 지나 급경사의 계단을 오른 뒤 오른쪽으로 조금 더 오르면 롯지가 4개 나온다. 일찍 도착해서 좋은 방을 골라 이른 점심을 먹고 편히 쉬자.

걷는 시간이 너무 짧았다고 더 올라가지 말고 여기에서 쉬는 것이 좋다. 이 정도 고도가 꼭 고소 휴식을 필요로 하는 높이다. 타이레놀이나 비타민C를 먹고 산을 보면서 그냥 쉬자.

그런데 데우랄리는 방이 늘 부족하다. 히말라야에서 포터를 먼저 보내 방을 먼저 잡아 두도록 한다. 이 방법이 ABC를 정확하게 성공하기 위한 핵심적인 부분이다.

만약 데우랄리에서 방이 없어 MBC로 가게 된다면 고산병이 올 확률이 높다. 이러면 ABC에 가지 못한다. 차라리 히말라야로 되돌아갔다 다음 날 ABC로 올라가는 것이 성공 확률이 높다.

이 일정은 예비일로도 사용한다.

ABC 코스의 사고는 주로 3곳에서 일어난다. 힌쿠 케이브에서 데우랄리로 가는 마지막 지점. 데우랄리에서 MBC 가는 지점. 그리고 ABC에서 고소증이 오는 것이다. 힌쿠 케이브에서 데우랄리로 가는 마지막 지점은 늘 얼어 있어 우측 계곡으로 미끄러지면 상당히 위험하다.

5일차				
데우랄리 (Deurali, 3200m)	마차푸차레 베이스캠프 (Machhapuchhre Base Camp, MBC, 3700m)	안나푸르나 베이스캠프 (Annapurna Base Camp, ABC, 4130m)	마차푸차레 베이스캠프 (Machhapuchhre Base Camp, MBC, 3700m)	트레킹 7-8시간
2-3시간	왕복 4-5시간			

데우랄리-MBC 가는 지점은 좌측 산에서 쏟아지는 흙과 돌 그리고 산으로 위험하다. ABC 코스의 대규모 사망 사고는 대개 이 지점에서 발생했다. 이 지점에서 일단 사고가 나면 구조하지 못한다. 새벽 6시전 일찍 시작해 통과한다. 휴식은 MBC에서 한다. 휴식 후 ABC 여러곳을 방문한 후 안나푸르나 롯지에서 차를 마시고 휴식 후 숙박은 고도가 낮은 MBC에서 한다.

출발전 선글라스, 선크림, 아이젠을 준비하고 스틱도 점검하자. 특히 아이젠은 포터의 짐에 넣지 말고, 휴대하는 배낭에 넣어둔다. 떠나기 전에 데우랄리에서 현지 롯지 주인이나 하산하는 트레커들에게 물어 길 상태를 확인하고, 아침 일찍 출발하도록 하자. 오르막이 심하고 협곡도 지나게 된다. 눈사태와 산사태가 자주 일어나는 지역이니 주의하자. 계속 걷다 보면 계단이 앞에 나타나고 마차푸차레 베이스캠프(MBC, 3700m)의 롯지가 보인다. 오른쪽 계단으로 바로 오르지 말고 왼쪽 경사진 길로 오른 뒤, 오른쪽으로 꺾어 MBC로 진입해 쉬어간다. 전날 잘 쉬고 고도 적응을 했어도 ABC로 바로 오르지 않는 것이 좋다. 몇 개의 롯지가 있으나 조금 위 쪽에 자리잡고 있는 마차푸차레 게스트하우스에서 이른 점심을 먹고 쉬자. 마차푸차레 베이스캠프의 고도는 3700m 쿰부 히말의 남체 뒷동산 혹은 텡보체 정도이다. 그러나 고소적응 시간이 부족한 경우 많은 트레커들이 여기에서 고산병 증상으로 트레킹을 멈추고 하산하게 된다. 타이레놀 반 개 정도를 복용하고 쉬었다가 ABC로 출발하기를 바란다. 오후 1시쯤 ABC

로 출발한다. MBC에서 ABC로 가는 길은 험하지 않으나 꾸준한 오르막이다. 30분~1시간쯤 올라가면 길이 넓어진다. 오른쪽으로 붙어 길을 잡아 오른다. 왼쪽은 개울이 흘러 위험하다. 곧 안나푸르나 BC를 알리는 표지판이 나온다. MBC에서 ABC까지 약 1~2시간 소요된다. 5분 정도 더 오르면 안나푸르나 롯지가 나온다. 우측 능선으로 5분, 50미터 정도 오르면 박영석 팀과 지현옥 등 한국의 대표적인 산악인들의 추모탑이 세워져 있다. 히말라야에서 영면에 오른 분들이다. 사람들이 성공에 대한 이야기는 자주 해도 실패에 대한 이야기는 거의 하지 않는다. 또 ABC는 너무나 짧아졌다. 너무 가볍게 생각하고 고소 적응기간 없이 오르며 술이나 담배를 계속하다가 트레킹을 실패하는 사람들이 꽤 많은 코스다. 밤하늘이 무척 아름답다. 안나푸르나의 밤. 해가 지고 달이 처음 뜰 때가 장관이다. 마치 레이져 쇼를 하는 듯하다. 달빛에 비친 산이 아름답다. 별이 쏟아지는 밤이다.

> ✅ ABC에서 컨디션이 안 좋거나 방이 없는 경우 마차푸차레 BC로 내려간다. 마차푸차레의 밤과 아침도 상당히 괜찮다.

6일차

마차푸차레 베이스캠프 (Machhapuchhre Base CampMBC, 3700m)	데우랄리 (Deurali, 3200m)	히말라야 (Himalaya, 2920m)	도반 (Dovan, 2600m)	뱀부 (Bamoo, 2300m)	시누와 (Sinuwa, 2360m)	트레킹 6~7시간
	1.5시간	1시간	1시간	1시간	2시간	

오늘로 안나푸르나와 작별이다. 아침의 아름다운 일출을 보고, 새벽의 이른 식사 후 MBC-데우랄리-힌쿠 케이브 구간을 빠르게 지난다.

오늘 하산길은 약 18km 정도이다. 하산길에 얼어있는 곳과 산사태 구간이 많으므로 바닥을 잘 살피고 우측 절벽도 잘 보며 조심해서 걷자.

히말라야 이후로는 조금 마음을 놓고 히말라야를 즐기며 걸어도 된다. 도반이 나타나면 그곳에서 점심을 먹는다. 도반 이후로는 내리막이 계속되다가 뱀부에서 다시 오르막을 만난다. 뱀부를 지나 어퍼 시누와에 도착하면 그곳에서 하루 트레킹을 마감한다.

시누와 (Sinuwa, 2360m)	촘롱 (Chomrong, 2170m)	지누단다 (Jhinu Danda, 1780m)	마큐(Matque, 1395m) / 시와이(siwai, 1380m)	포카라 (Pokhara)	트레킹 4-5시간 지프 3-4시간
1.5시간		1시간	1-2시간	지프3-4시간	

아침 식사 후 뻔히 보이지만, 그러나 만만치 않은 촘롱으로 건너간다. 예전에는 바닥까지 내려가 다시 올라가야 했으나 이젠 철제 현수교로 걷는다. 시간과 체력을 많이 아껴준다.

촘롱 체크포인트에 하산신고를 하고 언덕으로 좀 더 올라 촘롱 정상에 도착한다. 여기서 마큐(Matque, 1395m)의 도로 및 지프의 상황을 확인한다.

다리를 건너면 마큐(Matque, 1395m)와 시와이(siwai, 1380m)로 가는 갈림길 표식이 나온다. 마큐(Matque, 1395m)로 하산한다. 비로 인한 산사태 등으로 도로가 유실된 경우 등 30분-1시간 정도 더 내려가 시와이(siwai, 1380m), 또는 차가 올라올 수 있는 곳까지 간다.

어두운 밤에도 지프는 잘 다닌다. 서두르지 말고 천천히 간다. 특히 시와이에서는 버스/택시/지프가 모두 이용 가능하다. 자기 예산과 몸 상태에 따라 선택하면 된다. 포카라까지 3-4시간 걸린다. 비레탄티의 체크포인트에서 다시 하산 체크하는 경우도 있고 아닌 경우도 있다.

레이크 사이드에 도착해 여행사에서 정산한다. 미비한 점, 공제해야 할 부분. 등이 있으면 분명히 하고 정산한다. 가이드나 포터에게 1-2일 분 정도의 팁을 주고 작별한다.

야간에 이동해야 하는 경우, 레이크 사이드에서 자가담바, 투어리스트 버스. 지프 등으로 카트만두로 이동한다.

일정이 여유가 있다면 포카라 호수에서 좀 더 휴식을 갖는 것을 추천한다.

1) 마큐(Matque, 1395m)로 차가 정상적으로 올라오면 지프를 타고 바로 포카라로 간다. 1시간 소요.
2) 마큐 길이 막힌 경우 강을 따라 하류로 1시간 정도 트레킹한다. 시와이(siwai, 1380m) 터미널에서 지프/버스/택시/합승지프/오토바이 등을 타고 포카라로 간다.
3) 시와이가 막힌 경우 간드룩으로 내려 간다.
4) 간드룩도 막힌 경우 강을 건너 란드룩에서 지프를 타고 마르디 히말 하산 루트를 따라 오스트레일리아 캠프/담푸스 패스-포카라로 하산한다. 1시간 반 소요.

하산은 다양한 코스의 조합을 통해 상황에 맞게 선택한다.

포터와 가이드에게 주의 시킬 점

짐을 지고 다니는 포터들이 때로 휴대폰에 영화를 다운받아 산길을 가면서 보는 경우가 있다. 위험하고, 자주 사고도 일어나니 못하게 하고, 처음에 계약할 때 그런 부분을 정확히 이야기하는 것이 좋다. 지프 운전사들이 락시라는 술을 마시는 경우도 있고, 운전을 하며 핸드폰으로 영화를 보는 경우도 있다. 매우 위험하니 강력하게 어필해야 한다.

5박 6일. 6박 7일

카트만두/포카라 출발 기준으로 안나푸르나 BC는 6일 혹은 7일이면 완료가 가능하다.
서두르면 5일 안에도 가능하다.
본래 안나푸르나 BC 코스는 2주일짜리 코스였다. 그러나 대체로 한국인들은 그 기간을 무척이나 단축해서 달성하고는 했다. 아무래도 여행할 시간이 많지 않아서 그리되었을 것이다. 이제 도로가 발달해 고소적응이 됐다면 5일도 걸리지 않는다.
첫날 조금만 가고, 고도가 올라가면 최대한 천천히 올라가는 것을 추천한다. 고도 적응시간을 충분히 만들어서 5일-6일 기간에 푼힐을 2-3일 집어 넣어 능선을 타고 촘롱을 오르면 고소 적응 기간이 따로 필요 없게 된다.

시작은 오스트레일리아 캠프/담푸스 패스/울레리 등으로 해서 코스를 짧게 하여 이동하고 다양한 코스와 연결하면 여러 풍경을 접할 수 있는 곳이 안나푸르나 지역이다.

· 안나푸르나 4 ·
푼힐(POON HILL, 3210m) –
안나푸르나 베이스캠프(ABC, 4130m)

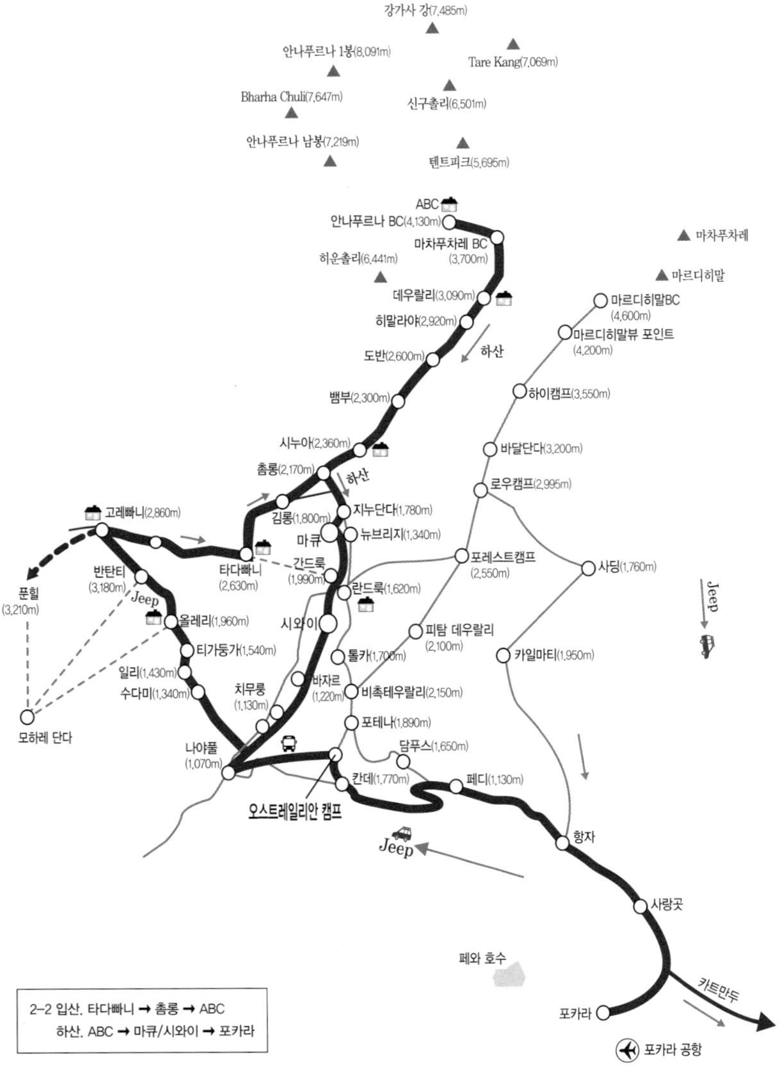

강가사 강(7,485m) ▲

안나푸르나 1봉(8,091m) ▲   Tare Kang(7,069m) ▲

Bharha Chuli(7,647m) ▲   신구출리(6,501m) ▲

안나푸르나 남봉(7,219m) ▲   텐트피크(5,695m) ▲

ABC 🏠
안나푸르나 BC(4,130m) ○   ▲ 마차푸차레
마차푸차레 BC
히운출리(6,441m)   (3,700m) ○   ▲ 마르디히말

데우랄리(3,090m) ○ 🏠   마르디히말BC
히말라야(2,920m) ○   (4,600m) ○
                        마르디히말뷰 포인트
도반(2,600m) ○   (4,200m) ○
                    하산
뱀부(2,300m) ○   하이캠프(3,550m) ○

시누아(2,360m) ○ 🏠   바달단다(3,200m) ○
촘롱(2,170m) ○
                하산   로우캠프(2,995m) ○
고레빠니(2,860m) 🏠   지누단다(1,780m) ○
        김룽(1,800m) ○   뉴브리지(1,340m) ○   포레스트캠프   사딩(1,760m) ○
반탄티   마큐   (2,550m) ○   Jeep
(3,180m)   타다풍(2,630m) 🏠 간드룩
Jeep   (1,990m) ○ 🏠 란드룩(1,620m) 🏠
푼힐   올레리(1,960m) ○
(3,210m)   시와이 ○   피탐 데우랄리   카일마티(1,950m) ○
          티가둥가(1,540m) ○   (2,100m) ○
일리(1,430m) ○   톨카(1,700m) ○
수다미(1,340m) ○ 치무룽   비촉테우랄리(2,150m) ○
              (1,130m) ○ 바자르
              (1,220m) ○
모하레 단다 ○   나야풀   포테나(1,890m) ○
              (1,070m) 🚌   담푸스(1,650m) ○
              오스트레일리안 캠프   칸데(1,770m) ○   페디(1,130m) ○
                          Jeep
                                항자 ○

                                사랑곳 ○

                    페와 호수   키트만두

                          포카라 ○
              ✈ 포카라 공항

2-2 입산. 타다빠니 → 촘롱 → ABC
    하산. ABC → 마큐/시와이 → 포카라

> 포카라 → 푼힐(POON HILL, 3210) → **안나푸르나 베이스캠프**(ABC,
> 4130m) → **포카라**

일정: 6박 7일/7박 8일
최대 고도: 안나푸르나 베이스캠프
         (ABC, 4130m)
난이도: ★★★   **편리성:** ★★★★
풍경: ★★★★   **이용도:** ★★★★★

일정 소개

안나푸르나의 대표적인 조망대인 푼힐(POON HILL, 3210m)과 안나푸르나 베이스캠프(ABC, 4130m)를 조합한 코스다. 최대한 차량을 이용하고 바로 능선 종주를 한다. 각개의 코스로 오르는 것보다 확실히 더 아름답다. 그 댓가로 코스는 좀 더 힘들다. 체력소모는 심하지만 고도 적응이 잘 이뤄져 고산병의 위험은 줄어든다. 코스를 걷는 동안 첫날부터 산들이 계속 나와 반겨준다. 길은 자주 오르내리고, 관광객과 큰 관계없는 삶을 사는 이들이 사는 구릉족들의 마을을 지름길로 사용하며 네팔 현지인들의 삶을 가까운 곳에서 자연스럽게 볼 수 있다.

1. 푼힐−안나푸르나 ABC로 오르거나 역방향. 안나푸르나 ABC−푼힐로 하산 길을 잡아도 좋다.
2. 안나푸르나 2−2. 푼힐(POON HILL, 3210m)−타다빠니(Tadapani, 2600m)−오캠/담푸스 패스 코스를 참조하여 푼힐로 오른 뒤 타다빠니(Tadapani, 2600m)까지 간다.

푼힐_신한범

안나푸르나 4. 푼힐(POON HILL, 3210m) – 안나푸르나 베이스캠프(ABC, 4130m) 일정표

1일차

포카라 (Pokhara)	비레탄디 (Birenthanti, 1000m)	울레리 (Ulleri, 1970m)	고레빠니 (Ghorepani, 2860m)	지프 3–4시간 트레킹 3–4시간
지프 3–4시간			트레킹 3–4시간	

안나푸르나 2-2. 푼힐(POON HILL, 3210m) – 타다빠니(Tadapani, 2600m) – 오캠/담푸스 패스 참조.

포카라에서 지프로 출발. 나야풀을 거쳐서 간다. 비레탄디 다리 앞 국립공원 체크포인트에서 입산 신고하고 울레리(Ulleri, 1970m)에서 트레킹 시작한다. 지프로 3–4시간 걸린다. 고레빠니(Ghorepani, 2860m) 윗마을까지 오른다. 3시간 소요.

2일차

고레빠니 (Ghorepani, 2860m)	푼힐 (POON HILL, 3210m)	고레빠니 (Ghorepani, 2860m)	데우랄리 패스 (Deurali Danda, 3090m)	반탄디 (Ban Thanti, 3180m)	타다빠니 (Tadapani, 2630m)	트레킹 6–7시간
상행 1시간 하행 30분 왕복 1시간 반 소요			1시간 반	1시간 반	2시간	

▲ **안나푸르나 2-1 푼힐전망대(POON HILL, 3210m) – 타다빠니(Tadapani, 2600m). 고레빠니 – 푼힐 왕복 구간 참조.**

▲ **푼힐 – 고레빠니 왕복 2km. 고레빠니 – 타다빠니(Tadapani, 2630m) 약 10km.**

푼힐에서 일출을 보고 전망대에서 커피도 한잔 한다. 고레빠니로 돌아와 아침 식사 후 타다빠니(Tadapani, 2630m) 전망대로 출발한다. 고레빠니(Ghorepani, 2860m)에서 출발. 데우랄리 패스(Deurali Danda, 3090m)로 오른다. 물을 충분히 준비하고 자주 쉰다. 간간히 해충기피제와 선크림을 발라준다. 반탄디(Ban Thanti, 3180m) – 툴로 오달 카르카(Thulo Odar Kahrka) – 리우이 카르카(Liui

푼힐_신한범

Kahrka)를 거쳐서 안나푸르나 최고의 조망대 중 하나인 타다빠니(Tadapani, 2630m)에 도착한다. 길은 계속 오르막과 내리막이 연속된다. 4-5시간 소요.

3일차

타다빠니 (Tadapani, 2630m)	추일레 (Chuile, 2170m)	구르중 (Ghurjung, 2010m)	촘롱 (Chomrong, 2170m)	어퍼 시누와 (Upper Sinuwa, 2360m)	트레킹 8-9시간
1.5시간		1시간	3시간	2시간	

타다빠니에서 밤하늘의 별을 보고, 안나푸르나 1봉과 마차푸차레가 빛나는 장엄한 일출을 본다. 오늘은 오전 내내 내리막이다. 약 14km. 고도는 총합 700미터를 내린다.

강 바닥인 1900m 지점까지 내려가 강을 건너 오르막을 내내 오른다. 그러고도 내려갔다 다시 올라가는 조금 힘든 날이다. 그러나 조망만큼은 최고다.

여유있게 아침 식사를 한다. 타다빠니(Tadapani, 2630m)에서 지름길인 추일레(Chuile, 2170m)로 가파르게 하산한다. 추일레의 조망도 매우 훌륭하다. 전날 타다빠니에 빈 방이 없고, 소란스럽다면 추일레에서 1박 하는 것도 좋은 선택이다.

추일레에서 다락논과 밭을 따라 작은 마을들을 통과한다. 지름길이다. 이정표도 좋지 않고 사람 사는 곳과 어울리면 산길이 매우 혼잡하다. '촘롱' 이라고 자주 길을 물으며 간다. 약간씩 오르막과 내리막길로 킴롱 강(Kimrong Khola) 바닥까지 간다.

다리를 건너 구르중(Ghurjung, 2010m) 마을로 오른다. 이후 다시 지름길로 내내 오르막이다. 지누단다에서 올라오는 길과 만나는 타우룽(Taulung, 2170m) 마을을 지나 촘롱(Chomrong, 2170m)에 도착한다. 촘롱을 지나 긴 다리를 건너 로워 시누와, 어퍼 시누와(Upper Sinuwa, 2360m)로 올라 하루를 마무리한다.

⊘ 안나푸르나 3. 안나푸르나 베이스캠프(ABC, 4130m) 코스 참조. ABC에 도달한다.
⊘ 푼힐에서 ABC로 가면 데우랄리에서 고도 적응 시간 불필요. ABC로 바로 이동한다.

4일차

어퍼 시누와(Upper Sinuwa, 2360m) → 뱀부(Bamboo, 2300m) → 도반(Dovan, 2600m) → 히말라야(Himalaya, 2920m) → 데우랄리(Deurali, 3200m)	트레킹 8-9시간

뱀부로 가는 길은 시원한 대나무 숲과 평탄한 길. 오르막과 내리막이 교차한다. 도반도 가볍게 오르막 후 평탄하다. 오르막을 올라 히말라야에 도착한다. 1.5시간-2시간 걸린다.

히말라야(Himalaya, 2920m) 호텔에서 힌쿠 케이브(Hinku Cave, 3170m)는 내내 오르막이다. 1시간 소요. 힌쿠동굴에서 데우랄리로 가는 길은 얼음계곡이다. 1시간 가량 걸린다.

✓ **히말라야에서 포터를 데우랄리에 보내 방을 잡아 놓도록 한다.**

5일차

	트레킹
데우랄리(Deurali, 3200m) → **마차푸차레 베이스캠프**(MBC, 3700m) → **안나푸르나 베이스캠프**(Annapurna Base Camp, ABC, 4130m)	4-5시간

안나푸르나 BC에 가는 날이다. 선글라스, 선 블록, 아이젠을 준비하고 스틱도 잘 준비한다. 마차푸차레 가는 구간에 얼음계곡과 눈 사태, 산 사태 지역이 있다. 주의하여 신속하게 지나간다. 마차푸차레에서 이른 점심을 먹고 쉰다. 2시간 가량 걸린다.

오후 1시쯤 안나푸르나 BC로 이동. 직선으로 오르다 좌측으로 굽어 올라간다. 2시간 걸린다. 기념판에서 5분 정도 올라가면 안나푸르나 BC 롯지가 있다. 5분 더 올라가면 능선에 한국의 대표적인 산악인들의 추모탑이 세워져 있다.

6일차

	트레킹
안나푸르나 베이스캠프(Annapurna Base CampABC, 4130m) → **마차푸차레 베이스캠프**(MBC, 3700m) → 데우랄리(Deurali, 3200m) → **히말라야**(Himalaya, 2920m) → **도반**(Dovan, 2600m) → **뱀부**(Bamboo, 2300m) → **로워 시누와**(Sinuwa, 2360m) 도착.	4-5시간

ABC. 새벽 별과 산군들을 보고, 아침 일출 구경 후 산들과 잠시 작별한다. 마차푸차레에서 데우랄리 지나는 구간과 데우랄리에서 힌쿠 케이브 가는 중간의 얼음길은 아침에 특히 주의한다. 이후로는 크게 주의 할 일 없이 아름다운 산 길을 즐기며 걷는다. 뱀부에서 마지막 오르막들을 만난다. 파란 지붕들이 가득한 로워 시누와(Sinuwa, 2360m)에 도착. 푹 쉰다.

7일차

	트레킹 4-5시간
시누와(Sinuwa, 2360m) → **촘롱**(Chomrong, 2170m) → **지누단다**(Jhinu Danda, 1780m) → **마큐**(Matque, 1395m) / **시와이**(siwai, 1380m) → **포카라**(Pokhara)	지프 3-4시간

시누와에서 조금 내려가 긴 다리를 건너 촘롱 체크포인트에서 체크 아웃한다. 마을 길을 따라 다시 올

라간 뒤 지누단다로 건너간다. 약 2-3시간 걸린다.
지누단다에서 마큐(Matque, 1395m)로 이동해서 지
프를 타고 포카라로 간다. 1시간 걸린다.
마큐 길이 막힌 경우 강을 따라 하류로 내려가서
시와이(siwai, 1380m) 터미널에서 지프/버스/택시/
합승지프/오토바이 등을 타고 포카라로 하산한다.
1시간 반 걸린다.

시와이도 막힌 경우 더 내려가던가, 강을 건너 란드
룩에서 지프를 타고 포카라로 간다.

ⓥ 하산은 다양한 코스의 조합을 통해 상황에 맞
게 선택한다.

지누단다_김시현

안나푸르나 3. 안나푸르나 베이스캠프(ABC, 4130m) - 포카라
안나푸르나 2. 푼힐 기본 코스. 2-1. 간드룩. 2-2. 란드룩 - 오스트레일리아 코스 및 담푸스 코스를
참조하여 안전하게 완료한다.

그 외에 란드룩에서 안나푸르나 5. 마르디 히말(Mardi Himal BC, 4600m)과 연계해도 좋다.

김시현　　김시현

· 안나푸르나 5 · 마르디 히말(Mardi Himal BC, 4600m)

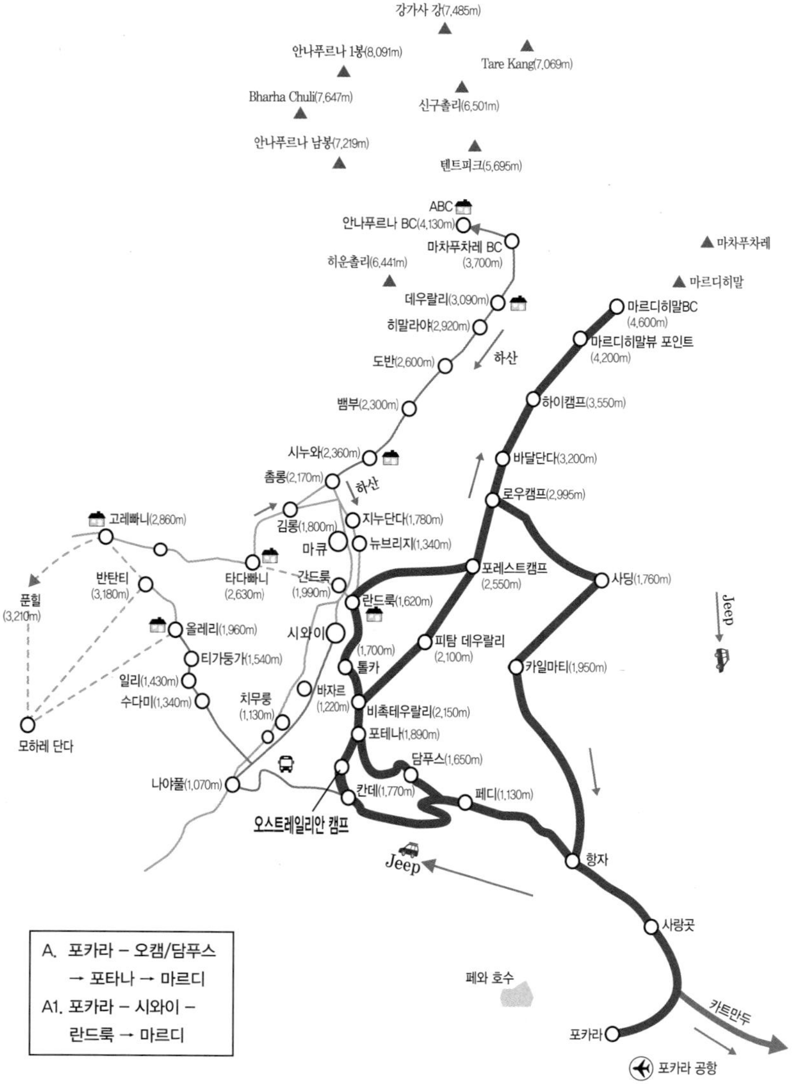

강가사 강(7,485m) ▲

안나푸르나 1봉(8,091m) ▲

Tare Kang(7,069m) ▲

Bharha Chuli(7,647m) ▲

신구촐라(6,501m) ▲

안나푸르나 남봉(7,219m) ▲

텐트피크(5,695m) ▲

ABC ⌂

안나푸르나 BC(4,130m) ○

마차푸차레 ▲

마르디히말 ▲

마차푸차레 BC (3,700m) ⌂

히운촐라(6,441m) ▲

마르디히말BC (4,600m) ○

데우랄리(3,090m) ○⌂

마르디히말뷰 포인트 (4,200m) ○

히말라야(2,920m) ○

하이캠프(3,550m) ○

도반(2,600m) ○

하산

바달단다(3,200m) ○

뱀부(2,300m) ○

시누와(2,360m) ○⌂

로우캠프(2,995m) ○

촘롱(2,170m) ○

하산

지누단다(1,780m) ○

고레빠니(2,860m) ⌂

김롱(1,800m) ○

마큐 ○

뉴브리지(1,340m) ○

포레스트캠프 (2,550m) ○

사딩(1,760m) ○

반탄티 (3,180m) ○

타다빠니 (2,630m) ⌂

간드룩 (1,990m) ○

란드룩(1,620m) ○

Jeep

푼힐 (3,210m)

올레리(1,960m) ⌂○

시와이 ○

(1,700m)

피탐 데우랄리 (2,100m) ○

카일마티(1,950m) ○

일리(1,430m) ○

티가둥가(1,540m) ○

수다미(1,340m) ○

치무룽 (1,130m) ○

톨카 ○

바자르 (1,220m) ○

비촉테우랄리(2,150m) ○

포테나(1,890m) ○

모하레 단다 ○

나야풀(1,070m) ○

칸데 (1,770m) ○

담푸스(1,650m) ○

페디(1,130m) ○

오스트레일리안 캠프

Jeep

항자 ○

사랑곳 ○

키트만두

페와 호수

포카라 ○

포카라 공항 ✈

A. 포카라 – 오캠/담푸스
   → 포타나 → 마르디
A1. 포카라 – 시와이 –
   란드룩 → 마르디

포카라 → 마르디 히말(Mardi Himal BC, 4600m) → 포카라

일정: 4박 5일/5박 6일
최대 고도: 마르디 히말 BC 4600m
난이도: ★★★★　　**편리성:** ★★
풍경: ★★★★　　**이용도:** ★★★

일정 소개

네팔 히말라야에서 가장 짧은 시간 안에 4600m의 메이져 급 높은 고도에 도착하는 코스다. 코프라 단다와 함께 개발된지 10년도 되지 않았으나, 굉장히 아름다운 길이다. 만약 ABC와 마르디 히말 중 꼭 하나만 선택을 해야 한다면, 마르디 히말을 선택하겠다는 생각이 들 정도로 좋은 코스이다.

이 코스는 숲이 우거진 정글을 지나 능선을 타고 간다. 시작부터 안나푸르나와 다울라기리를 조망한다. ABC에서 보게 되는 세계 3대 명산 마차푸차레(Machhapuchhre, 6997m)의 반대쪽 얼굴을 정면으로 계속 만나게 된다. 이름은 마르디 히말이나 실질적으로는 마차푸차레 BC다. 그러나 성산 마차푸차레는 오를 수 없으니 단지 마르디 히말 BC라고 한다. 마차푸차레 바로 아래 4600미터 지점까지 올라간다.

접근방법이 다양하다. 그냥 오르면 고도의 압박으로 힘들다. 푼힐/모하레 단다 혹은 코프라 단다와 안나푸르나 ABC를 마친 후, 마지막으로 오르는 것이 가장 좋다. 고도 적응을 마친 후, 3~4일이면 능선을 타고 정말 빠르게 4600미터까지 올라간다.

마르디 히말만 오르거나, 다른 코스보다 먼저 오르는 경우 하이캠프에서 하루 이상 쉬면서 고도적응시간을 가지는 것은 필수적이다. 예비일도 1~2일 필요하다. 바로 올라가면 고산병으로 고생할 수 있으므로 최소 5박 6일은 잡아야 목표에 도달 후 안전하게 하산할 수 있다.

롯지가 전 코스에 모두 형성이 되었다. 그러나 기본 이하 정도의 시설들이다. 여름과 겨울에는 다음 코스의 롯지 영업 여부를 반드시 확인하고 문을 열어 두도록 요구한다. 특히 성수기의 경우 방이 분명히 부족해진다. 반드시 문자와 전화로 2번 이상 확인하고 다음 코스를 진행한다. 하산은 시딩(Siding, 1760m)에서 지프로 포카라로 바로 간다. 다양한 하산 코스와 조합이 존재한다.

필요서류: 안나푸르나 국립공원 입장료 3000루피. TIMS 2000 루피.

⊘ **2023년 이후 가이드 강제 고용 구역. 여행사에서 가이드 섭외 및 행정 일괄처리. 여권사진 4장 준비. 체크포인트 현장처리 가능.**

⊘ **TIMS는 최근 애매한 부분이 있다. 내지 않는 사람들이 많아지고 있다. 가이드 강제 고용도 다시 흐지부지 되고 있다. 현지에서 확인한다.**

안나푸르나 5. 포카라 – 마르디 히말(Mardi Himal BC, 4600m) – 포카라 일정표

1일

@ 안나푸르나 1. 오스트레일리안 캠프 혹 담푸스 패스를 참조. 　A. 지프 이용: 포카라 – 칸데(까레,kande, 1770m) 지프, 오캠/담푸스 패스 – 포타나(Pothana, 1950m) 체크포인트 – 트레킹 – 포타나 – 란드룩(Landruk, 1620m) 지프. 숙박. @ 안나푸르나 3. 안나푸르나 베이스캠프(ABC, 4130m) 코스참조. 　A-1. 포카라 – 시와이(Siwai) 정류장 – 란드룩(Landruk, 1620m) 　B. 트레킹: 포카라 – 칸데(까레,kande, 1770m) – 오캠/담푸스 패스 – 포타나(Pothana, 1950m) 체크포인트 – 피탐 데우랄리(Pitam Deurali, 2100m)까지 느릿하게 걷는다. 숙박.	A. 지프 오캠/담푸스 1–2시간. 트레킹 2.5시간 A-1. 지프 3시간. 트레킹 1–2시간 B. 지프 오캠 입구/담푸스 트레킹 1–2시간. 피탐 데우랄리 트레킹 3–4시간

2일

란드룩(Landruk, 1620m) / 피탐 데우랄리(Pitam Deurali, 2100m) – 포레스트 캠프(Forest Camp, 2610m) – 로우 캠프(Low camp, 2995m)	트레킹 6–7시간

A. 란드룩에서 안나푸르나, 마차푸차레의 일출을 보며 포레스트 캠프(Forest Camp, 2610m)로 만병초 군락들과 이끼 가득한 침엽수가 가득한 숲을 걷는다. 3–4시간 걸린다.
　로우 캠프(Low camp, 2995m)는 ABC측으로 나가는 길과 하산길인 시딩(Siding, 1760m)으로 갈라지는 삼거리다. 능선에 오르면 마르디 히말/마차푸차레가 정면에서 모습을 보여준다.

B. 피탐 데우랄리(Pitam Deurali, 2100m)에서 정글을 오르막으로 올라 로우 캠프로 간다. 이정표가 부실하다. 흰색 페인트와 하늘색 페인트로 칠한 표시를 보며 오른다.

3일

로우 캠프(Low camp, 2995m) – 바달단다(Badal danda, 미들캠프, 3200m) – 하이캠프(High camp, 3550m)	트레킹 3시간

능선을 타고 짧게 걷는다. 그동안 올라온 길, 앞으로 가야 할 하이캠프로 가는 길이 바로 보인다. 미들

캠프인 바달단다(Badal danda, 3200m)에 도착한다. 점심식사 하고 1시 이후까지 쉰다.

오후 1시 이후 하이캠프(High camp, 3550m) 로 출발.
오후 3시 이후 천천히 도착한다.

하이캠프(High camp, 3550m) 고소 휴식. 매우 쉰다.	고소휴식

하이캠프(High camp, 3550m) – 마르디 히말 로우 뷰 포인트(Lower View Point, 4200m) – 어퍼 뷰 포인트(Upper View Point, 4450m) – 4500m이정표 – 마르디 히말 BC(4600m) – 하이캠프(High camp, 3550m) – 바달단다(Badal danda, 3200m)	트레킹. 상행 5–6시간. 하산 4시간

만만치 않은 도전이 있는 하루다. 안나푸르나 써킷 – 토롱 라, 틸리초 호수, 메소칸토 라를 제외하고 가장 힘든 코스 중 하나다.
새벽 3시경 능선을 타고 부지런히 오르고 오른다. 로우 뷰 포인트에서 대충 만족하고 하산하지 않는다. 어퍼 뷰 포인트, 4500m이정표를 차례로 지나 마르디 히말 BC(4600m)를 찍고 온다. 막판 100m가 힘들다

바달단다(Badal danda, 3200m) – 로우 캠프(Low camp, 2995m) – 시딩(Siding, 1760m) – 포카라	트레킹. 상행 5–6시간. 하산 4시간

아침 식사 후 가파른 내리막으로 내려간다. 약 7km. 4–5시간 걸린다. 시딩(Siding, 1760m)에서 지프/버스를 타고 포카라로 간다. 3시간 걸린다.

✅ **안나푸르나 코스 중 흰색과 붉은색 페인트칠은 메이저 코스.**
  흰색 + 청색은 사이드 트립 즉 마이너 코스를 말한다.
  흰색 + 청색 = 마르디 히말 코스 표식이다. 잘 보며 다닌다.

1일차

포카라	A : 칸데 (까레, kande, 1770m) – 오캠	포타나 (Pothana, 1950m) 체크포인트	A : 포타나 – 란드룩(Landruk, 1620m) 지프 1시간.	A. 포카라 – 오캠/담푸스 지프 1–2시간. 트레킹 30분–1시간. A–1. 지프 시와이 3시간. 트레킹 1–2시간 B. 오캠 입구/담푸스 지프 1–2시간. 트레킹 4–5시간
			A–1 : 포카라 – 시와이 지프 3시간. 시와이 – 란드룩 트레킹 1–1.5시간	
	B : 담푸스 패스		B : 포타나 – 피탐 데우랄리(Pitam Deurali, 2100m) 트레킹 1시간 +	
	지프 2–3시간.	0.5 – 1시간		

▲ 안나푸르나 1. 오스트레일리안 캠프 혹 담푸스 패스 참조한다.

A. 지프 : 포카라 – 오캠/담푸스 – 란드룩(Landruk, 1620m)
　　　포카라 – 칸데/담푸스 – 오스트레일리안 캠프(Australian Camp, 1920m)/담푸스(Dhampus, 1650m) 패스
시작 지점을 오캠 혹은 담푸스로 정하고 출발한다. 오캠의 교통이 좀 더 편하다. 걸리는 시간은 양측이 모두 비슷하다. 다만 트레킹 시간이 30분~1시간 정도 더 걸린다.
포카라에서 오캠은 칸데로. 담푸스 패스는 담푸스 마을로 간다.
둘 다 포타나 체크포인트로 체크 인 후 지프를 타고 란드룩으로 간다.

포카라 – 담푸스 지프. 1–2시간. 버스 500루피(자주 없다). 합승지프 1000루피.
담푸스(Dhampus, 1650m) 패스 – 포타나(Pothana, 1950m) 체크포인트 트레킹 30분~1시간.
포타나(Pothana, 1950m) 체크포인트 – 란드룩(Landruk) 지프 약 1시간. 숙박.
포카라 – 칸데 버스/지프. 1– 1.5시간 – 오스트레일리안 캠프(Australian Camp, 1920m) 트레킹 1–2시간 + 포타나 30분 + 란드룩 지프 1시간. 숙박.
포카라 – 칸데. 버스 자주 다닌다. 400루피. 택시 2000 – 2500루피.

A–1. 포카라 – 시와이 버스/지프/택시로 하차, 3시간 소요.
시와이에서 도로를 따라 큐미 마을로 간다. 강을 건너 란드룩(Landruk)까지 약 1–2시간 트레킹. 란드룩 숙박.

@ 지프가 포타나에서 란드룩까지 올라간다. 오캠/담푸스 패스 – 포타나(Pothana, 1950m) 체크포인트

– 란드룩 – 포레스트 캠프도 란드룩 도착시간에 따라 시도할만 하다.

▲ 안나푸르나 3. ABC 코스를 참조한다.

B. 트레킹: 포카라 – 오캠/담푸스 패스 – 포타나(Pothana, 1950m) 체크포인트 – 피탐 데우랄리(Pitam Deurali, 2100m) 숙박

포카라 – 오캠/담푸스 패스. A. A–1 참조.
포타나 – 피탐 데우랄리(Pitam Deurali, 2100m) 2시간 트레킹

오캠/담푸스 패스는 네팔 사람들의 소풍코스로도 유명하다. 길이 평탄하고 사람들이 많다.
지프/버스 등으로 점프 포인트까지 가서 트레킹을 시작한다.
30분–1시간 정도 내리막과 약간 오르막을 걸어 포타나(Pothana, 1950m) 체크포인트에서 체크한다.

포타나 – 피탐 데우랄리(Pitam Deurali, 2100m)
이정표에서 우측 피탐 데우랄리/란드룩 쪽으로 나간다.

란드룩(Landruk)까지 지프가 다녀 차를 최대한 피해도 걷기가 불편하다.
산의 조망이 탁 트이기 시작한다. 피탐 데우랄리에서 숙박한다.
약 2.5km 약 1–2 시간 소요.

> ⊘ 피탐 데우랄리(Pitam Deurali, 2100m) 코스는 첫날 포레스트 캠프(Forest Camp, 2610m)까지 충분히 갈 수는 있으나, 지프/비행기에 시달리고 초반부터 오르막을 오르는 계획이 힘든 경우 주로 사용한다. 무리하지 않아도 일정은 결국 같아진다. 천천히 간다.
> ⊘ 마르디 히말은 롯지, 음식 모든 부분에서 가격이 비싸다. 포타나부터 하이캠프까지 동일한 같은 메뉴판과 가격을 받는다. ABC 보다 가격이 더 비싸다.
> ⊘ 코스에서 화장실은 모두 수세식이고, 전기 사정도 괜찮다. 태양열 충전기, 보조 배터리에 충분히 충전해 둔다. 충전, 샤워, 와이파이 사용료 등은 정확하게 물어본 뒤 사용한다. 롯지마다 제각각 다르다.
> ⊘ 포타나에 크게 광고되는 광고판의 숙소 전화번호들을 사진 찍어 둔다. 성수기에는 다음 코스로 가기 전 예약한다. 비수기는 영업 여부를 판단한다.
> ⊘ 같은 숙소에서 식사를 하면 롯지 앞 마당에 텐트를 무료로 치게 해 준다.
> 저녁에 해가 지면 별들이 무수히 많이 나타난다. 은하수도 흐른다. 텐트 치고 자다 문득 텐트 밖으로 신발을 베게 삼아 머리만 내밀고 별을 바라보면 마음이 정말 황홀하다.

추천: 슈퍼 탑 뷰 롯지

A : 란드룩(Landruk, 1620m) B : 피탐 데우랄리(Pitam Deurali, 2100m)	포레스트 캠프 (포캠, Forest Camp, 2610m)	로우 캠프 (Low camp, 2995m)	A: 트레킹 5-6시간 B: 트레킹 7-8시간
A : 란드룩 – 포레스트 캠프, 트레킹 3-4시간 소요. B : 피탐 데우랄리 – 포레스트 캠프 5시간 소요.		2-2.5시간 소요.	

본격적인 트레킹이 시작된다. 안나푸르나, 마차푸차레에서 떠오르는 해를 보며 포레스트 캠프에서 A, B 코스가 만난다. 로우 캠프(rest camp. Low camp, 2995m)로 간다.

A: 란드룩 – 포레스트 캠프(Forest Camp, 2610m)
B: 피탐 데우랄리 – 두드 카르카(Dud Kharkha, 2550m) – 포레스트 캠프(Forest Camp, 2610m)

A: 란드룩(Landruk, 1620m) – 포레스트 캠프(Forest Camp, 2610m)
란드룩 마을에서 포레스트 캠프(Forest Camp, 2610m)는 짧고 가파른 경사로다. 처음에는 완만하게, 설산을 바라보며 걷는다. Forest camp. 이정표가 나오면서 길의 경사가 심해진다. 돌길과 흙길을 따라 매우 조심해서 오른다. 힘들어도 기분 좋은 대나무 숲과 이끼 숲을 지나간다. 가파른 돌계단 길을 드디어 걷는다. 대나무로 간단히 울타리를 설치해 놨으나 돌계단 아래는 절벽이다. 매우 주의해야 한다.
계단길을 마치고 완만한 오르막을 몇 번 오르내린다. 산 중턱 숲 가운데 위치한 포레스트 캠프(Forest Camp, 2610m)에 도착한다.
길쭉하고 마당 넓은 그린 뷰 롯지로 가서 점심을 먹는다. 3-4시간 걸린다.

B: 피탐 데우랄리(Pitam Deurali, 2100m) – 포레스트 캠프(Forest Camp, 2610m)
복잡한 동네 길. 사람들에게 물어서 Forest Camp 이정표를 찾아간다. 피탐 데우랄리(데우랄리)는 이후 두드 카르카의 허름한 찻집을 빼고는 사람이 살지 않는다. 체력관리를 매우 잘해야 한다. 길은 풀숲으로 만병초 군락과 이끼 가득한 울창한 침엽수림을 계속 올라간다. 이정표는 큰 나무와 돌에 칠해진 흰색과 청색 페인트칠이다. 애매한 곳에 칠해져 있다. 간간히 Forest Camp 라는 노란 표지판도 나온다. 조금 트인 곳으로 나오면 넓은 마당이 있는 작은 찻집이 하나 있다. 두드 카르카(Dud Kharkha)다. 비수기에는 문을 닫는다. **5km. 3시간 걸린다.**

▲ 두드 카르카(Dud Kharkha, 2550m) – 포레스트 캠프(Forest Camp, 2610m)
오르막으로 오른다. 오색 깃발이 휘날리는 작은 사원 옆으로 오르면 조망이 탁 트이며 길이 능선으로 이어진다. 이제부터 란드룩 마을에서 올라오는 길과 만나 포레스트 캠프로 같이 간다. 다시 울창한 아름드리 나무들이 가득한 오솔길로 오른다. 성산 마차푸차레가 마중을 나오고 다시 능선을 따라 담담하게 걸으면 포레스트 캠프(Forest Camp, 2610m) 다. 롯지가 3개 있다. 길쭉하고 마당 넓은 그린 뷰 롯지

로 간다. 점심을 먹는다. 3km. 약 2시간 걸린다.

> ⊘ 여름과 비 내리는 늦 봄에는 거머리가 상당히 많다. 소금물 스프레이와 OFF를 준비해 수시로 뿌려 퇴치한다.

▲ **포레스트 캠프**(Forest Camp, 2610m) **― 로우 캠프**(Low camp, 2995m)
A, B코스가 만난다. 점심을 먹은 후 캠프 뒤 Low camp 이정표를 따라 작은 오솔길로 간다. 침엽수림과 만병초, 이끼류가 가득한 울창한 숲으로 들어선다. 계속 오르막이 나와 쉽게 지친다. 체력 배분에 신경을 써야 한다. 마지막 30분은 오르막이 심하다. 능선에 오르면 마차푸차레와 마르디 히말이 정면에 정확하게 나타난다. 풍경들이 매우 아름답다. 약 3km. 2–2.5시간 걸린다.

추천숙소: 호텔 릴리구라스 가든 앤 레스토랑
(큰 나무와 식당의 산 조망이 좋다)

> ⊘ 로우 캠프(Low camp, 2995m)는 ABC와 하산길인 시딩(Siding, 1760m)으로 갈라지는 삼거리다. 380미터 정도 올린다. BC구간을 제외하고 마르디 히말에서 가장 힘든 구간이다.
> ⊘ 로우캠프부터 N-cell도 잘 안 잡히고 롯지의 와이파이도 잘 안 잡힌다.
> ⊘ 숙박비는 자기 전 저녁에 한번. 아침 식사 후 합계를 내서 정확하게 계산한다. 먹지 않고, 하지 않은 부분도 자주 계산에 포함되고, 총 계산도 자주 틀린다. 물론 항상 비싸게 계산되어 있다. 악의가 있어서 그런 것은 거의 아니고 그냥 계산을 자주 틀린다.
> ⊘ 바달단다(Badal danda, 3200m)까지 거리와 시간상 충분히 오를수도 있다. 길도 힘들지 않다. 그러나 이미 하루만에 고도를 많이 올렸다. 고산병이 오는 구간은 아니지만 영향이 있다. 로우 캠프에서 머무르는 것을 추천한다.
> ⊘ 항상 가격을 물어본다. 대개 wifi 300. 전기충전 300. 핫 샤워 300루피 정도. 묻지 않고 사용하면 가격이 높아지는 경우도 있다.

3일차

로우 캠프 (Low camp, 995m)	바달단다 (Badal danda, 3200m)	하이캠프 (High camp, 3550m)	트레킹 4시간
1.5 시간		2시간	

▲ **로우 캠프**(Low camp, 2995m) **― 바달단다**(Badal danda, 3200m)
오늘 트레킹 거리는 짧다. 그러나 고산병이 오는 구간이다. 천천히 오른다.

아침 식사를 하고 좁은 숲길을 걷는다. 능선에 오르면 작은 찻집이 있다. 뷰 포인트이므로 차 한잔 마시는 것도 좋은 선택이다. 1시간 정도 걸린다.

이제 능선을 타고 걷는다. 그동안 올라온 길, 앞으로 가야 할 하이캠프와 마르디 히말 전체가 잘 보인다. Highcamp이정표를 따라 낮은 풀밭 사이로 간다. 구름을 밟으며 걸으면 바달단다(Badal danda, 3200m)다. 미들 캠프라고도 한다. 바달단다에 롯지가 있다. 구름이 깔린 넓은 마당에 그네가 있고 당구대도 있다. 잘 느끼지 못하지만 이미 걸음도 조금 느려져 있다. 여기서 점심 먹고 몸을 편하게 해주고 쉰다. 30분 걸린다.

⊘ **풍힐, 모하레 단다, 코프라 단다, ABC, 안나푸르나 써킷 등을 마치고 마르디 히말에 오르는 경우가 아니라면 바달단다(Badal danda, 3200m) – 하이캠프는 오후 1시 이후 출발한다.**

▲ **바달 단다(Badal danda, 3200m) – 하이캠프(High camp, 3550m)**

길은 계속 능선을 타고 간다. 시야가 트여 풍경은 좋지만 동시에 햇볕도 강하다. 챙이 넓은 모자를 쓰고 선 블록을 바르고 선글라스를 착용한다. 길은 매우 정확하다. 겨울이 아니라면 특별히 주의해야 할 부분은 없다. 하이캠프에 오후 3시 이후 도착해 고산에 적응한다.

약 2시간 소요.

하이캠프에 롯지가 7개로 늘었다. 많이 좋아졌으나, 아직도 매우 기본적인 수준이다. 작은 언덕과 언덕 사이에 자리 잡아 마당 넓고 햇볕 잘 들고 풍경은 매우 좋다.

⊘ 성수기에는 특히 2일전 전화로 예약한다. 그러나 당일 아침 일찍 로우 캠프에서 포터를 먼저 보내 방을 잡아놓도록 한다.

추천숙소: 호텔 트레커스 파라다이스 레스토랑(약간 낮다)

⊘ 겨울의 마르디 히말은 안나푸르나답게 엄청난 추위와 폭설로 유명하다. 하이캠프는 눈이 롯지 지붕보다 더 높이 쌓인다. 겨울에 하이캠프에 오르다 눈에 미끄러져 추락. 실종사고가 나는 경우도 있다. 한번 이 지역에서 눈 속에 실종되면 헬기로 찾아도 쉽게 찾지 못한다. 다음해 5월은 지나야 찾을수 있다.

⊘ 밤에는 굉장히 춥다. 침낭은 꼭 겨울 침낭으로 준비한다.

하이캠프(High camp, 3550m) **고소휴식.**	고소휴식
(푼힐, 코프라단다, ABC, 안나푸르나 써킷 등을 마친 경우 휴식 없이 바로 진행한다)	

무리해서 고도를 올리며 적응하지 않는다. 샤워하지 않는다. 롯지 주변을 구경하는 정도로 움직이고 쉰다. 저녁 식사 하고 아침 먹을 것으로 삶은 감자, 계란, 빵, 햇반, 군용식량, 건빵, 쵸코바 등을 준비한다. 물을 충분히 준비한다. 옷도 방풍, 방수, 보온하도록 충실하게 준비한다. 밤에 뜨거운 물과 감자를 안고 자면 매우 따뜻하다.

헤드랜턴, 손전등 등도 밧데리를 확인하고 잘 보온해둔다. 스틱도 바짝 조여두고 일어나면 바로 떠날 수 있도록 가이드 등에게 다짐을 여러 번 받아둔다.

하이캠프 (High camp, 3550m)	마르디 히말 로우 뷰 포인트(Lower View Point, 4200m)	어퍼 뷰 포인트(Upper View Point, 4450m)	4500m 이정표	마르 디 히말 BC(4600m)	하이캠프 (High camp, 3550m)	바달단다 (Badal danda, 3200m)	상행 5–6시간. 하산 4시간
2시간		1시간	30분	1–1.5시간	3 – 4시간 소요.		

불필요한 짐은 모두 롯지에 맡겨둔다. 하이캠프(High camp, 3550m)에서 떠나 로우 뷰 포인트와 어퍼 뷰 포인트를 지나 마르디 히말 BC를 왕복하고 바달단다까지 하산한다.

하이캠프(High camp, 3550m) – 로우 뷰 포인트(Lower View Point, 4200m)
거리 2.2km.

새벽 3시경 하이 캠프에서 떠난다. 식사와 물이 준비됐으면 가이드 등이 일어나지 않아도 정시에 떠난다. 롯지에 떠난다고 말하고 길을 나서면 곧 따라온다.

어두운 밤. 헤드랜턴 불빛에 의지해 오르막을 오른다. 길은 좁고 거칠다. 어슴프레 마르디 히말(Mardi Himal, 5587m), 마차푸차레(Machhapuchhre, 6993m), 계곡 건너편의 안나푸르나 사우스(Annapurna South, 7219m), 안나푸르나 1(Annapurna 1, 8091m), 안나푸르나 팡(Annapurna Fang, 7647m), 텐트 피크(Tent Peak, 5695m) 등이 차례대로 나와 트레커를 기다린다.

오색깃발과 룽다가 휘날리는 마르디 히말 로우 뷰 포인트(Lower View Point, 4200m)에 도달한다. 마차푸차레가 가장 크고 높게 나와 있다. 넓고 평평하며 풍경이 멋진 전망대다. 겹겹이 펼쳐진 산과 구름의 바다를 볼 수 있다. 찻집이 3개 있다. 약 2시간 소요.

> ⊘ 마르디 히말 뷰 포인트는 비수기에 문을 열지 않는다. 또 폭설, 폭우시 몇 미터씩 내리는 눈에
> 길이 막히면 올라가지 못한다.

로우 뷰 포인트(Lower View Point, 4200m) – 어퍼 뷰 포인트(Upper View Point, 4450m)

키 작은 잔디로 덮인 능선 언덕을 지겹게 오르내린다. 마차푸차레는 계속 거기에 있다. 다 무너진 돌탑과 작은 규모의 오색깃발들이 계속 나온다. 어퍼 뷰 포인트(Upper View Point, 4450m)까지 오른다. 약 1시간 소요.

어퍼 뷰 포인트(Upper View Point, 4450m) – 4500m이정표

어퍼 뷰 포인트에서 능선을 따라 조금 걸으면 4500m이정표 겸 낮은 돌탑과 오색깃발이 나온다. 사람들이 다니기 편하게 일부분에 돌을 좀 깔아났다. 30분 소요.

4500m이정표 – 마르디 히말 BC(4600m)

성산 마차푸차레는 힌두교의 주신(主神) 시바 신의 집이니 오를 수 없다. 그래서 결국 마차푸차레 BC가 마르디히말 BC가 되었다.

4500m 이정표에서 바라보면 언덕 뒤로 살짝 튀어나온 왼쪽 하얀 산이 마차푸차레다. 오른쪽 정면의 조금 낮은 평평한 산이 마르디 히말(Mardi himal, 5588m)이다. 고도는 100미터 차이이지만 경사가 급하고, 고산병이 올 수 있는 지역이라 속도가 늦다. 경사는 급하고, 마른 풀과 모래와 자갈이 가득한 모레인 지역을 통과해 오른다. 그렇게 가다보면 다시 능선에 오른다. 마르디 히말 BC(4600m)이다. 약 2미터짜리 초르텐(돌탑)이 하나 서 있다. 마차푸차레가 바로 손에 잡힐 듯이 가깝다.

약 1시간 반 소요.

하산

그동안 지나온 길. 곧 하산할 길이 아주 정확하게 보인다. 길은 계속 내리막이다. 4500m 이정표, 어퍼 뷰 포인트(Upper View Point, 4450m) 이정표, 마르디 히말 로우 뷰 포인트(Lower View Point, 4200m)로 순서대로 조심스럽게 내려간다. 하이캠프 – 미들캠프인 바달단다(Badal danda, 3200m)까지 약 4시간 소요.

바달단다 (Badal danda, 3200m)	로우 캠프 (Low camp, 2995m)	시딩 (Siding, 1760m)	포카라	트레킹 약 3시간 지프 2-3시간
1시간		약 2시간	지프 2- 3시간	

바달단다에서 로우캠프까지는 약 1시간 소요.

로우 캠프 – 시딩(Siding, 1760m)
약 4km정도의 거리이다. 길은 돌이 많은 가파른 내리막이다. 약 2시간 정도 걸린다.

> ⊘ 대기하고 있는 볼레로 지프 기사들과 흥정을 하고 탄다. 손님이 없으면 흥정도 쉽다. 단체로 경매
> 하듯 하는 흥정을 하지 말고, 그냥 1대 1로 흥정하는 것이 더 결과가 좋다. 대략 공정가는 1인당
> 3000루피. 5명 만차는 7500루피이다. 가격을 정확하게 흥정하고 포카라로 출발한다.

시딩(Siding, 1760m) – 포카라 지프 : 약 3시간 정도 걸린다.

> ⊘ **푼힐, 모하레 단다, 코프라 단다, ABC 등과 연계**
> 마르디 히말은 맨 나중으로 한다. 마르디는 안나푸르나 내측 써킷에서 고도가 가장 높은 편으
> 로 접근 기간도 길다. 시설이 제일 열악하며, 고산에 적응해야 하고 몸도 훈련이 필요하다. 어
> 떤 코스에서 출발해도 가장 마지막 코스로 붙여 계획을 잡는 게 맞다.

> ⊘ **오스트레일리아 캠프(오캠)으로 하산하는 경우**
> 로우캠프 – 포레스트 캠프 – 란드룩으로 하산.
> 란드룩 – 포타나 지프 1시간. 포타나 – 오캠 30분 트레킹.
> 오캠 – 카데 1시간 트레킹.
> 카데 – 포카라로 지프 / 버스 1시간.

> ⊘ **담푸스 패스로 하산하는 경우**
> 란드룩 – 포타나 지프 1시간. 포타나 – 담푸스 트레킹 1시간.
> 담푸스 – 포카라 지프 1.5 – 2시간 소요.

> ⊘ **란드룩 – 큐미 – 시와이 – 포카라로 하산**
> 로우 캠프 – 포레스트 캠프 – 란드룩 마을로 하산.
> 현수교로 강을 건너 큐미 마을에 도착. 큐미/시와이에서 지프/ 버스를 타고 포카라로 간다.
> 트레킹 4시간. 지프 3시간 소요.

· 안나푸르나 6 · 안나푸르나 써킷(Annapuruna Circuit)

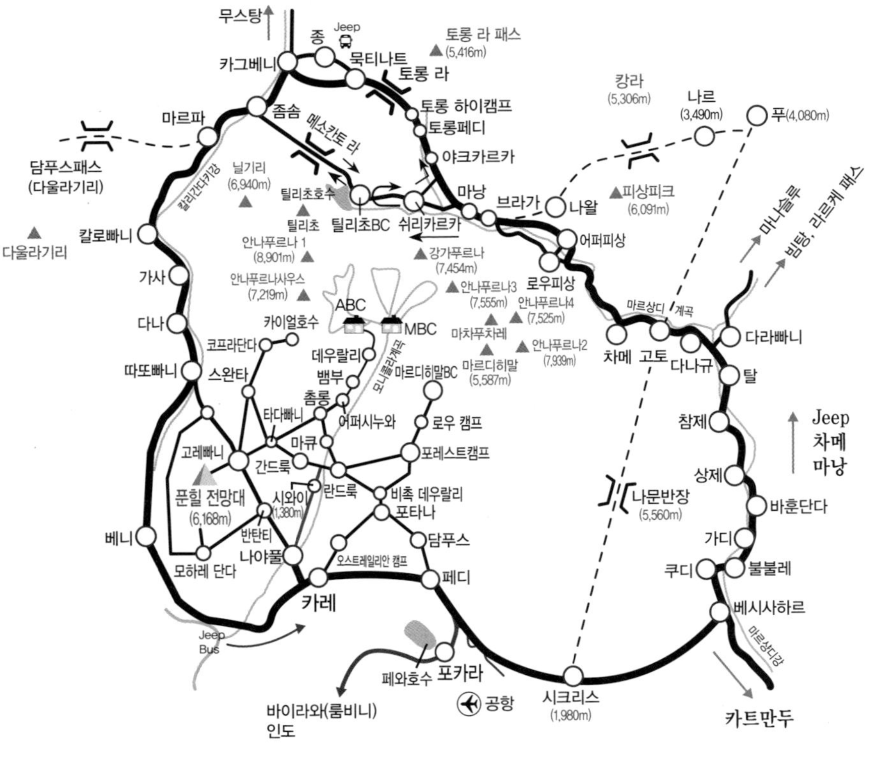

무스탕

종 Jeep
카그베니 묵티나트
토롱 라 패스
(5,416m)
마르파 토롱 라
좀솜 메스칸토 라 토롱 하이캠프
토롱페디
담푸스패스 닐기리 야크카르카 캉라 나르
(다울라기리) (6,940m) (5,306m) (3,490m) 푸(4,080m)
틸리초호수 마낭
칼로빠니 틸리초 브라가 나왈 피상피크
안나푸르나 1 틸리초BC 쉬리카르카 (6,091m)
다울라기리 (8,901m) 어퍼피상
가사 안나푸르나사우스 강가푸르나 로우피상
(7,219m) (7,454m) 마르상디 계곡
다나 ABC 안나푸르나3 안나푸르나4 다라빠니
카이얼호수 MBC (7,555m) (7,525m)
코프라단다 마차푸차레 안나푸르나2 차메 고토 다나규
따또빠니 데우랄리 (7,939m) 탈
스완타 뱀부 마르디히말BC 참제 Jeep
타다빠니 촘롱 마르디히말 차메
고레빠니 어퍼시누와 (5,587m) 상제 마낭
푼힐 전망대 마큐 로우 캠프 나문반장 바훈단다
(6,168m) 간드룩 시와이 포레스트캠프 (5,560m) 가디
베니 (1,380m) 란드룩 비촉 데우랄리 쿠디 불불레
반탄티 포타나
모하레 단다 나야풀 오스트레일리안 캠프 담푸스 베시사하르
카레 페디

바이라와(룸비니) 페와호수 포카라 공항 시크리스
인도 (1,980m) 카트만두

Start. 베시사하르

── 도로(Jeep)　　━━ 안나푸르나 써킷
---- 트랙
⅄ 패스　　　---- 10. 안나 3pass

카트만두/포카라 → 안나푸르나 써킷 (Annapuruna Circuit) → 카트만두/포카라 시계 반대 방향

일정: 카트만두/포카라 기준 10박 11일.
최고 고도: 토롱 라 (Thorung La, 5416m)
난이도: ★★★★★   **편리성:** ★★★
풍경: ★★★★★   **이용도:** ★★★★★

일정 소개

안나푸르나 써킷(Annapuruna Circuit)은 풍요의 여신 안나푸르나 산군을 가운데 놓고 동쪽으로는 마르상디 계곡. 서쪽으로 칼리간다키 강을 따라 닐기리, 틸리초, 마차푸차레 등 수많은 연봉을 방문하며 시계 반대 방향으로 크게 도는 코스다. 시계방향도 가능은 하나 난이도가 너무 높아져서 평범한 트레커들은 시도하기 어렵다. 보통 마낭에서 토롱 라(Thorong La, 5416m)를 넘어 내려가면 티벳불교, 뵌교, 힌두교의 성지인 묵티나트를 방문하게 되고, 묵티나트에서 어느 쪽 코스를 잡느냐에 따라 계속 하산을 할 수도 있고, 무스탕 쪽으로 트레킹을 할 수도 있다. 안나푸르나 일주 코스는 옆의 다른 곳들을 방문할 수 있는 방법도 많으므로, 트레커의 체력과 일정에 따라 다양한 트레킹이 가능하다. 안나푸르나 일주 트레킹은 도로의 발달로 3주 이상 걸리던 코스가 10일 정도로 줄었다. 필자로서는 상당히 안타깝다.

안나푸르나는 티벳과 네팔 사이의 가장 활발했던 무역로였다. 셀 수 없이 많은 산봉우리와 넉넉한 인심을 가진 현지인 마을이 연결되었다. 넓게 펼쳐진 길과 밭을 따라 네팔의 다양한 종족들인 따망, 구룽, 네왈, 체트리, 마낭, 타칼리족들의 문화

도 만날수 있다.

필요서류: 안나푸르나 국립공원 입장료 3000. TIMS 2000

> ✓ 국립공원 입장료는 당연히 각 체크포인트에서 세심하게 확인한다. 그런데 TIMS는 최근 애매한 부분이 있다. 내라고도 하지 않고, 내지 않는 트레커들도 많아지고 있다. 가이드 강제 고용도 다시 흐지부지 되고 있다. 출발전 현지 확인한다.

안나라운드_가루_신한범

안나푸르나 6. 카트만두/포카라 – 안나푸르나 써킷(Annapuruna Circuit) – 카트만두/포카라 일정표

일	일 정	비고
1	카트만두/포카라 – 베시사하르(Besisahar, 760m) 버스 7–8시간 **베시사하르**(Besisahar, 760m) **– 차메**(Chame, 2630m) 비포장도로. 지프 5–6시간. 베시사하르 도착 후 체크포인트에서 TIMS 2000루피. 국립공원 입장료 3000루피 지불. 차메 숙박	베시사하르 버스 7–8시간 지프 6–7시간 차메 지프 5–6시간
2	**차메**(Chame, 2630m) **– 어퍼 피상**(Upper Pisang, 3300m) 마르샹디 강을 건너 웅장한 암벽과 대평원을 지나 안나푸르나 2봉을 보며 어퍼 피상(Upper Pisang, 3300m)에 도착한다.	트레킹 6–7시간 약 15km
3	**어퍼 피상**(Upper Pisang, 3300m) **– 브라카**(Braka, 3439m) 가파른 산허리로 올라서 안나푸르나의 산군들을 따라 대평원으로 이동. 티벳 불교의 대 선지식 밀라레빠의 자취를 따라본다.	트레킹 7–8시간 약 12km
4	**브라카**(Braka, 3439m) **고도 적응 휴식** 브라카 곰빠 방문. 동네만 돌아다녀도 충분한 고도 적응이 된다.	–
5	**브라카**(Braka, 3439m) **– 밀라레빠 수행토굴**(4100m) / **안나푸르나 3봉 BC** (4200m) **– 마낭**(Manang, 3500m) 밀라레빠의 수행토굴과 맞은편 안나푸르나 3봉 BC의 빙하를 방문한다. 하산 후 지역의 중심지 마낭으로 간다.	트레킹 7–8시간
6	**마낭**(Manang, 3500m) **– 야크 카르카**(Yak kharka, 4050m) **– 레다르**(Ledar, 4250m) 마르샹디 협곡과 강을 따라 초반 경사가 좀 심하다. 군상에서 완만한 오르막으로 야크 카르카(Yak kharka, 4050m)를 지나 레다르(Ledar, 4250m)에 도착한다.	트레킹 5–6시간
7	**레다르**(Ledar, 4250m) **– 토롱 페디**(Thorung pedi, 4525m) 강을 건너 언덕을 넘어 양측 암벽이 문처럼 서 있는 사이에 토롱 페디(Thorung pedi, 4525m)에 도착한다. 일찍 도착해 전기충전한다. 다음 날 음식을 충분히 장만해 놓고 따뜻하게 쉰다. 새벽에 떠난다. 고산에 충분히 적응이 되었다면 하이캠프에서 숙박을 해도 된다. ⊘ 몸이 힘들면 토롱 익스프레스의 도움을 받는다.	트레킹 2.5–3시간, 약 5km

8	**토롱 페디**(Thorung pedi, 4600m) **− 하이캠프**(High camp, 4925m) **− 토롱 라** (Thorung La, 5416m) **− 묵티나트**(Muktinath, 3760m) 대망의 토롱 라를 넘는날이다. 약 16km. 고도 800미터를 올리고 1600미터를 내린다. 새벽 3시에 떠나 하이캠프를 지나 토롱 라에 오른다. 묵티나트로 1600m를 하산한다. 성지 묵티나트는 매우 큰 마을이다. 전기도 들어오고 인터넷도 가동된다. 포카라 등으로 지프/버스가 연결된다. 오후 4−5시 도착.	트레킹 10−12시간
9	**묵티나트**(Muktinath, 3760m) **− 까그베니**(Kagbeni, 2810m) **− 묵티나트**(Muktinath, 3760m) **동네 구경** 메인로드를 따라 천천히 내려가면서 여러 동네 구경을 한다. 까그베니는 아름다운 자연 이외에 티벳 불교 전래 전 만들어진 뵌교의 수호상들이 가득하다. 까그베니는 무척 아름다운 동네인데, 사과 브랜디와 사과주스가 유명하다. 꼭 마셔보자. 묵티나트로 돌아와 사원을 방문하고 쉰다.	트레킹 5−6시간.
10	**묵티나트**(Muktinath, 3760m) **− 루브라 밸리**(Lubra Valley, 3772m) **− 좀솜**(Jomsom, 2720m) **/ 말파**(Marpha, 2670m) 묵티나트 − 루브라 밸리(Lubra Valley, 3772m)로 하산. 애칭 로워 무스탕 이라고도 한다. 항공기 이용시 좀솜. 버스 이용시 말파에서 숙박한다.	트레킹 7−9시간 소요
11	**좀솜**(Jomsom, 2720m) **/ 말파**(Marpha, 2670m) **− 따또빠니**(Tatopani, 1190m) **− 포카라/카트만두** 비행기를 이용해서 포카라에 갈 때, 비행시간은 20분 정도다. 버스로 말파 − 포카라에 갈 때 거의 초저녁에 도착한다. 칼리 간다키 강을 따라 말파(Marpha, 2670m) − 투쿠체(tukuche, 2950m) − 칼로빠니(kalopani, 2530m) − 가사(ghasa, 2010m) 후 따또빠니(Tatopani, 1190m)로 간다. 도로가 따또빠니에서 가콜라 가온(Gharkholagaon, 1170m)과 베니로 갈라진다. 베니를 지나 포카라/카트만두로 나가 트레킹을 종료한다. 푼힐/모하레 단다/코프라단다로 연결하는 경우 따또빠니 하차. A: 지프/트레킹으로 고레빠니/시카 까지 올라가 숙박. 계속 진행. B: 따또빠니 숙박 후 아침에 지프/트레킹으로 고레빠니/시카를 연결한다.	경비행기 20분. 버스 카트만두 12−13시간 포카라 10−11시간

안나푸르나 6. 카트만두/포카라 – 안나푸르나 써킷(Annapuruna Circuit) – 카트만두/포카라. 시계 반대 방향 세부 일정표

1일차

카트만두/포카라	베시사하르 (Besisahar, 760m)	차메 (Chame, 2630m)	카트만두/포카라 – 베시사하르 (Besisahar, 760m) – 175 km 버스 7–8시간 지프 6–7시간
버스 7시간/ 지프 6시간		지프 5시간	베시사하르(Besisahar, 760m) – 차메(Chame, 2630m) 68 km 지프 5–6시간

입산

안나푸르나 써킷 코스는 카트만두 서쪽에 있다. 카트만두 – 베시사하르까지는 약 175km다. 카트만두 – 포카라는 베니와 베시사하르 사이 아래쪽에 위치해 있으나 도로상태가 별로 좋지 않다. 거리는 약 150km이다.

대개 카트만두 – 포카라로 간 뒤 입산 준비 하고 조금 쉬었다가 베시사하르로 입산하고 다시 포카라에서 쉬었다가 카트만두로 돌아간다. 네팔에 왔는데, 카트만두에서 산으로 바로 들어가고 다시 카트만두로 가는 경우도 있기는 하다. 그러나 포카라를 가지 않으면 많이 아쉬울 것이다. 등산에도 마무리. 여백. 잔심이란 것이 필요하다.

카트만두와 포카라에서 같은 시간에 출발해도 입산 시작점인 베시사하르로 들어가는 시간은 거의 비슷하다.

항공: 카트만두 – 포카라 편 / 포카라 – 좀솜은 운항한다.
포카라 – 훔데는 운항하지 않는다. 헬기 이용은 가능하다.

카트만두 – 베시사하르 (공가부 버스 터미널 Gongabu bus park)
오전 6시 반 – 오후 2시에 도착한다. 7–8시간 소요.

택시 탑승시 공가부 버스 터미널/파크(베시사하르 버스 터미널)라고 하면 알아듣는다. 300루피.

도보: Map's me 사용. GPS 켜고 타멜에서 약 3.3km이다. 일반 디럭스 버스는 요금도 깍아준다. 투어 버스, 32인승 900루피 정도.

포카라 – 베시사하르

버스/지프 5–7시간 소요. 레이크 사이드 타칼 호텔/ 지프 스탠드 앞에서 승합차(밴)/지프/버스를 탄다. 길도 안 좋고 거리가 멀다. 지프는 자리가 좁고 많이 흔들려 긴 시간 탑승이 매우 불편하다. 지프보다는 버스를 추천한다.

베시사하르(안나푸르나 체크포인트)

어디에서 출발하든 오후 2–3시 사이에 베시사하르에 도착한다.
베시사하르 체크포인트에 들려 체크한다.

여권 사진 4장. TIMS. 2000 루피. 국립공원 입장료 3000루피. 복사해둔다.

버스가 도착하면 호객꾼/지프 기사/지프 회사 직원이 바로 붙어 호객하므로 크게 찾아 다닐 필요는 없다. 바로 옆 지프 터미널에서 표를 사서 출발한다.
트레커와 가이드 등 네팔 사람들의 표 가격이 다르다.

베시사하르 – 차메. 지프 3000루피. 가이드, 포터 1500루피.
베시사하르 – 마낭. 지프 5000루피 가이드, 포터 2500루피.
차메 – 마낭 지프 2000루피. 가이드, 포터 1000루피.

> ✅ 가이드/포터 등은 현지인 가격. 외국인은 현지인 가격의 2배다. 종종 가이드/포터 요금도 외국인 가격으로 받는다. 항의해서 가이드나 포터는 현지인 가격으로 지불하도록 한다. 가이드나 포터가 고용주인 손님을 위해 가격흥정도 해주는 경우는 거의 없고. 대개 구경만 한다. 그게 인도, 네팔, 스리랑카, 방글라데시 등 서남아시아권의 문화다. 바가지에 동조해서는 아니다. 이것저것 알면 언성이 높아지거나 흥정을 해야 할 일이 많이 늘어난다. 실력이 늘면 현지인 보다 가격이 더 내려가는 경우도 생긴다.

> ✅ 지프로 차메 – 마낭까지 2시간만 더 진행하면 되지만 고산병이 올 수 있는 높이다. 또 이 구간 사이의 아름다운 절경을 놓친다면 트레킹을 하는 이유가 사라지는 것이다. 차메에서 숙박 후 트레킹을 시작하는 것이 현명하다.

베시사하르 – 차메 지프 탑승.

베시사하르(Besisahar, 760m) – 불불레(Bulbule, 923m) – 참제(Chyamje, 1400m) – 다라빠니(Darapani, 1860m) – 바갈찹(Bagarchhap, 2160m) 등 예전의 아름다웠던 트레킹 길을 우측 아래로 내려다보며 간다. 어두운 밤에 차메(Chame, 2630m)에 도착한다.
차메는 안나푸르나의 행정중심지다. 시장이 있고 초,중,고등학교가 있는 큰 마을이다. 차메 우측 출렁

다리 아래 개울가 오른쪽에 2개의 작은 노천 온천이 있다. 밤에 달이 좋으면 달빛에 비친 설산이 그렇게 아름답다. 포탈라 롯지의 깍두기, 수제비, 볶음밥 솜씨가 좋다.

산장(상소) 게스트하우스. 숙소 정면의 아침 조망과 바로 옆 온천이 매우 좋다. 술 좋아하는 이들에게는 매우 유혹적이다.

추천숙소: 포탈라 롯지, 산장(상소) 게스트하우스.

다라빠니_신한범

⊘ **체크포인트:** 베시사하르(Besisahar) 이후 다라빠니(Darapani, 1860m) 국립공원 체크포인트 등은 가이드에게 복사본을 주고 처리하게 한다. 고토(Koto, 2600m) 경찰 체크포인트 등은 외국인도 간간히 내려서 경찰의 검문과 서류 확인에 응해야 한다. 특히 중국인이 아니라는 점을 상당히 강조해야 한다. 그냥 (노 차이니스 !!!) 라고만 해도 잘 통한다.

경찰들은 어이없게도 한국 여권을 들고도 중국인이냐고 묻는다. 차에 같이 탄 네팔 사람들은 중국 사람이 같이 탔다고 신고하기도 한다. 차를 안 보내주고 열심히 이것저것 많이 묻고 가방, 배낭 다 체크 하는 일도 계속 벌어진다. 코리언, 까올리 ~ 한국인이어요!! 라고 당당하게 여러 번 강조하면 묻지도 않고 보지도 않고 바로 보내준다. (산골 경찰은 영어를 전혀 모른다. 동네 어지간한 사람들도 영어가 안된다.)

⊘ **다라빠니**(Darapani, 1860m) **체크포인트**

이곳은 긴 다리를 여러번 건너 빔탕 – 라르케 패스를 말로 타고 바로 넘어 마나슬루를 역방향으로 트레킹하는 빔탕 익스프레스 코스가 연결되는 곳이다. 마나슬루는 특수 트레킹 코스다. 카트만두/포카라 등에서 하루 정도 여유를 가지고 안나푸르나 + 마나슬루와 관련한 서류처리를 해야 한다. 마나슬루도 롯지가 모두 완비되어 롯지 트레킹이 가능하다. 시설이나 트레킹 코스가 저지대 구간이 길고 거칠다. 라르케 패스도 길어서 조금 힘들지만 토롱 라 보다는 쉽다. 마나슬루 BC도 아주 독특한 아름다움이 있다. 마나슬루 써킷 + 안나푸르나 써킷으로 많이 진행한다.

⊘ 고토(Koto, 2600m)에서 나르(Narr, 4200m) – 푸(Phu, 4080m) 코스가 시작된다. 역시 특수 트레킹 지역으로 퍼밋(허가)이 따로 필요하다. 하루 정도 서류 처리 시간이 든다. 오지 중의 오지를 사랑하는 이들이 선택한다. 그런데 볼게 하나도 없다.

⊘ 도로 붕괴 등으로 차메까지 도달하지 못하는 경우 그 지점에서 숙박한다. 다음 날 다시 지프로 출발해 트레킹을 시작해도 큰 지장이 없다.

✅ **환율:** 2024년 9월 현재 대략 135루피 = 1달러. 100루피 = 1000원. 1000루피 = 10000원. 한국 돈으로 환산하여 물가를 계산한다.

그러나 현지의 저렴한 소득수준과 물가로 여행을 하는 것이다. 다만 예전에는 캠핑을 했을 곳에 높은 고도까지 운송을 하므로 그에 대한 비용을 많이 내는 것이다. 하지만 포카라/카트만두 시내에서 하루면 트럭으로 물건 배달을 하는 요즘도 가격은 말이 1주일 이상 걸어와 배달하던 시절과 큰 차이가 없다.

포터 역시 여행사에 내는 수수료 30-50%를 제외하고도 같은 일을 하는 일반 동네 포터에 비해 2배 이상을 더 받는다. 이를 참조하여 너무 불쌍하게 생각하지 않아도 된다. 그러나 너무 야박하지 않게 한다.

2일차

차메 (Chame, 2630m)	브라탕 (Bhratang, 2850m)	두쿨 포카리 (Duikur pokhari, 3060m)	어퍼 피상 (Upper Pisang, 3300m)	트레킹 6-7시간
2시간		2시간	1.5시간	약 15km

▲ **차메(Chame, 2630m) - 어퍼 피상(Upper Pisang, 3300m)**

출발 전 맵스 미를 켜서 대충 코스를 머리에 입력한 후 도로와 같이 걷는다. 탈레쿠(Taleku, 2720m)까지 약 40분 소요된다. 막판에 오르막이 조금 있다.

곧 아주 작은 마을 브라탕(Bhratang, 2850m)이다. 주변이 전부 빈약한 크기의 사과농장이다. 유리 피라밋 형태의 까페가 있다. 사과는 가을에 열린다. 사과파이, 도넛, 말린 사과, 브랜디, 사과 주스 등이 생산된다. 커피도 판다. 1시간 정도 걸린다.

길을 가다 보면 가파른 스키장 같은 높고 웅장한 암벽이 보인다. 동네 사람들은 죽어서 저곳을 통해 저

차메_신한범   차메_신한범

세상으로 간다고 믿는다. 천국으로 가는 문(heaven's gate) 곧 팡디단다(Pangdi Danda, 4666m)다. 전에는 팡디단다 바로 밑으로 걸었으나 이젠 길에서 좌측 다리를 건너 급경사로 30분을 올라가 도로와 만난다.

안나푸르나 2봉을 다시 보면서 팡디단다를 돌아보며 두쿨 포카리(Duikur pokhari, 3060m)에 도착한다. 이제 슬슬 날씨가 추워진다. 옷을 챙겨 입는다.

마르상디 강을 건너 대평원을 지나 피상에 도착한다. 여기서부터 브라가로 가는 길이 안나푸르나 2, 3, 4봉과 강가푸르나를 잘 조망할수 있는 최고의 코스다.

도로와 강으로 갈려 윗 마을과 아랫 마을이 되었다. 롯지는 도로 옆에 딱 붙은 로워 피상(lower Pisang, 3200m)에 많다. 조망이 탁월한 어퍼 피상(Upper Pisang, 3300m)에 간다.

✓ 두쿨 포카리(Duikur pokhari, 3060m)에서 도로로 가면 편하다. 그러면 도로기행이지 트레킹이 아니게 된다. 산길로 가자고 하면 종종 포터들이 산 길이 힘들다고 반발한다.

이 경우 포터는 어퍼 피상으로 먼저 보내고 가이드만 데리고 트레킹 길을 따라 어퍼 피상(Upper Pisang, 3300m)으로 간다. 다음 날 브라카 가는 길도 이 지역 최고의 절경이다. 그 절경을 놓칠 수 없다.

어퍼 피상에서 가이드와 상의하여 가는 길을 명확히 정한다. 반대하고 고집부리면 교체한다. 가이드도 같은 생각이면 여행사에 연락해 둘 다 즉각 교체한다. 교체해도 일정에는 아무 문제 없다. 산속에서 새 가이드가 바로 와서 교대한다.

✓ 자주 쉬며 차 마시고 아침에 가이드 등과 대략적인 점심, 저녁 식사시간, 위치를 정하고 출발한다. 고용주인 트레커가 차를 마시면 그도 차를 마실 수 있게 된다. buy 1 + take 1 시스템이다. 야크 스테이크로 밥을 먹으면 그들도 졸지에 고기를 먹게 된다. 먹는 것에 너무 인색하지 말자. 대신에 술 마시는 것은 하지 않는 것이 좋다. 가이드까지 술을 마시면 트레킹이 결국 실패한다.

✓ 고용주인 트레커는 가이드나 포터가 추천한 숙소로 따라도 가지만 지정해도 된다. 숙소 상태나 식사가 안 좋으면 직접 좋은 곳을 골라 옮기면 된다. 내 취향에 맞춰가는 것이다. 가이드의 취향과 입장에 맞추지 않는다.

일정 선을 넘으면 단호하게 거절하고 기강을 잡는다. 처음 2–3일은 그렇게 서로 맞추고 알아가는 시간이 계속된다.

그 외에 모든 계산을 항상 정확하게 살펴보고 집행한다. 네팔 사람들은 계산에 약해서 늘 틀린다. 자연스럽게 과다, 허위 청구된다. 가끔 산장 주인/직원들과 짜고 이중가격으로 바가지를 씌우는 경우도 있다.

어퍼 피상 (Upper Pisang, 3300m)	갸루 (Ghyaru, 3670m)	응가왈 (Ngawal, 3660m)	브라카 (Braka, 3439m)	트레킹 7–8시간
트레킹 3시간		2.5시간	1.5시간	약 12km

▲ 어퍼 피상(Upper Pisang, 3300m) – 브라카(Braka, 3439m)

오전 9–10시쯤 늦게 출발한다. 안나푸르나 2봉으로 떠오르는 햇살을 받으며 도로를 피해 평탄한 숲 길을 걷는다. **1시간 소요.**

불경을 돌에 새겨 켜켜이 벽으로 쌓아 놓은 마니 월을 따라 길도 급하게 올라간다. 현수교를 지나며 계속 올라간다.

갸루(Ghyaru, 3670m)는 안나푸르나 2봉, 피상 피크, 강가푸르나의 전망대로도 유명하다. **2시간 소요.**

산 허리 길을 따라 걷는다. 내려다보이는 피상 마을이 까마득하다. 건너편으로 하얀 산들이 잘 보이는 아담한 찻집에서 차 한잔을 마신다. **1시간 소요.**

야크들이 풀을 뜯는 목초지와 밭을 지나 긴 마니 월을 지난다. 평평한 응가왈(Ngawal, 3660m) 마을에 도착한다. 응가왈은 안나푸르나 3패스 중 하나인 캉 라(Kang La, 5300m)를 지나 도달하는 오지 나르 – 푸 트레킹의 종착점이다. 이제 문명의 혜택을 받지 않는 곳이 거의 없어 나르– 푸 트레킹도 그 희소성과 필요성이 줄어들었다. **1시간 소요.**

안나푸르나 2, 4봉을 보며 걷는다. 작은 찻집 앞에서 옛 길과 도로로 갈린다. 도로는 뭉제(Mungje, 3330m) 롯지 아래에서 다시 만난다.

아이스 레이크(Ice Lake, 4600m) 3시간, 세얼곰빠(Sher Gompa) 30분, 밀라레빠 동굴(Milerepa Cave, 4000m) 2.5시간. 이라는 표지가 서 있다. 세얼곰빠는 비구니 수행사찰이다. 일반 방문객을 받지 않는다. **1시간 소요.**

▲ 뭉제(Mungje, 3330m) – 브라카(Braka, 3439m)

뭉제 롯지 앞에서 15분 정도 걸으면 밀라레빠의 수행토굴과 안나푸르나 3봉으로 가는 이정표가 나온다. 티벳불교의 대 선지식 밀라레빠(1052년~1135년)의 수행토굴(Milarepa's Meditation Cave, 4100m)은 참배객이 많아 길이 매우 정확하다. 동네 주민들이 매우 자랑스러워하며 방문을 많이 권한다.

밀라레빠의 수행토굴은 여러 곳 있지만 바로 이 브라카의 토굴과 티벳 니알람(Nyalam)의 마지막 수행처가 유명하다.

오른쪽에 아이스 레이크(Kicho Tal, Ice lake, 4600m) 이정표가 있다. 1100m를 올려야 하고 고도도 높다.

길이 쉽지 않고, 아직 고도 적응이 덜 된 상태. 쉽게 권하기가 어렵다. 고산병 증상이 여기서 나타나면 토롱 라를 넘어보지도 못하고 오래 쉬거나 하산해야 한다. 또 토롱 라로 바로 간다면 도전해 볼만 하지만 틸리초 호수를 거쳐 간다면 아이스 레이크에 갈 필요는 없다고 본다.
항상 주요 목적지를 먼저 생각하고 사이드 트레킹을 한다.
또 마낭도 좋지만, 브라카 정도가 고도적응에 적당하다. **30분 소요.**

4일차

브라카(Braka, 3439m) **고도 적응 휴식**

▲ 어퍼 피상(Upper Pisang, 3300m) – 브라카(Braka, 3439m)

동네 구경을 한다. 마을 우측, 붓다 파크(Buddha park) 위에 있는 브라카 곰빠는 600년이 넘은 고찰이다. 고대의 특이한 불상들과 경전을 많이 모시고 있다. 동네길을 천천히 다니며 잘 먹고 쉰다. 동네만 돌아다녀도 충분한 고도 적응이 된다.
이 지역의 감자가 맛있다. 메밀 농사도 많이 짓는 곳이다. 메밀 죽, 메밀 팬케잌이 맛있다. 왼쪽의 다리를 건너면 그 유명한 티벳 불교의 대 선객인 밀라레빠의 수행토굴(Milarepa's Meditation Cave, 4100m)과 안나푸르나 3봉 BC(4200m)가 같이 있다.

5일차

브라카 (Braka, 3439m)	밀라레빠 수행토굴(4100m) / 안나푸르나 3봉 BC(4200m)	마낭 (Manang, 3500m)	트레킹 7–8시간
왕복 5–6시간		1시간	

마낭_신한범

▲ 밀라레빠 수행토굴(4100m)/ 안나푸르나 3봉 BC (4200m)

새벽에 선선한 기운을 느끼며 매우 천천히 오른다. 길은 정확하고 넓다. 마을과 산의 전망도 좋다. 탑을 지나 소나무 – 전나무 길을 벗어나 황량한 길을 걷는다.
토굴 아래로 번듯한 건물이 있다. 수많은 기념비가 세워져 있고 우측 산 아래 칼날 절벽 중턱에 오색 깃발이 휘날리는 밀라레빠의 수행동굴이 있다. 100m 정도 좁은 길로 나무들을 헤치고 올라가 절벽 왼쪽에 바싹 붙으면, 움푹한 동굴 밖을 돌로 쌓아 바람을 막은 2미터 정도의 토굴이 있다. 밀라레빠는 이 산에 앉아 명상을 하다 1년에 한 번 마을로 날아와 기이(죽) 한 사발을 보시받아 다시 날아올라가곤 했다고 한다. 1000년전 그의 가르침이 아직도 이 지역과 많은 곳에 남아 있다.

절벽으로 붙어 좌측으로 내려가 위로 조금 올라가면 설산으로 뒤덮여 있는 안나푸르나 3봉의 BC 및 빙하지역이다. 분위기는 마나슬루 BC와 비슷하다. 전세계적으로 희귀한 빙하로 지질학자들이 텐트를 치고 연구 중인 경우가 많다.

브라카로 하산 도로를 따라 1시간 정도 걸어가면 마낭(Manang, 3500m)이다. 마낭에 일찍 도착하면 강가푸르나 호수를 가보는 것도 좋다. 왕복 30분 정도 걸린다.

안나푸르나 써킷 코스 전체를 통 털어 마낭은 굉장히 넓고 큰 마을이다. 밭에 야채들이 가득하고 이제는 비닐하우스도 있는 발전된 곳이다. 주변의 높은 산들도 인상적이다. 오랜 세월 무역로로 자리 잡았던 지역이라 사람들의 마인드가 유연하다. 물건 가격도 합리적이다. 카트만두와 비교해도 가격도 적당하다. 약국, 은행, ATM과 가게 및 잡화점이 있다. 간단한 등산 장비도 판다. 식재료가 많고 식당들의 음식솜씨도 좋다. 메뉴도 다양하다. 야크 스테이크 파는 곳도 있고, 제과점도 있어 케잌과 빵도 만든다. 말린 사과도 좋다. Doma's kitchen이 신라면을 잘 끓인다.

추천숙소: 강가푸르나 게스트 하우스(야크 스테이크 요리를 잘한다)
틸리초 호수 호텔(TILICHO LAKE HOTEL)

✓ 틸리쵸 호수를 방문하는 경우 마낭에서 틸리쵸 코스의 호텔들을 미리 예약해도 좋다.

마낭_신한범 마낭_신한범

6일차

마낭 (Manang, 3500m)	야크 카르카 (Yak kharka, 4050m)	레다르 (Ledar, 4250m)	트레킹 5-6시간
	3-4시간	1시간	

✅ **동네 표지판이나 지도의 시간은 현지인 기준인 경우가 많다. 전문가가 아닌 외국인은 그렇게 빨리 못 올라간다.**

오늘은 4천미터를 돌파한다. 아침 9시쯤 출발한다. 먼저 마르샹디 강을 따라 협곡으로 400미터를 올린다. 초반 경사가 급하다. 군상(Gunsang, 3950m)까지 오른다. 군상에서 차 한잔 마시고 야크 카르카(Yak kharka, 4050m) 가는 길은 전체적으로 완만한 오르막에 경치도 좋다. 3-4시간 소요된다.

야크 카르카에서 점심 먹고 쉬다가 여유있게 출발한다. 야크 카르카는 본래 야크 방목지이지만 나무와 풀이 줄어들어 황량한 지형이다. 4000미터를 넘기며 땀도 많이 나지 않고, 걷기도 무척 좋다.

틸리초 호수에 갔다 하산하는 사람들은 강사르 근처 쉬리 카르카(Shiri Kharka)에서 올드 강사르를 지나 뷰 포인트에서 구경하고, 다리를 건너 야크 카르카로 올라와 합류한다.

야크 카르카에서 천천히 출발한다. 고도를 조금 올려 다리를 건넌 뒤 비교적 방이 많은 레다르(Ledar, 4250m)에 오후 3-4시경 도착한다.

밤에 바람이 강하게 부는 지역이다. 잘 때 고소속옷을 입고 다시 얇고 따스한 겉옷을 입고 우모복과 패딩을 입는다. 머리에도 모자를 쓰고 잔다. 손도 얇은 장갑을 끼고 잔다. 컨디션이 안 좋으면 타이레놀을 한 알 먹고 자는 것도 좋은 방법이다.

밀라레빠(Milarepa, 1052~1135년)

티벳불교의 대 선지식인 밀라레빠는 명문귀족인 아버지와 왕족 출신인 어머니 사이에 태어났다. 그러나 7세경 아버지가 죽으면서 재산을 큰아버지가 가로채고 밀라레빠의 가족을 하인으로 다뤘다. 밀라레빠의 어머니는 친정의 도움으로 아들을 공부시켰으나 그의 방종함을 보고 아들을 때리며 한탄했다. 어머니의 원한을 이해한 밀라레빠는 유명한 흑마술사에게 사람을 죽이는 마술과 큰 우박을 내리게 하는 마술을 배웠다.

큰아버지의 장남 결혼식이 열리자 밀라레빠는 일가 친척 서른다섯 명을 죽였다. 고통과 슬픔을 더 느끼도록 큰아버지 부부를 살려두었다. 또 밀라레빠 일가의 고통을 구경만하던 마을에 폭풍우를 일으켰다. 마을의 모든 밀밭을 황폐하게 했다. 이 일로 마을 사람들은 밀라레빠에게 깊은 원한을 갖게 되었다.

큰아버지 일가와 마을 사람들의 비참한 울부짖음에 밀라레빠의 어머니는 기뻐했으나 밀라레빠는 자신의 악업에 절망해 말빠(마르빠,marpha, 1012~1097년)를 찾아가 불법을 배웠다. 밀라레빠가 찾아오자 말빠는 밀라레빠에게 탑을 하나 쌓으라고 지시했다. 탑을 절반쯤 쌓으면 욕을 퍼부으며 원위치시켰다. 위치를 서쪽으로 옮겨가서 다시 쌓고 허물고를 반복시키는등 몸과 마음을 괴롭혔다. 말빠는 6년 8개월간 수행법은 전혀 지도해주지 않았다. 밀라레빠는 괴롭지만 잘 참아 최상의 수행법을 배우는 기회를 가졌다. 45세가 되어 꿈에 어머니는 죽어 유골도 수습되지 않았고, 하나뿐인 누이동생은 거지가 되어 있었다. 직접 고향에 돌아가 꿈이 사실인 것을 알았다. 어머니의 유골을 수습하고 무덤가에 앉아 7일간 깊은 사마디(삼매)에 들었다가 깨어났다. 무상의 진리에 사무친 그는 앞으로의 일생을 오직 수행자로서 살아가기로 결심했다. 머리는 산발하고 먹을 것이 없어 몸이 피부가 푸르게 변할 정도로 쐐기풀만 끓여 먹었다. 몸은 곧 해골처럼 말랐다. 거지가 된 여동생이 그의 설득과 수행에 감화되어 수행을 도왔다. 여동생이 얻어온 밥으로 수행하여 최상승의 법을 얻었다.

밀라레빠는 주로 매우 높은 산 위의 작은 동굴에 머물며 수행 정진하여 비상한 차원의 깨달음을 성취했다. 존경받는 스승이 되어 많은 제자들을 거느렸다. 한 승려가 시기하여 몰래 집어 넣은 독이 든 우유를 마셨다.

1135년, 84세의 나이로 입멸했다.

『미라래빠의 십만송』(서울 :시공사, 2000)
『티벳불교의 성자 밀라레빠』 (롭살라룽파 지음, 이경숙 옮김, 서울 : 불일출판사, 2000)

✓ 토롱 라를 넘을 수 있는지 알 수 있는 밤이다. 안나푸르나 3봉 BC에 별 문제 없이 다녀왔으면 큰 문제는 없다고 본다. 그러나 적응에 실패했으면 대개 어렵다. 바로 하산을 하거나, 토롱라 정상까지 타고 가는 말(토롱 익스프레스)을 알아보는 것을 추천한다.

✓ 마낭에서 단번에 토롱 페디 – 하이캠프로 오르고 다음 날 토롱 라를 넘기도 한다. 거리도 멀고 고도도 높아 힘들다. 몸에 가해지는 압박이 심하므로 예비일을 준비하고 구간을 잘게 나눠서 계획적으로 오르는게 좋다.

✓ 하이캠프에 의외로 사람이 많이 몰린다. 고도도 높고, 방이 없는 경우도 많다. 올라가지도 내려가지도 못하는 진퇴양난이 될 수 있다.

✓ 결국 방이 없어 토롱 페디로 돌아와 숙박 후, 새벽에 하이캠프를 지나 토롱 라로 밀어붙여 단숨에 넘는 사람들도 많다.

✓ 꼭 걸어서 넘어야 한다는 그런 법은 없다. 하다가 안 되면 돈을 쓴다. 컨디션이 걸을만하지 않고 힘들면 말을 타고 토롱 라를 넘는 것도 추천한다.

✓ **국립공원 통제.** 오전 9시까지만 토롱 라 쪽으로 오르는 걸 허용한다. 그 이후는 금지한다. 낮이 되면 토롱 라에 바람이 불고 돌이 굴러오고 날아오며 위험하다.

✓ 토롱 익스프레스(말)
토롱 라를 오르지 못하면 왔던 길을 그대로 돌아서 내려가야 한다. 그런 선택보다는 말을 타고 토롱 라를 오른 뒤, 걸어서 묵티나트로 가는 것이 훨씬 현명한 선택이다. 의외로 말 타고 넘는 사람은 많다. 충분히 걸을 수 있어도 재미로도 할만하다.
말은 보통 토롱 라 정상에서 내려준다. 사진만 얼른 찍고 빠르게 하산하면 몸에 가해지는 압박도 가벼워지고 고산병도 사라진다. 지프와 다를 것 없으니 타는 것도 좋은 선택이다.

7일차

레다르 (Ledar, 4250m)	토롱 페디 (Thorung pedi, 4525m)	트레킹 2.5-3시간 약 5km
2.5-3시간		

아침에 일어나면 대개 얼굴이 부어 있고 소화도 잘 안되며 잘 먹지 못한다. 화장실도 잘 가지 못한다. 가장 입맛이 날만한 걸로 최대한 많이 먹고 뜨거운 물을 많이 마신다. 포터를 먼저 보내 방을 잡아 놓는다.
거리는 5km. 300미터 정도 올린다. 길이 왼쪽 현수교를 건너가는 길과 오른쪽 능선을 타는 길로 갈라진다. 오른쪽 길은 멀지만 안전하고 순탄하다. 오른쪽을 선택해서 능선을 타고 올라간다. 한참을 걸어 강을 건넌 후 다시 언덕을 넘어 작은 찻집에 도착한다. 1시간 반 소요.

천천히 차 한잔을 마시고 산 허리 구간을 다시 걷는다. 토롱 페디 직전 다리를 건너 가파른 언덕을 올라간다. 양측에 암벽이 문처럼 서 있는 곳 아래가 토롱 페디(Thorung pedi, 4525m)다. 약 1시간 소요.

롯지는 햇볕이 잘 드는 평평한 지대에 자리 잡고 있다.
4-5개의 롯지가 있다.

빵을 팔기도 한다. 괜찮으면 더 사서 준비한다. 입맛이 없어 뭘 먹기도 힘들고 먹을 만한 것도 없다. 한국에서 밑반찬을 준비해서 가면 이런 곳에서 사용하는 것이 좋다. 고도를 내리면 입맛이 돌고 그럼 현지 음식을 먹으면 된다. 초코바, 젤리, 영양갱, 약과 등의 간식도 준비해 두는 것이 좋다.

고산병에 주의하고 따뜻한 물을 많이 주문해 자주 마신다. 아프지 않아도 타이레놀이나 종합 감기약도 먹어 둔다. 프로폴리스 스프레이 등을 목에 자주 뿌려 목도 촉촉하게 해준다. 발가락, 손가락에 바세린을 바르고 모자를 쓰고 잔다. 핫팩을 준비해 갔으면 등과 배, 발바닥 등에 붙인다.

> ✅ 조금 더 높이 올라가 짧게 토롱 라를 넘으려는 생각에 대개의 사람들은 하이캠프로 간다. 그러나 저 위는 만만치 않다. 토롱 페디 이후 300미터 구간이 경사가 매우 심하다. 고도가 높아지니 머리 아파 내려오고, 방이 없어 내려오는 경우도 많다. 그렇게 내려왔는데 토롱 페디도 잘 곳이 없을 수도 있다.

> ✅ 눈이 많이 온 경우, 넘을 수 있는지, 아이젠, 스패츠가 필요한지 확인한다.

8일차

토롱 페디 (Thorung pedi, 4525m)	하이캠프 (High camp, 4925m)	토롱 라 (Thorung La, 5416m)	묵티나트 (Muktinath, 3760m)	트레킹 10~12시간. 약 16km
1.5~2시간		4~5시간	4~5시간	

▲ 대망의 토롱 라를 넘는 날.

새벽 3시. 간식을 잘 챙기고 최대한 짐을 가볍게 고도 800미터를 올리고 1600미터를 내린다. 뜨거운 물에 누룽지, 미소 된장 등을 풀어 간단히 먹고 떠난다.

손 시리고 찬 바람이 분다. 헤드랜턴에 의지해 뭔가 잘 안 보이는 애매함을 에너지로 삼아 해가 뜨기 전 300m를 꾸준히 올라간다. 위로 하늘이 보이며 오색 깃발이 길게 걸쳐진 언덕을 통과한다. 하이캠

토롱라_신한범   토롱라_신한범

프 도착. 1시간 반 – 2시간 소요.

컨디션이 좋지 않으면 망설이지 말고 가이드나 포터를 불러 토롱 익스프레스를 부르자. 많은 말이 토롱 라와 하이캠프를 오간다. 시간에서도 돈에서도, 성취감에서도. 하이캠프에서 되돌아 하산 하는 것보다 훨씬 현명한 선택이다.

하이캠프에서 따뜻한 차를 한잔 마시고 출발한다. 산허리를 따라 좁은 길로 다시 걷는다. 네팔 마을 사람들은 1.5–2시간이면 하이캠프에서 토롱 라에 오른다. 잘 걷는 외국인들은 3시간. 평범한 트레커들은 토롱 라 구간에 4시간 이상 필요하다.

5070m 지점에 마지막 찻집이 있다. 토롱 라까지 이제 아무것도 없다. 언덕을 넘어 또 언덕이 나오고, 그 언덕을 넘으면 또 언덕이 나온다. 이쯤 되면 말 타고 올라오는 사람들이 부럽다.

오전 10시경 토롱 라에 도착한다. 대략 4–5시간 걸린다. 뿌듯하다.

✓ 조난시

토롱 라는 안나푸르나 지역 자체의 날씨 변동이 가장 심각한 지점의 높은 곳이다. 예측할수 없는 순간에 강력한 바람과 눈이 동반되며 단번에 갇히는 경우가 있다. 과거 이런 사고로 많은 사망자가 있었다.

이런 사고에 비난을 많이 받은 네팔 정부가 토롱 라 근처에 긴급대피소를 만들어놨다. 눈비와 강풍이 불면 급히 피한다.

✓ 날이 추워 카메라, 휴대폰 배터리가 방전되어 작동이 안 되는 경우가 있다. 배터리가 방전되지 않도록 주의하자. 토롱 라 정상에서 사진을 못 찍으면 얼마나 안타까운 일인가!

오색기가 무수히 휘날리는 토롱 라 완주 기념판 앞에서 사진 촬영하고 기쁨을 만끽한다. 티 샵이 열었으면 차도 한잔하자. 고도가 높으니 차 값도 비싸지만, 이런 곳에서 그 정도 돈은 쓸 가치가 있다. 블랙티, 레몬 티 300– 400루피이다. 여기서 마시는 뜨거운 한 잔은 사람을 되살아 나게 한다. 가져온 간식을 먹고 쉬면서 기운을 차린다.

✓ 안나푸르나 사고

2014년 10월 15일. 성수기 이상기후로 단번에 4미터의 폭설과 강풍이 불었다.

다울라기리, 마낭과 무스탕, 틸리초, 토롱 라를 넘던 원정대와 일반 트레커 중 43명의 사망자, 50명의 실종자, 175명의 부상자가 발생했다.

사고에 대한 비난이 거세자 네팔 정부는 사고 후 틸리초 호수 근처와 토롱 라 부근에 긴급대피소를 건설했다. 안나푸르나 지역도 이제는 성수기, 비수기를 막론하고 좋은 날씨 맞추기 쉽지 않다. 하물며 겨울철 특히 1월말~2월은 매우 위험하다.

토롱라_신한범   토롱라_신한범.

토롱 라 하산

묵티나트까지 단번에 1600m를 내린다. 다울라기리가 보인다.
가다보면 긴급 대피소 2동이 있다. **30분 소요.**

짬빠(Chambar bhu, 4200m)라는 동네에 찻집이 몇 개 보인다. 여기서 점심 먹고 다시 내려간다.
2시간 소요.

긴 다리를 건너 묵티나트 마을과 다울라기리 산군을 보며 더 내려간다. 묵티나트 사원 아래로 내려가
다 일주문을 지나 마을로 들어선다. **1시간 소요.**

묵티나트는 티벳 불교와 힌두의 성지로 비슈누 신이 이곳을 다녀갔다고 전해지는 곳이다. 사원에 들어
가 본다. 힌두 순례객들이 차를 타고 단체로 많이 온다.

마을 입구에 종(Dzong), 까그베니(Kagbeni, 2810m)의 마을길과 도로로 나가는 이정표가 있다. 여기서
체크포인트를 만난다. 30분 소요. 다음 날 새벽 차로 나가는 경우 여기서 신고한다.

> ✅ 하산 체크는 그리 까다롭지 않고, 안 하고 차를 타고 가도 상관없다. 외국인은 이후 만나는 좀
> 솜 공항, 국립공원 체크포인트, 경찰 체크포인트 등에서 여권, 입장료 영수증 등을 걷어 몇 번 더
> 체크 한다.

지도상 라니파우와 (Ranipauwa)는 큰 범위 안에서 묵티나트 마을이다. 5층이 넘는 높고 큰 건물들이
많다. 도로가 시작되고 전기도 들어오고 인터넷도 이용할 수 있다.

성지지만 야크 스테이크와 야크 스테이크 시즐러를 판다. 한글로 광고하고 한국 음식을 하는 곳도 많다. 가이드 등에게 숙소 선정을 맡기면 새로 지은 좋은 곳이 많은데도 자신들에게 좋은 오래되고 허름한 곳으로 가는 경우가 많다.

묵티나트는 손님이 직접 확인하고 좋은 곳으로 간다. 묵티나트는 방 값 1000루피가 기본이다. 일찍 도착하면 뜨거운 핫 샤워도 가능하다. 한국 손님들이 워낙 많아서 음식 메뉴에 김치, 닭백숙, 닭도리탕에 락시도 판매한다. (삼발라 호텔)

⊘ 트레킹을 ABC 등으로 계속 이어가는 경우, 묵티나트에서 반드시 하루 이상 쉬어간다.

하산 팁
A: 지프로 묵티나트에서 포카라/카트만두로 간다.
B: 묵티나트 – 좀솜 지프 1시간. 좀솜 – 포카라/카트만두 버스로 간다.
가능하면 버스를 탄다. 좀솜에서 비행기를 타고 포카라로 가는 방법도 있다. 비행기가 뜨면 20분 소요된다.

⊘ 묵티나트에서 오른쪽 도로를 따라가면 까그베니. 왼쪽 트레킹로를 따라가면 루브라 밸리다. 하루 쉬면서 까그베니 구경을 하고 묵티나트로 돌아온 뒤 다음 날 루브라 밸리로 트레킹 하면서 좀솜/말파로 이동한 후 포카라/ 카트만두로 나가는 걸 추천한다.

⊘ **묵티나트 – 포카라/카트만두**
산에 지친 경우 묵티나트에서 표를 예매한 다음 버스/지프를 탄다. 포카라로 먼저 간 뒤 카트만두로 간다.

9일차

묵티나트 (Muktinath, 3760m)	까그베니 (Kagbeni, 2810m)	묵티나트 (Muktinath, 3760m)	트레킹 7–8시간
3시간		4시간	

묵티나트는 도로가 차량으로 번잡하다. 오전 5시 전 시작한다.

▲ **묵티나트(Muktinath, 3760m) – 까그베니(Kagbeni, 2810m)**
칼리 간다키 계곡(Kali Gandaki Valley)의 도로를 따라 짱굴(Changur, 3750m) – 종(Dzong) – 까그베니(Kagbeni, 2810m) 마을 트레킹. 3시간 소요.

묵티나트_신한범 묵티나트_신한범

도로로 연결되어 언제든지 묵티나트 등으로 갈 수 있다. 시간의 구애를 받지 말고 자유롭게 움직인다.
마을 길로 짱굴의 곰빠를 방문하고 내려간다. 종의 오래된 마을을 둘러본다.
까그베니는 무스탕 방문 허가 없이 방문가능한 지역이다. 역사, 인문에 관심이 있는 경우 정말 좋은 코스다. 아름다운 자연 이외에 티벳불교 전래 전 토착종교인 뵌교의 수호상들이 가득하다.
까그베니를 두루 구경하고 점심 식사를 한다. 지프를 타고 묵티나트로 올라와 동네를 더 둘러본다.

⊘ 비행기/지프/버스 : 묵티나트 – 좀솜. 500루피. 1시간 소요.
체력방전으로 힘들면 좀솜으로 일찍 나가 비행기로 코스 아웃한다.

⊘ 지프/버스로 묵티나트 – 포카라/카트만두로 코스 아웃한다.

⊘ 포카라 – 좀솜 – 묵티나트 비행기 – 지프 여행

카트만두 – 포카라 – 좀솜에 비행기로 도착.
좀솜 – 까그베니까지 지프로 간 다음 묵티나트로 거슬러 올라간다.
루브라 밸리로 하산 트레킹하며 좀솜으로 돌아간다.
높은 고도에 자신이 없고, 무스탕의 높은 비용도 어려운 경우 지역의 요지인 묵티나트와 까그베니를 모두 방문하는 가장 빠르고 편리한 방법이다.

말파(Marpha, 2670m) 마을과 선지식 말빠(Marpa, 1012~1109년)

맛있는 사과와, 티벳식 돌담과 돌집을 흰색 벽으로 칠한 – 옥상이 모두 연결되는 집들로 유명한 말파 마을은 열심히 일한다는 의미의 말(Mar)과 사람들을 의미하는 파(Pha)에서 비롯되었다. GHT 다울라기리 코스의 시작으로 담푸스 패스로 단번에 2500m를 올려야 하므로 트레커 보다는 원정대의 물품을 보급하기 위한 동네 포터들이 많이 넘어 다닌다.

선지식 말빠(Marpa, 1012~1109년)

말빠(Marpa, 1012~1109년)는 티벳 불교의 대 선지식이다. 까규파의 시조인 역경사(譯經師) 말빠의 이름이기도 하다. 말빠는 어려서부터 언어에 탁월했으나 교만하고 고집이 셌다. 악(惡)의 길을 걸어 자신과 남을 파멸시킬 것을 걱정한 부모에 의해 수도원에 보내졌다. 열심히 공부해 산스크리트 등 언어에 탁월해졌다. 그러나 수업료를 낼 수는 없어 장사를 하며 법을 익혔다. 유명한 역경사 뇨의 문하에 들어가 머슴살이를 하며 밀교 수행과 산스크리트어를 더 배웠다. 뇨를 모시고 인도 날란다 대학의 학장인 대학자 나로빠(Naropa, 1016~1100)를 만나 후기 밀교의 탄트라를 배웠다. 12년간 여러 스승에게 밀교와 학문을 전수받았다. 27세에 티벳에 돌아가 법당을 열고 가르침을 전파하고 아들도 얻었다. 말빠는 2번째 인도에 돌아가 공부하기 위해 돈을 모으고 구전되는 가르침을 정리하고 번역했다. 나로빠에게 6년간 가르침을 더 배웠다. 돌아와 밀라레빠를 제자로 만났다. 아들의 요절로 이후 법은 밀라레빠에게 이어지게 되었다. 나로빠는 스승과 약속한 마지막 3번째 구도여행을 위해 돈을 모으고 가르침을 펼쳤다. 54세. 아내와 제자들의 염려와 여행의 괴로움을 물리치고 수행을 떠난 스승을 찾아다녔다. 까담빠의 창시자 아띠샤 존자(982-1054년)도 만났다. 다시 스승을 만나 삼매에 들어 3년간 더 공부한다.

말빠는 21년간 인도에서 공부하고 그 중 16년 7개월을 나로빠 밑에서 수행했다. 스승인 나로빠는 말빠가 수업료를 내지 않으면 가르침을 전혀 주지 않았다. 말빠가 여러번 여행을 했던것도 수업료 마련을 위해서였다. 마지막 3번째 여행에 나로빠는 말빠가 숨겨둔 돈을 단 한 푼까지 수업료로 받아내 가진 돈을 모두 쓰게 했다. 돌아갈 길을 걱정하는 말빠가 보는 앞에서 나로빠는 돈의 무상함을 말해주며 모든 돈을 절벽에 뿌려버렸다. 그리고 세상이 모두 황금인 도리를 가르쳤다. 나로빠는 제자인 말빠를 끊임없이 고생시켜 그의 업장을 풀어주고 여러 제자들 중 말빠가 법통을 이었음을 선언했다.

말빠는 13분의 스승과 24권의 저술을 남기고 88세에 입적했다. 말빠의 전기는 제자인 밀라레빠의 전기와 함께 15세기경 까규파에 의해 결집되었다. 이 중 『밀라레빠의 생애』와 『밀라레빠의 십만송』 등이 티벳 밀교수행자들과 요기들의 도를 깨닫기 위한 치열한 티벳 불교문학의 백미로 전해진다.

가와구치 에카이 (河口慧海, 1866~1945년)

가와구치 에카이는 약 20년간 혼신의 노력을 기울여 티벳어로 번역된 대장경을 일본으로 입수. 평생을 연구하고 일본어로 출판한 티벳불교 연구의 선구자다. 오사카(大阪)에서 태어나 집안은 정토진종(淨土眞宗)을 깊이 믿었다. 11살부터 학교를 보내주지 않자 야학에서 한문을 배우고 친구에게 불교책을 빌려 읽었다. 부처님의 생애에 감명 받아 수행자의 길을 생각했으나, 얼마간의 경험 끝에 수행보다는 불교학으로 진리에 다가가기로 했다. 집에서 독립해 통신교육으로 공부하다 25세에 황벽종으로 출가했다.

바로 주지가 되었으나 곧 그만두고 불경의 해석에 이상을 발견해 원전과 대조할 필요를 느꼈다. 인도는 가망이 없고 네팔과 티벳에서 산스크리트 원전을 구하기로 하고 별다른 여비도 없이 티벳행을 계획했다. 1897년 32세경 인도 캘커타(옛 동천축국 東天竺國)에 도착했다. 이후 캘커타 마하보디 소사이어티의 도움을 받아 티벳어 학자이며 티벳어 사전의 저자인 찬드라다스의 원조로 티벳어를 배웠다.

1899년 34세에 몽골 승려로 위장해 카트만두에 도착. 지금의 보우다넛에 머물다가 포카라 – 무스탕을 통과해 4개월만에 탈진한 채 티벳 사람들에게 발견되었다. 그들의 도움으로 수미산(카일라스 산, Mt.Kailas)에서 꼬라를 돌고 라싸에 도착. 티벳 불교 총림 세라사원에서 공부했다. 그러나 당시 영국의 동맹국인 일본의 첩자로 의심받자 도주했다.

1903년 38세경 시킴 – 다질링 – 캘커타를 거쳐 일본으로 돌아갔다. 강연과 티벳 물품 전시회 등으로 바쁘게 지내다 티벳 대장경과 산스크리트어 경전을 구해 일본어본을 만들 계획을 세워 일본 정재계의 인사들에게 원조를 받아냈다.

1904년 40세경 다시 인도 캘커타에 도착. 산스크리트어를 배우고 시인 타고르의 집에도 머무르며 네팔 입국허가를 받아 네팔 국왕에게도 한문 번역 대장경을 헌상하고 네팔 국왕에게 범어경전(梵語經典)을 받았다. 마침 인도에 방문한 판첸라마에게 한문 번역 대장경과 티벳어경 일체를 교환하기로 약속했다.

약 10년 뒤인 1913년 50세경 티벳에 들어가 1914년 시가체에서 판첸라마를 만나 티벳경을 받았다. 1915년부터 일본에서 티벳 경전의 번역과 포교를 하며 재가불교(在家佛敎)를 표방했다. 1940년 75세부터 티벳어–일어사전(藏和辭典) 편집을 하면서 노력하다 1944년 폭격 방지용 방공호에 빠져 1945년 80세로 사망했다.

안나푸르나 써킷에서 나가는 좀솜의 무스탕 박물관에 그의 자료가 남아 있고, 말파에서 무스탕을 넘기 위해 여러 달 머물렀던 숙소가 보존되고 있다. 말파 다음 마을로 다울라기리에서 담푸스/투쿠체 패스로 갈리는 길 아래에 있는 투쿠체 마을에 작은 기념관도 있다.

가와구치의 시대는 불교를 쉽게 정확하게 이해하려는 개인의 목표와 아시아를 대표하여 서양의 것을 일본화한다는 일본 사회 주류의 입장이 비슷해서 뜻을 이룰수 있었다.

묵티나트 (Muktinath, 3760m)	루브라 밸리 (Lubra Valley, 3772m)	솜 (Jomsom, 2720m)	말파 (Marpha, 2670m)	트레킹 A : 8–9시간 B : 9–10시간 C : 지프 1시간
루브라 4시간		1.5시간	1.5시간	

묵티나트 – 루브라 밸리(Lubra Valley, 3772m) – 루프라(Lupra, 2790m) – 에클바티(Ekle Bhatti, 2740m) – 좀솜(Jomsom, 2720m)로 간다.

오전 5시 전에 시작한다. 다울라기리를 보며 내내 걷는다. 오후 1시 이후 이 지역은 거의 예외없이 강력한 흙 바람이 분다. 특히 에클바티(Ekle Bhatti, 2740m) – 좀솜 구간은 눈도 뜨기 힘들다.

루브라 밸리는 로워 무스탕이라고도 한다. 본래 메이저 코스인 까그베니 코스가 도로가 되면서 트레킹 루트의 본질을 잃었다. 이에 루브라 밸리에서 전통을 지키며 살던 15가구 정도가 동의하여 새로 만들어진 코스다. 특히 MTB 등으로 안나푸르나를 써킷하는 경우 장쾌한 루브라 코스로 하산하게 된다.

루프라(Lupra, 2790m) 는 8세기경 생성된 마을로 실크로드로 티벳에 연결되던 길 중 하나다. 마을을 지나는 판다 콜라(강)의 암벽이 뱀의 가죽(루) + 암벽(브라). 즉 뱀 가죽 절벽 같다고 해서 루프라 마을이 되었다.
마을 전체 주민이 뵌교 신도다. 독특한 그림과 조각상이 있는 뵌교 사원과 뵌교 승원이 있다. 각 집의 장남은 반드시 뵌교의 승려가 되야 하는 풍습을 잘 지키고 있다.

이곳도 사과가 열린다. 메밀 죽, 뚝빠가 주식이고 말린 사과, 고지대 감자도 맛있다. 홈스테이를 운영한다. 4시간 소요.

다리를 건너 도로와 만나 강렬한 바람과 함께 좀솜으로 간다. **1시간 반 소요.**

> ✅ 까그베니/에클바티 – 좀솜 구간은 오후 1시가 지나면 온몸이 날아 갈듯한 흙바람이 불어 걷기 힘들다. 좀솜/말파 까지 지프/택시를 타고 하산하는게 좋다.

- 비행기 이용 예정이 아니라면 좀솜을 지나 말파(Marpha, 2670m)로 내려가 숙박한다.

말파는 좀솜과 달리 안정적이고 조용하며 숙박시설들도 괜찮다. 틸리초 호수 – 메소칸토 라에서 넘어오는 지점이면서 다울라기리 써킷과 GHT가 시작되고 끝나는 지점이기도 하다. 티벳 불교의 선지식 말빠 성인을 추앙하는 티벳 불교의 성지이기도 하다.

근처의 곰빠들을 조금 둘러보고 말파 마을 끝 부분에 있는 지프/버스 정류장 사무실에 가서 직접 포카라/카트만두 행 다음 날 버스비를 내고 영수증을 받아 예약한다.

⊘ 여행사/호텔 등에서 부탁하여 예약하면 이중 예약과 허위 예약으로 서서 가거나 버스에서 내려야 하는 경우가 많다. 직접 한다.

⊘ 7–8월. 틸리초 호수 – 메소칸토 라를 넘은 경우 올드 좀솜으로 나온다. 강을 건너 뉴 좀솜/말파로 간다.

⊘ 항공편을 이용하는 경우 좀솜에서 숙박하고, 다음 날 포카라행 비행기로 하산한다.
20분 소요.

⊘ 버스로 나가는 경우 좀솜/말파 버스 정류장 – 포카라/카트만두로 간다.
좀솜/ 말파 – 카트만두. 357km. 버스 12–13시간 소요. 2700루피.
좀솜/ 말파 – 포카라 버스. 약 160km. 10–11시간 소요. 1100루피.
좀솜/ 말파 – 베니. 버스 5시간 소요. 800루피.
포카라 버스 터미널 – 레이크 사이드 택시 300루피.

11일차

좀솜/말파 (Marpha, 2670m)	따또빠니 (Tatopani, 1190m)	포카라/카트만두	카트만두 12–13시간
버스 4시간 소요.		좀솜/말파–카트만두. 12–13시간 좀솜/말파–포카라 10–11시간	포카라 10–11시간

좀솜에서 출발하는 버스는 칼리 간다키 강을 따라 가는데, 길이 좋지 않아 버스가 상당히 흔들리면서 간다.

말파(Marpha, 2670m) – 투쿠체(tukuche, 2950m) – 칼로빠니(kalopani, 2530m) – 가사(ghasa, 2010m)
체크포인트에서 점심 후 따또빠니(Tatopani, 1190m)로 간다. 4시간 소요.
따또빠니 이후 도로가 가콜라 가온(Gharkholagaon, 1170m)과 베니로 갈라진다. 버스는 베니를 지나 포카라 /카트만두로 나가 트레킹을 종료한다.

〈써킷을 마치며 그랜드 써킷 코스와 연결하는 경우〉

도로가 따또빠니 – 고레빠니 직전까지 열렸다. 이미 고도에 적응된 상태다. 고소적응기간 없이 모든 코스를 진행한다.

안나푸르나 써킷 후 지프로 2–3시간이면 고레빠니까지 도달. 푼힐, 모하레 단다를 당일 오를 수 있다. 비슷한 고도의 스완타도 차가 올라간다. 코프라 단다도 당일 도달이 가능해졌다. 그러나 속도경쟁을 하러 온 것이 아니므로 천천히 간다.

▲ 따또빠니 – 고레빠니 – 푼힐, 모하레 단다 + ABC

ⓥ 좀솜/말파에서 전세지프 혹 합승지프/버스로 단번에 시카 또는 고레빠니로 오를 수 있다.

ⓥ 따또빠니(Tatopani, 1190m)에서 하차 후 당일 시카까지 트레킹 혹은 지프로 오른다.

ⓥ 따또빠니(Tatopani, 1190m)에서 시카(Shikha, 1935m)까지 지프를 타고 간 후 단번에 고레빠니에 올라 푼힐 – 모하레 단다 후 울레리로 하산. 지프로 포카라/카트만두 하산.

ⓥ 따또빠니(Tatopani, 1190m)에서 고레빠니 – 촘롱으로 연장해 ABC로 간 후 마르디 히말로 연장하거나 하산한다.

ⓥ 따또빠니(Tatopani, 1190m)에서 시카(Shikha, 1935m)까지 트레킹한다. 다음 날 팔란테(Phalante, 2270m) – 나카코 비사우네(Nakako Bisaune, 2670m) – 모하레 단다 – 푼힐 – 고레빠니 / 고레빠니 – 푼힐 – 모하레 단다로 연결 한 후 울레리 – 포카라/카트만두 하산.

ⓥ ABC는 고레빠니 – 따다빠니 – 촘롱으로 연장해 ABC로 간 후 마르디 히말로 연장하거나 하산한다.

▲ **코프라 단다**(Khopra Danda, 3660m)

안나푸르나 써킷 이후 따또빠니 – 코프라 단다는 날치양(Narchyang, 1510m), 파드워(Paudwer), 스완타(Swanta, 2214m) 3개의 코스로 접근한다. 당일 따또빠니 – 코프라 단다 도착도 가능하다. 통상 9–11시간 정도 소요된다. 그러나 평범하게 지프를 이용하고 다음 날 천천히 오르는 것을 추천한다. 코프라 단다 이후로 ABC, 마르디 히말을 연계해도 좋다.

코프라단다_김시현 코프라단다_김시현

물데 전망대Mulde Muldai View point_김시현

A: 따또빠니(Tatopani, 1190m) 숙박 후 날치양(Narchyang, 1510m)에서 단번에 코프라 단다(Khopra Danda, 3660m)로 걸어 오른다. 날치양은 중간에 찻집이나 숙소가 전혀 없고 길이 좋지 않다. 속도는 빠르다. 다음 날 카이얼 호수(khayer Lake, 4660m) – 코프라 단다를 왕복 한후 다음 날 파드워(Paudwer)로 하산. 버스/지프로 – 포카라/카트만두 종료.

B: 따또빠니(Tatopani, 1190m) – 파드워(Paudwer) 숙박. 다음 날 코프라 단다(Khopra Danda, 3660m)로 오른다. 다음 날 카이얼 호수(khayer Lake, 4660m) – 코프라 단다를 왕복 한다. 다음 날 파드워(Paudwer)로 하산한다. 따또빠니 – 베니 – 포카라/카트만두 종료.

C: 따또빠니(Tatopani, 1190m) 숙박 후 스완타까지 지프/트레킹으로 오른다.
2일차 코프라 단다. 3일차 카이얼 호수 왕복 후 스완타 – 고레빠니 – 울레리로 이동 포카라로 하산.

D: 푼힐, 모하레 단다 후 고레빠니 – 스완타 – 코프라 단다로 연결해
카이얼 호수(khayer Lake, 4660m) – 코프라 단다를 왕복 한 후 촘롱을 지나 ABC로 간 후 마르디 히말로 연장하거나 하산한다.

✓ 안나푸르나 후 푼힐 – 모하레 단다 – 코프라 단다 – ABC, 마르디 히말을 완료하며 오캠/담푸스 패스로 하산하면 완벽한 안나푸르나 그랜드 써킷 코스가 완료된다.

✓ 이 코스를 할수 있다면 에베레스트 3 BC, 3 Pass, 3 Ri도 할수 있고 K–2 등 더욱 험난한 코

스도 잘 마칠 수 있다. 마나슬루 – 안나푸르나 – 다울라기리 써킷을 연결하는 GHT도 좋은 인력과 캠핑 능력을 더하면 충분히 가능하다.

✓ 따또빠니 온천
따또빠니는 아침 6시 – 밤 9시까지 문을 연다. 150루피. 아주 뜨겁지는 않다. 네팔 온천은 대부분 노천온천이다. 기본적으로 남녀 혼욕인 경우가 많다. 네팔, 서양 여자들이 옷을 다 벗고 들어와 서로 정면으로 바라보거나 바싹 붙어 앉는 경우도 있어 난감하다.

✓ 따또빠니 온천 근처 식당들의 메뉴 중에는 송어튀김(trout)도 있다. 재료가 아쉬운 맛이다.

@ **묵티나트**(Muktinath, 3800m)

묵티나트는 고대 힌두교의 3대 주신 브라흐만(Brahman), 비슈누(Visnu), 쉬바(Siva) 중 하나인 해탈의 신(神) 비슈누(Visnu)를 모신 사원이다. 비슈누는 최고의 신으로 9번의 아바타로 현신해 인류를 악에서 구원했고 10번째 아바타가 다시 인류를 구원하러 올 것이라고 힌두교도들은 믿는다. 제7번 아바타인 라마찬드라와 8번 아바타인 크리슈나가 인도의 대서사시인 《라마야나》와 《마하바라타》의 중심인물이다.

힌두교의 8대 성지 사원 중 하나다. 인도 이외 지역에 위치한 단 하나의 힌두의 중요 사원이다. 사원의 위치 자체도 해탈의 장소(목샤)라고 부른다. 사원에 설치된 108개의 소 머리에서 흐르는 물줄기에 몸을 담그면 영혼이 정화된다고도 전해진다. 힌두들은 추운 겨울에도 목욕을 한다.

제2의 부처라 불리는 구루 린포체(Guru Rinpoche) 즉 티벳불교를 탄생시킨 파드마삼바바(Padmasambhava)가 명상을 했던 장소로도 묵티나트는 잘 알려져 있다.

300개의 계단을 올라 참배를 하기도 하고, 말을 타고 오르기도 한다. 여정이 크게 바쁘지 않으면 힘들게 찾아온 길, 묵티나트에서 푹 쉬어 간다.

·안나푸르나 6-1·

안나푸르나 써킷(Annapuruna Circuit, 5416m)
시계 반대 방향 + 틸리초 호수(Tilicho Lake, 4990m)

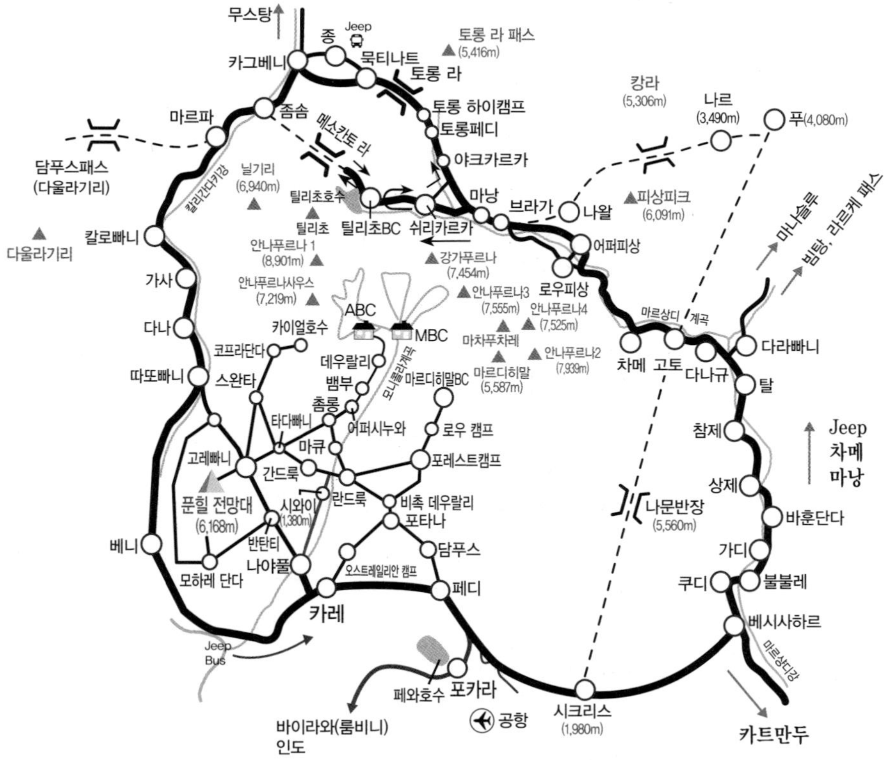

무스탕

종 Jeep

카그베니   묵티나트
                         토롱 라 패스
                         ▲(5,416m)
                              토롱 라   캉라   나르
마르파   좀솜   (5,306m)   (3,490m)   푸(4,080m)
                  메스칸토 라   토롱 하이캠프
담푸스패스   닐기리   토롱페디
(다울라기리)   (6,940m)   야크카르카
                     틸리초호수   마낭   브라가   나왈   피상피크
다울라기리   칼로빠니   틸리초BC 쉬리카르카   (6,091m)   마나슬루
                  안나푸르나1   어퍼피상   빙탕, 라르케 패스
가사   (8,901m)   강가푸르나   마르샹디 계곡
                  안나푸르나사우스   (7,454m)   로우피상
다나   (7,219m)   안나푸르나3 안나푸르나4   다라빠니
                     카이얼호수   ABC   (7,555m) (7,525m)   차메 고토 다나규   탈
따또빠니   코프라단다   MBC   마차푸차레 안나푸르나2   Jeep
         스완타   데우랄리   마르디히말BC (7,939m) 마르디히말   차메
              뱀부 촘롱   (5,587m)   참제   마낭
         타다빠니   마큐 어퍼시누와   상제
고레빠니   간드룩   로우 캠프   바훈단다
푼힐 전망대   시와이   포레스트캠프   나문반장   가디
(6,168m)   (1,380m) 란드룩 비촉 데우랄리   (5,560m)   쿠디   불불레
         반탄티   포타나   베시사하르
베니   나야풀 모하레 단다 오스트레일리안 캠프 담푸스
                              페디   카트만두
         카레

Jeep
Bus   페와호수 포카라
바이라와(룸비니)   ✈ 공항   시크리스
인도   (1,980m)

Start. 베시사하르

—— 도로(Jeep)	━━ 안나푸르나 써킷
---- 트랙	- - - 10. 안나 3pass
〉〈 패스	

  2장. 네팔 서부 3좌 안나푸르나 히말라야(안나푸르나, 마나슬루, 다울라기리) 209

일정: 카트만두/포카라 기준

최고 고도: 토롱 라 (Thorung La, 5416m) / 틸리초 호수(Tilicho Lake, 4990)

난이도: ★★★★★   편리성: ★★★

풍경: ★★★★★   이용도: ★★★★

일정 소개

안나푸르나 써킷과 같은 길로 마낭에 도착 후, 세상에서 2번째로 높은 틸리초 호수(Tilicho Lake, 4990m)로 간다. 좌측 계곡으로 강가푸르나(7,455m)부터 안나푸르나 1까지 안나푸르나의 산군들이 눈부시게 빛나는 하얀 설벽을 바라보며 걷는다.

안나푸르나 코스 전체에서 가장 모험적인 3~4일의 코스를 지나 강사르 마을의 능선을 넘어 안나푸르나 써킷의 원류와 만나 마지막 관문인 토롱라를 넘어 황량한 내리막 길을 걸어 내려간다. 닐기리 – 다울라기리 산군을 바라보며 티벳불교와 힌두, 뵌교의 성지인 묵티나트를 지나 쉬면서 오래된 뵌교의 마을로 누브라 밸리를 넘거나 무스탕의 관문 까그베니를 지나 좀솜/말파로 완료하고 포카라 – 카트만두로 나가는 코스다.

틸리초 호수는 힌두교의 신 하누만을 신봉하는 이들에게 최고의 순례지다. 매년 8월 보름달이 뜨는 날 전세계의 힌두교도들이 헬리콥터, 말, 트레킹을 통해 틸리초에 올라와 수백동의 텐트를 치고 계속 기도하고 찬양한다.

안나라운드_틸리쵸3_신한범

틸리초 호수(Tilicho Lake, 4990m)에서 목욕하면 죄가 소멸된다는 믿음이 있다. 많은 이들이 틸리초 봉의 빙하가 녹은 파란 호수에 몸을 맡겨 지금과 과거와 미래의 죄를 정화하고 싶어한다.

틸리초는 비 오고 거머리 달려들고 산도 잘 안 보이는 한 여름. 7-8월이 비교적 안전한 시즌이다. 호수가에 자생하는 귀한 약초를 구하러 오는 네팔 사람들과 기도하는 힌두교도들과 틸리초 호수(Tilicho Lake, 4990m)에서 함께 캠핑하거나 왕복한다.

틸리초 호수를 지나 동쪽의 묘한 코스로 안나푸르나 3 pass의 마지막인 메소칸토 라(Meso kantu La, 5470m)를 넘기도 한다. 고대로부터 우거진 주목나무 숲을 지나 다울라기리와 닐기리 산군 등을 바라보며 올드 좀솜을 지나 말파/ 좀솜에 도착한다. 뉴 좀솜에서 비행기로 포카라로 아웃. 트레킹을 마무리한다.
말파/좀솜 − 따또빠니에서 푼힐 − 모하레 단다 − 코프라 단다 − ABC − 마르디 히말로 연결해 오스트레일리아 캠프(오캠)/담푸스 패스로 마치

면 안나푸르나 그랜드 써킷이라고 한다.

필요서류 : 안나푸르나 국립공원 입장료 3000. TIMS 2000

> ⊘ 2023년 이후 가이드 강제 고용 구역. 여행사에서 가이드 섭외 및 행정 일괄처리. 여권사진 4장 준비. 체크포인트 현장처리 가능.
> ⊘ 메소칸토 라를 넘는 경우 반드시 텐트와 2일 이상 캠핑 준비를 한다.

틸리쵸 호수_신한범

일	일 정	비고
1	**카트만두/포카라 – 베시사하르(Besisahar, 760m) 버스 7-8시간** **베시사하르(Besisahar, 760m) – 차메(Chame, 2630m)** : 안나푸르나 6. 안나푸르나 써킷 1 – 5일 참조.	베시사하르 버스 7-8시간 지프 6-7시간 차메 지프 5-6시간
2	**차메(Chame, 2630m) – 어퍼 피상(Upper Pisang, 3300m)** 마르샹디 강을 건너 웅장한 암벽과 대평원을 지나 안나푸르나 2봉을 보며 어퍼 피상 (Upper Pisang, 3300m)에 도착한다.	트레킹 6-7시간 약 15km
3	**어퍼 피상(Upper Pisang, 3300m) – 브라카(Braka, 3439m)** 가파른 산허리로 올라서 안나푸르나의 산군들을 따라 대평원으로 이동. 티벳 불교의 대 선지식 밀라레빠의 자취를 따라본다.	트레킹 7-8시간 약 12km
4	브라카(Braka, 3439m) 고도 적응 휴식 브라카 곰빠 방문. 휴식한다.	–
5	**브라카(Braka, 3439m) – 밀라레빠 수행토굴(4100m) / 안나푸르나 3봉 BC (4200m)** **– 마낭(Manang, 3500m)** 밀라레빠의 토굴과 안나푸르나 3봉 BC의 빙하를 방문하고 지역의 중심지 마낭으로 간다.	트레킹 7-8시간
6	**마낭(Manang, 3500m) – 강사르(3734m) – 쉬리 카르카(Shree Kharka, 틸리초 호텔,** **4070m) – 틸리초 BC(4150m)** **마낭(Manang, 3500m) – 강사르(3734m)** 마을 입구 체크포인트에서 팀스카드, 입장료 영수증을 확인한다. 토롱라와 틸리초 호 수(Tilicho Lake, 4990m) 가는 길이 갈라진다. 좌측 언덕으로 토롱 강을 건넌다. 도로와 만나 강사르 마을로 간다. 차를 한잔 마신다. 2시간 걸린다. **강사르 – 쉬리 카르카(Shree Kharka, 틸리초 호텔, 4070m)**쉬리 카르카 마을 입구 즉 틸리 초 호텔 입구에 강사르, 틸리초 호수(Tilicho Lake, 4990m), 야크 카르카 갈림길 표지판 이 있다. 쉬리 카르카에서 점심을 먹는다. 1.5시간 걸린다. ⊘ 틸리초 호수는 사이드 코스 혹 세컨더리 코스다. 큰 돌/나무/벽 등에 페인트로 흰색/청색이 조합된 표시를 따라간다.	트레킹 9-10시간

쉬리 카르카(Shree Kharka, 틸리초 호텔, 4070m) – **틸리초 BC** (Tilicho Base Camp, 4150m)

쉬리 카르카부터 계속 산허리의 좁고 위험한 경사로(Landslide)다. 매우 긴장하며 걷는다. 일부 위험 구간은 현수교도 설치되었으나 기본적으로 우측 위에서 돌이 자주 굴러온다. 좌측 아래로는 한번 미끄러져 내려가면 어디까지 내려갈지 알수 없는 위험한 길이다. 산군들과 암석들이 매우 아름다우나 긴장해 눈에 잘 들어오지 않는다. 앞으로 갈 길이 매우 선명하나 쉽게 줄어들지는 않는다. Landslide 구간 종료 표지판이 나오나 다시 경사로는 시작된다. 3–4시간 소요.

Landslide 구간 종료 표지판 – 틸리초 BC

오르막과 돌 굴러올 위험은 좀 줄어든다. 조금 내려가 움푹하고 평평한 곳에 틸리초 BC가 있다. 1시간 소요. 합 4.5–5시간 소요.

25년전에 처음 왔을때는 그냥 천막 하나만 씌운 돌 헛간에 수십명이 메트리스도 없이 대충 누워 잤다. 이제는 대규모 롯지들이 여러 개 자리 잡았다. 종종 방이 없어 포터들과 다이닝 룸에서 같이 자야 할 수도 있다. 마냥에서 예약하고 강사르에서 다시 확약한다. 혹 길을 가는 사람들이 많은 경우, 발 빠른 포터를 먼저 보내 방을 잡아둔다. 고도가 4000미터가 넘으면 걷기 편하고 좋지만 기온이 하강 한다. 잘 때 춥고 머리도 약간 아프다. 진통제를 쓰고 종합 감기약을 먹어 둔다. 프로폴리스 스프레이 등도 목에 뿌리고 머리와 발과 목을 따스하게 유지한다.

저녁 식사를 하며 내일 새벽 식사도 주문해둔다. 아침 식사 준비가 빨리 안되는 경우 저녁에 미리 준비해 둔다. 새벽 4시 출발.

틸리초 BC(Tilicho Base Camp, 4150m) – **틸리초 호수**(Tilicho Lake, 4990m) – **틸리초 BC**(4150m) – **쉬리 카르카**(Shree Kharka, 틸리초 호텔, 4070m)

틸리초 BC – 틸리초 호수(Tilicho Lake, 4990m)

해 뜨고 날 풀리면 얼어있던 작은 돌들이 구르기 시작한다. 빨리 끝낸다. 약 800미터를 올리고 하산해 틸리초 BC에서 점심을 먹는 것으로 한다.

새벽 4시쯤 출발한다. 틸리초 호수(Tilicho Lake, 4990m)는 8시간 안에 왕복한다. 안나푸르나에서 가장 강한 바람이 부는 지역이고, 호숫가다. 고도는 약 5000미터에 위치한다. 강 추위와 바람에 잘 대비한다.

작은 언덕에 오른 후, 흙길 경사로를 따라 오른다. 좌측으로 강사르(Khangsar, 7485m), 틸리초(Tilicho, 7134m)의 하얀 설산들이 북쪽으로 이어지며 안나푸르나 1으로 간다. 산들이 병풍처럼 둘러싸 장엄한 분위기다. 그리고 우측으로 다시 경사면에 돌 굴러 온다. 돌 자주 굴러 오고 미끄러지면 위험하다는 Landslide area 경고판이 나온다. 1.5시간 소요.

경고판부터 30분정도 걸으면 모든걸 포기하고 그냥 걷게 만드는 무서운 지그재그 길에 들어선다. 높은 언덕을 좌우로 왔다갔다 하면서 계속 오른다.

틸리초 호수
(Tilicho Lake, 4990m)
왕복 6–8시간 소요

쉬리 카르카 하산 3–4시간

트레킹 9–12시간 소요.

인도 라닥 – 잔스카르 산맥의 비슷한 오르막이 하루종일 계속 + 여러 날 같은 방식으로 3천–5천 미터가 지속되는 것이다. K2를 생각하면 귀여운 수준이지만 그래도 매우 죽을 맛이다. 언덕을 다 오르면 틸리초 호수(Tilicho Lake, 4990m) 35분(Tilicho lake 35min) 이라는 표시가 나온다. 1.5시간 소요.

표지판부터 길은 완만해지지만 그래도 속지 않는다. 담담하게 걷던 속도로 꾸준히 걷는다. 틸리초 호수(Tilicho Lake, 4990m)는 여기서 빨라도 1시간은 걸린다. 호수로 가는 길에 사람들이 얇은 돌을 세워 길을 표시해 뒀다.

갑작스런 기후 이상에 의한 조난을 방지하기 위해 네팔 정부가 지어 둔 긴급대피소가 좌측에 파란 지붕을 얹고있다. 우측에 작은 찻집과 오색 깃발이 날리는 틸리초 호수(Tilicho Lake, 4990m) 언덕에 도달한다. 좌측으로 틸리초 봉에서 빙하가 내려와 호수로 녹아들고 푸른 호수가 멀리 뻗어 있다. 기념사진을 찍는다. 1시간 소요. 상행 합 4–5시간 소요.

시간이 괜찮으면 우측 길로 호수로 내려간다.(4915m) 물은 매우 맑다. 호숫가는 모래톱에 잘잘한 풀과 약초가 많이 자란다. 개인이나 사원에서 특별한 일이 있을 때 여기서 채취한 사갈찹이라는 약초로 향을 피워 간절한 기도를 한다.

틸리초 호수(Tilicho Lake, 4990m) **– 틸리초 BC**(Tilicho Base Camp, 4150m) **하산**

파란 호수를 바라보며 찻집에서 차를 마시고 간식을 한다. 아쉽게 발길을 돌린다. 호수는 금방 보이지 않게 된다. 하산 약 2–3시간 소요.

틸리초 호수(Tilicho Lake, 4990m) 왕복 6–8시간 소요

틸리초 BC(4150m) **– 쉬리 카르카**(Shree Kharka, 틸리초 호텔, 4070m)

틸리초 BC에서 점심을 먹고 짐을 찾는다. 오후 1시경 쉬리 카르카로 출발한다. 같은 경사면이지만 내려가는 길은 늘 견딜만 하다. 말 타고 달려오는 무리들은 항상 부담스럽다. 좌측 절벽측으로 붙어 피한다. 쉬리 카르카에서 잔다. 3–4시간 소요.

⊘ 틸리초 호수에서 틸리초 BC 도착시간이 오후 3시가 지난 경우, 하산시간이 부족하고 위험하다. 틸리초 BC에서 다시 숙박한다. 다음 날 아침 일찍 쉬리 카르카를 지나 야크 카르카로 가도 충분하다.

⊘ 틸리초 호수(Tilicho Lake, 4990m)는 본래 다른 산은 전혀 안 보이는 여름 우기 7–8월이 가장 오르기 좋은 때다.

⊘ 틸리초는 갑자기 몇 미터씩 퍼붓는 눈과 비와 우박으로 산 사태, 눈 사태에 조난, 추락 등 다양한 인명사고가 많았던 가장 위험한 구간이다.
요즘은 차가 마낭에 강사르를 지나가니 방심하여 쉽게 올랐다가 갑작스런 폭설 눈에 갇혀 고생하는 사람들이 많다.

✓ 틸리초 – 메소칸토라 – 좀솜.

여름철에는 수많은 힌두교도들이 틸리초 호수(Tilicho Lake, 4990m)에서 기도하고 목욕한다. 마이크와 스피커를 설치하여 힌두 부흥회를 열고 아침 저녁으로 하누만과 여러 신들을 찬양한다. 힌두의 사두가 교도들을 데리고 호수를 순례한다.

텐트가 있으면 조금 떨어져 설치해도 된다. 스텝으로 일하는 네팔 사람들 텐트를 빌려도 며칠간은 크게 지장이 없다.
좀솜으로 가는 마을 사람들을 고용해 메소칸토 라를 넘는다.

✓ 틸리초 호수(Tilicho Lake, 4990m) = 카크 부순디(Kak Bhusundi) 호수??

kak 또는 kag은 까마귀를 말한다. 곧 까마귀가 이곳에 와서 죽은 호수라는 뜻이다. 많은 힌두교도들이 틸리초 호수(Tilicho Lake, 4990m)를 성소인 카크 부순디(Kak Bhusundi) 호수로 여기며 참배한다.

인도에서는 난다데비(Nanda Devi National Park)에 있는 또 다른 카크 부순디(Kag bhusandi Lake, 5230m)를 성지로 여기며 순례를 가기도 한다.

✓ 틸리초 호수(Tilicho Lake, 4990m) 와 메소칸토 라(Meso kantu La, 5470m)

틸리초 호수(Tilicho Lake, 4990m)의 호숫가는 4990m. 약 5000미터에 달하지만 호수에 붙은 모래톱은 4915m이다. 호수 넓이는 가로 1.2km 이고, 세로는 4km다. 호숫가는 얕지만 최대수심이 85m다. 호수를 한 바퀴 돌 수는 없다. 여름이 아닌 철에는 텐트를 위로 올려 틸리초 호수 캠프(5020m)에 친다. 호숫가에 귀한 약초가 많이 자란다. 살얼음이 있을 때 방심한 채 호수 위로 올라가면 고교 호수와 같은 익사 사고가 날수 있다. 호수의 물은 석회질이 많지만 끓이거나 정수해서 마셔도 되고, 그냥 마셔도 큰 지장은 없는 물이다. 호숫가에 앉아 틸리초 빙하가 무너지며 호수로 빠지는 광경이 장관이다. 밤의 틸리초도 매우 아름답다. 혼자 누운 텐트에서 밤새 바라보는 별도 매우 아름다웠다. 동쪽을 가로 막은 호수 옆 산 뒤로 마치 초대형 폭탄이 터져 산산히 부서진 것 같은 바삭바삭한 돌 조각들을 밟으며 오르막을 오른다. 메소칸토 라(Meso kantu La, 5470m)에 올라 틸리초와 작별하고 달려 내려가듯 가파른 내리막으로 주목지대와 거친 계곡을 지난다. 캠핑하고 올드 좀솜으로 하산하는 모험적인 코스다.

8	**쉬리 카르카**(Shree Kharka, 4070m) – **야크 카르카**(Yak kharka, 4050m) – **레다르** (Ledar, 4250m) 아침에 하얀 설산을 바라보며 틸리초와 마지막 인사를 한다. 식사는 반드시 여러 가지를 많이 먹어둔다. 쉬리 카르카(Shree Kharka, 4070m)에서 올드 강사르(Old Kangsar, 3950m)로 간다. 마을엔 풀밭과 돌 벽만 남아 있다. 1시간 소요. 더 오르면 절벽 끝자락으로 마낭과 틸리초 호수(Tilicho Lake, 4990m)로 가는 길과 거대한 하얀 설산들이 모두 보이는 전망대(View Point)가 나온다. 1시간 소요. 전망대(View Point)에서 가파른 언덕길을 내려가 토롱강(Torung khola)을 가로지르는 다리(3860m)를 건넌다. 찻집에서 쉰다. 1시간 소요. 언덕을 올라 길이 좀 나아진다. 좌측길로 가면 마낭에서 출발. 군상(Gunsang, 3950m)에서 올라오는 길과 만난다. 야크 카르카(Yak kharka, 4050m)로 올라간다. 야크 카르카의 강가푸르나 롯지가 야크 스테이크를 잘 굽고 야채를 푸짐하게 주는 것으로 유명하다. 점심을 먹는다. 2시간 소요. 고도를 조금 올려 다리를 건너 방이 많은 레다르(Ledar, 4250m)에서 숙박한다. 1시간 소요. ⊘ 야크 카르카 이후 안나푸르나 6. 안나푸르나 써킷 세부 일정표를 참조.	트레킹 6–7시간 소요.
9	**레다르**(Ledar, 4250m) – **토롱 페디**(Thorung pedi, 4600m) ⊘ 레다르 이후 안나푸르나 6. 안나푸르나 써킷 세부 일정표를 참조.	트레킹 2.5–3시간 약 5km
10	**토롱 페디**(Thorung pedi, 4600m) – **하이캠프**(High camp, 4925m) – **토롱 라**(Thorung La, 5416m) – **묵티나트**(Muktinath, 3760m) 토롱 페디에서 단숨에 토롱 라를 넘어 묵티나트로 간다.	트레킹 10–12시간 약 16km
11	**묵티나트**(Muktinath, 3760m) – **까그베니** – **묵티나트**(Muktinath, 3760m) 묵티나트에서 동네 산책을 한다. 무스탕의 관문 까그베니를 구경하고 뵌교의 자취도 살펴본다. 묵티나트 사원도 방문한다.	
12	**묵티나트**(Muktinath, 3760m) – **루브라 밸리**(Lubra Valley, 3772m) – **좀솜**(Jomsom, 2720m) / **말빠**(Marpha, 2670m) 루브라 밸리로 하산하여 다음 날 일정에 따라 좀솜/말파에 숙박하고 동네 구경을 한다. 다음 날 버스표를 사 둔다.	트레킹 6–7시간

13	좀솜(Jomsom, 2720m) / 말빠(Marpha, 2670m) − 따또빠니(Tatopani, 1190m) − 포카라/카트만두 새벽에 일어나 사원과 동네 마을의 아침을 둘러 보고 식사 후 차를 타고 트레킹을 마무리 짓는다. ⊘ 베니를 지나 포카라/카트만두로 나가 트레킹을 종료한다. ⊘ 트레킹을 연장하는 경우 따또빠니를 기준으로 그랜드 써킷을 한다. 따또빠니 하차 후 숙박. 혹은 바로 안나푸르나 내측 써킷 코스로 트레킹/지프로 오른다. 현지 교통 상황과 개인 성향 및 컨디션에 따라 조절하여 오른다. ⊘ 안나푸르나 7. 그랜드써킷(Annapuruna Grand Circuit) 참조. 안나푸르나 써킷(Annapuruna Circuit, 5416m) + 틸리초 호수(Tilicho Lake, 4990m) + 모하레 단다(Mohare Danda, 3320m) + 푼힐(POON HILL, 3210m) + 코프라단다(Khopra danda, 3660m) − 카얄호수(Khayar Lake, 4620m)+ ABC (4130m) + 마르디 히말 BC(4600m) − 포카라/카트만두.	카트만두 12−13시간 포카라 10−11시간

틸리쵸 호수 가는 길_신한범

안나푸르나 써킷(Annapuruna Circuit, 5416) → 틸리초 호수(Tilicho Lake, 4990m) + 모하레 단다(Mohare Danda, 3320m) + 푼힐(Poon Hill, 3210m) + 코프라단다(Khopra danda, 3660m) → 카얄호수(Khayar Lake, 4620m) + ABC(4130m) + 마르디 히말 BC(4600m) → 포카라/카트만두

일정: 29박 30일(예비일 추가 포함)
최고 고도: 토롱 라 (Thorung La, 5416m) / 틸리초 호수(Tilicho Lake, 4990m) / 카얄호수(Khayar Lake, 4620m) / ABC (4130m) / 마르디 히말 BC(4600m)
난이도: ★★★★★   편리성: ★★
풍경: ★★★★★   이용도: ★★★
성수기: 4월말–5월 중순. 10월 초–11월 중순.

일정 소개

현존하는 모든 한글 네팔 가이드 북 중 최초로 새로 오픈된 코스들을 포함한 안나푸르나 그랜드 써킷을 소개하게 되었다. 코스를 작성하는 동안 도로의 발달로 많은 고민이 있었다. 그러나 사람의 의지로도 쉽지 않은 자연의 힘을 실감하며 감개무량한 마음으로 소개한다. 안나푸르나 써킷은 안나푸르나 2봉을 처음 만나고 안나푸르나 3봉 BC의 밀라레빠의 수행지를 방문한다. 넓고 풍요로운 마낭을 지나 강가푸르나(7,455m), 강사르, 틸리초 등과 함께 희박한 공기와 미끄럽고 좁은 길을 조심스럽게 걷는다. 세상에서 가장 높은 호수 중 하나인 성지 틸리초 호수(Tilicho Lake, 4920m)를, 눈부시게 빛나는 하얀 설벽과 방문한다.

올드 강사르 마을을 넘어 안나푸르나 써킷 최대의 난관. 토롱 라를 넘는다. 티벳 불교와 힌두의 성지인 묵티나트를 방문하고 닐기리, 다울라기리를 바라보며 뵌교의 성지 루브라 밸리의 오래된 마을을 방문하고 무스탕의 관문 까그베니도 방문해본다. 좀솜/말파의 골목을 걸어보고 따또빠니까지 차를 타고 이동. 안나푸르나 써킷을 완료한다.

이제 고도와 관련된 위험은 모두 사라졌다. 다만 가고 싶은만큼, 가고 싶은대로 갈 뿐. 때로 뒤와 옆으로 다울라기리, 닐기리, 담푸스를 바라보며 산으로 다시 오른 뒤 능선을 타고 안나푸르나의 대표적인 전망대들을 모두 연결하여 내측으로 크게 돈다. 지체없이 고레빠니 근처까지 지프/트레킹으로 이동해 모하레 단다로 먼저 올라간다. 편안하게 하루 쉰 뒤 능선을 타고 푼힐 전망대 옆으로 내려오며 고라빠니에서 길을 잡아 스완타를 지나 코프라 단다(Khopra danda, 3660m)

모하레 단다-풀바리_김시현

로 이동한다. 도전적인 힌두의 성소 카얄호수
(Khayar Lake, 4620m)와 사원을 방문한다. 하산
길에 물데 전망대에 오른 뒤 ABC로 길을 잡아
안나푸르나의 깊숙한 내면을 다시 만나보고 천
천히 내려선다. 높은 언덕과 긴 강을 건너 우거
진 숲을 지나 오르막 능선을 타고 마르디 히말로
간다. 마르디히말 베이스캠프(Mardi Himal Base
Camp, 4600m)에서 시바신의 거처 마차푸차레를
가까이 만나본다. 희박한 공기와 기압의 압박을
견디며 그랜드 써킷의 마지막을 높이 걸어간 사
람을 마차푸차레는 반갑게 맞아줄 것이다. 능선
을 타고 내려와 길었던 트레킹의 여운을 즐기며
그 마지막 밤을 오스트레일리아 캠프에서 보낸
다. 안나푸르나 산군 전체의 배웅을 받으며 아침
에 숲에서 내려와 포카라의 호숫가에서 긴장했던
마음을 내려 놓고 다음을 기약하며 마침내 살던
곳으로 되돌아간다. 약 한달 정도 걸리는 시간 동
안 설산들이 마음속 깊이 알알이 박혀 평생을 같
이 할 것이다.

필요서류 : 안나푸르나 국립공원 입장료 3000.

TIMS 2000루피

> ⊘ 가이드는 고용하지 않아도 포터는 고용
> 하는 것이 긴 길에 큰 도움이 된다.
> ⊘ 체크포인트 통과시 별 다른 양해나 언급
> 없이 완전히 국립공원 밖으로 나갔다 들어
> 오면 입장료를 다시 내야 한다. 늘 확인하고
> 주의한다.

물데 전망대Mulde Muldai View point2_김시현

안나푸르나 트레킹 써킷

푸 (4,080m)

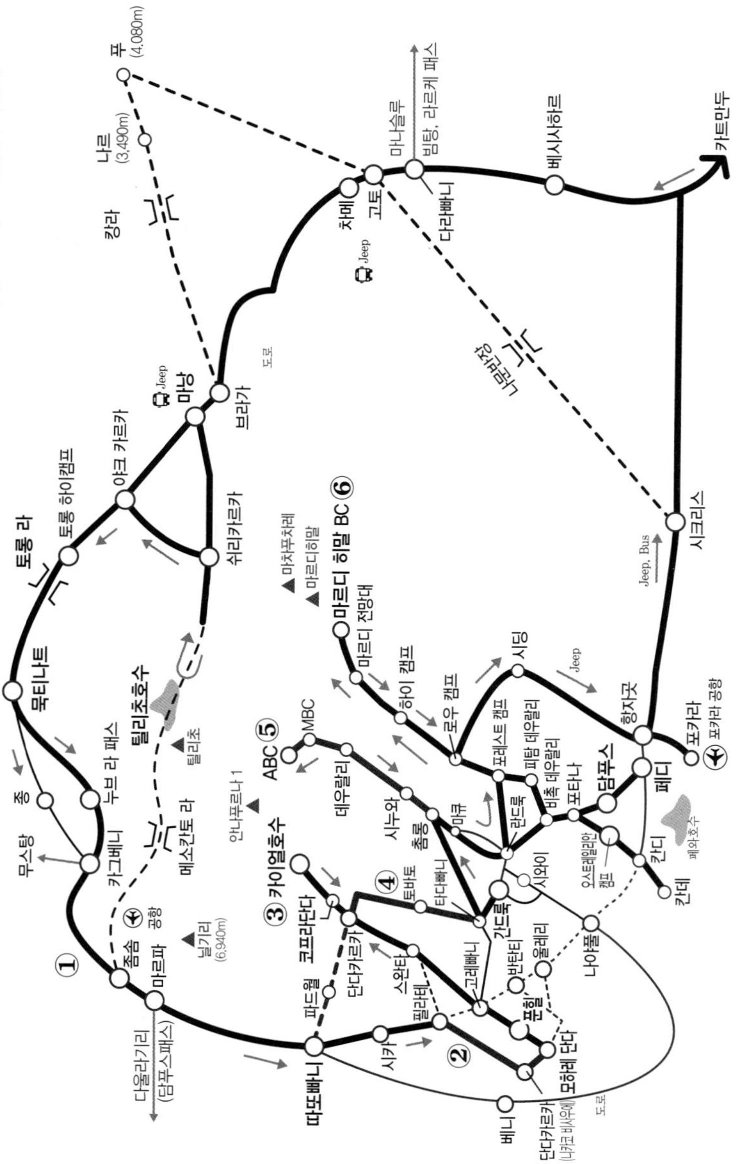

나르 (3,490m)

캉라

누르 히말

토롱 라

토롱 하이캠프

아그르 카르카

마낭

브라가

쉬리카르카

도로

마나슬루

남팡, 라르케 패스

차메

고토 Jeep

다라빠니

베시사하르

카트만두

묵티나트

종

누브 라 패스

틸리초호수

메소칸토 라

틸리초

무스탕

캉게니

닐기리 (6,940m)

짐솜 공항

마르파

안나푸르나 1

마차푸차레
마르디히말

마르디 히말 BC ⑥

마르디 전망대

하이 캠프

로우 캠프

④ 어퍼레스트 캠프

시딩

참브

포레스트 캠프
파탄 데우랄리
밴뜨 데우랄리

시우와

란드룩

포타나

담푸스

페디

포카라 포카라 공항

간드룩

진단데

페와호수

오스트레일리안
캠프

다울라기리 (담푸스패스)

다울라기리

③ 카이엘호수

쿠모라단다

단다카르카

파드월

② 모하레 단다

반딴띠

톨카

나야뿔

시카

펠리레

수언따라

고레빠니

데우랄리

토바토

띠코동

마규

포타나

② 모하레 단다

베니

단다카르카 (나카르비샤에)

도로

Jeep, Bus

시크리스

Jeep

향자곳

MBC

ABC ⑤

땃또빠니

① 짐솜 공항

Jeep

②

220 히말라야 트레킹 지역

안나푸르나 7. 안나푸르나 그랜드 써킷(Annapuruna Grand Circuit) 일정표

안나푸르나 써킷(Annapuruna Circuit, 5416m) **+ 틸리초 호수**(Tilicho Lake, 4990m) **+ 모하레 단다** (Mohare Danda, 3320m) **+ 푼힐**(Poon Hill, 3210m) **+ 코프라 단다**(Khopra danda, 3660m) **− 카얄호수**(Khayar Lake, 4620m) **+ ABC**(4130m) **+ 마르디 히말 BC**(4600m) **− 포카라/카트만두**

1일차

▲ 카트만두/포카라 − 베시사하르(Besisahar, 760m) : 버스 7−8시간/ 지프 6−7시간	베시사하르 버스 7−8시간 지프 6−7시간
▲ 베시사하르(Besisahar, 760m) − 차메(Chame, 2630m) : 비포장도로. 지프 5−6시간 베시사하르 도착 후 TIMS 2000 루피. 국립공원 입장료 3000루피 지불. 차메 숙박 ◎ 안나푸르나 6. 안나푸르나 써킷 / 6-1안나푸르나 써킷 + 틸리초 호수를 좀솜 /말파까지 참조한다.	차메 지프 5−6시간

2일차

▲ 차메(Chame, 2630m) − 어퍼 피상(Upper Pisang, 3300m) 마르샹디 강을 건너 웅장한 암벽과 대평원을 지나 안나푸르나 2봉과 어퍼 피상(Upper Pisang, 3300m)에 도착한다.	트레킹 6−7시간 약 15km

3일차

▲ 어퍼 피상(Upper Pisang, 3300m) − 브라카(Braka, 3439m) 가파른 산허리로 올라 안나푸르나의 산군들을 따라 대평원으로 이동. 티벳 불교의 대 선지식 밀라레빠의 자취를 따라본다.	트레킹 7−8시간 약 12km

4일차

▲ 브라카(Braka, 3439m) 고도 적응 휴식 브라카 곰빠 방문. 동네만 돌아다녀도 충분한 고도 적응이 된다.	

5일차

▲ **브라카**(Braka, 3439m) − **밀라레빠 수행토굴**(4100m) / **안나푸르나 3봉 BC**(4200m) − **마낭**(Manang, 3500m)

밀라레빠의 토굴과 안나푸르나 3봉 BC의 빙하를 본 후 지역의 중심지 마낭으로 간다.

트레킹
7−8시간

6일차

▲ **마낭**(Manang, 3500m) − **강사르**(3734m) − **틸리초 호텔**(4070m) − **틸리초 BC**(4150m)

가파르고 미끄러운 경사면을 따라 강가푸르나, 강사르, 틸리초와 함께 산을 오른다.

트레킹
9−10시간

7일차

▲ **틸리초 BC**(Tilicho Base Camp, 4150m) − **틸리초 호수**(Tilicho Lake, 4990m) − **틸리초 BC**(4150m) − **쉬리 카르카**(Shree Kharka, 4070m)

새벽 4시. 산에 올라 성소 틸리초 호수를 방문하고 침잠한 시간을 가진 뒤 하산. 짐을 챙겨 쉬리 카르카로 간다.

틸리초 호수
왕복 6−8시간/ 쉬리 카르카
하산 3−4시간
트레킹 9−12시간

8일차

▲ **쉬리 카르카**(Shree Kharka, 4070m) − **야크 카르카**(Yak kharka, 4050m) − **레다르**(Ledar, 4250m)

쉬리 카르카에서 지역의 최고 전망대 올드 강사르를 지나 뷰 포인트에서 쉬었다가 강을 건너 야크 카르카를 지나 레다르에서 토롱 라를 준비한다.

트레킹
6−7시간

9일차

▲ **레다르**(Ledar, 4250m) − **토롱 페디**(Thorung pedi, 4600m)

매우 짧은 길. 잘 쉬었다 크게 뛰어 단번에 토롱 라를 넘는다.

트레킹
2.5−3시간.
약 5km

10일차

▲ **토롱 페디**(Thorung pedi, 4600m) − **하이캠프**(High camp, 4925m) − **토롱 라**(Thorung La, 5416m) − **묵티나트**(Muktinath, 3760m)

컨디션이 좋지 않으면 말을 타고 토롱 라에 오르자.

트레킹
10−12시간
약 16km

11일차

▲ **묵티나트 휴식, 동네 구경**

쉬면서 사원의 108 물길을 받아 죄업을 소멸한다. 까그베니로 가며 여러 마을도 돌아보고 지프로 묵티나트에 돌아온다. 묵티나트의 닭 백숙 등 한국 음식도 괜찮다.

⊘ 묵티나트 아웃 - 묵티나트 지프로 바로 포카라/카트만두. 합승 지프 및 버스로 묵티나트 - 좀솜. 좀솜 - 포카라/카트만두.

12일차

▲ **묵티나트**(Muktinath, 3760m) - **루브라 밸리**(Lubra Valley, 3772m) - **좀솜**(Jomsom, 2720m) - **말파** (Marpha, 2670m)

루브라 밸리의 뱀 껍질 절벽을 지나 뵌교 마을을 만나 언덕길을 걸은 뒤 지프를 타고 흙먼지 날리는 길로 말빠 성인의 자취가 살아 있는 하얀 마을 말파로 간다. 시설 좋고 품격 있고 브랜디, 사과파이 좋다. 사원도 아름답다.

| | 트레킹 6-7시간 |

⊘ 좀솜 코스아웃: 비행기 / 버스 이용시 좀솜에서 숙박한다.

13일차

▲ **좀솜**(Jomsom, 2720m) / **말파**(Marpha, 2670m) - **따또빠니**(Tatopani, 1190m)

칼리 간다키 강을 따라 거친 길을 간다. 말파(Marpha, 2670m) - **투쿠체**(tukuche, 2950m) - 칼로빠니(kalopani, 2530m) - 가사(ghasa, 2010m) - **따또빠니**(Tatopani, 1190m)로 간다. 따또빠니 숙박.

⊘ 다음 날 모하레 단다로 가는 경우 온천욕은 조금만 한다. 근육을 모두 이완시키면 오르막에서 고생한다.

⊘ 안나푸르나 그랜드 써킷
안나푸르나 써킷을 마친 후 따또빠니를 기점으로 모하레 단다, 푼힐, ABC, 코프라 단다, 마르디 히말을 연결해 그랜드 써킷을 한다.

⊘ 안나푸르나 그랜드 써킷 개인 일정에 따라 따또빠니 하차 후 바로 시카까지 지프/트레킹으로 갈수도 있다.

| | 버스 4-5시간 |

▲ **따또빠니**(Tatopani, 1190m) **– 시카**(Shikha, 1920m) **– 모하레 단다**(Mohare Danda, 3320m) **트레킹**

☑ 고도에 충분히 적응되어 하루면 따또빠니에서 모하레 단다에 갈 수 있다. 그러나 몸은 지쳐 있고, 저지대는 덥다. 또 도로로 걷는 것은 먼지도 많고 트레킹이라 할 수 없는 딜레마가 있다. 몸 상태와 개인 취향에 맞춰 트레킹/지프로 A,B 코스를 진행한다.

A : 트레킹. 따또빠니(Tatopani, 1190m) – 시카(Shikha, 1920m)

따또빠니 마을 좌측 체크포인트에서 체크하고 내려가 가르콜라 가온(Garkholagaon, 1170m)에서 도 로를 따라 걷는다. 닐기리 산군의 마중을 받으며 현수교를 건너면 고레빠니(Ghorepani)/파드월 (Paudwer) 이정표가 나온다. 고레빠니 방향으로 간다. 30분 소요.

이정표를 지나 도로를 최대한 피해 돌계단길로 가면 내내 오르막이다. 힘들게 걷는데, 도로로 자 동차들이 고레빠니/모헤라 단다 바로 밑까지 가는 걸 보면 힘이 빠진다. 이 구간은 자동차를 타 는 것도 괜찮다.

능선 중간에 오면 저 멀리 보이는 산자락의 맨 왼쪽이 시카. 그 뒤의 솟은 언덕이 푼힐이다. 닐기 리는 조금 숨고, 다울라기리 써킷 마지막 코스 담푸스 피크(6012m)와 투쿠체(Tukuche, 6920m)가 나 와 있다.

시카에서 바라보는 풍경도 매우 좋다. 돌을 켜서 만든 옛집들이 많고, 몇 채만 최근에 지은 것들 이다. 오늘은 여기에서 쉰다. 4–5시간 소요

☑ 파드월(Paudwer)/날치양(Narchyang, 1510m)은 따또빠니 측에서 하루 만에 코프라단다 (Khopra danda)로 올라가고 하산도 하는 코스들이다.

날치양이 1–2시간 빠르지만 마을과 찻집이 없어 물을 구하기 어렵고 길이 험하다. 보통 9–10 시간에 따또빠니 – 코프라 단다에 도달한다.

파드월 마을이 단정하고 풍광도 좋다. 모하레 단다/푼힐을 하지 않는 경우 파드월(Paudwer)/ 날치양(Narchyang, 1510m)/스완타 3개의 코스 중 하나를 이용해 코프라 단다로 오른다.

따또빠니 – 스완타까지 지프가 올라간다.

B : 따또빠니(Tatopani, 1190m) – 시카(Shikha, 1920m) / 팔라테(Phalate, 2270m) 지프. 팔라테 – 모하레 단다(Mohare Danda, 3320m)

☑ 잠정적으로 따또빠니 – 시카(Shikha, 1920m) / 팔라테(Phalate, 2270m)까지 지프/버스 이용 을 권장하고, 현지 상황에 따라 최대치로 차량을 이용한다. 도로가 개통되면 트레킹이 힘들다.

지프로 시카 / 팔라테까지 간다. 2시간 소요.

A :
트레킹
4–5시간
소요

B :
지프
2시간.
트레킹
5시간

시카 체크포인트에서 체크하고 길을 나선다. 길은 내리막으로 가다 다시 올라간다. 찻집이 나오고 작은 학교가 있는 평탄한 길을 걸으면 간드룩과 고레빠니 이정표가 나온다. 고레빠니 이정표를 따라 평탄한 길을 걷는다. 더 올라가 팔라테(Phalate, 2270m)에서 모하레 단다로 가는 갈림길이 나온다. 1시간 소요.

오른쪽으로 틀어 300m 정도 고도를 올리면 다시 고레빠니와 갈림길이 나온다. 가던 방향으로 똑바로 가면 나카코 비사우네(Nakako Bisaune(2670m)다.

오래된 만병초 군락의 동화 같은 숲을 지나 언덕으로 나오면 작은 마을 풀바리(단다카르카, Danda Kharka, 2800m)다. 한국말 잘하는 후덕한 네팔 아줌마가 하는 찻집(Green View guest house)에서 점심을 먹는다. 2–2.5시간

풀바리(단다 카르카) 마을 밖 풀밭에서 다시 만병초 숲으로 들어갔다 연못을 지나 능선을 타고 몇 개의 건물이 있는 동네에 도착하면 모하레 단다(Mohare Danda, 3320m)다. 약 1.5시간 소요.

모하레 단다는 관광 수입과 지역 개별에서 소외됐던 낭기(Nangi, 2320m) 마을이 안나푸르나 – 다울라기리 마을 사람들이 오가던 길을 공동으로 확충해 개발하고 롯지를 운영한다(Mohare Community Lodge). 새 건물이라 크고 깨끗하다. 롯지가 전망대 그 자체다.

✓ 2024년 9월 현재 시카까지 열렸던 도로가 팔라테(Phalate, 2270m), 치트레(Chitre) 까지 확장. 고레빠니 바로 아래까지 대형 타타버스/지프/승합차/오토바이가 올라오게 되었다. 스완타 (Swanta, 2214m) 마을 아래로도 도로가 일부 열려 있다. 고도에 적응이 되었다면 푼힐/모하레 단다/코프라 단다 모두 1일 안에 도달할 수 있게 된 것이다.

✓ 2024년 9월 현재 현지 언론 보도에 의하면 아스팔트 포장 작업은 포카라 이후 저지대부터 시작되고 있다. 최종 목적지는 고레빠니. 주민들은 매우 기뻐하며 반가워하고 있다고 한다. 네팔 정부는 관광산업의 증대와 지역 주민의 소득 증가로 이어질 것으로 보고 있다.

✓ 흰색/청색 페인트칠로 대변되는 새로운 안나푸르나 써킷과 다울라기리 지역 트레킹 루트도 도로에 의해 다시 손상되었다.

✓ 2024년 9월 현재 울레리/반탄디에서 고레빠니는 트레킹 2–3시간, 모하레 단다도 5–6시간에 도달 가능하다. 모하레 단다는 베니/따또빠니 측에서는 팔라테(Phalate, 2270m)에서 지프 하차 후 트레킹 4–5 시간. 베니 – 낭기 마을 하차 후 4–5시간이면 가능하다.

✓ 치트레/팔라테 가는 트레커는 지프 사용이 편리하다. 출발 전날 현지 사정을 충분히 확인하여 지프를 이용한다.

▲ **모하레 단다**(Mohare Danda, 3320m) **휴식**

A : 새벽에 시카(Shikha, 1920m) – 모하레 단다 트레킹 4–5시간.

B : 모하레 단다 근처 동네 구경을 다닌다.

　　1) 조용한 모하레 단다의 능선을 타고 코케 단다 뷰 포인트로 이동. 코케 단다의 롯지에서 차
　　한 잔을 하고 모하레 단다로 돌아와 느긋한 휴식 시간을 보낸다.

　　2) 심심하면 사람들로 혼잡한 푼힐에 다녀와도 좋다. 왕복 4–5시간 소요.

　　⊘ 고산 적응 없이 반탄디에서 모하레 단다로 바로 올라가면 고산병이 발생한다. 안나푸르
　　나 써킷, 마르디 히말, ABC 등을 마친 경우에만 이 코스로 바로 입산한다. 상당히 아름다운
　　코스다.

　　⊘ 모하레 단다는 따로 독립코스로 소개할 계획이었으나 도로가 삼면으로 개발되어 이미 1일
　　도달권이 되었다. 푼힐과 같이 서술하는 것으로 충분하다고 본다.

　　⊘ 모하레 단다에서 급히 하산하는 경우. 1) 모하레 단다 – 푼힐 – 고라빠니 – 반탄디(지
　　프) – 포카라

2) 모하레 단다 – 코케단다 – 반탄디(지프) – 포카라
　　다울라기리 뷰 포인트인 코케단다를 지난다. 30분 소요. 단페 힐의 풀밭 능선을 지난다. 고사
　　목 지대와 풀밭지대의 도야풀을 지난다. 소나무와 이끼가 가득한 모시 포레스트의 만병초 숲
　　을 따라 오솔길로 반탄디로 하산한다. 3–4시간 소요. 반탄디에서 지프를 타고 포카라로 하산.
　　3–4시간 소요.

3) 모하레 단다 – 팔라테(지프) – 따또빠니 – 포카라

트레킹
7–8시간

▲ **모하레 단다**(Mohare Danda, 3320m) – **스완타**(Swanta, 2214m)

A, B 2개의 코스로 진행한다. 가볍게 스완타까지 간다.

A: **모하레 단다**(Mohare Danda, 3320m) – **푼힐**(POON HILL, 3210m) – **고레빠니**(Ghorepani, 2860m) – **스
완타**(Swanta, 2214m)
　　모하레 단다(Mohare Danda, 3320m) – **푼힐**(POON HILL, 3210m) – **고레빠니**(Ghorepani, 2860m)

　　아침의 산군들은 장엄하고 춥다. 모하레 단다와 푼힐은 W자 능선으로 어느 쪽에서 출발해도
　　내려갔다 올라간다. 붉게 물드는 숲을 지나 침엽수와 이끼 긴 능선을 따라 내려간다. 풀밭으로
　　난 좁은 길로 오르막을 오른 뒤 만병초 숲으로 들어간다. 오른쪽으로 나가면 푼힐 전망대다.
　　2–2.5시간 소요.

트레킹
5–6시간
소요

+ **고레빠니**(Ghorepani, 2860m) − **스완타**(Swanta, 2214m)

　　고레빠니 마을 입구에서 우측 코프라 단다(Khopra) 쪽으로 간다. 다울라기리, 담푸스 등을 바라보며 풀밭과 야채밭을 따라 만병초 군락과 참나무, 소나무 군락의 오솔길로 간다. 작은 강을 현수교로 건너 스완타까지 내려간다. 언덕 아래 넓고 평탄한 마을의 밭에 많은 야채들이 자란다. 캔들 인 롯지(Candle Inn Lodge)에서 점심을 먹고 쉰다. 2−2.5시간 소요.

B: 모하레 단다(Mohare Danda, 3320m) − **풀바리**(단다 카르카, Danda Kharka, 2800m) − **팔라테**
(Phalate, 2270m) − **스완타**(Swanta, 2214m)

　　모하레 단다에서 언덕을 내려가 풀바리(단다카르카, Danda Kharka, 2800m)로 간다. 1시간정도 소요된다.

　　동화 같고 신비한 아름드리 만병초 숲을 꿈을 꾸듯 지난다. 나카코 비사우네(Nakako Bisaune, 2670m)에서 혼잡한 이정표 중 코프라 단다(Kophra danda) 방향으로 간다. 곧 팔라테(Phalate, 2270m)에 개설된 지프 도로를 만난다. 1.5시간 소요.

　　지프도로를 따라가거나, 숲 길로 간다. 스완타(Swanta, 2214m)로 간다. 1시간 소요. 동네에 야채 가득하고 치즈 공장이 있어 치즈가 풍부하다. 수력발전으로 전기도 풍부하다.

17일차

▲ **스완타**(Swanta, 2214m) − **어퍼 치스티붕**(단 카르카, Upper Chistibung, 2975m) − **코프라 단다**
(Khopra Danda 3660m)

▲ **스완타**(Swanta, 2214m) − **어퍼 치스티붕**(단 카르카, Upper Chistibung, 2975m)

오늘은 약 1,450m를 올린다. 간드룩(도바토, 물데 전망대 측)과 따또빠니에서 올라오는 갈림길이 위치한 어퍼 치스티붕 (단카르카, Upper Chistibung, 2975m)까지 오른다. 내내 오르막이다.

동네 우측 언덕으로 길을 잡아 계곡 오르막으로 간다. 다울라기리 산군이 장엄하다. 이 지역의 모든 전기를 공급하는 작은 수력 발전소가 나온다. 30분 정도 더 올라가면 작은 초가집 같은 찻집 (ever green)이 나온다. 2.5 시간 소요.

다시 가파른 숲길을 오르면 야크와 원숭이들이 길에 많다. 간간히 단페도 나온다. 어퍼 치스티붕 (단카르카, Upper Chistibung, 2975m)에 도착한다. 롯지에서 점심을 먹는다. 2시간 소요.

▲ **어퍼 치스티붕**(단 카르카, Upper Chistibung, 2975m) − **코프라 단다**(Khopra Danda 3660m)

코프라 단다까지 약 3.5km 정도. 다시 긴 오르막이 시작된다. 우측으로 코프라릿지 절벽면으로 바옐리, 물데 전망대를 바라본다. 산허리를 타고 굽이굽이 가파른 오르막을 계속 걷다보면 앞의 풍경이 터지면서 코프라 단다에 도착한다. 3.5 시간 소요.

코프라 단다 산장에 앉으면 다울라기리, 안나푸르나 사우스, 닐기리의 웅장한 풍경이 눈에 들어온다. 전기 사정이 괜찮고 와이파이도 된다.

트레킹
6−7시간

@ 코프라 단다도 유명해지고 있다. 그러나 시설은 크게 개선된 것이 없다. 화장실이 따로 달린 방이 생긴 것 정도가 개선된 것이다. 방값은 보통 1000루피 정도로 비싼 편이다.

@ 써킷을 마치 않고 푼힐 등에서 바로 올라오며 고산적응기간이 없었던 경우, 어퍼 치스티붕(단카르카,Upper Chistibung, 2975m)에서 하루 쉬며 고도적응시간을 가지는 것이 좋다. 고산적응 없이 모하레 단다, 코프라 단다로 바로 올라가면 고산병이 발생한다.

18일차

▲ **코프라 단다**(Khopra Danda, 3660m) **– 카이어 호수/카이어 바라히 힌두 사원**(Khayer lake, 4660m) **– 코프라 단다**(Khopra Danda, 3660m)

힌두의 성지 카이어 바라히 사원과 호수를 방문한다. 써킷을 마친 사람들은 코프라 단다에서 쉽게 발을 돌리지 않는다. 조망이 좋던 나쁘던 갈 수 있으면 그냥 간다. 왕복 11km.

새벽 4시경 출발해서 고도를 1000미터 올린다. 정면으로 올라 좌측 능선으로 가파른 돌 길과 돌계단길을 간다. 중간에 목동들이 쓰는 헛간이 하나 나온다. 약간 내리막으로 카이어 호수에서 내려오는 개울(카야 콜라)을 지나 다시 언덕과 돌길을 올라간다.

언덕에 오르면 다시 안나푸르나 사우스가 나온다. 능선 종주길은 끝없는 돌계단이다. 어설픈 펜스가 있는 계단을 지나 다시 산 정상 같은 기분이 드는 곳에 오르면 눈 앞에 움푹 파인 호수가 나온다. 카이어호수(Khayer lake, 4660m)다.

호수 한 복판에 삼지창이 꼽혀있고 우측에 힌두사원인 카이어 바라히(Khayer Barah)가 단정하게 자리 잡았다. 그 옆으로 야크 대피소가 있다. 5-6시간 소요.

주변을 둘러싼 산 아래 자리 잡은 호수는 맑다. 호수 주변은 깊지 않다. 티벳 불교와 힌두의 사람들이 오색 깃발을 걸고 작은 돌탑들을 쌓아 놓고 소원을 빈다. 호수에 손을 담그고 업장 소멸을 기원한다. 풍경을 보다가 천천히 하산한다. 4-5시간 소요.

✓ 코프라 단다에서 부득이 하산시 1일 코스로 고속 하산한다.
　A: 코프라 단다 – 파드월(Paudwer, 2000m) – 따또빠니 – 포카라/카트만두
　B: 코프라 단다 – 날치양(Narchyang, 1510m) – 따또빠니 – 포카라/카트만두
　C: 코프라 단다 – 스완타 – 따또빠니 – 포카라/카트만두
　D: 코프라 단다 – 스완타 – 고라빠니 – 포카라/카트만두

✓ 파드월(Paudwer) 코스 – 코프라 단다 입산/하산도 좋은 계획이다.
　단, 고소 적응이 안된 상태는 바로 올라가지 않는다.

A: 코프라 단다의 롯지도 파드월 마을 공동체에서 운영하고 있다. 마을 사람들이 박물관을 운영중이다. 프랑스 NGO의 도움으로 작은 진료소를 운영하고 있다. 전통 돌집과 찻집도 운영하고 있어 그냥 지나치기에 아쉬움이 있다.

트레킹 10–11 시간

B: 날치양(Narchyang, 1510m)은 다울라기리를 보며 코프라 단다에서 하산 표지판을 따라 오른쪽 능선으로 간다. 풀밭과 만병초 숲으로 간다. 중간에 찻집이나 물 보급 등을 받을 곳이 없어 힘들다. 중간에 도로 개설 중인 길과 만나 빠르게 하산한다. 도로에 찻집이 있고 가끔 작은 승합차(따또빠니 익스프레스)가 있다. 만나면 타고 간다. 내리막 길은 무시무시하다. 따또빠니 온천에 내린 후 진행하거나 숙박한다.

C: 스완타에서 차량으로 따또빠니 – 베니 – 포카라/카트만두로 이동한다.

D: 스완타 – 고라빠니 – 포카라/카트만두로 이동한다.

19일차

▲ **코프라 단다**(Khopra Danda, 3660m) – **어퍼 치스티붕**(단 카르카,Upper Chistibung, 2975m) – **바옐리**(Bayeli, 3437m) – **도바토**(Dobato, 3349m)

✅ ABC로 연결한다. 지역의 멋진 전망대인 물데 전망대(Mulde view point, 3637m)를 오르기 위해 도바토로 간다.

▲ **코프라 단다**(Khopra Danda 3660m) – **어퍼 치스티붕**(단 카르카, Upper Chistibung, 2975m)

오전 6시 정도에 출발. 코프라 단다에서 어퍼 치스티붕을 지나 2600m까지 내렸다가 바옐리(Bayeli, 3437m)로 다시 올라간다 도바토(Dobato, 3349m)로 조금 내려간다.

코프라 단다에서 스완타, 푼힐, 모하레 단다 등을 건너보며 산 허리를 따라 급한 내리막으로 어퍼 치스티붕(단카르카,Upper Chistibung, 2975m)에 도착. 롯지 락 랜드에서 아침식사를 한다. 약 2시간 소요.

▲ **어퍼 치스티붕** (단 카르카,Upper Chistibung, 2975m) – **바옐리**(Bayeli, 3437m)

바옐리까지 찻집이 없다. 코프라 단다/스완타/도바토 삼거리 갈림길에서 직진. 침엽수림으로 걷는다. V자 협곡으로 내리막을 건너 개울을 2번 건너 개울바닥을 찍고 나서 계속 올라간다. 쉬었던 락 랜드가 건너편에 보인다. 1–1.5시간 소요.

오르고 내리고를 내내 반복하지만 결국 내내 올라가는 길이다. 경치는 매우 아름답다. 숲이 사라지고 산허리를 따라 풀밭 사이로 계속 오른다. 마을 사람들이 공동으로 운영하는 바옐리(Bayeli 3437m) 롯지에 도착한다. 다울라기리를 보며 점심을 먹는다. (비수기인 초봄, 여름, 겨울에는 바옐리 롯지 운영이 중지된다. 단 카르카에서 확인한다.) 2–2.5시간 소요.

▲ **바옐리**(Bayeli 3437m) – **도바토**(Dobato 3349m)

바옐리(Bayeli, 3437m)에서 hidden lake, Dobato, khopra 갈림길 표지판에 도착한다. 30분 소요.

도바토(Dobato, 3349m)로 길을 잡아 안나푸르나, 다울라기리 산군을 보며 능선을 타고 오르막으로 간다. 마을 입구에서 마차푸차레가 정면으로 보이고 안나푸르나 사우스가 보이는 도바토 마을로 내려선다. 2–2.5시간 소요.

추천숙소: 호텔 마운트 럭키(Hotel Mount Lucky)

트레킹 8–9시간

20일차

▲ **도바토**(Dobato, 3349m) − **물데 전망대**(Mulde view point, 3637m) − **도바토**(Dobato 3349m) − **이사루**(isharu, 3137m) − **타다빠니**(Tadapani, 2630m) − **추일레**(Chuile, 2170m)

+ **도바토**(Dobato, 3349m) − **물데 전망대**(Mulde view point, 3637m) 왕복.

새벽 5시 반. 보온병에 뜨거운 차를 가득 담고, 간식을 준비해 따뜻하게 입고 물데 전망대(Mulde view point, 3637m)로 간다.
계단으로 전망대를 잘 꾸며놨다. 성수기에는 기부금 100루피를 받는다.

언덕이 밖으로 돌출되어 사방이 탁 트인다. 다울라기리 1봉, 안나푸르나 사우스, 마차푸차레, 담푸스, 닐기리가 잘 보인다. 온 산이 무지개 빛으로 물들고 찬란하게 떠오르는 해를 보고 도바토로 돌아온다. 왕복 1시간 소요.

+ **도바토**(Dobato, 3349m) − **이사루**(isharu, 3137m) − **메사르** (Meshar, 2969m)

도바토에서 아침 식사를 든든히 하고 이사루(isharu, 3137m)로 간다. 1시간 소요.
평탄한 내리막으로 메사르(Meshar, 2969m)에 도착한다. 30분 소요.
타다빠니(Tadapani, 2630m) − **추일레**(Chuile, 2170m)

메사르(Meshar, 2969m)에서 타다빠니로 길을 잡아간다.
heaven view top lodge 앞 타다빠니(Tadapani, 2630m) 표지판을 따라가면 본래 마을 사람들이 추일레(Chuile, 2170m)로 가로질러 다니는 지름길이다.
나무가 우거진 가파른 내리막길로 간다. 흰색과 청색 페인트 표식이 있으면 맞는 길이다. 호텔 레인보우 앞으로 나간다. 조금 더 걸으면 추일레(Chuile, 2170m) 마을에 도착한다. 여기에서 촘롱으로 나가 ABC 코스로 연결한다.
1.5시간 소요.

✓ 하산: 추일레 − 간드룩 − 포카라 3 − 3.5시간 소요.
　추일레에서 계단으로 10분 걸어 간드룩에서 올라오는 도로와 만난다.
　지프를 타고 간드룩 − 포카라로 나간다.
　지프 10,000루피. 가격 흥정을 한다.

| 트레킹 4-5시간 |

21일차

▲ **추일레**(Chuile, 2170m) − **구르중**(Ghurjung, 2010m) − **촘롱**(Chomrong, 2170m)

만병초 숲과 다락논밭 길로 내려가 현수교로 강을 건너 구루중에 간다. 2시간 소요.

구루중에서 마차푸차레를 다시 만나 완만한 길로 촘롱으로 간다. 촘롱은 앞이 탁 트여 경치가 좋다. 2시간 소요.

✓ 안나푸르나 4. 푼힐(POON HILL, 3210m) − 안나푸르나 베이스캠프 (ABC, 4130m) 참조

| 트레킹 4시간 |

22일차

▲ **촘롱 휴식** ⊘ 촘롱에서 처음 바라본 거대한 얼음벽과 빛나는 설산들을 보고 히말라야와 첫사랑에 빠진 사람들이 많다. 쉰다.	트레킹 4시간

23일차

▲ **촘롱**(Chomrong, 2170m) – **어퍼 시누와**(Upper Sinuwa, 2360m) – **뱀부**(Bamboo, 2300m) – **도반**(Dovan, 2600m) – **히말라야**(Himalaya, 2920m) – **데우랄리**(Deurali, 3200m) 촘롱에서 긴 다리를 건너 시누와의 돌계단을 올라 어퍼 시누와에서 차 한잔을 마시고 뱀부에서 점심을 먹은 뒤 도반과 히말라야를 지나 데우랄리에 간다. 성수기에는 히말라야에서 포터를 데우랄리로 보내 방을 예약한다. ◎ 안나푸르나 3. 안나푸르나 베이스캠프 (ABC, 4130m) 코스 참조.	트레킹 9–10시간

24일차

▲ **데우랄리**(Deurali, 3200m) – **마차푸차레 베이스캠프**(MBC, 3700m) – **안나푸르나 베이스캠프**(Annapurna Base Camp, ABC, 4130m) 데우랄리에서 상당히 주의하여 MBC로 간다. MBC에서 차 마시며 쉬다 천천히 ABC로 간다. 롯지에서 50미터 정도 올라가면 히말라야에서 돌아오지 못한 등반가들을 기리는 곳이 있다.	트레킹 4–5시간

25일차

▲ **안나푸르나 베이스캠프**(Annapurna Base CampABC, 4130m) – **마차푸차레 베이스캠프**(MBC, 3700m) – **데우랄리**(Deurali, 3200m) – **히말라야**(Himalaya, 2920m) – **도반**(Dovan, 2600m) – **뱀부**(Bamboo, 2300m) – **로워 시누와**(Sinuwa, 2360m) **도착**. ABC에서 아침 일찍 출발한다. MBC에서 데우랄리 내려가는 길에 특히 주의한다. 히말라야 – 도반 – 뱀부를 거쳐 내내 내리막을 걸어 로워 시누와에 도착해 쉰다.	트레킹 7–8시간

26일차

▲ **로워 시누와**(Sinuwa, 2360m) − **촘롱**(Chomrong, 2170m) − **지누단다**(Jhinu 뉴 브릿지(New Bridge) − **란드룩**(Landruk, 1620m) − **포레스트 캠프**(Forest Camp, 2610m)

+ 로워 시누와(Sinuwa, 2360m) − **뉴 브릿지**(New Bridge)

길고 높은 현수교를 건너 지누단다에 도달한다. 2.5시간 소요.

지누단다에서 뉴 브릿지(New Bridge)로 길을 잡아 점심을 먹는다. 2시간 소요.

+ 뉴 브릿지(New Bridge) − **란드룩**(Landruk, 1620m)

뉴브릿지에서 현수교로 강을 건넌다. 강 맞은편 간드룩의 도로를 보며 계속 내려간다. 큐미 마을 (Kyumi)과 갈라지는 갈림길에 란드룩으로 가는 이정표(흰색과 빨간색 페인트칠로 되어 있다)가 있다. 직진해서 란드룩(Landruk, 1620m)으로 내려간다. 1.5시간 소요.

+ 란드룩(Landruk, 1620m) − **포레스트 캠프**(Forest Camp, 2610m)

하루 종일 내리막으로만 다녔다. 이제는 오르막이다. 란드룩 이후로는 계속 오르막이다. 차 한잔 마시고 내리 오른다. 처음에는 경사가 완만한데 Forest Camp 이정표가 나타난 뒤로는 경사가 급해진다. 대나무 숲과 이끼 숲을 지나 돌 계단 길, 절벽길을 지나면 마당 넓은 그린 뷰 롯지에 도착한다.
약 3.5km. 3-4시간 소요.

ⓥ 안나푸르나 5. 마르디 히말(Mardi Himal BC, 4600m) 참조.
ⓥ 지누단다에서 부득이 하산하는 경우. 지누단다 − 마큐/시와이(Siwai) 1−1.5시간 트레킹. 포카라 지프 3시간.
시와이(Siwai) − 포카라 버스/ 지프로 3시간 소요.

| 트레킹 4−5시간 |

27일차

▲ **포레스트 캠프**(Forest Camp, 2610m) − **로우 캠프**(Low camp, 2995m) − **바달단다**(미들캠프Badal danda, 3200m) − **하이캠프**(High camp, 3550m)

ⓥ 고산적응이 끝나 바로 하이캠프로 오른다. 로우 캠프 구간에서 천천히 오른다. 하이캠프에 도착하여 푹 쉰다.

ⓥ 안나푸르나 5. 마르디 히말(Mardi Himal BC, 4600m) 참조.

| 트레킹 7−8시간 |

28일차

▲ **하이캠프**(High camp, 3550m) − **마르디 히말 로우 뷰 포인트**(Lower View Point, 4200m) − **어퍼 뷰 포인트**(Upper View Point, 4450m) − **4500m이정표** − **마르디 히말 BC**(4600m) − **하이캠프**(High camp, 3550m) − **바달단다**(Badal danda, 3200m)	트레킹 상행 5−6시간 하산 4시간
새벽 일찍 일어나 능선을 타고 로우 뷰 포인트 − 어퍼 포인트를 지나 4500m 이정표를 찍은 뒤 언덕을 올라가면 성소 마르디 히말이다. 감격의 메이져 포인트 마무리를 짓는다. 항상 내리막에 주의한다. 능선에 주의해서 바달단다까지 내려온다.	

29일차

▲ 하산은 다양한 마음이 있을 것이다. 대표적인 하산 코스 4개를 제안한다. 어느 코스로 하산 하던 주의하고 조심해서 내려간다. 시딩으로 내려가는 내리막도 만만치 않고, 포레스트 캠프 가 는 길도 조심해야 한다. 란드룩까지 내려오면 도로에 지프가 항시 대기중이다	트레킹 상행: 5−6시간 하산: 4시간
A: 바달단다(Badal danda, 3200m) − 로우 캠프(Low camp, 2995m) − 시딩(Siding, 1760m) − 포카라 아 웃. 가장 간단하고 거칠고 빠르다. 트레킹 3시간. 지프 2−3시간	
B: 바달단다(Badal danda, 3200m) − 로우 캠프(Low camp, 2995m) − 포레스트 캠프(Forest Camp, 2610m) − 란드룩(Landruk, 1620m) − 시와이 − 포카라 아웃. 트레킹 5시간 지프 3시간	
C: 바달단다(Badal danda, 3200m) − 로우 캠프(Low camp, 2995m) − 포레스트 캠프(Forest Camp, 2610m) − 란드룩(Landruk, 1620m) − 포타나 − 오스트레일리아 캠프 − 카데 − 포카라 아웃.트레킹 5시간. 지프 1시간. 트레킹 2시간. 지프 1시간	
D: 바달단다(Badal danda, 3200m) − 로우 캠프(Low camp, 2995m) − 포레스트 캠프(Forest Camp, 2610m) − 란드룩(Landruk, 1620m) − 포타나 − 오스트레일리아 캠프 숙박. 트레킹 5시간. 지프 1시 간. 트레킹 30분.	
◎ 안나푸르나 5. 마르디 히말(Mardi Himal BC, 4600m) 참조.	

30일차

▲ 데오스트레일리아 캠프 − 포타나 − 담푸스 마을 − 포카라	트레킹 1.5시간 지프 2시간

31일차

예비일	

· 안나푸르나 8 · 마나슬루 써킷(Manaslu Circuit, 5160m)

일정: 11박 12일 / 12박 13일

최고 고도: 라르케 패스(Larkya La Pass, 5160m) / 마나슬루BC (Manaslu BC, 4400m)

난이도: ★★★★　　**편리성: ★★**

풍경: ★★★★　　**이용도: ★★**

성수기: 4월말–5월 중순. 10월 초–11월 중순.

마나슬루(Manaslu, 8163m) 개요

해발 8,163m로 세계 8위봉이다. 마나슬루라는 이름은 산스크리트어로 마나사(Manasa) 즉 영혼과 룽(Lung) 즉 토지라는 것에서 유래했다. 합쳐서 영혼의 땅, 혹은 영혼의 산이라는 뜻이다. 티베트어로는 눈(雪)의 어깨라는 뜻으로 간푼겐이라고도 부른다. 악마의 이빨 혹은 악마의 뿔이라는 별칭도 가지고 있다.

전통적으로 마나슬루 역시 티벳과 네팔간의 빈번한 교역로였다. 많은 상인들이 부리칸다키 강을 왕래하면서 무역을 했다. 현재도 티벳으로 바로 넘어가는 루트가 그대로 살아있어 밀무역이 성행하여 경찰의 외국인 특히 중국인에 대한 단속이 심하다.

고도가 낮은 지역에서는 브라만, 체트리족 등 다양한 민족을 만나고 고도가 높은 티벳 근처 지역은 티벳 불교를 믿는 구룽족을 만나게 된다. 구룽족은 티벳 문화와 연관된 종교, 문화, 건축 등 많은 부분에서 동일한 특성이 있다. 1950년 이후 중국의 티벳 침공 후 이주한 사람들도 이 지역에 있다.

전통적인 네팔 히말라야의 트레킹 루트가 훼손된 모습에 안타까움을 느끼는 이들에게 최적의 트레킹 루트가 마나슬루 지역이다. 마치 40–50년전의 안나푸르나의 변화하지 않은 모습과도 같다. 산의 골이 깊고 높으며 마나슬루 혼자 웅장하다. 안나푸르나나 랑탕, 쿰부 히말에 비해 아직 방문객의 숫자가 많지 않아서 상대적으로 개발이 되지 않은 산과 계곡 등 자연 그대로의 모습이 남아 있다. 물로 연자방아를 돌리고, 주술로 사람들을 치료하는 모습을 볼 수 있고, 산의 큰 불교 사원에서는 수행하는 사람들을 볼 수 있다. 이 지역 중 BC로 가는 길은 넓고 정확하다.

2024년 현재 트레킹 환경은 더 이상 텐트가 필요 없다. 100% 롯지 산행이 가능하다. 수많은 강에 현수교가 모두 새롭게 설치되었고 트레킹 루트들도 정비되었다. 버스들이 마차콜라까지 들어간다. 체크포인트인 자갓 이후로 도로가 확장될 것으로 생각한다. 라르케 패스 통과 후 빔탕과 연결되는 안나푸르나 써킷도 다라파니 측에서 도로를 깊이 확장하면서 하루면 도로와 연결되어 도시와 연결된다. 그러나 빔탕 이후도 하산을 미루고 싶을 정도로 아름다운 길이다.

> ✓ 마나슬루 겨울 트레킹은 사망, 부상, 조난 등 각종 사고가 많다. 매우 기본적인 롯지 시설을 이용한다. 마나슬루 출입제한 구역 허가/ 마나슬루 국립공원/ 안나푸르나 국립공원 입장료 징수. 마나슬루 출입제한 구역 행정 및 트레킹 비용 정리 참조.

일정 소개

마나슬루를 가운데 두고 크게 한 바퀴를 도는 써킷코스다. 다라빠니에서 다시 안나푸르나 써킷과 연결되는 코스다. 카트만두에서 약 177km. 포카라에서 약 50km 거리의 거친 도로를 통과한다. 아루갓 바잘−소티 콜라를 통과해 마차콜라까지 진행 후 트레킹을 진행한다.

900미터대의 무더운 저지대부터 5100미터 대의 라르케 패스를 넘기 위해 4400미터의 표고차를 극복해야 한다. 저지대가 계속되며 고도의 변화도 잦다. 하루에 가야 하는 거리도 15−20km 정도로 매우 긴 편이다. 마치 아주 예전의 안나푸르나와 비슷하다. 무덥고 힘든 변화가 심한 길들. 높은 패스들, 아름다운 야생화와 동식물들, 설산들과 빙하들. 그곳에 사는 다양한 종족들과 티벳 문화를 간직한 마을 사람들을 계속 만난다.
야생화의 보고 마나슬루 BC를 방문하고 라르케 패스를 넘어 빔탕에 도착해 휴식 후 다라빠니에서 안나푸르나국립공원 써킷 코스와 만난다. 빔탕 − 다라빠니 구간도 상당히 아름답고 포근하고 좋다.
트레킹 루트가 안나푸르나 국립공원을 포함하여, 170km가 넘었으나 안나푸르나와 마나슬루 산악 도로의 발달로 코스가 많이 단축되었다. 이제는 2주도 걸리지 않는다. 마나슬루 써킷에 1주일만 더하면 고도 적응기간 필요 없이 안나푸르나 써킷도 완료가 가능한 코스다.
이제는 특수구역으로 묶어둘 이유가 전혀 없게 되었으나 아직도 특수한 지역으로 구분된다. 입산료도 많이 들고 까다로운 부분도 약간 있으나 대부분 돈을 쓰면 해결되는 문제이다. 이제 마나슬루로 가보자. 오지와 같은 느낌을 주는 곳을 트레킹하고 싶은 여행자들이라면 이곳을 주목하자.

✅ 마나슬루 출입제한 구역 행정 및 트레킹 비용 정리

네팔 정부는 1998년 마나슬루 보호지역(Manaslu Conservation Area Project, MCAP) 으로 지정해 출입제한 구역으로 보존하고 있다. 현재 트레킹을 하려면 2인 이상으로 입산허가를 받아야 한다. 상대적으로 고가의 입장료를 내야하고 가이드 강제 고용 규정도 지켜야 한다. 티벳 국경과 가까워 핵심적인 지역에 상주하는 경찰초소와 체크포인트에서 트레커들의 출입을 자주 체크한다.

1. 마나슬루 출입제한 구역 허가(Manaslu trek permit)
   1) 매년 9월 – 11월. 첫 7일간은 100달러. 이후 1일 추가당 15달러 청구
   2) 매년 12월 – 8월까지. 첫 7일간은 75달러. 이후 1일 추가당 15달러 청구
   – 10세 이하 어린이는 퍼밋을 받지 않아도 된다.

2. 마나슬루 보호구역 입장료(Manaslu Conservation Area Permit Fee) 3000루피.

3. 안나푸르나 보호구역 입장료(Annapurna Conservation Area Permit Fee, ACAP) 3000루피.
   - ✅ 정상적인 트레킹 속도로는 7일 안에 통과를 할 수 없다. 또 이제는 특별출입제한이 필요한지 크게 의문이 드는 트레킹 코스다. 실질적인 부분을 반영하여 허가료의 징수 방법이 많이 변화했다. 자갓 체크포인트에서 특별 퍼밋 구간이 시작된다.
   - ✅ 네팔 도착전 여행사를 통해 허가를 모두 받아둔다. 상기 입장료 외에 추가 서비스 요금 등을 요구하는 곳도 있다. 그런 여행사는 이용하지 않는 것이 좋다. 분명히 다른 부분에서 추가 요금을 요구할 가능성이 높다.
   - ✅ 1명 단독 트레킹인 경우 2인 이상 허가 조건에 해당되지 않는다. 이런 경우는 여행사와 상의 후 2인 비용을 내고 허가를 받는다. 가이드에게 체크포인트에 가서 한 명은 아파서 못 왔다고 말하게 하면 된다. 다른 특별 허가 구간을 가도 마찬가지다.
   - ✅ 체크포인트는 마나슬루는 자갓, 안나푸르나는 빔탕, 다라빠니에 있다. 경찰 체크포인트는 여러 곳에 있다. 모두 가이드가 처리하게 하는 것이 좋다.

✅ 마나슬루 지역의 가이드/ 포터의 고용과 해고

마나슬루는 특수지역이므로 가이드와 포터가 필수적이다. 이 점을 악용하는 가이드나 포터가 간혹 있다. 여행사에서 아무리 주의해도 그런 인력 자체는 어디에나 있다. 출발 전에는 괜찮다가 보통 자갓 포인트 도달 전에 문제를 일으킨다. 고용주인 트레커에게 계속 손해를 입히거나 불손하게 굴면서 실권을 제 맘대로 하기 위해 애쓴다.

동네 사람들을 선동하여 단체로 항의하는 등 트레커를 매우 곤란하게 만들기도 한다. 이런 경우 감정적으로 서로 시비를 다툴 필요가 없다. 영상 녹음, 녹화해 놓는다. 보통 산 동네 사람들은 영어나 한국말이 전혀 안 된다. 롯지 주인 등 동네 유지들과만 차분하게 대화를 해서 해결하는 것이 좋다. 동네에서 통화되는 전화기가 있거나 인터넷 등을 이용해 여행사에 연락해서 즉각 해고

하는 것이 좋다.

정상적인 여행사는 즉각 새 가이드를 산 속에서 구해 숙소로 보내준다. 여행사가 혹 불응해도 해고하고 허가 서류는 회수한다. 서류가 중요할 뿐. 가이드나 포터는 산 속에서 새로 구하면 된다.

✓ 여행사 이용시 10% 정도만 계약금으로 걸고 트레킹 진행하고, 마친 후 정산해주는 방식으로 한다. 해고한 인력이 일한만큼 정산한다. 전액을 주고 트레킹을 시작하면 안 된다.

마나슬루의 교통.

마나슬루는 카트만두 − 포카라 중간에 위치해 있다. 거리는 포카라가 가까우나 소요시간은 양측이 거의 비슷하다.

1. 육로(지프, 버스)

1) 카트만두 버스/지프는 다딩베시를 지나 아루갓에서 포카라에서 오는 길과 합쳐진다. 부리간다키 강을 건너 마나슬루 지역의 아루켓 바잘과 소티콜라 − 마차콜라에 간다.

2) 포카라 버스/지프는 고르카 터미널까지 간 후 점심 경 칸촉을 지나 아루갓에서 카트만두에서 오는 길과 합쳐진다. 마차콜라까지 간다.

✓ 포카라 바바뜨니 백화점 가기 직전 큰 길에 룸비니와 고르카 가는 버스 들이 길에 서 있다. 그곳을 그냥 고르카 버스터미널이라 부른다. 고르카 가는 차는 아침에 1~2편 밖에 없다. 버스는 고르카까지 4시간, 갈아타고 오후 1시 버스로 아루갓 바잘 − 아루켓 바잘 − 소티콜라 − 마차콜라로 간다. 5시간 소요.

✓ **빔탕 익스프레스 : 15000− 20,000루피.**
일본 노인들이 자주 이용하는 방법이다. 안나푸르나 베시사하르에서 시작해 역으로 빔탕−라르케 패스/다람살라/사마가온 구간을 말과 마부를 빌려 단숨에 넘는다. 이 경우 계속 내리막으로 진행되므로 매우 수월하다.

✓ **다라빠니**
마나슬루를 마치고 다라빠니로 나온 이후. 길이 평탄해 어두운 밤에도 마낭까지 합승 지프가 다닌다. 1-2시간 소요. 안나푸르나 써킷을 하지 않아도 브라카/마낭/아이스 레이크/안나푸르나 3봉 BC/틸리초 호수 등을 방문해 보고 하산해도 좋다. 내친김에 3일 정도 시간내서 토롱 라를 휙 넘으면 마나슬루 써킷 + 안나푸르나 써킷. 거기에 내측 써킷으로 푼힐, 모하레, 코프라,ABC,

마르디 히말을 더하면 안나푸르나 그랜드 써킷이 된다.

말파에서 다울라기리 BC로 넘어가면 GHT코스가 완성된다. 그러나 다울라기리는 오르막이 심하고 반드시 캠핑을 해야 하며 날씨 변동이 심한 지역이라 준비가 철저해야 한다. 경험이 많고 시간도 있는 경우가 아니라면 도전하지 않는 것이 좋다.

⊘ 기후변화

2024년 9월 27일, 저지대에 많은 강우로 산사태 사고가 있었다. 카트만두 근교의 도로를 지나던 버스들이 산사태에 휩쓸려 수십 명의 사망자가 나왔다. 고지대인 마낭과 토롱 페디, 라르케 패스 등에는 폭설이 내려 트레커들이 갇히는 일도 있었다. 산악국답게 곧 회복되고 고지대의 산도 곧 길이 났지만 사망사고는 회복할 수 없었다.

성수기로 기간을 잡아도 성수기 첫 기간과 마지막 기간은 최대한 피하는 것이 좋다. 어쩌면 성수기가 없는 세월이 된 것도 같다.

특히 마나슬루 + 안나푸르나에 대한 겨울 트레킹은 많은 위험이 도사리고 있다. 너무 위험하니 겨울에는 가능하면 시도하지 않는 것이 좋다. 다울라기리의 겨울은 안나푸르나, 마나슬루보다 더 위험하다.

안나푸르나 8. 마나슬루 써킷 (Manaslu Circuit, 8163m) 일정표

1일차

▲ **카트만두 다딩 버스터미널 – 고르카 – 아루켓 바잘**(Arkhet bazar, 620m) – **소티콜라**(Soti khola, 730m) – **마차콜라**(Machha Khola, 930m)

마나슬루는 카트만두와 포카라 사이에 있어 출발점을 자유롭게 선택한다. 버스는 카트만두에서는 다딩에서 탄다. 포카라에서는 바빠뜨니 백화점 근처 고르카 버스 터미널에서 탄다. 4–5시간 소요. 고르카에서 다시 바꿔 탄다. 4–6시간 소요된다.

카트만두–포카라 길이 아루켓 바잘(Arkhet bazar, 620m)에서 합쳐진다. 아루켓 바잘의 버스 안에서도 마나슬루가 보인다. 버스는 소티콜라를 지나 마차콜라까지 간다. 마차콜라의 지명은 말 그대로 식용 물고기와 개구리가 많은 강이라는 뜻이다.

추천숙소: 춤 밸리 호텔

✅ 도로가 아루켓바잘에서 마차콜라까지 개설. 트레킹이 쉬워졌다. 1.5일 정도 일정이 짧아졌다.

| 카트만두 (포카라) 버스 8시간 |

2일차

▲ **마차콜라**(Machha Khola, 930m) – **따또빠니**– **도반**(Dobhan, 1070m) – **쟈갓**(Jagat, 1300m), 22km

✅ 도로의 발달로 다리를 자주 건너던 길들이 산허리를 따라 그냥 직진으로 간다. 절벽을 깎아 공사중인 위험한 도로를 자주 걷게 된다. 현지 상황에 맞춰 진행한다. 도반 / 자갓 이후로도 조금 더 지나야 예전 코스에 맞춰 걷게 된다.

여름과 겨울로 구분되던 트레킹 코스가 산허리를 잘라 만든 길로 그대로 직진한다. 사람들이 물고기와 개구리를 잡아 많이 말린다.
우악까지 30분, 콜라베시 30분.

+ 따또빠니 – 도반
온천이 길가에서 수도처럼 나온다. 가파른 돌계단을 올라 비현실적인 경치와 아름다움을 가진 동네인 도반에 도착한다. 1시간 소요.

✅ 도반부터 옛날길로 걷는다.

+ 도반 – 율루 콜라(yulu khola, 1330m) .
다시 출렁다리를 건너 율루 콜라에 도착하면 상당히 넓은 강 옆의 마을이다. 2시간 소요

| 트레킹 7–8시간 |

+ 율루콜라 – 쟈갓 체크포인트. 1시간 반 소요.
절벽에 기둥을 박아 철 다리로 특이한 길을 만들었다. 마나슬루 특별보호구역 체크포인트
가 쟈갓에 있다. 반드시 가이드/포터가 특수 트레킹 서류를 보여주고 서류처리를 해야 한
다. 여기서 머문다.

⊘ 시설들은 그냥 기본적인 롯지들이다. 전기는 들어온다. 객실 내 콘센트가 있고 24시간
전기를 사용한다.

⊘ 가이드 등의 인력의 교체가 필요한 경우 쟈갓 체크포인트 이전에 과감하게 교체한다.
이후에도 큰 문제는 없다. 산속에 가이드 라이센스 가진 사람들이 산다.

⊘ 마나슬루는 크고 작은 마을이 많아 지명이 계속 나온다. 아주 크지 않은 마을은 잘 보
이지도 않는다. 그냥 지나치기도 한다.

카트만두
(포카라) 버스
8시간

3일차

▲ **쟈갓**(Jagat, 1300m) – **필름**(Philim, 1590m) – **댱**(뎅)(Dyang, Deng 1800m). **20km**

⊘ 쟈갓 – 필름 이후로도 계속 도로공사중이다. 상황에 맞춰 길을 걷는다.

쟈갓의 수력발전소를 지나 폭포 옆의 아주 긴 출렁다리를 건넌다. 좁은 절벽길을 건너 살레
리(salleri, 1440m)에 도착한다. 1시간 소요.

설디바스 마을(Sirdipbas, 1430m)에서 가테 콜라 마을과 참 마을에서 긴 출렁다리로 강을 건
넌다. 150m 정도의 오르막을 30분 정도 올라 필름(Philim, 1590m)에 도착한다.

필름에 가게들과 괜찮은 롯지들이 많다. 전화가 연결되고 텔레비전도 나온다. 1시간 반 소요.

⊘ 필름 마을에 체크포인트가 있다. 치사빠니 와이파이 가능.

● **필름**(philim) – **치사빠니**(chisa pani) – **에클 바티**(Ekle Bhatti, 1600m)
   협곡을 걸어 치사빠니까지 45분 소요. 치사빠니에 가게들이 많다.

● **에클 바티**(Ekle Bhatti, 1600m) – **냑**(Nyak, 2340m)
   에클바티에서 740미터를 올려 냑에 도착한다. 2시간 소요.

● **감풀**(Gampul)에서 가네시 히말(Ganesh Himal)의 춤 밸리 특수지역 트레킹(Tsum Valley
   Trek) 코스로 가는 길이 나온다.

고도가 상승하면서 협곡을 따라 소나무와 대나무가 우거진 냑(Nyak khola, 2340m)에 도착한
다. 작은 찻집이 하나있다.

● **냑** (Nyak khola, 2340m) – **뻬와** (Pewa)
   뻬와는 강가의 시원한 롯지와 식당들이 있다. 고도가 내려가는 수월한 길이다. 1시간 소요.

● **뻬와**(Pewa) – **댱**(뎅)(Dyang Deng, 1800m)
   든든한 철교를 지나면 2개의 롯지가 나온다. 그중 소나무로 만든 집이 좋다. 1시간 소요

트레킹
7–8시간

▲ **댱**(뎅) (Dyang, Deng 1800m) **– 갑**(Ghap, 2160m) **– 남룽**(Namrung, 2660m)

● **댱**(뎅) (Dyang, Deng 1800m) **– 비히**(Bihi, 2130m)
마을 입구마다 마니석이 등장하고 룽다와 타르초가 휘날린다.
뎅에서 비히(Bihi, 2130m)로 가는 라나(rana, 1970m)까지 내내 강을 끼고 오르고 내린다. 비
히는 사람이 많이 살지 않는다. 계곡마다 연자방아가 많아 사람들이 여기서 곡식을 빻는
다. 2시간 반 소요.

● **비히**(Bihi, 2130m) **– 갑**(Ghap, 2160m)
다리들을 여러 번 건넌다. 내내 오르막을 오른다. 갑도 높은 산에 둘러 싸여 있고, 지진
으로 무너진 것을 다 새로 지은 것으로 특색이 없다. 2시간 소요.

● **갑**(Ghap, 2160m) **– 남룽**(Namrung, 2660m)
갑에서 40분 정도 떨어진 갑샤(gapsya, 2150m)에 크고 좋은 롯지가 있다. 전나무 숲 사이
길을 500미터를 천천히 올려 남룽(Namrung, 2660m)에 도착한다. 3시간 반 소요.

트레킹
6-7시간

▲ **남룽**(Namrung, 2660m) **– 리 가온**(Li gaon, 2910m) **– 쇼**(Syo, 2950m) **– 로**(Lho, 3180m)

● **남룽**(Namrung, 2660m) **– 리 가온**(Li gaon, 2910m)
아침에 경찰 체크포인트에 신고한다. 내내 언덕이다. 마을의 높은 언덕과 보리밭을 보면
서 내내 오른다. 리 가온은 큰 사원과 마을이 있다. 2시간 반 소요.

● **리 가온**(Li gaon, 2910m) **– 쇼**(Syo, 2950m)
중간에 히말 출리 산(Himal Chuli, 7540m)의 베이스캠프(4020m)로 가는 길이 있으나 찾는
사람은 없다.
쇼(Syo, 2950m) 마을 입구의 보리밭이 아름답다. 탑이 화려하고 마을 근처에 산양들이 많
이 산다. 마을의 사원이 매우 크다. 쇼 마을은 마을 입구와 마을의 거리가 매우 멀다. 다
온 것으로 알고 방심하면 힘들다. 동네 숙소가 문을 열지 않는 경우가 많다. 1시간 소요.

● **쇼**(Syo, 2950m) **– 로**(Lho, 3180m) **1시간 반 소요**
쇼부터 마나슬루를 바라보며 200미터를 올린다. 로 마을에서 매우 크고 장엄한 마나슬
루의 환상적인 북면이 보인다. 마을에 좋은 숙소들이 많아서 쉬기에 좋다.

트레킹
6-7시간

▲ **로**(Lho, 3180m) **– 샬라**(Syala, 3520m) **– 사마가온**(Sama, 3530m)

● **로**(Lho, 3180m) **– 샬라**(Syala, 3520m)
로에서 늦으막허니 일어나 밥을 먹고 천천히 떠난다. 마을 입구에서 10분 정도 급한 내

트레킹
6-7시간

리막 이후 소나무 숲과 맑은 개울을 보면서 물레방앗간 같은 작은 찻집에서 쉬었다가 다시 오른다.

샬라 마을의 큰 불탑을 지나면 마나슬루의 옆 모습이 다시 크게 보인다. 샬라는 큰 롯지들이 많이 있다. 여기서 쉬고 점심을 먹고 천천히 출발한다. 2시간 소요.

● **샬라 가온**(Syala, 3520m) – **사마가온**(Sama, 3530m)

샬라 마을에서 내리막으로 가다 15분 정도 오르막으로 오른 뒤 다리를 2개 건너 내내 평탄한 길을 걸어간다.

사마가온은 야구장이 몇 개 들어갈 정도의 대평원에 아름다운 야생화 군락지다. 마을 입구의 큰 불탑을 지나 마을로 들어간다. 마을은 온통 마니석과 불탑들이다. 마을에 큰 롯지들이 몇 개 있다.

대평원 사마가온

7일차

▲ **사마가온** (Sama, 3530m) **고소 휴식**

마나슬루의 정상을 바라보며 쉰다.

8일차

▲ **사마가온**(Sama, 3530m) – **마나슬루 BC** (Manaslu BC, 4400m) – **사마가온**(Sama, 3530m)

마나슬루 BC (4400m)는 약 900미터를 올린다. 이정표 같은 것은 없다. 올라가다 보면 언제가 끝인지 조금씩 지겨워지며 하산하고 싶은 마음도 들지만 잘 참고 올라간다. 오른쪽은 절벽 능선 길. 왼쪽은 잘 정비된 오르막길이다.

트레킹
8-10시간

새벽 일찍 일어나 점심까지 준비한다. 삼도 가는 길로 30분 정도 가다 왼쪽으로 비렌드라 호수와 마나슬루 BC 가는 길을 잡는다. 날카롭게 박쥐 귀처럼 솟은 마나슬루를 보면서 소 방목지를 지나 향나무와 전나무가 뒤섞인 이끼류가 많은 모시 포레스트 지역을 지난다.

오르는 길에 밀라레빠의 수행토굴이 있다. 진위는 알수 없다. 토굴을 지나면 만년설이 녹아 수만 개의 공처럼 굴러 내려온 눈덩이들을 만난다. 눈덩이들과 빙하 개울을 지나 간혹 야생 사슴들과 블루 쉽을 보면서 오른다. 야생화들이 군락을 이루고 있다.

산을 오르다 뒤를 돌아보면 비렌드라 호수와 히말라야의 풍경이 장엄하다. 이후 가파른 언덕이 계속된다. 왼쪽 길은 평탄하고 오른쪽 능선은 칼날 같은 능선이다. 오색 깃발이 휘날리지만 아직 중턱이다.

왼쪽 능선으로 내내 올라간다. 오른쪽 칼날 능선으로 길을 틀어 오르면 돌탑 4개와 룽다 4개가 타르쵸와 함께 휘날린다. 여기가 마나슬루 BC다. 눈이 많이 쌓여도 돌탑과 높이 솟아오른 장대는 잘 보인다.

오후가 되면 대개 안개가 끼고 날씨가 좋지 않으므로 방풍, 방온에 힘써야 한다. 하산은 오른쪽 칼날 능선으로 빠르게 한다.

오르막 5-6시간. 하산 4시간 소요.

9일차

▲ **사마가온**(Sama, 3530m) – **삼도**(Samdo, 3690m) – **라르케 바잘**(Larke Bazar, 4090m) – **다람살라**(Dharmashala, 4470m) ● **사마가온**(Sama, 3530m) – **삼도**(Samdo, 3690m) **8.5km** 새벽에 일어나 보는 마나슬루는 매우 웅장하다. 아침에 평탄하게 약 3시간 가다가 갈림길에서 우측으로 오르막을 20분 정도 오르면 삼도(Samdo, 3690m) 마을이다. 마을 입구의 불탑을 지나면 조금 좋은 롯지들이 있다. 거기서 점심식사를 한다. 3.5시간 소요. ● **삼도**(Samdo, 3690m) – **라르케 바잘**(Larke Bazar, 4090m) – **다람살라**(Dharmashala, 4470m) **6.5km** 라르케 바잘은 말과 소, 양, 염소 등을 서로 거래하던 시장이다. 넓고 큰 대평원이다. 삼도 이후로 실질적으로 사람이 살지 않는다. 1시간 소요. ● **다람살라**(Dharmashala, 4470m) 다람살라 가는 길은 폭설을 대비하여 3미터 정도의 장대들이 줄을 지어 수없이 꽂혀 있다. 마멋이 많다. 오후가 되면 비가 오거나 안개가 껴 길이 잘 안 보인다. 절벽길이 사라지고 오른쪽 산 능선과 왼쪽 능선이 만나 합쳐지면서 길이 오른쪽으로 올라간다. 멀리 집이 몇 채 보이고 그곳이 다람살라 캠프다. 시설은 네팔에서도 가장 기본 이하의 수준으로 헛간에 가깝다. 뜨거운 물이나 찻값이나 음식값도 아주 비싸다. 잠시 눈을 감고 누웠다가 떠난다고 생각하는 게 좋다. 일찍 자고 새벽 일찍 떠난다. 2.5시간 소요.	트레킹 7-8시간

10일차

▲ **다람살라**(Dharmashala, 4470m) **– 라르케 패스**(Larke Pass, 5210m) **– 빔탕**(Bimtang, 3720m) **24.5km)**

✓ 빔탕까지 24.5km. 다람살라에서 라르케 패스 올라가는 길도 고도를 640 미터 정도를 올리는 지겹게 긴 길이다. 라르케 패스를 빠르게 지나 날 뜨거워져 돌 굴러오기 전에 낙석 지대를 얼른 지나 하산한다.

하산 시간도 길어서 상당히 오래 걸어서 빔탕으로 가야한다. 라르케를 못 넘고 중간에 조난 당하는 사람도 많다. 걷는 속도에 따라 새벽 3-5시에 출발한다. 컨디션이 안 좋으면 무리하지 않는다.

돈으로 간격을 줄이는 것도 좋은 방법이다. 다람살라에서 빔탕 익스프레스로 라르케 패스를 넘는다. 신청하면 말이랑 마부가 어딘가에서 금방 나타난다.
이른 새벽 긴 대나무 장대를 길잡이 삼아 라르케로 올라간다. 고도의 압박과 지속되는 오르막으로 힘들다. 많은 장대를 지나고 작은 호수들을 지나면서 다시 오르막이 급해진다. 멀리 깃발들이 휘날리는 것이 보이고 가끔 조난자의 대피소로 쓰이는 작은 오두막도 보이면 그곳이 라르케 패스다. 정상에 오르면 라르케 패스 정상 표식이 있다. 6-7시간 소요.

라르케 정상에서 빔탕으로 가는 길은 잠시 오르내림을 반복하다가 경사가 급한 내리막이다. 사람만한 둥근 돌들이 언제든지 구를 준비가 된 낙석지대를 조심스럽지만 빠르게 지난다. 앞산의 빙하지대를 보면서 내내 빠르게 걸어 안전한 지대로 내려선다. 오른쪽으로 빙하를 끼고 내내 간다. 메뉴는 없지만 뭐든지 다 되는 천막 찻집에서 쉬어간다. 2시간 소요.

빔탕(Bimtang, 3720m)은 넓은 풀밭과 주변을 둘러싼 높은 설산들이 아름다운 천국 같은 곳이다. 맑은 개울도 만나게 된다.
방갈로식 개인실이 있는 숙소가 많다. 와이파이가 된다고 하는데, 실제로는 안되는 경우가 많아 확인이 필요하다. 1.5시간 소요.

✓ 빔탕에 안나푸르나 체크포인트가 있다.

트레킹
9-10시간

11일차

▲ **빔탕**(Bimtang, 3720m) **– 야크 카르카**(Yak kharka, 2940m) **– 고**(Gho, 2560m) **– 틸체**(Tilche, 2300m) **– 다라빠니**(Dharapani, 1860m) **– 베시사하르**(Besi Shahar) **– 카트만두**(포카라). **22km**

✓ 마지막까지 매우 긴 길이다. 본래 이틀거리였다. 안나푸르나 다라빠니 측에서 도로가 놓여 길이 짧고 간단해졌다.

● **빔탕**(Bimtang, 3720m) **– 야크 카르카**(Yak kharka, 2940m) **– 고**(Gho, 2560m)
빔탕마을 밖부터 안나푸르나 보호구역이 시작된다. 체크포인트에서 안나푸르나 입장료 등을 내고 시작한다.

트레킹
9-10시간

지프
8시간
(포카라/카트만두)

여러 개의 야크 방목장을 지나 길을 오르내리면서 여러 곳의 전나무와 고사목 군락을 지난다. 고(Gho, 2560m) 마을에 도착하면 와이파이도 가능해지고 전화도 잘 된다.

고 마을의 롯지에 비치된 전화번호를 받아 안나푸르나 써킷 지역을 오가는 몇 명의 지프 기사와 연락을 하고 지프 가격 딜을 하면서 간다. 고에서 점심. 5시간 소요.

● **고**(Gho, 2560m) − **틸체**(Tilche, 2300m) − **다라빠니**(Dharapani, 1860m)
안나푸르나의 풍광이 아름다운 곳이다. 바로 하산하기는 아쉬운 곳이기도 하다. 그러나 곧 아름다운 길이 박살나고 마을 밖으로 벌건 비포장 도로를 그냥 걷게 된다.

틸체(Tilche, 2300m) 마을은 산 중에서 매우 큰 마을이다. 롯지도 많고, 과수원도 있는 마을이다. 긴 다리를 건너 한참 내려가서 오른쪽의 새로 만든 길고 높은 다리를 건넌다.

다시 좌측으로 다리 하나를 더 건너 계단을 오르면 마낭으로 가는 안나푸르나 써킷 도로가 나오고 거기가 다라빠니(Dharapani, 1860m)다. 찻집과 가게들이 많다. 여기에 마낭과 라르케 패스로 가는 갈림길 임을 알리는 이정표가 있고, 다라빠니 안나푸르나 체크포인트가 있다. 3시간 소요.

ⓥ 다라빠니에서 마낭까지 지프로 2시간 거리다. 안나푸르나 써킷으로 연결하거나 단순한 구경 삼아 평탄한 마낭에 올라갔다가 다음 날 하산해도 일정상 아무 영향이 없다.

ⓥ 틸체쯤 지나면 지프 가격이 급격하게 하락하고 지프 기사들의 역 딜이 들어온다. 지프 상태는 어차피 다 비슷하다. 올라갈 때 상품을 싣고 간 빈 차가 가벼워지자 빈 좌석에 사람을 싣는 것이니 많이 깎는 것도 가능하다.

● **다라빠니**(Dharapani, 1860m) − **베시사하르**(Besi Shahar)
전세 볼레로 픽업트럭 등으로 이동. 안나푸르나의 시작점인 베시사하르로 간다. 잠시 휴식. 버스터미널 근처에서 저녁 식사를 한다. 5시간 소요.

베시사하르(Besi Shahar) − **포카라**
같은 지프로 계속 이동한다. 5시간 소요.

· 안나푸르나 9 · 다울라기리 써킷 (Dhaulagiri, 8167m)

일정: 14박 15일 / 15박 16일

최고 고도: 다울라기리 1 BC(Dhaullagiri 1 BC ∠748m), 프렌치 패스(French pass 5360m), 히든밸리(Hidden valley, 5140m), 담푸스 패스(Champus pass, 5244m), 고소캠프(high camp, 4930m)

난이도: ★★★★★   편리성: ★
풍경: ★★★★★   이용도: ★

성수기: 4월말–5월 중순. 10월 초–11월 중순.

⊘ **다울라기리의 여름, 겨울 트레킹은 사망, 부상, 조난 등 각종 사고가 많다. 이탈리안 BC까지는 시설이 열악해도 롯지를 이용할 수 있다. 이탈리안 BC 이후는 야영을 한다. 다울라기리 국립공원 입장료 3000루피다.**

다울라기리 (Dhaulagiri, 8167m) 개요

네팔 중북부에 위치한 네팔 제2의 도시 포카라 북서쪽 약 50km 지점, 칼리간다키 계곡 중간에 위치하고 있다. 세계에서 7번째로 높은 산인 다울라기리 1봉을 포함한 8천미터급 1개, 7천미터급 12개의 산으로 이루어진 약 40km의 긴 산군이다. 서쪽으로 푸타 히운출리(7,426m)와 동쪽으로 툭체 피크(6,920m). 그 중앙에 다울라기리 1봉(8,167m)이 있고 강을 사이에 두고 반대쪽인 서쪽으로 높이 순서대로 다울라기리 2,3,5,4,6봉과 구르자 히말(7,193m)이 군집해 있다.

세계 10위봉인 안나푸르나와 34km 떨어져 있다. 그 사이 칼리간다키 계곡이 흐르는 공식적으로 세계에서 제일 깊은 계곡이다. 계곡 중 가장 낮은 곳은 겨우 1,000m. 고도차가 7,000미터가 넘는다. 다울라기리 산군과 연계된 안나푸르나의 일부 지역은 악천후와 급격한 기후변화로 유명하다. 오후 1시 이후에는 반드시 눈폭풍이 친다.

산스크리트어의 다발라(DHAVALA) 즉 희다 라는 단어와 기리(GIRI) 즉 산(山) 이라는 단어가 만나 다울라기리(Dhaulagiri) 즉 흰산이라는 이름으로 불리고 있다. 1808년 유럽에 알려졌다. 에베레스트가 발견되기 전에 세계 최고 높이의 산으로도 알려졌었다. 현재는 세계 7위의 산이다. 네팔 제2의 도시 포카라와 인접해 있어 안나푸르나와 트레킹 거점을 공유한다. 포카라에서도 날씨와 위치에 따라 보인다. 멀리서 보면 중간에 높고도 펑퍼짐한 모습이다. 안나푸르나 써킷 트레킹 코스를 통해 가까이 접근할 수 있다. 고레빠니, 푼힐, 모하레 단다, 코프라 단다 등의 조망대에 올라가면 다울라기리 산군의 다울라기리 1봉이 잘 조망된다. 다울라기리 2,3,4,5,6 봉은 1봉의 후면 건너편 능선에 있어서 그리 잘 보이지는 않는다.

6월에서 9월초까지는 우기 시즌으로 대부분의 지역에 많은 비가 내리므로 이 시즌에는 산행을 피하는 것이 좋다. 12월이 넘어가면 매서운 강추위와 높게 쌓인 눈으로 트레킹 초반부조차 오르기 어렵고 산에 살던 사람들도 모두 하산한다.

일정 소개

다울라기리 써킷은 이른바 어드밴쳐 트레킹으로 유명한 곳이다. 아름답고 깊은 대협곡을 지나많은 지역에서 눈과 얼음을 만나게 된다.

5천미터 이상에 위치한 얼음과 눈밭에서 텐트 하나를 의지해 여러 날 트레킹해야 한다. 세계 유수의 히말라야 트레킹을 다룬 가이드 북들도 일반적으로 다울라기리 트레킹에 대한 정보는 거의 찾을 수가 없다.

다른 지역의 트레킹에 비해 많은 인력과 장비가 필수적으로 준비되어야 한다. 트레커들의 경험도 상급 수준이 되어야 한다. 일반적인 트레커에게는 넘어서기 어려운 벽이 분명히 존재한다.

다울라기리는 다르방까지 새로운 도로망이 개설되었다. 첫날은 버스와 지프의 종점인 다르방에서 보내고, 본격적인 트레킹을 시작하는 2일째는 캄라(KHAMLA) 혹은 짐라티에서 보내는 것으로 새로운 루트가 완료되었다.

다른 트레킹 지역과는 달리 마을이 도반까지만 존재한다. 현재 살라가리에 이제 막 대피소 정도의 수준으로 1개, 이탈리안 베이스에 야영을 위한

야영장이 1개 있다. 트레킹 하기에 좋은 시즌이 되어도 이탈리안 베이스 이상 접근을 못하고 눈에 막혀 구조헬기로 탈출해야 하는 경우도 자주 발생한다.

이탈리안 BC를 지나면 맨 오른쪽의 1봉과 왼쪽의 2,3,4,5,6 등 연봉이 늘어선 깊은 협곡을 좌우로 수시로 오가며 트레킹을 진행한다. 험준한 벼랑과 낙석이 많아 부상의 위험도 역시 높다. 경험있는 가이드의 노련한 가이드와 운영이 없으면 절벽으로도 오르고, 빙하도 맨발로 건너게 되는 어려움이 있다. 이 지역은 가이드나 포터의 교체도 불가능하므로 여행사를 매우 주의하여 선정해야 한다.

일본 BC쯤 접어들면 날이 좋다가도 오후 1시 이후가 되면 반드시 안개가 끼고 눈폭풍이 치는 것을 경험했다. 다울라기리 BC 이후 내내 가파른 언덕과 능선을 타고 눈으로 가득한 대설원 속으로 프렌치 패스(5,360m)를 넘어 히든밸리까지 진행된다. 히든밸리 이후 담푸스 패스까지 대 설원은 계속 진행되어 체력소모가 심하다. 여기에 오후 1시 이후 다시 규칙적으로 혹은 비규칙적으로 눈이 많이 내리며 강풍이 분다. 항상 새벽 일

찍 산행을 시작해 프렌치 패스와 담푸스 패스들을 모두 넘는다. 안전한 야크 카르카의 고소캠프에서 많은 눈들과 작별하게 된다.

야크 카르카의 고소캠프를 지난후 중간에 마을이 없다. 단번에 2300미터 이상을 하산해 말파로 가야 한다.

✅ 말파에서 다르방으로 역방향으로 진행되는 다울라기리 GHT 코스는 높은 오르막과 고도로 코스의 시작도 어렵다.

✅ 어렵고 힘든 코스여서 가는 사람이 거의 없다. 심지어 국립공원 및 경찰 체크포인트도 찾기 어렵다. 마나슬루, 칸첸중가처럼 트레킹을 하는데 특별한 허가도 필요없다. 반드시 경험있는 여행사를 선정해 이 책의 일정표를 참조하며 루트에 대해 질문해 실력을 확인한다. 특히 1~3일차에 이 책과 어긋나는 다른 곳으로 가는 계획을 이야기하면 다른 여행사를 알아보는 것이 좋다. 믿을만 하면 총액으로 계약하고 10% 이하로 선수금을 지불하고 나중에 정산한다.

✅ 1인 혹은 2인 규모의 트레킹이라도, 포터 4명, 가이드 1명 등 최소 5명 이상의 인력이 필요하므로 비용의 압박이 있다. 또 노련하고 성실한 인력을 구해야 하는 어려움도 있다. 트레킹의 난이도를 최상으로 생각하고 최대한으로 준비한다. 고집 세고 수시로 추가비용을 요구하는 요리사나 가이드 등은 바로 탈락시킨다.

✅ 다울라기리 이전 다른 코스를 통해 고산적응이 되어 있지 않으면 특히 살라가리 혹은 이탈리안 베이스에서 2일 정도 휴식한 후 진행한다.

✅ 다울라기리에서 가능하면 홈스테이 등은 피하는 것이 좋다. 하게 되면 반드시 해충기피제와 살충제를 뿌려 모기. 빈대 등을 대비해야 한다. 전원은 파워뱅크와 태양광 충전기를 기본으로 준비한다.

✅ 판매하는 지도도 사실상 업데이트가 없어 무의미하다. GPS기반 맵스 미 등을 준비하고 지도는 부가적으로 준비한다. 산행 안내 표시는 거의 없다.

안나푸르나 9. 다울라기리 써킷 (Dhaulagiri, 8167m) 트레킹 일정표

1일차

▲ 카트만두 – 포카라	비행기 30분 버스 7–8시간

2일차

▲ 포카라 바르방 버스 터미널 – 베니(Beni, 830m) – 다르방(Darbang, 1110m)	
⊘ 포카라 바르방 버스 터미널 – 베니 버스 200루피/1인. 짐 값 별도 흥정. 4시간 소요. 매 1시간마다 출발. ⊘ 베니 – 다르방(Darbang, 1110m) 200루피/1인. 짐 값 별도 흥정. 숙소에 벌레가 많이 있을 수 있다. 현지에서 구입한 에프킬러 종류의 살충제와 오프 등 을 사용한다. 캠핑도 가능하다. 3시간 소요. ⊘ 베니, 다르방에서 확인 요망. 개설중인 도로가 더 발달해 카라 혹은 바르방 이후까지 차가 들어가게 된 경우 거기까지 간다.	트레킹 7–8시간

3일차

▲ 다르방(Darbang, 1110m) – 칼레니(kalleni) – 캄라(Khamla, 1435m)	
다르방에서 신작로를 따라 카라(khara), 바르방(barbang), 마을을 1시간 간격으로 지난다. 칼 레니(kalleni)마을의 캠핑장에서 점심을 먹는다. 3–4시간 소요. 다시 언덕을 넘어 카라(khara) 마을까지 간다. 작은 가게가 있다. 1시간 소요. 험한 길을 올라 다락논을 지나면 캄라(khamra) 마을이다. 마을의 촌장 집에서만 야영해야 한다는 규칙이 있다. 설산이 보이기 시작한다. 소주 내리는 고리가 보여도 되도록 마시지 않는 것이 좋다. 2–3시간 소요. ⊘ 만약 캄라에 오후 3시경 도착했으면 1.5시간 더 간다. 길을 내려가 넓고 풍요한 마을 나우라(Naura, 1570m)에서 숙박한다.	트레킹 7–8시간

4일차

▲ 캄라(Khamla, 1435m) **– 나우라**(Naura, 1570m) **– 버거러**(Bagar, 2080m) 다울라기리의 막내인 다울라기리 6봉(7,268m)이 내내 보인다. 다울라기리 1봉을 제외한 나머지 2-7봉은 계곡 반대편에 서 있다. 좁고 깊은 가파른 협곡 사이를 지나가게 된다. 캄라(Khamla)에서 키방 뉴 브릿지(khibang new bridge)를 지난다. 옛 다울라기리 트레킹 코스인 무디와 캄라로 갈리는 기점인 짐 라티(GHIMLATI)도 지난다. 약간 큰 마을인 나우라(Naura) 마을의 평지에 도착한다. 전날 캄라에 일찍 도착했으면 나우라에서 숙박한다. 1.5시간 소요. 나우라(Naura)에서 가는 길은 매우 가파르다. 수직 절벽에 난 길이 좁아서 아찔하다. 조심하면서 걸어야 한다. 버거러 마을 초입에 시설이 형편 없는 홈스테이 집이 1곳 있다. 4시간 소요.	트레킹 4-5시간

5일차

▲ 버거러(Bagar, 2080m) **– 버이시 카르카**(bhaisy kharka, 1970m) **– 도반**(Dovan, 2520m) 버거러에서 마을을 지나 가파른 길을 따라 언덕을 오른다. 엉성한 나무다리를 건너 가는데, 내내 오르막이다. 강가의 온천을 지나 립시바(Lipsiba)에 도착하고 다시 버이시 카르카(bhaisy kharka)에 도착해 작은 집 옆에서 점심을 지어 먹는다. 4시간 소요. 도반(Dovan, 2500m)에 매우 큰 집이 한 채 있고 홈스테이/캠핑을 한다. 약 3시간 정도 소요.	트레킹 7-8시간

6일차

▲ 도반(Dovan, 2500m) **– 살라가리**(Sallaghari, 3445m) 도반에서 강을 건너 너덜지대로 오르막을 내내 오른다. 전나무와 대나무가 우거진 숲 탈리트레(Talitre, 즉 대나무 군락지)에 도달한다. 3시간 소요. 탈리트레(Talitre)에서 살라가리(Sallaghari)의 전나무 숲에 도착한다. 사냥꾼의 홈스테이가 1채 있다. 시설에 대해서는 기대하지 않는 것이 좋다. 휘발유 등을 살수 있다. 3시간 소요.	트레킹 6-7시간

7일차

▲ **살라가리**(Salla ghari) – **이탈리안 BC**(Italian BC, 3660m)

살라가리를 넘으면 나무가 자라지 못한다. 개울을 건너 새로 만든 길로 향한다. 작은 연못인 차우라완 호수(CHAURAWAN Lake, 3355m)를 지나 30분 정도 언덕으로 더 가면 다울라기리1, 5봉이 보이는 이탈리안 BC (Italian BC, 3660m)다.

햇볕이 잘 들고 굉장히 터를 넓게 잡았다. 산장에 방은 1개. 야영비 싸고, 부엌 사용료가 비싸다. 화장실 사용료도 받는다. 휘발유 등을 마지막으로 살 수 있다.

야영지 뒤로 등반 중 사망한 이들을 추모하는 동판들이 많이 있다. 여기서부터 난코스가 시작된다. 양측의 높고 긴 협곡 사이로 강을 따라가는데, 낙석을 조심해야 한다. 이후에는 내내 눈밭과 얼음 위로 걸어야 한다.

트레킹
4시간

8일차

▲ **이탈리안 BC**(Italian BC, 3660m)**휴식**

9일차

▲ **이탈리안 BC**(Italian Basecamp) – **스위스 BC**(Swiss BC, 3730m) – **일본 BC**(Japanese BC, 3890m)

● **이탈리안 BC**(Italian Basecamp) – **스위스 BC**(Swiss BC, 3730m)
언덕에 추모비가 있다. 이후 수직으로 선 높은 산들 사이의 협곡으로 길을 잡는다. 비현실적으로 높은 빙하의 물결과 모레인 지역을 피해 오르막과 내리막을 간다. 모레인 지역을 지나 스위스 캠프는 평탄한 지역으로 작은 오두막이 있다.
2시간 소요.

● **스위스 BC**(Swiss BC, 3730m) – **일본 BC**(Jap BC, 3890m)
스위스 BC 이후로 모레인과 너덜지대의 연속이다. 다울라기리 3봉 측으로 가다가 중간에 1봉 측인 오른쪽으로 다시 건너간다. 다시 좌측 3봉 측으로 갔다가 빙하 강의 상류가 나오기 전에 1봉 – 오른쪽 길로 간다.
우측 1봉 측으로 언덕을 올라 일본 BC로 길을 잡는다. 일본 BC는 좌측 큰 돌들 아래 움푹한 분지에 숨어 밖에서 잘 안 보인다. 금방 도착하므로 크게 걱정하지 않아도 된다.
4–5시간 소요.

⊘ 길 잘못 들어 계속 왼쪽 길로 올라가면 결국 신발 벗고 빙하를 건너야 한다. 빙하가 녹은 물은 상상한 것보다 차고, 그 물 속의 발은 엄청나게 고통스럽다. 여기쯤이면 가이드의 역량이나 태도에 대해서 다 알 수 있다. 그의 기본 역량과 경험에 대해 의심하고 조치를 준비한다.
⊘ 낙석에 대단히 주의해야 한다. 펑 하는 대포 소리가 나면 곧 산사태, 눈사태가 나는 소리다. 주변을 잘 살펴보고 신속히 움직인다.

트레킹
6–7시간

10일차

▲ **일본 BC**(Japanese BC, 3890m) – **다울라기리 1 BC**(Dhaullagiri 1 BC, 4748m)	
너덜지대의 오르막과 내리막이 반복되는 언덕길로 850m 정도 꾸준히 올라간다. 마치 K2로 가는 길과 비슷하다. 길이 멀지 않지만 험하고 피곤하다. 직진하던 길이 오른쪽으로 회전하며 오르면 산이 크고 넓적하고 둥글게 서 있는데 그게 다울라기리 1봉이다. 실제로 보면 상당히 장엄하다. 너덜지대로 내내 오른다. BC 앞에 빙하지대가 넓게 펼쳐져 있어 빙하 가운데 있으면 길을 찾기 어렵다. 시즌 중이면 원정대들이 보일 것이다. 원정대 옆의 돌담 아래 적당한 곳에 텐트를 치고 쉰다. 5월 성수기에는 50–100채 가량의 원정대 텐트와 큰 대장 텐트들도 볼 수 있다. 그러나 여기에서부터 눈이 많이 온다. 예비일을 충분히 가져야 프렌치 패스와 히든 밸리, 윈드 밸리와 담푸스 패스를 넘어 써킷을 완료할 수 있다. ⊘ 오후 1시 이후 프렌치 패스는 반드시 눈폭풍이 친다. 매우 힘들다.	트레킹 5–6시간

11일차

▲ **다울라기리1 BC**(Dhaullagiri 1 BC, 4748m) – **프렌치 패스**(French pass, 5360m) – **히든 밸리** (Hidden valley, 5140m)	
새벽 일찍 아이젠, 스패츠, 점심을 준비해 출발한다. 다울라기리 1봉을 등지고 가파른 너덜지대로 600미터 정도를 올린다. 중간부터 눈이 많은 언덕을 오른다. 체력이 떨어진 경우 새벽 5시 전 출발해 최대한 오전 중에 넘어야 한다. 이 지역은 오후 1시 이후 반드시 눈폭풍이 친다. 오후 1시 전에 넘어야 한다. 힘들다고 자주 쉬면서 못 넘으면 멀리서 천천히 다가오는 눈 폭풍을 걱정스럽게 보게 된다. 폭풍은 아주 강력하다. 굵직하고 강력한 눈에 맞으면 정신없다. 고글을 써도 머리는 울리고 얼어 맞는 얼굴은 따갑고 많이 아프다. 4–5시간 소요. ● **프렌치 패스**(French pass, 5360m) – **히든 밸리**(Hidden valley, 5140m) 프렌치 패스에 오르면 룽다와 초르텐이 바람에 휘날리고 있다. 언덕에서 오른쪽으로 길을 잡으면 보통 눈이 허리 이상 빠질 정도로 많다. 왼쪽 좌우의 산들 사이로 가운데 검게 보이는 지역이 강이다. 그 검은 강옆을 따라간다. 그리고 그 추운 강가에서 캠핑을 한다. 히든 밸리(Hidden valley, 5140m) 도착. 2–3시간 소요.	트레킹 7–8시간

12일차

▲ **히든 밸리**(Hidden valley, 5140m) – **윈드 밸리** – **담푸스 패스**(Dhampus(Thapa) pass, 5244m) – **고소캠프**(high camp, 4930m)

가장 고생스러운 코스다. 선 크림을 두껍게 바른다. 히든 밸리 정상은 매우 가까이 보이나 쉽게 끝나지 않는다. 새벽 일찍 점심을 준비하여 히든 밸리의 정상을 오른다. 오르막을 오래 오르며 시작한다. 긴 능선을 타고 내내 오르내리며 눈밭을 걸어간다. 눈이 햇볕에 반사되어 얼굴이 많이 탄다.

히든 밸리 정상 이후 긴 능선을 따라 눈이 많이 쌓인 길을 걷는다. 이 지역을 윈드 밸리라고 한다. 이 길도 길고 길다. 이름 그대로 바람이 울부짖을 정도로 세게 분다. 간간히 다울라기리 원정대에 보급품을 잔뜩 지고 말파에 올라오는 포터들을 만날 수 있다.

여기도 오후 1시가 되면 안개가 끼고 눈폭풍이 친다.

윈드 밸리를 넘어 담푸스 패스를 지나면 눈이 많지 않은 투쿠체와 말파의 갈림길이 나온다. 굉장히 큰 돌탑도 여러 개 있다. 그러나 밤이 되면 보이지 않는다.

다만 눈이 올 때를 대비한 높은 대나무 장대가 내내 설치되어 있다. 중간에 대나무 장대가 부러져 없는 경우 마지막에 있던 곳을 찾아올라가 다시 좌우를 잘 살펴본다.

좁은 돌 사이로 내려가면 2번, 3번 장대가 이어진다. 굉장히 작은 이정표가 하나 나온다. 일반적인 돌 담장만 있는 야크 카르카가 3개, 지붕도 있는 야크 카르카가 2개 정도 있다.

말파에서 출발해 GHT를 하는 텐트들도 몇 개 볼 수 있다. 캠프로 많이 쓰는 움막까지는 약 1시간이 걸린다. 풀밭과 키 작은 향나무들과 주목이 캠프 주위에 가득하다.

⊘ 눈이 사라지고 정면히 탁 트였는데, 길을 알 수 없는 내리막이면 어떤 상황이던지 왼쪽으로 길을 잡는다. 대나무 장대가 없는 길로 직진하면 안 된다. 조난의 위험이 있다.

트레킹
8–10시간

13일차

▲ **고소캠프**(high camp, 4930m) – **야크 카르카**(Yak kharka, 3900m) – **말파**(Marpha, 2670m)

아침에 멀리 틸리초와 안나푸르나 북면과 닐기리의 연봉과 다울라기리 산군이 보인다. 산이 가슴에 깊이 들어서서 푹 꽂히는 것 같은 감정이다.

급경사를 2300m 내려간다. 야크 카르카에서 시작되는 향나무와 고사목 지대를 지나 굵은 주목 군락이 내내 펼쳐진다. 하산 길. 치헤트라섬 봉을 지나 멀리 묵티나트와 좀솜 그리고 말파의 삼텔링 곰빠가 내내 보인다.

말빠는 티베트 불교의 대 선(禪)지식인 까규파 시조 말빠(Marpha, 1012~1109년)의 이름이다. 마을 이름인 말파는 부지런한 사람들 이라는 뜻이다. 가을의 마니 림부 축제가 이 지역에

트레킹
7–8시간

서 가장 유명하다. 칼리칸다키 강의 지류를 따라 사과 과수원이 많아 사과 브랜드의 주산지로도 유명하다. 마을로 다가설수록 산사태로 길이 험하고 어렵다.

가을의 마니 림부 축제가 이 지역에서 가장 유명하다. 칼리칸다키 강의 지류를 따라 사과 과수원이 많아 사과 브랜드의 주산지로도 유명하다. 마을로 다가설수록 산사태로 길이 험하고 어렵다.

하얗게 칠해진 마을 집들을 지난다. 말파의 숙소들은 산 길에서 내려서서 갈림길의 오른쪽으로 200m 정도 떨어진 뉴 말파에 자리 잡고 있다. 마당이 있는 좋은 롯지를 숙소로 정하고 푹 쉰다.

뉴 말파 마을 끝 도로변에 버스와 지프 정류장 사무실이 있다.
여기서 전세 지프를 타고 바로 포카라로 갈 수도 있다.

당일 혹은 다음 날 버스/지프표를 산다. 말파에서 1일 휴식해도 좋다.

> ⊘ 말파에는 한때 이 지역이 바다였다는 증거로 암모나이트 화석이 흔하고 싸다.
>
> ⊘ 일반 마힌드라 지프 전세: 15,000루피.
> 투어리스트 지프 전세: 30,000루피.(별 차이 없다)
> 일반 버스: 말파 – 포카라 제로 포인트: 1000루피/1인.
>
> ⊘ 다음 날 비행기를 이용하는 경우는 좀솜으로 이동하여 숙박한다. 예약을 확인한다. 좀솜 – 포카라 비행기는 날씨가 안정적인 오전에 주로 있다. 강풍과 폭설, 폭우 등으로 비행기 출발이 불확실한 경우, 버스표를 끊어둔다.
>
> ⊘ 말파 – 좀솜 – 까그베니 – 묵티나트 – 루브라 패스도 좋은 사이드 트레킹이다. 트레킹 혹은 버스로 모두 연결한다.
>
> ⊘ 따또빠니 – 고레빠니 – 모하레 단다 – 푼힐 – 코프라단다 – ABC – 마르디 히말 등을 연결하는 안나푸르나 내축 써킷도 좋은 선택이다.
>
> ⊘ 말파 – 따또빠니 버스 4시간 소요.
> 따또빠니 – 고레빠니 버스/지프 2–3시간 소요.
> 따또빠니 – 고레빠니 – 모하레 단다가 모두 하루 안에 연결된다.

트레킹
5–6시간

14일차

▲ 좀솜/말파(Marpha, 2670m) – 포카라: 비행기 20분. 버스 : 10 – 12시간

좀솜에서 비행기가 제 시간에 뜨는 경우는 많지 않다. 일단 비행기를 타면 포카라에 20분 안에 도착한다. 성수기에는 항공권 확보가 쉽지 않다. 미리 예약해 둔다.

비행기 20분
버스 10–12시간

버스로 이동. 오전 7시반 출발. 버스도 포카라 직행 좌석은 한정되어 있다. 항상 오버 부킹된다. 표를 터미널에서 직접 끊지 않고 전화로 예약하거나 다른 사람에게 시키거나, 호텔 등에서 구입한 사람들은 다른 좌석으로 밀리거나 버스 천장으로 올라가거나 강제 하차가 될 수도 있다. ✓ 말파 – 베니까지 6–7시간 소요. 베니 – 포카라 4–5시간 소요. 포카라 제로 포인트 – 포카라 레이크 사이드 택시 10분 소요. 300루피 / 1대.	비행기 20분 버스 10–12시간

15일차

▲ 포카라 – 카트만두 비행기 혹은 버스	비행기 30분 버스 7–8시간

최대 고도 : 나문 라(Namun La pass, 4850m) / 캉 라(Kang La, 5322m) / 메소칸토 라(Meso kantu La, 5470m)

쿰부에 에베레스트 3 pass가 있다면 안나푸르나에도 3 pass가 있다. 그러나 쿰부는 마을과 롯지의 지원을 받으며 하루 안에 넘을 수 있으며 코스들도 유명하다. 안나푸르나는 더욱 험난한 코스를 캠핑하며 스스로 모두 준비해 넘어야 한다.

코스를 나눠서 한 코스당 1주일 정도씩 해도 좋다. 뜻이 있는 트레커들은 모질게 고생할 준비를 하고 약 3주 정도 시간을 내서 도전해 보면 좋을 것으로 생각한다. 경험있는 여행사에서 좋은 가이드와 포터들을 다수 준비해야 한다. 특수지역 트레킹을 위한 행정 처리도 해야 하므로 비용도 많이 든다.

1. 나문 라(Namun La pass, 4850m) 포카라에서 출발. 나문반장을 지나 안나푸르나 써킷 차메와 다라빠니 사이로 나간다.

2. 캉 라(Kang La, 5322m) 특수 트레킹 지역인 나르(Naar, 4150m) − 푸(Phu, 4050m) 마을을 지나 캉 라를 넘어 마낭으로 나간다.

3. 메소칸토 라(Meso kantu La, 5470m) 마낭에서 틸리초 호수(Tilicho Lake, 4990m)를 지나 메소칸토 라를 넘어 좀솜으로 나간다.

네팔 중부 랑탕 산군

네팔 중부 랑탕 산군(Langtang, 7234m)

히말라야 산맥 중 랑탕 히말라야 지역에 위치한 산이다. 랑탕 리룽이란 이름 이외에도 티베트 사람들이 부르는 강첸 레드루브(Gangchen Ledrub)라는 이름도 있다. 산 자체는 히말라야 8,000미터 14좌 고봉들과 비교가 되지 못한다. 다만 세계에서 상대적 지형 높이가 가장 높은 산이다. 남벽의 경우 산의 시작점부터 정상까지 5500m 가량이 암벽으로 이뤄져 있다. 이 엄청난 절벽 때문에 남쪽 루트는 현재까지 미등정 상태로 남아있다.

1. 랑탕 트레킹 개요.

랑탕 히말은 네팔 중앙부에 위치해 에베레스트, 안나푸르나와 더불어 네팔을 대표하는 유명 트레킹 지역이다. 랑탕 계곡, 고사인쿤드, 헬람부 코스가 대표적인 코스이다. 라우레비나 패스와 헬람부로 진행해서 나갈콧으로 가면 네팔 동부의 에베레스트 산군과 서부의 안나푸르나 산군을 감상할 수 있다. 네팔 중앙부와 티벳 지역의 시샤팡마와 카트만두 전체를 조망할 수 있는 전망대가 몇 군데 있다. 랑탕 트레킹은 가장 높은 지점인 체르고 리, 캉진 리, 고사인쿤다, 라우레비나 패스를 모두 포함해도 난이도가 그리 높지 않다. 이 책의 서술 순서가 에베레스트 – 안나푸르나 – 랑탕으로 이뤄진 것은 난이도 외에 코스의 중요도나 문화적인 부분과 사람과 시설 등 다양한 고려에서 비롯된 것이다. 랑탕은 단정적으로 에베레스트 – 안나푸르나를 모두 마친 후 간단히 다녀볼만한 코스로 생각해도 무방하다고 평가한다. 지역 전체적으로도 숙식 비용이 꽤 비싸다. 그러나 음식과 시설 모두 다른 지역에 비해서 많이 떨어진다는 것이 트레커들의 일반적인 평가이다.

2. 랑탕의 교통

카트만두에서 버스를 주로 이용해서 들어간다. 하산시 지프 전세 혹은 헬기를 이용하는 하산의 빈도가 높아지고 있다.

1) 버스 : 카트만두 – 샤부르베시(syabrubesi, 1460m) 약120km. 지프/버스 8-10시간 소요. 버스비 860 루피. 매일 아침 6-7시 출발. 보통 30분 정도 지연 출발한다. 디럭스 버스는 없다. 일부가 포장도로이고 곧 비포장도로다. 2시간에 1번 정차한다.

2) 지프 : 전세지프. 보통 6-7명 탑승. 카트만두-샤부르베시 약 15000루피. 샤부르베시-카트만두 8000-12000루피. 약 8시간 소요.

3) 헬리콥터 : 통상 하산시 많이 사용한다. 랑탕계곡인 경우 캉진 마을. 고사인 쿤드 코스인 경우 고사인 쿤드 호숫가에서 떠난다. 보통 5명 탑승. 1대당 3000-3500달러. 랑탕-카트만두 20분 소요.

3. 랑탕 입산 서류 처리(2024년 1월 현재)

여권 사진면과 비자면을 복사해서 둔체 국립공원 체크포인트에서 국립공원 입장료: 1인당 3,000루피(세금포함)를 낸다. 그 영수증을 가지고 바로 옆 경찰 체크포인트에서 영수증 검사 및 짐 검사를 받는다.

이후 샤브르베시 등 체크포인트를 만나면 가이드나 포터에게 처리하게 한다.

특히 랑탕의 경우 여권 원본을 제시할 필요가 없다. 랑탕은 현재 애매한 상황인 팀스에 대한 제시나 요구는 없다.

4. 랑탕의 숙박 / 음식

네팔에서 시설이 가장 열악한 트레킹 지역은 마칼루, 칸첸중가다. 그러나 랑탕의 시설도 에베레스트나 안나푸르나에 비하면 매우 열악하다. 샤브르베시가 조금 낫고 캉진 마을, 툴로 샤부르가 조금 낫다. 전체적으로 음식은 신기할 정도로 맛이 없다. 그래도 김치를 만드는 곳도 한두 곳 있고, 치즈 공장이 있어서 치즈는 맛있는 곳이다. 닭 백숙이나 염소 바베큐 등을 추천한다.

5. 랑탕의 장비점 / 은행, ATM / 의료시설 / 환전 - 전혀 없다.

장비점이나 은행, 병원 등이 없다. 인터넷도 이용하기 어렵다. 환전도 어려우니 카트만두에서 충분히 환전 해야 한다.

6. 랑탕의 지도

타멜에서 최신 업데이트 판을 사야 한다. 스마트폰에 앱을 깔아 미리 네팔과 랑탕 전지역의 지도를 다운받아 이동할 때 참조하는 것이 좋다. 그러나 지도와 앱 모두 도로공사 구간이 반영되지 않은 경우가 많다.
특히 라우레비나 패스 이후, 타레파티 이하로 여러 곳으로 도로가 열려 버스, 지프, 오토바이로 연결되고 있다. 그러나 트레킹 길도 절단되어 절벽이나 깊은 구멍이 된 경우가 많다. 주의해야 한다.

7. 랑탕의 안전

랑탕 계곡, 고사인쿤다 호수 지역은 크게 안전상 위험은 없다. 예전에는 외국인 트레커들과 순례자들의 물건 및 돈을 강탈하는 무리들이 라우레비나 패스를 지나 타레파티 지역의 갈림길에 있었으나, 2015년 대지진 이후 그런 사례가 보고되고 있지 않다.

8. 랑탕의 통신 / 인터넷

랑탕은 특이하다. 샤부르베시 이후 저지대에서도 인터넷이나 휴대폰 이용이 어렵다. 그런데 고도를 올려 랑탕 마을 이상으로 올라가 캉진 마을 등에서는 신호가 잘 잡힌다. 툴로 샤부르 등에서 잘 되다가 그 이후로는 잘 되지 않는다. 라우레비나 패스 넘어 타레파티를 넘어 가면 조금씩 신호가 다시 잡히기 시작한다.

9. 랑탕의 산행 안내표시

도로공사와 산 사태 등으로 많이 파손되었다. 바닥과 돌 등을 유심히 보고 다닌다. 소요시간 표시의 경우 네팔 국민 기준이다. 트레커들은 해당 시간에 1.5배를 곱한 정도로 보면 된다.

3장 네팔 중부 랑탕 산군(Langtang, 7234 m) 목차

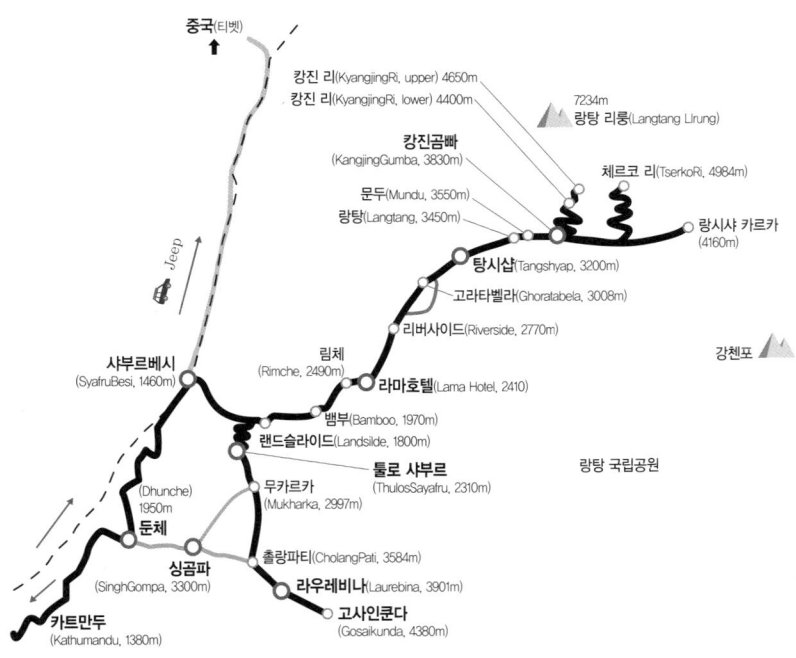

랑탕 1. **랑탕계곡**(Langtang Valley), **랑시샤 카르카**(Langshisa Kharka, 4160m)

일정: 8박 9일
최고 고도: 체르코 리(Tserko Ri, 4984m), 캉진 리(Kangjin Ri, 4650m), 랑시샤 카르카(Lang-shisa Kharka, 4160m)

난이도: ★★   **편리성:** ★★★
풍경: ★★★   **이용도:** ★★★★

성수기: 4월말–5월 중순. 10월 초–11월 중순.

랑탕 1. **랑탕계곡**(Langtang Valley) **일정 소개**

랑탕국립공원은 1976년 네팔 최초의 국립공원 중 하나로 지정되었다. 티벳 국경에 근접해있고, 카트만두 시내에서 보면 잘 보이는 설산들이 랑 탕의 산군들이다. 랑탕 계곡 트레킹은 랑탕 리 룽(Langtang Lirung, 7234m)과 가네쉬(Ganesh, 7446m)로 산군들 사이로 흐르는 강과 숲을 끼고 걷게 된다.

랑탕은 2015년 대지진으로 인한 피해로 지역의 고유한 문화 유적지들과 터전을 잃었다가 복구를 하고 있다. 많은 것이 사라져 산 이외에 문화적인 측면으로는 아쉬움이 많은 지역이 되었다. 특이 점은 고도가 높아질수록 시설과 편리성이 좋아 지고, 저지대의 도로와 인접할수록 보통 이하의 낙후된 시설을 유지하고 있다.

수도인 카트만두에 근접해있고, 중국과 유일한 국경 무역 도시지역이지만 2차선 비포장 도로를 계속 유지하고 있다. 카트만두의 혼잡한 거리에서 차를 타고 포장과 비포장도로를 지나 절벽길을 걸어 샤부르 베시에 도착한다. 1박하고 트레킹을 시작한다.

강을 끼고 숲을 지나 대평원과 캉진 마을에 도착 후 랑시샤 카르카를 다녀온다. 랑시샤 카르카 후 에 캉진리/체르코 리를 오른 후 하산하면 랑탕 계곡 트레킹은 완료가 된다. 고도가 적응이 되었 고, 시간에 여유가 있다면 고사인쿤드로 걸어 호 수와 티벳의 산군들을 보고 라우레비나 호수를 넘어 랑탕 라운딩을 하면 좋은 코스다.

랑탕 1. 랑탕계곡(Langtang Valley) - 랑시샤 카르카(Langshisa Kharka, 4160m) 코스 일정표

일	구 간	시간
1	카트만두(1380m) - 둔체(Dhunche, 2000m) - 샤부르베시(syabrubesi, 1460m)	약 120km. 지프/버스 8-10시간 소요.
2	샤부르베시(syabrubesi, 1460m) - 뱀부(Bamboo, 1970m) - 라마호텔(Lama Hotel, 2410m)	트레킹 7-8시간
3	라마호텔(Lama Hotel, 2410m) - 고다 타벨라(ghoda tabela, 3030m) - 랑탕(Langtang, 3430m)	트레킹 8-9시간
4	랑탕 (Langtang, 3430m)	고소휴식
5	랑탕(Langtang, 3430m) - 캉진마을(Kanjin Gompa, 3830m)	트레킹 3-4시간
6	캉진마을(Kanjin Gompa, 3830m) - 랑시샤 카르카(Langshisa Kharka, 4160m) - 캉진마을(Kanjin Gompa, 3830m)	트레킹 상행 5-6시간 하산 4-5시간
7	A : 캉진마을(Kanjin Gompa, 3830m) - 캉진 리(Kangjin Ri, 4650m) - 캉진마을(Kanjin Gompa, 3830m) - 랑탕(Langtang, 3430m) - 고다 타벨라(ghoda tabela, 3030m) B : 캉진마을(Kanjin Gompa, 3830m) - 체르코 리(Tserko Ri, 4984m) - 캉진마을(Kanjin Gompa, 3830m)	A : 캉진 리 왕복10-12시간 B : 체르코 리 왕복 11-12시간
8	A : 고다 타벨라(ghoda tabela, 3030m) - 라마호텔(2410m) - 뱀부(Bamboo, 1970m) - 빠이유(PAIYU, 1700m) B : 캉진마을(Kanjin Gompa, 3830m) - 랑탕(Langtang, 3430m) - 탕시삽(Thangshysap, 3200m) - 고다 타벨라(ghoda tabela, 3030m) - 빠이유(PAIYU, 1700m)	A : 약 5시간 소요 B : 9-10시간 소요
9	빠이유(PAIYU, 1700m) - 샤부르베시(1460m) - 카트만두	트레킹 1.5시간 버스 10-11시간, 지프 8-9시간

랑탕 산군

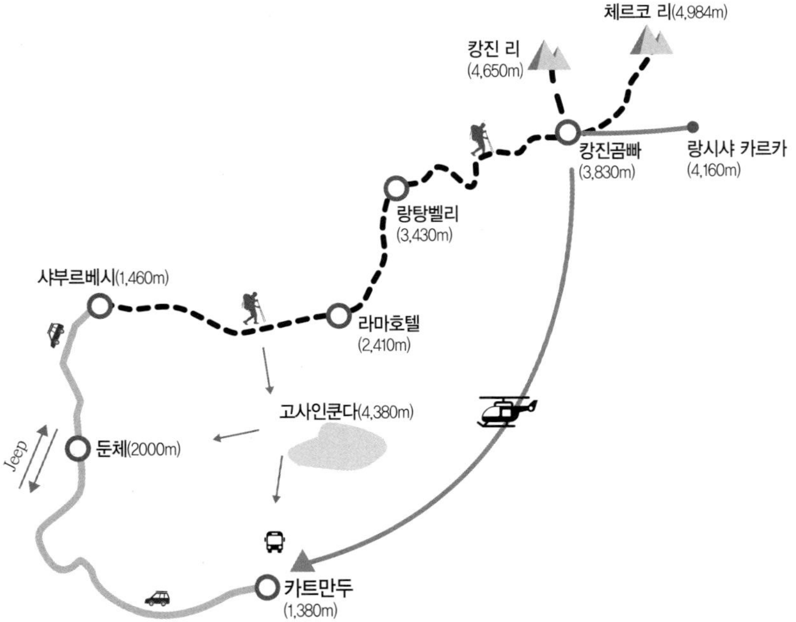

체르코 리(4,984m)

캉진 리
(4,650m)

캉진곰빠
(3,830m)

랑시샤 카르카
(4,160m)

랑탕벨리
(3,430m)

샤부르베시(1,460m)

라마호텔
(2,410m)

고사인쿤다(4,380m)

둔체(2000m)

Jeep

카트만두
(1,380m)

티베트 자치구

NEPAL

안나푸르나 지역

랑탕 지역

에베레스트 지역

포카라

카트만두

인도

랑탕 1. 랑탕계곡(Langtang Valley) – 랑시샤 카르카(Langshisa Kharka, 4160m) 코스 세부 일정표

1일차

카트만두 (1380m)	
둔체 (Dhunche, 2000m)	지프/버스 8-10시간 소요
샤부르베시 (syabrubesi, 1460m)	

▲ 타멜-샤부르베시 버스 터미널 (마차포카리)

타멜에서 터미널까지 2.5km이다. 택시비는 300루피다. 타멜에서 걸어갈 수 있지만 조금 복잡하다. 타멜에서 강을 따라 간 다음 뉴 버스 스테이션 뒷문을 통과해 정문으로 나간 다음 대각선 맞은편 길가로 길을 건너가면 건물들 앞에 버스들이 정차해있다.

> ⊘ 버스비 860루피. 여행사에 버스표를 준비시키면 수수료가 2000루피 정도 붙어 3000루피 정도에 표를 넘긴다. 다른 코스도 비슷하게 수수료를 붙인다. 산책 삼아 출발 전날 직접 가서 끊어본다.

카트만두 – 트리슐리 – 둔체 – 샤부르베시
(syabrubesi, 1460m)

카트만두에서 샤부르베시까지 약 120km다. 지프나 버스로는 8-10시간 소요된다. 버스비는 860루피이다. 지프를 전세내면 15,000루피이고 7명이 탑승한다.(하산시 지프 전세는 10,000루피 이하로 협상하면 된다)

버스는 매일 아침 6-7시 출발한다. 보통 30분 정도 지연 출발한다. 과일 등 간식거리를 사두는 것이 좋다. 험한 길은 버스를 타는 것이 현명하다. 디럭스 버스는 없다. 포장도로는 아주 일부고 대부분의 도로는 비포장도로이다. 2시간에 1번씩 정차하고, 트리슐리에서 점심을 먹는다. 4시간 정도 걸린다.

랑탕은 중국 국경에 바로 맞닿아있다. 바로 티벳의 키룽과 연결된다. 네팔과 중국 측 모두 밀수방지를 위해 검문이 삼엄하다. 가끔 정차해서 경찰 체크포인트에서 외국인만 검문을 받는다. 중국인과 얼굴이 비슷한 한국인은 검문이 심하다. 경찰들이 영어는 전혀 못 알아듣지만 여권 보여주면서 아임 코리안!!! 한국인!!!!! 노 차이니스!!! 이라고 강하게 어필하자.

둔체(Dhunche, 2000m)에 닿기 전부터 랑탕의 설산들이 잘 보인다. 둔체에 랑탕국립공원 체크포인트가 있다. 여기서 국립공원 입장료를 낸다.

> ⊘ 1인당 입산료는 3000루피이다.(네팔국민 100루피, 인도 1500루피). 산에서 검문이 잦으므로 영수증을 잘 보관해서 제시해야 한다.

둔체 이후로도 몇 번의 검문소가 있다. 버스 차장

혹은 포터나 가이드에게 여권 복사본을 하나 주고 처리하게 한다. 이후로 여권 원본은 보여줄 의무가 없다. 둔체 체크포인트부터 지그재그로 내려가는 내리막길이 무섭다. 샤브루베시에 도착하면 도로 양측으로 롯지들이 줄을 서 있다. 둔체에서 1시간 소요.

샤브루베시는 작은 동네다. 동시에 예로부터 매우 인심 극악무도한 동네였다. 손님이 별로 없으면 난로도 안 피우고, 텔레비전도 안 틀어준다. 손님들이 많은 롯지를 들어가야 난로가 피워져 있거나 TV가 켜져 있으니, 손님이 많은 롯지를 가자.

추천숙소: 샤브루베시, Peaceful Lodge 롯지: 500~1000 루피.(랑탕의 대부분 숙소들은 기본 이하다. 고비용 최저 시설이다. 안나푸르나나 쿰부 히말을 생각하지 않는 것이 현명하다.)

> ✅ 둔체에서 캉진 리/고사인쿤드 산행을 시작하기도 한다. 하산 코스로도 많이 쓴다. 다만 도로가 많이 발달하며 샤브루베시 코스가 시간이 더 절약되어 이용도가 조금씩 줄고 있다.
> ✅ 랑탕 현지에서는 가이드나 포터 혹은 쿡 같은 인력들을 절대 고용하지 않는 것이 현명하다. 가이드, 포터는 반드시 카트만두에서 구해서 데려가는 것이 좋다. 저자의 경험이다.
> ✅ 온천 – 온천이 있기는 하지만 어쩐지 마음에 병을 얻을수 있다. 한국인은 이용하지 않는 것이 좋다.

2일차

샤브루베시 (syabrubesi, 1460m)		3-4시간 소요.
뱀부 (Bamboo, 1970m)		
라마호텔 (Lama Hotel, 2410m)		3-4시간 소요.
		트레킹 7-8시간

▲ **샤브루베시**(1,460m) – **뱀부**(Bamboo, 1970m)

랑탕계곡을 따라 라마호텔까지 간다. 약 13km. 고도를 약 1050미터 정도 올린다.

랑탕계곡은 사람들이 사는 마을 그대로 네팔 최초로 국립공원으로 지정된 곳이다. 랑탕이란 지역이름은 티벳어에서 출전한다. 랑은 '소', 탕은 '따라가다' 라는 뜻이다.

샤브루베시 마을 입구 체크포인트에서 개인정보 사항을 적고 전화번호. 입장권 번호도 적는다. 초반 올드 사부르베시로 간다. 근래에 랑탕지역에

▲ **뱀부**(Bamboo, 1970m) — **림체**(Rimche, 2490m) — **라마호텔**(Lama Hotel, 2410m)

▲ **뱀부**(Bamboo, 1970m) — **림체**(Rimche, 2490m)

뱀부에서 림체(Rimche)까지는 계곡을 따라 조금 가파른 오르막이 계속이다. 강 건너 큼지막한 돌벽 아래 수없이 많은 말벌집들이 붙어 있다. 여기서 나오는 꿀을 석청이라고 한다. 협곡 사이로 설산도 조금씩 보인다. 2시간 소요. 림체 - 라마호텔(2,410m)

경사가 거의 없는 평이한 코스다. 라마호텔이 있었던 곳이라 동네 이름이 라마호텔이다. 약 10여 집 정도가 산다. 1시간 소요. 티벳 게스트하우스에서 숙박하고 식사시 김치를 조금씩 주고 난로도 피워준다. 시설은 좋지 않다. 비수기에는 방은 무료이고 성수기에는 방 1개당 500루피 정도이다. 도로에서 가까운데도 전기가 없다. 태양광 발전기를 사용한다. N cell, 와이파이는 이용할 수 없다. 밤이 되면 날씨가 꽤 쌀쌀하므로 잘 때 보온에 신경써야 한다. 이런 곳에서는 차를 많이 마시는 것이 좋다. 저녁 식사를 할 때 아침 식사를 미리 주문해 놓는 것이 좋다.

추천숙소: 티벳 게스트 하우스.

지진, 산사태 등 자연재해가 잦았다. 트레킹 코스도 산사태로 무너져 보수 중이다. 좁은 길로 조심스럽게 간다. 대형 수력 발전소 공사도 하고 있다. 비포장도로로 걷는다.

강 건너편 고사인쿤드 코스의 번화한 마을 툴로 샤부르 마을로 가는 길은 지프가 일부 다니고 전봇대도 잘 연결되어 시골길 같다. 조금만 시간이 지나면 둔체에서 넘어오는 길과 툴로 샤부르 마을의 길이 만나고 샤부르베시도 도로가 모두 연결될 것으로 본다. 툴로 샤부르는 이미 오토바이 정도는 다닌다. 그 위로도 도로가 조금 건설되었다. 티와리(Tiwari)에서 차를 한 잔 마신다. 아직까지 차 값도 한잔에 50-60 루피 정도로 괜찮다. 1시간 소요.

소들이 밟고, 산사태가 지나간 출렁다리를 지난다. 여기가 랑탕과 고사인쿤드 트레킹 코스가 갈라지는 지점인 파이로(Pairo)다. 노란색 콘크리트 벽에 지도를 그려놨다. 좌측 파이로강을 따라 걷다보면 오르막이 슬슬 시작된다. 걷기에 좋은 길을 따라 걷다보면 강가에 자리 잡은 마을인 뱀부에 꽤 이르게 도착한다. 점심을 먹는다. 랑탕의 저지대 달밧은 괜찮은 맛이다. 감자도 큼직하고 맛있다. 특이하게도 락시가 메뉴에 있지만 마시지 않는 것을 추천한다. 2-2.5시간 소요.

히말라야 석청

뱀부 이후로 계곡 옆의 절벽 등에서 아주 큰 벌집들을 자주 볼 수 있다. TV 다큐멘터리에서 본 적이 있다면 거기에서 나온 석청이다. 이 석청은 말벌들이 모아둔 꿀이다. 꿀 속에 랄리구라스(만병초) 등 다양한 자연에서 가져 온 꿀과 독이 섞여 있다. 그 독이 약이 된다. 사람이 먹는 석청, 소가 아플 때 먹는 석청 등으로 다양하게 분류된다.

가져다 병에 넣어두고 지켜보면 오색의 다양한 층으로 침전된다. 이 석청을 따는 사람을 :빠랑게;라고 하고 네팔에서는 인간문화재로 예우한 다. 빠랑게는 대나무와 넝쿨을 비벼 만든 사다 리를 타고 제자들과 수백미터 암벽을 내려가 쑥을 뭉쳐 그 불로 벌을 쫓은 다음 어지간한 집 한 채보다 더 큰, 그야말로 시내버스만한 크기의 수백년 된 벌집과 꿀을 채취한다. 벌집과 벌꿀 모두 좋은 약이 된다.

한때 네팔 히말라야 석청이 한국에서도 인기를 끌었으나 식약청에서 꿀에 독성분이 강하다 하여 사용을 금지시킨 것으로 기억한다. 식약청이 검사한 기본이 되는 석청은 어떤 것이었는지 알지 못하나 아쉬운 일이다.

예전부터 카트만두 시내 특급 호텔 근처에서 파는 석청은 대충 시골 꿀에 카바이트 등 화학물질을 섞었다. 그걸 명현 현상이라고 우기면서 팔기도 하는 장사치들이 제법 있었다. 석청은 히말라야 전 지역에서 난다. 그러나 돌포 지역에서 나는 것을 최고의 것으로 친다. 돌포 산지에서 나온 석청을 10리터 정도 구해서 2년간 2병 정도 장복하고, 8병 정도 주변과 나눠서 복용한 적이 있었다. 석청은 직접 산지에서 나오는 것을 구하지 않는 한 진품을 구하기 어려운 귀한 약재이다. 그렇게 자주 나오는 것도 아니고 예약 걸어 놓고 1년 이상 기다려야 한다. 현재는 돈을 많이 줘도 진품을 구하기 어렵다.

3일차

라마호텔 (2,410m)	약3-4시간 소요.
고다 타벨라 (ghoda tabela, 3030m)	
랑탕 (Langtang, 3430m)	3-4시간 소요.
	트레킹 8-9시간

◆ 천천히 걷고 자주 쉰다. 고소적응을 위해 랑탕(3,430m)에서 하루 쉬어 간다.

12km. 약 1000미터를 올리는 날이고 3000미터를 넘어서는 날이다. 슬슬 자기도 모르는 사이 고산병으로 걸음도 느려지고 힘들다. 고산증의 대표적인 증상은 체력저하 외에도 두통, 식욕부진, 어지러움 등이다. 산소 부족하고 기압이 강하게 압박하며 신체 리듬이 깨져 신진대사가 잘 되지 않는다.

▲ 라마호텔(2,410m) – 리버사이드(Riverside, 2770m)

봄에는 근방에 꽃이 많다. 랑탕 2봉(6,581m)과 랑탕리룽(7,246m) 등 설산을 내내 보며 계곡을 끼고 산허리 길을 따라 완만하게 작은 오르막과 내리막을 반복한다. 강가에 위치한 리버사이드(Riverside, 2770m)로 유명한 구만촉(Gumanchok)에 도착해 차 한 잔 마시고 쉰다. 1.5-2시간 소요.

▲ 리버사이드(Riverside, 2770m) – 고다 타벨라(ghoda tabela, 3030m)

리버사이드에서 완만한 경사길로 올라간다. 갈림길에서 오른쪽 계곡길로 오른다. 꽃길이 계속되다가 너덜길을 잠시 지나 길이 탁 트이며 넓은 풀밭과 설산이 크게 나온다. 고다 타벨라(ghoda tabela, 3030m)에 도착한다. 랑탕에서 고다 타벨라가 가장 좋았다는 의견도 많았다. 고다 타벨라도 2015년 대지진으로 모두 파손되었으나 곧 복구되었다. 러블리 게스트하우스(Lovely Guest House)에서 점심을 먹는다. 1-1.5시간 소요.

▲ 고다 타벨라(ghoda tabela, 3030m) – 탕시삽(Thangshysap, 3200m)

탁 트여 평탄한 경치가 좋다. 멀리 설산이 내내 보여 그 풍경이 아름답다. 다리를 건너면서 오르막, 평지를 반복하고 산의 능선도 교체된다. 내내 강을 따라 부지런히 간다. 나무 위에 랑탕 지방에 자생하는 멸종 위기종 회색 랑구르 원숭이들이 많이 보인다. 얼굴이 회색보다는 하얀색에 가깝다. 야생 원숭이들은 대체로 사납다. 뭔가 반짝거리는 것이 있으면 낚아채 가기도 하고 괜히 돌을 던지거나 약 올리면 떼로 몰려와 물거나 할퀴기도 하니 건들지 말고 그냥 지나가는 것이 좋다.

숲을 지나면 산허리의 거친 길을 만난다. 탕시삽(Thangshysap, 3200m) 도착 직전 왼쪽으로 랑탕 리룽(7,234m), 정면으로 체르코 리, 오른쪽으로 랑탕 히말라야 산군이 나온다. 그리고 급격한 오르막을 만나고, 이윽고 탕시삽(Thangshysap, 3200m)에 도착한다. 1.5-2시간 소요.

▲ 탕시삽(Thangshysap, 3200m) - 랑탕(Langtang, 3430m)

탕시삽에서 30분 정도 더 올라가면 계속된 산사태로 길이 험한 지역을 지난다. 오르막이고 너덜지대여서 먼지가 많고 걷기에 힘든 길이다. 이후로도 계속 길은 좋지 않다. 2015년 4월 대지진으로 랑탕마을 전체가 모두 매몰되었다. 사고 이후 옛 마을 자리는 버리고 더 위로 마을이 새로 지어졌다. 길가에 작은 사원과 위령비, 위령탑이 있고, 위령탑 주변으로 추모하는 사진과 추도문들이 적혀 있다. 당시 사망자 175명의 이름이 새겨져 있다. 마을 사람 외에도 트레킹하던 외국인들도 많이 희생되었다. 지진 전 랑탕 마을은 야크 치즈 공장과 빵집도 괜찮았는데, 대지진 이후 모두 사라졌다.

랑탕 마을은 수력발전 덕택에 전기가 풍부하고 인터넷도 잘 된다. 다만 히말라야 트레킹을 하는데 전봇대와 전깃줄이 계속 보인다. 사진 찍을 때 주의를 기울여야 한다.

1.5-2시간 소요.

롯지 난로가에 앉아 이른 저녁을 먹고 쉰다. 연기에 훈제된 야크, 양고기, 염소고기 스쿠티가 부엌에 줄줄이 매달려 있다. 그러나 질기고 단단하니 이빨을 조심해야 한다. 그냥 한국에서 육포를 준비하는 것이 낫겠다.

추천숙소 : 선라이즈 게스트 하우스(Sunrise Guest House)

✓ 시간 상으로는 캉진마을도 충분히 갈 수는 있다. 그러나 이미 고도를 많이 올렸다. 고산병을 고려해서 랑탕에 머물도록 하자.

✓ 봄철에 예쁜 꽃이 많다. 〈히말라야 식물도감〉 한글판을 잘 봐뒀다가 가도 좋다. 전화기에 앱을 깔아두면 인터넷이 연결된 경우 사진을 찍은 즉시 이름이 나온다. 잘 확인이 안 되면 후에 사진을 한국 국립수목원에 보내고 조금 기다리면 이름을 알수 있다. 산 이름도 앱을 깔아두고 사진을 찍으면 산 위로 이름과 고도가 나와 편리하다.

✓ 하루 쉬는 동안 동네 구경을 하면 동네 사람들이 외국인 등록을 하라고 자주 보챈다. 우리는 중국 사람이 아니라고 이야기하고 내일 갈 것이라고 명확히 표현하는 것이 좋다. 랑탕마을(Langtang, 3430m) 체크포인트 겸 경찰초소에 가서 외국인 등록을 한다.

✓ 좁교
산에 오르면 야크처럼 털이 북슬북슬한 것도 아니고, 뿔이 뒤로 휘어진 것도 아닌 소가 다닌다. 물소처럼 뿔이 앞으로 휘어지고 털도 조금 난 소가 많다. 이 종은 야크와 물소의 교배종인 좁교다.

물소 암컷을 산에 데려가 수컷 야크와 교배시켜 낳은 것이다. 조금 먹고 힘이 좋고 지구력도 좋고 저지대의 더위와 고지대의 추위에도 강하다. 보통 사람 3명분의 일을 한다. 롯지에 가스통도 배달하고 산장에 필요한 거의 모든걸 좁교가 운반한다.

4일차

랑탕(Langtang, 3430m) **고소휴식**

✓ **고산병은 주의한다고 되는 일이 아니다.** 다만 별일 없이 무사하기만을 바란다. 그리고 쉬어야 한다는 바로 그때라는 것에 맞춰 기계적으로 정확하게 쉬는 것이 그래도 고산병을 예방하거나 고도에 적응하는 좋은 방법이다. 고산병이 시작되면 무척이나 괴롭다.

3400m는 가장 애매하고 위험한 구간이다. 에베레스트가 있는 쿰부 히말의 남체와 같은 고도다. 쿰부 히말에서 휴식일 없이 트레킹을 했는데 고산병 없이 무사했다는 이야기는 들어보지 못했다. 랑탕마을, 캉진 리도 다르게 없다.

그런데 랑탕에서는 사람들이 휴식일 없이 단번에 캉진 리/ 체르코 리에 오른다. 딱 하루 들렀다 내려가니 괜찮겠지 라는 생각이지만, 그런 생각은 고산병을 부른다. 머리가 조금 아픈 정도가 아니라 큰 사고를 부르는 경우도 자주 있으니 이 책의 독자들은 꼭 휴식일을 갖기 바란다.

최소한 일정한 예비일을 준비하고 휴식일은 잘 지켜 걷는다. 고산은 즐거운 일이지만 모험의 일부분이다. 고산은 일정 부분 위험을 감수하며 걷는 길이다. 항상 고도에 주의하고, 지도를 늘 참고하며 걷자.

5일차

랑탕 (Langtang, 3430m)	약 3-4시간 소요.
캉진마을 (Kanjin Gompa, 3830m)	
	트레킹 3-4시간

약 7km. 400미터를 올린다. 오전 8시쯤 늦게 시작해도 점심 전에 도착한다.

랑탕에서 평탄한 길을 걸어 마니석이 길에 길게

늘어선 길을 지난다. 눈사태, 산사태 지역도 지나 평평한 마을 문두(Mundu, 3550m)에 도착한다. 차를 한 잔 마시며 히말라야를 즐기자. 1시간 소요.

문두에서 평이하고 순탄한 길로 전봇대를 따라 걷는다. 랑탕, 체르코 리가 왼쪽에 마중 나와 있고 캉첸포(6,387m)와 이름모를 산들이 오른쪽에서 계속 보인다. 강가의 길을 오른다. 불교의 경전이 새겨진 마니스톤과 룽다를 자주 만난다. 곧 큼직한 롯지들이 많은 캉진마을(Kanjin Gompa, 3830m)에 도착한다. 2시간 소요.

방을 잡을 때 가이드 의견은 참조만 한다. 방도 구경해 보고 와이파이 무료 등의 세부 옵션을 조율한 다음 숙소를 잡는다. 롯지마다 다르니 잘 살펴본다.

지역 자체에서 수력발전을 한다. 덕분에 롯지에서 무료충전이 가능하다. 그런데 인터넷 1기가에 무려 1,000 루피까지도 받는다. 인터넷은 어디서나 잘 된다는 장담과는 달리 캉진마을에서 조금만 벗어나면 전혀 작동이 안 된다.

이제 네팔도 산 마을의 정취와 문화가 남은 마을들은 거의 사라져 가고 있다. 트레킹을 통한 다른 문화와의 교감도 줄어들고 있다. 특별한 문화라는 것이 거의 없어지고 있어 특별 트레킹 구역이란 곳에 많은 돈을 들여 갈 이유를 찾기가 어렵다. 시설이나 교통 같은 물리적 환경은 좋아졌는데 사람과 사람 사이는 더 멀어진 느낌이 든다. 캉진도 지진으로 모두 파손된 뒤에 새로 다시 복구한 곳이다. 성수기에는 사람으로 가득한 산중의 작은 도심지와 같은 그런 느낌이다. 최근에는 하산을 헬기로 하는 경우가 많이 더욱 그런 것 같다.

추천숙소: 몇 군데 다녀보고 가격, 시설 옵션 협상도 해본 후 숙박을 결정한다. 하이어 게스트 하우스(HIGHER GUEST HOUSE), 누를링 게스트 하우스(Nurling Kyangjin Gumba Guest House)

⊘ 누를링에서 한국음식을 파는 가격. 1300루피. 원화 13000원 정도는 싸다면 쌀 수도 있겠다. 다만 그 가격은 하루 종일 무거운 짐을 지는 포터의 하루 일당과 같다. 즉 현지 화폐가치로는 지나친 감이 있다. 전체적으로 음식 가격 등 한국인을 위한다는 가격들이 유난히 더 비싸다. 충분한 부식을 준비하고 휴대용 스토브를 준비하고 캠핑용 부탄가스만 카트만두에서 구입하면 음식은 아쉬울 이유가 없다.

⊘ 시간상 충분히 캉진 리에 오를수 있으나 다음 날 아침에 오른다. 무리하지 않는다.

6일차

캉진마을 (Kanjin Gompa, 3830m)		왕복 10–11시간
랑시샤 카르카 (Langshisa Kharka, 4160m)		
캉진마을 (Kanjin Gompa, 3830m)		
		트레킹 상행 5–6시간 하산 4–5시간

⊘ 랑시샤 카르카를 캉진 리, 체르코 리보다 반드시 먼저 다녀온다. 고소적응과 컨디션 확인에 큰 도움이 된다.

⊘ 왕복 24km이다. 찻집이나 사람이 사는 집이 없다. 캉진마을에서 눔탕(Numthang,

3940m)까지 약 110미터를 올린다. 눔탕에서 약 185미터 정도 올려 4천미터를 돌파한다. 전체적으로 덜 덥고 걷기도 쾌적하다. 다만 거리가 멀고 계절에 따라 바람이 강하고 눈이 많이 올 수 있다. 반드시 헤드랜턴과 랜턴 및 충분한 물과 점심식사 그리고 간식을 준비한다.

랑시샤 카르카 옆으로 강을 따라 길이 평탄하다. 모리모토 산 BC 등으로 트레킹 루트가 더 연장될 수 있다. 카트만두에서 육로로 접근하는 지역이므로 휴대용 텐트와 스토브 및 가스 등을 준비해 캠핑을 한다면 매우 좋은 코스이다.

하산에 5시간 정도는 걸린다. 텐트 등 캠핑 준비가 없다면 랑시샤 카르카 이상 더 진행하지 않고, 오후 1시 이전 하산한다.

✔ 인심도 그냥 그렇고, 문화적인 면에서도 안나푸르나나 쿰부 히말에 비해 더 인상적이지 않은데, 랑탕을 안내하며 트레킹하는 이유는 랑시샤 카르카로 가는 긴 길이다. 사람들이 트레킹을 많이하는 코스는 아니지만 그렇다. 야크와 말이 많이 방목되는 카르카(목장길)는 사람과 짐승의 길이 계속 교차한다. 대개 길이 망가져 있고 길 찾기도 어렵다. 돌탑(케른)에 의지해 길을 간다. 중요한 몇 곳 - 체르코 리로 오르는 동쪽 길과 얄라 피크로 오르는 길 그리고 눔탕 뷰 포인트와 랑시샤 카르카의 언덕과 카르카의 캠프는 돌탑과 룽다, 타르쵸가 반드시 있다. 항상 그것을 기점으로 해서 산행한다. 특히 길을 잃었을 경우, 룽다가 있으면 근처에 사람 사는 마을이 있다는 사실이라는 점을 잘 생각하고 걷는다.

✔ 길이 길다. 너무 서두르지 말고 그냥 꾸준히 걸어야 한다. 길은 순탄하다.

✔ 고도가 올라가면 사물이 굉장히 가깝게 보인다. 랑시샤 리를 내내 보면서 진행한다. 그러나 보이는 것보다 가깝지 않다. 속도를 올리거나 다 온 걸로 생각하고 푹 쉬면서 안심하면 안 된다.

✔ 간자 라 패스(Ganja la pass, 5200m) 캉진 마을에서 오른쪽으로 올라 브랑첸 카르카(4760m)를 지나 하이캠프를 넘어 간자 라(5200m)를 지나 헬람부로 가는 도전적인 어드밴처 코스다. 캠핑을 해야 하고 포터를 여러 명 고용해야 한다. 길이 역시 거칠다.

▲ **캉진마을**(Kanjin, 3830m) – **자탕**(Jatang)

오전 5시, 뻔한 길이 보이는 캉진 리와 랑탕 리룽을 뒤로 하고 길을 떠난다. 가이드, 포터 등이 정시에 일어나지 않았어도 롯지 주인에게만 말하고 정시에 떠난다. 야크와 말들이 가득한 넓은 풀밭을 걷는다. 길은 항상 체르코 리 아래 왼쪽으로 붙어서 간다. 이정표는 없다.

둥근 돌들이 가득한 자갈밭 사이로 랑탕 콜라의 개울가 사이를 자주 건넌다. 랑탕이 감춰둔 비경은 이제 시작이다. 양측에 바짝 늘어선 산들과 정면의 랑시샤 리, 저 뒷면에 아주 살짝만 스쳐 보이는 시샤팡마를 보면서 걷는다. 30분 소요.

랑탕 계곡의 자갈밭 길을 벗어나 걷는다. 의외로 체르코 리가 넓고 벙벙해서 쉽게 지나쳐지지 않는다. 슬슬 길이 험해진다. 체르코 리로 오르는 동쪽 길을 만난다. 큰 돌이 하나 툭 튀어 나오며 이후 길이 평탄해진다. 거기가 자탕(Jatang)이다. 자탕에서 보는 강첸포(Gangchenpo), 랑시샤 리가 멋지다. 간식하고 조금 쉰다. 약 2시간 소요.

▲ **자탕**(Jatang) – **눔탕 뷰 포인트**(Numthang view-point, 3940m)

왼쪽 얄라 피크(5500m)로 오르는 가파른 언덕길 오른쪽이 눔탕이다. 눔탕은 랑시샤 리의 대표적 전망대다. 근처의 멋진 빙하와 산들을 잘 볼수 있 다. 돌탑과 오색 깃발이 휘날리는 이곳에서 뭔가 만족감을 느끼거나 불안감을 느낀다. 눔탕에서 더 오르기 싫은 가이드와 트레커들의 마음이 이 해가 간다. 많은 트레커가 대부분 여기에서 돌아 간다. 트레커가 강한 의지를 가지고 있어도 저 앞 에 보이는 것은 웬지 힘들어 보이는 검은 언덕이 다. 여기쯤에서 가이드들이 시간이 부족하다거나 힘들다는 이유를 대며 돌아갈 것을 회유하는 경 우가 많다. 그냥 가자. 1시간 소요.

▲ 눔탕 뷰 포인트(Numthang viewpoint, 3940m) — 랑시샤 카르카(Langshisa Kharka, 4160m)

정면 왼쪽의 오르기 힘들어 보이는 검은 모레인 언덕을 오른다. 사람들이 많이 오르지 않아 길이 희미하고, 야크들이 많이 다녀 길이 혼잡하다. 케 른으로 표시된 지점으로 오른다. 밑에서 보면 언 덕길이 굉장히 가파를것 같지만 의외로 허무하게 쉽게 끝난다.
언덕을 오른 후 이제는 강으로 내려간다. 강가 에 위치한 야크 방목장과 틸만 패스가 만나며 돌탑과 룽다. 타르쵸가 가득한 랑시샤 카르카 (Langshisa Kharka, 4160m)에 도착한다. 랑시샤 리가 끝까지 보인다. 1.5시간 소요. 합 상행 5–6 시간.

▲ 하산: 랑시샤 카르카(Langshisa Kharka, 4160m) — 캉진마을(Kanjin Gompa, 3830m)

랑시샤 카르카에서 충분히 더 올라갈 수 있고, 풍경도 좋다. 캠핑 준비가 없다면 아쉽지만 오후 1시전 하산을 시작한다. 강을 건넌 뒤 언덕을 올 라 눔탕을 지나 다시 한번 지나온 길을 돌아보고 작별을 고한다. 자탕을 지나 캉진 마을로 돌아간 다.
길이 순탄하나 조금씩 쉬어서 간다. 오후 2시 이 후 하산이 시작되는 경우 미리 랜턴과 헤드랜턴 을 각자 준비한다. 방풍, 보온 준비도 해 둔다. 해 가 지기 시작하면 바람도 불고 춥다. 하산은 오후 5시 전에 완료한다.
하산 약 4–5시간 소요.

⊘ 이정표
네팔에서 이정표가 아쉬울 때가 많다. 산행 에서 이정표는 간과되지만 굉장히 중요한 부분이다. 네팔 히말라야는 전체적으로 이 정표가 많지 않아서 길을 잃고 조난사고가 나는 경우가 많다.

⊘ 모리모토 피크 BC (Mt. Morimoto Base camp, 4600m)
대개 랑시샤 카르카에서 종료하고 하산 을 시작한다. 그러나 텐트가 있으면 랑시 샤 카르카에서 평탄한 길로 3시간 정도 더 올라가 맑은 강가에 위치한 모리모토 BC(Morimoto Base camp, 4600m)에 도착한 다. 하루 캠핑하기 매우 좋은 코스다. 캠프 근처에 야크가 많다.

⊘ 랑시샤 카르카
랑은 야크. 시샤는 죽은 곳. 카르카는 방목 장을 말한다.
이 지역과 근처 티벳지역의 삶이 모두 야크 에 의존해 있음을 알 수 있다.

⊘ 랑시샤 카르카는 랑시샤 리(6427m) 바 로 밑으로 랑탕 빙하와 랑시샤 빙하가 합쳐 지는 곳이다. 랑시샤 카르카에서 오른쪽으 로 틀면 어드벤처 코스인 틸만 패스(5320m) 를 거쳐 헬람부로 가는 위험한 코스다. 당 연히 캠핑이 필요하고 길도 험하다.

캉진마을 (Kanjin Gompa, 3830m)	A : 캉진 리 5-6시간
A : 캉진 리 (Kangjin Ri, 4650m) B : 체르코 리 (Tserko Ri, 4984m)	B : 체르코 리 10-11시간
A.B: 캉진마을 (Kangjin Gompa, 3830m) A : 랑탕 (Langtang, 3430m)	A : 5-6시간 소요 B : 캉진마을 숙박
A : 고다 타벨라 (ghoda tabela, 3030m)	
A: 캉진 리 왕복 10-12시간 B: 체르코 리 왕복 11-12시간	

✅ 캉진 리(Kangjin Ri, 4650m) / 체르코 리
(4984m) 중 한 곳을 선택하여 다녀온다. 높
이는 다르지만 조망은 특별히 달라지는 것
은 없다. 다만 성취감이 다르다. 자기 취향
과 컨디션에 따라 오른다.

아이러니한 것은 에베레스트 BC나 칼라파
타르에 오르기 위한 마지막 마을인 고락셉
(Gorak Shep, 5140m)이나 그 아래 마을인
로부체(Lobuche, 4910m)의 순탄함을 생각
하면 난이도나 고도의 압박 자체는 강하지

않다. 그런데 랑시샤 카르카를 다녀오지 않
고, 캉진 리나 체르코 리를 먼저 실시하는
경우 올라가지도 못하고 하산하거나 그냥
앓아 눕는 경우가 많다.

✅ 캉진 리가 2개다. 로워는 4300m. 어퍼
는 4650m다. 캉진 리는 느린 걸음으로 왕
복 5km. 5-6시간. 체르코 리는 11km. 왕복
11-12시간이 소요된다. 둘 다 360도 조망이
가능하다. 체르코 리의 조망이 확실히 조금
더 낫다.

▲ A. 캉진마을(Kanjin Gompa, 3830m) – 캉진 리
(Kangjin Ri, 4650m) 왕복

저녁에 상행 시간을 가이드와 정한다. 아침에 일
어나 좀 추워도 간식을 준비해 시작한다. 가이드
가 안 일어나고 버텨도 그냥 올라간다. 희한하게
도 랑탕에만 오면 가이드들이 게으름을 부리는
이유는 미스테리다. 그냥 놔두고 떠나 마을 뒤 언
덕으로 한참 올라가고 있으면 급히 따라온다.

길은 간단하다. 저 멀리 해가 밝아오는 랑탕 리룽
의 하얀 얼굴을 보면서 끝도 안 보이는 급한 경
사를 따라 지그재그로 오르고 또 오르면 다음
오르막이 또 나온다. 오르다 돌아보면 마을이 성

냥갑만하다. 멀리서 펄럭거리는 오색 깃발들과 돌탑은 우리의 마음을 설레게 한다.

먼저 로워 캉진 리(4300m)에 도달한다. Lower Kanjin ri 4400m라는 표지판에서 기념촬영을 하고 그 능선을 타고 다시 오른다. 룽다와 타르쵸가 나부끼는 캉진 리(Kangjin Ri, 4650m)에 도착한다. 캉진 리에 오르면 앞뒤, 좌우가 모두 탁 트여 모든 산들이 잘 보인다. 바로 앞의 체르코 리, 랑시샤 리, 더 멀리 시샤팡마도 보인다. 캉진 리 3-4시간 소요.

▲ **하산:** 올라오는 길이 계속 오르막이었던 만큼 하산은 빠르고 가파르게 진행된다. 다리가 풀리는 경우가 많으니 쉬엄쉬엄 내려간다. 1.5-2시간 소요.

> ✅ 캉진 리 올라가는 길에 가이드가 전혀 안 따라 올라오는 경우, 내려가자마자 롯지 주인인 사우지나 사우니의 입회하에 감정 낭비 없이 바로 해고한다. 사람은 롯지 주인이나 여행사를 통해 바로 구할 수 있다. 특히 고사인쿤드 등으로 라운딩 길을 잡아 더 가야 하는 경우는 길게 끌 필요없다. 이런 곳에서 하는 태업에 따른 해고의 경우는 산속에서 아무도 이의를 달지 않는다.

▲ **A: 캉진마을**(Kanjin Gompa, 3830m) **- 랑탕**(Langtang, 3430m) **- 탕시삽**(Thangshysap, 3200m) **- 고다 타벨라**(ghoda tabela, 3030m)

캉진 마을에서 점심식사 후 계속 내리막이다. 랑탕 마을에 금방 도달한다. 2.5시간 소요. 랑탕 마을에서 탕시삽에 도착한다. 1.5시간 소요.

탕시삽은 동네 인심이나 시설이나 추천하지 않는다. 고다 타벨라(ghoda tabela, 3030m)로 더 내려가 숙박한다. 1시간 소요.
캉진마을 이후 하산 5-6시간 소요.

▲ **B: 캉진마을**(Kanjin Gompa, 3830m) **- 체르코 리**(Tserko Ri, 4984m) **왕복 11-12시간 소요.**

약 1185미터. 11km. 11-12시간 소요.
체르코 리는 독수리 언덕이라는 뜻이다. 근처에 까마귀와 독수리들이 많이 날아다닌다. 통상 캉진 마을 뒤 서쪽으로 오른다.

새벽 4시에 출발한다. 입맛은 없겠지만 뭐라도 먹어둬야 한다. 마늘스프와 무엇이든 먹히는 것으로 먹자. 새벽에 춥고 바람이 강하다. 방풍, 방온하고 뜨거운 물과 초콜릿 등 간식, 아침, 점심 도시락. 여벌의 장갑과 핫팩, 헤드랜턴을 준비한다. 장갑에 핫팩을 넣어 보온하고 등에도 핫팩을 붙인다. 늦가을, 겨울엔 눈이 많이 온다. 아이젠, 스패츠도 준비한다.
포터가 가끔 트레커에게 필요한 물품을 넣은 작은 배낭도 지고 간다. 몸은 덜 무겁다. 그러나 생각과 달리 제때 필요한 물건을 쓸 수가 없어 더 힘들어진다. 작은 배낭과 물은 항상 본인이 가지고 가는 것이 좋다.

계속 오르면 체르코 리 가는 길로 갈라진다. 산길을 굽이굽이 더 오른다. 능선을 타고 오르막을 계속 오르다보면 풍경은 더 아름답다. 계속 가다보면 중간에 4868m 표지석을 만난다. 닿을 듯 쉽게 닿지 못하는 정상도 120m만 가면 곧 나온다. 눈이 없으면 그냥 오르고 눈이 많으면 체르코 리는 위험하다. 고정로프도 설치하고 아이젠도 착용한다.
체르코 리 정상은 4984m. 정상에 큰 돌탑이 쌓

여 있다. 평소 걸음이 빠른 사람도 오르는데 4-5
시간은 걸린다.
상행 7-8시간 소요.

✅ 정상 부근에 눈이 많은 경우 주의하여
진행한다. 폭설로 체르코 리 산행 자체가
안되는 경우도 있다. 오후 1시가 넘으면 안
개가 끼며 조망이 모두 사라지는 경우도 많
다. 12시전 정상에 도달하도록 노력한다.

▲ 하산 – 캉진마을

올라올 때에 비하면 수월하니 풍경을 보면서 천
천히 내려온다. 내일 하산길도 제법 길다. 캉진마
을 도착 후 저녁식사하고 일찍 잠자리에 든다.
4-5 시간 소요.

✅ 캉진마을 헬기 하산. 25분 소요.
헬기는 보통 조종사를 제외한 승객 5명과
개인 카고백을 포함해 탑승가능하다.
동네 공터에 착륙하여 짐과 승객을 싣고 바
로 이륙한다. 랑탕-카트만두 헬기는 주변
환경이 덜 험악한 관계로 에베레스트, 안나
푸르나 왕복 헬기들보다 안전한 편이다.
A: 캉진 리만 오르는 경우 당일 점심 경 바
로 카트만두로 하산.
B: 체르코 리를 오른 경우, 다음 날 아침
카트만두로 하산.

헬기 요금은 5인 탑승시 1인당 600-700 달
러 정도를 생각하면 된다.
여행사와 미리 상의해 예약하거나 혹은 롯
지 주인에게 부탁하면 된다.
승객을 싣고 오거나 정기적으로 밀가루, 쌀
등 생필품을 싣고 올라오는 헬기 편에 타

게 된다. 3-4일 트레킹하는 비용과 지프 타
고 10시간 정도 가는 비용을 생각하면 헬기
하산도 나쁘지 않은 계획이 될 수 있다.
헬기 탑승 순서는 고산병 등 질병 여부, 나
이, 남녀를 고려하여 순번을 정해 탑승하면
된다. 상당히 편리하지만 몇 십분만에 도심
에 도착하면 조금 허망한 느낌도 든다.

8일차

A : 고다 타벨라 (ghoda tabela, 3030m)	약 5시간 소요
A : 라마호텔 (2,410m)	
A : 뱀부 (Bamboo, 1970m) 빠이유 (PAIYU, 1700m)	
B : 캉진마을 (Kanjin Gompa, 3830m)	9-10시간 소요
B : 랑탕 (Langtang, 3430m)	
B : 고다 타벨라 (ghoda tabela, 3030m) 라마호텔 (2,410m) 뱀부 (Bamboo, 1970m) 빠이유 (PAIYU, 1700m)	
	트레킹 A: 약 5시간 소요 B: 9-10시간 소요.

▲ A: **고다 타벨라**(ghoda tabela, 3030m) – **라마
호텔**(2,410m) – **뱀부**(Bamboo, 1970m) – **빠이유**
(PAIYU, 1700m)

하산하기 시작하면 꾸준히 내리막이다. 고다 타
벨라를 지나 림체에서 산허리 길을 타고 샤브루
베시로 빨리 나갈 수도 있다. 조금 아쉬우니 온천
에 들렀다가 가는 것도 좋은 선택이다.

라마호텔에서 간단히 차 한잔하고 쉰다. 뱀부

를 거쳐 고사인쿤드 코스의 툴로 샤부르(Thulo syabru, 2300m)의 분기점인 빠이유(PAIYU 1700m)까지 간다. 빠이유 나마스테 게스트하우스 아래 계곡의 온천이 매우 좋다. 점심 후에 창 0 나 안주를 많이 준비해서 온천하며 쉬다가 다음 날 아침 일찍 하산하는 것도 좋다. 약 4~5시간 소요.

》》》 급하게 하산하는 경우, 샤부르베시로 하산. 야간 지프 전세로 카트만두로 간다.

▲ B : 캉진마을(Kanjin Gompa, 3830m) – 랑탕 (Langtang, 3430m) – 탕시샵(Thangshysap, 3200m) – 고다 타벨라(ghoda tabela, 3030m) – 빠이유

약 24km다. 캉진 마을에서 내리막으로 랑탕 마을에 금방 도달한다.
2시간 소요. 랑탕 마을에서 탕시샵을 지나 고다 타벨라(ghoda tabela, 3030m)에 도착한다. 2.5시간 소요. 대평원의 롯지에서 점심을 먹는다.

▲ B : 고다 타벨라(ghoda tabela, 3030m) – 라마 호텔(2,410m) – 뱀부(Bamboo, 1970m) – 빠이유 (PAIYU, 1700m)

오후 시간 라마 호텔 이후로도 끝없는 내리막 길이다. 뱀부를 거쳐 고사인쿤드 코스의 툴로 샤부르(Thulo syabru, 2300m) 의 분기점인 빠이유 (PAIYU 1700m)까지 간다. 빠이유에서 1박한다. 약 4~5시간 소요. B: 합 9~10시간 소요.

9일차

빠이유 (PAIYU 1700m)	트레킹 1.5시간
샤부르베시 (1,460m)	
카트만두	버스 10~11시간, 지프 8~9시간
트레킹 1.5시간 / 버스 10~11시간 / 지프 8~9시간	

아침에 일찍 일어나 포터를 새벽 5시경 샤부르베시 버스/지프 정거장(스테이션)에 먼저 보내 버스나 지프표를 예매하도록 한다. 차 한잔 정도만 간단히 하고 샤부르베시로 걸어가 카트만두행 버스나 지프를 탄다. 체크포인트에서 아웃 신고하고 가면 된다.
대개 차가 덜 막히는 카트만두 외곽 파슈파트나트 앞에서 내려준다. 거기서 택시를 타고 타멜로 가면 된다. 1대당 300~400루피이다.

> ✓ 빠이유(PAIYU, 1700m)로 내려서자 마자 왼쪽으로 노란 콘크리트 지도가 있는 오르막이 나온다. 그 길로 올라서면 고사인쿤드 지역으로 가는 툴로 샤부르(Thulo syabru, 2300m)다.

새벽 6시, 7시에 출발한다. 일행이 1–2명 정도면 버스를 타고, 일행이 5–6명 정도면 지프를 전세내는 것도 좋은 선택이다. 지프는 랑탕에서 중국 기롱 국경까지 30분 정도 운행 한 뒤 빈차로 내려 오는 차를 연락해 내려오게 하면 된다. 이 지역은 카트만두로 돌아가고 싶은 차는 많고 손님은 적어 가격 협상이 충분히 가능하다. 목표 가격을 10000루피로 정하고 협상을 하면 하면 15000에서 8000까지 가격이 오간다. 8000–9000루피 정도까지 가격이 떨어지고 타멜 등 숙소까지 정확히 운행한 경우 10000 루피의 차액을 팁으로 주면 만족스럽다.

시 색색가지로 적어 긴 장대에 매단 타르초(경문기, 經文旗, Darchor)를 볼수 있다. 대개 생긴 것을 생각하여 룽다와 타르초를 반대로 아는 경우가 많다.

마니석(Mani Stone, 嘛呢石) :
마니(嘛呢)는 티벳어다. 옴마니반메훔의 6글자를 줄여 마니로 표기하고 석(石)은 돌을 뜻하는 한자에서 가져온 말이다. 티벳어와 중국어가 합쳐진 단어로 본다.
네팔의 마을을 다니다 보면 길 한가운데 혹은 언덕 위에 티벳불교의 경전이나 기도문을 편평하고 넓적한 돌에 새긴 조각들이 기와처럼 수백미터씩 담처럼 쌓여 있다. 그런 것은 마니 월(wall)이라고도 한다.

룽다(풍마, 風馬 Lung ta)
티벳 불교가 우세한 지역에 위치한 네팔의 산들을 다니다 보면 마을 입구, 언덕, 정상, 기념할 만한 곳 등 많은 곳에 수평의 긴 줄에 경문을 적은 오색(청–백–적–녹–황)의 사각천이 운동회의 만국기처럼 바람에 휘날리는 것을 볼수 있다. 부처님의 말씀이 바람을 따라 세상에 널리 알려지기를 바라는 마음이다.
이것을 룽다(풍마, 風馬 Lung ta) 즉 바람 속을 뛰어다니는 말. 이라고 한다. 동아시아 및 중앙아시아의 샤머니즘 전통에서 룽다는 인간의 영혼을 상징한다. 불교와는 상관이 없었으나 오랜기간 동안 불교와 융합되어 탄생했다. 티벳 불교에서는 방향을 상징하는 네가지 동물 중 하나다. 건강, 행운을 상징하는 동물이기도 하다. 또한 불교 경문을 적은 깃발을 말하기도 한다.

타르초(경문기, 經文旗, Darchor)
룽다 있는 곳에는 반드시 부처님의 말씀을 역

랑탕 2. 고사인쿤다 호수(Gosaikunda, 4380m), 라우레비나 패스(Lauribinsa Pass, 4610m)

일정: 6박 7일
최고 고도: 고사인쿤다 호수(Gosaikunda, 4380m), 라우레비나 패스(Lauribina Pass, 4610m)
난이도: ★★★   **편리성:** ★★★
풍경: ★★★★   **이용도:** ★★★★

성수기: 4월말–5월 중순. 10월 초–11월 중순.

랑탕 2. 고사인쿤다 일정소개

고사인쿤다 트레킹(Gosainkunda Trek)은 가네쉬 히말라야 산군(Ganesh Himalaya Range), 안나푸르나 산군(Annapurna Range,) 마차푸차레(Machhapuchhre), 도르제락파 피크(Dreje Lakpa Peak), 수르야(Surya), 쵸바 바마레(Choba Bhamare), 가우리샹카르(Gaurishankar)등 셀수 없이 많은 산들의 장엄한 풍경을 고도에 맞춰 보여준다.

트레킹 중에 방문하는 고사인쿤다 호수(Gosai-kunda, 4380m), 라우레비나 패스(Lauribina Pass, 4610m)는 랑탕을 방문하는 중요한 이유 중 하나다. 에메랄드 빛으로 빛나는 호수와 보석처럼 찬란한 설산들의 아름다운 풍광을 가지고 있으며 힌두의 설화 중 가장 중요한 시바 신의 이야기가 있는 곳 중 하나다. 힌두교도들과 티벳 불교도들은 시바 신의 힘과 희생을 찬양하며 전생의 죄업을 씻기 위해 이곳을 방문한다. 일반적인 트레커들은 샤부르베시를 지나 툴로 샤부르(Thulo syabru, 2300m)를 통해 능선을 타고 오른다. 먼저 가네쉬 히말(Ganesh Himal, 7110m), 랑탕 산군이 보인다. 고도를 높여 라우레비나부터는 안나푸르나 및 랑탕의 산군들을 감상할 수 있다. 고사인 쿤다로 가는 절벽면을 타며 이른바 108개의 크고 작은 호수를 만난다. 이곳의 호수들은 매년 10월부터 6월 사이에는 얼어 있다. 길에서 3번째로 만나는 가장 큰 호수가 고사인쿤다 호수다. 이 호수의 물이 카트만두를 지나가는 트리슐리 강을 형성한다.

고사인쿤다 호수에서 바로 앞의 언덕에 올라 수르야쿤다(Surya Kunda)등의 호수를 지나면 라우레비나 패스(Lauribina Pass, 4610m)다. 여기서 랑탕의 산군은 물론 티벳 측 시샤팡마 등 장대한 산들과 만날 수 있다. 고사인쿤다로 돌아와 1박한 후에 만병초와 소나무나 대나무들과 우거진 길을 걸어 하산해 카트만두로 돌아간다.

> **◎ 네팔 – 티벳 트레킹**
>
> 티벳 측의 시샤팡마, 에베레스트, 로체, 초오유, 마칼루 BC 등을 트레킹하는 경우, 먼저 티벳 특별 입경 허가와 여행사의 서류를 카트만두에서 준비하게 한다. 바로 고도가 5천 이상으로 상승하는 동안 고산 적응이 필요하다. 티벳 입경 서류가 준비되는동안 랑탕에서 산을 타며 고산적응을 한다. 랑탕입구 샤부르베시에서 서류를 받아 30분 정도 차로 이동. 바로 육로로 중국 이민

국을 넘으면 된다. 길룽에 도착한 후, 고도가 바로 올라간다. 대초원 지역의 고도는 5천 미터에 근처로 내내 유지된다. 중국쪽 트레킹은 걷는 것이 어렵고 대개 차로 이동하게 되므로 하이킹도 되지 않는 최저 난이도로 여행이 가능하다. 자세한 사항은 『평범한 사람들의 히말라야2』를 참조 바란다.

✅ 입산서류: 랑탕 국립공원 입산료.

랑탕은 유일한 네팔 – 중국의 무역도로가 연결되어 있다. 밀수 및 순례자들에 대한 보호로 도로와 산속에서 경찰 검문이 심한 편이다. 둔체 체크포인트에서 국립공원 입산료를 낸다. 3000루피. 여권은 복사본으로 대체해 제시해도 된다. 트레킹 중에는 여권 복사본을 가이드나 포터에게 주고 처리하게 한다.

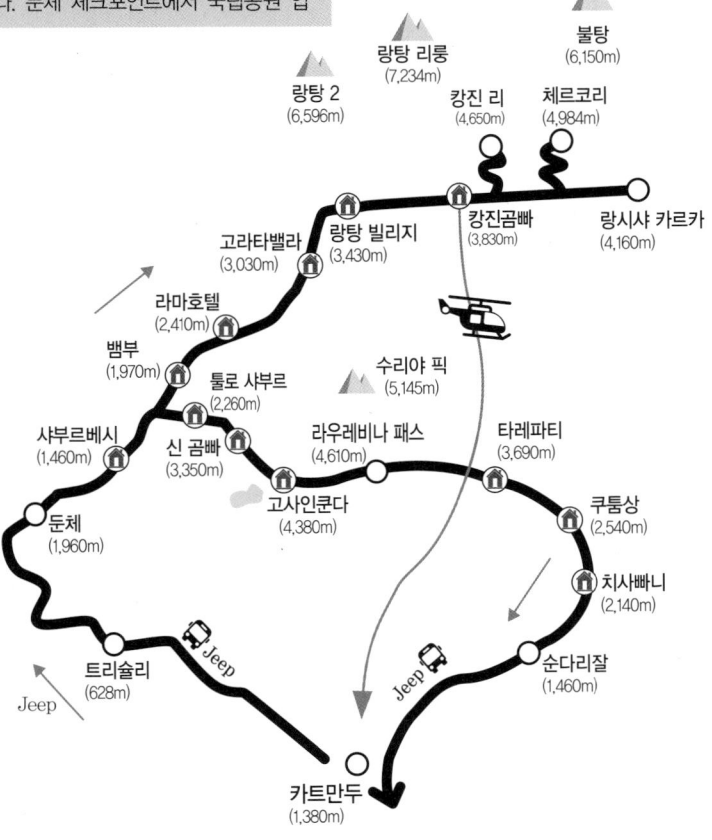

랑탕 2. 고사인쿤다 호수(Gosaikunda, 4380m), 라우레비나 패스(4610m) 일정표

일	구 간	시 간
1	카트만두(1380m) – 둔체(Dhunche, 2000m) – 샤부르베시(syabrubesi, 1460m)	약 120km. 지프/버스 8–10시간 소요.
2	샤부르베시(syabrubesi, 1460m) – 빠이유(PAIYU, 1700m) – 툴로 샤부르(Thulo syabru, 2300m)	트레킹 4–5시간
3	툴로 샤부르(Thulo syabru, 2300m) – 무 카르카 (Mu-kharka, 2950m) – 촐랑파티(Cholangpati, 3400m)	트레킹 5–6시간
4	촐랑파티(Cholangpati, 3400m) –	고소적응
5	촐랑파티(Cholangpati, 3400m) – 라우레비나 (Lauribina, 3920m) – 고사인쿤다 (Gosaikunda, 4380m) – 라우레비나 패스(Lauribina Pass, 4610m) – 고사인쿤다 (Gosaikunda, 4380m)	트레킹 7–8시간
6	고사인쿤다 (Gosaikunda, 4380m) – 라우레비나 (Lauribina, 3920m) – 촐랑파티(Cholangpati, 3400m) – A: 툴로 샤부르(Thulo syabru, 2300m), B: 신 곰빠(3350m)	A : 6–7시간 소요 B : 5–6시간 소요
7	A: 툴로 샤부르(Thulo syabru, 2300m) – 샤부르베시(syabrubesi, 1460m) – 카트만두(1,380m) B: 신 곰빠(3,350m) – 둔체(Dhunche, 2000m) – 카트만두(1380m)	A : 트레킹 1.5시간. 　지프/버스 8–10시간 B : 트레킹 3시간. 　지프/버스 6–7시간

랑탕 2. 고사인 쿤다 호수(Gosaikunda, 4380m), 라우레비나 패스(4610m) 세부일정

1일차

카트만두 (1380m)	
둔체 (Dhunche, 2000m)	8-10시간 소요
샤부르베시 (syabrubesi, 1460m)	
지프/버스 8-10시간 소요	

랑탕 1 참조.

타멜-샤부르베시 버스터미널(마차포카리)에서 버스 탑승.
카트만두-트리슐리-둔체-샤부르베시(syabrubesi, 1460m)
약 120km. 지프/버스 8-10시간 소요.

2일차

샤부르베시 (syabrubesi, 1460m)	
빠이유 (PAIYU, 1700m)	1.5-2시간 소요.
툴로 샤부르 (Thulo syabru, 2300m)	2시간 소요.
트레킹 A: 4-5시간 / B: 3시간	

A : 근육을 천천히 훈련시키고 고도에 적응하기

위해 아침에 느긋하게 일어나 샤부르베시에서 순탄한 길로 천천히 빠이유(PAIYU, 1700m)로 간다. 강가에 위치한 빠이유(PAIYU, 1700m) 마을 도착 약 10분 전에 오른쪽의 노란 이정표를 만난다. 1.5-2시간 소요.

> ⊘ B코스는 샤부르베시에서 오토바이 등이 다니는 오른쪽 비포장 도로를 따라 급격한 오르막길이다. 2300미터의 저지대 구간도 급격하게 고도를 올리면 몸이 부담을 느낀다. 트레킹 시간이 길지 않으니 몸을 초반부터 힘들게 하지 않는다. 하산길로 이 길을 이용하고 입산길은 빠이유를 지나 툴로 샤부르로 간다.

노란 이정표를 따라 좁은 언덕길로 오르면 고도가 올라가면서 설산들이 나오면서 경치도 서서히 히말라야 다워진다. 정자나무 분위기의 큰 나무가 하나 나오고, 작은 간이 찻집이 있다. 1시간 소요. 조금 오르막으로 강의 상류로 올라간 뒤 좁아진 협곡의 아주 긴 현수교를 건넌다. 다리는 제법 높은데 난간이 매우 낮다. 매일 수백마리의 양과 염소와 소들이 지나가며 바닥은 많이 부서져 있다. U턴해서 마을로 간다.

동네의 논과 밭 사이로 오르막이 계속된다. 툴로 샤부르로 직접 가는 길과 고사인쿤드로 올라가는 갈림길이 있다.

툴로 샤부르는 본래 따망족의 집성촌이다. 대지진으로 마을 전체의 롯지들과 집들이 완전 파손되었다. 마을 뒤 오래된 사원이 있었던 곳은 큰 종 등 아까운 전통 건축물의 잔해들이 가득하다. 쿠너진 사원터에서 보는 풍경도 매우 좋다.

툴로 샤부르 마을과 둔체 쪽으로 도로가 개설되기 시작해 한참 진행됐다. 동네 주민들은 산악 오토바이를 많이 사용한다. 동네 맨 위, 새로 지어진 롯지들이 시설도 좋고 깨끗하다. 뜨거운 물샤워, 와이파이 이용, 무료충전이 가능하다. 남룽 게스트하우스로 간다. 이곳은 어지간한 카트만두의 중간급 숙소보다 낫다.

근처에 치즈 공장이 많았던 곳이다. 특이하게 메뉴에 치즈 모모도 있다. 게스트하우스나 동네에서 보는 가네쉬 히말(Ganesh Himal, 7110m)과 랑탕이 멋지다. 1시간 소요.

B : 샤부르베시 – 툴로 샤부르(Thulo syabru, 2300m)

샤부르베시에서 출발해서 건설 중인 오른쪽 도로를 따라 걷는다. 덜 완성된 도로와 가파른 오르막을 올라 툴로 샤부르 측 능선 오른쪽 아래에 바로 붙어 마을 뒤로 올라간다. 무너진 사원 뒤쪽으로 길이 연결된다. 약 3시간 소요.

추천숙소 : 남룽 게스트하우스.

3일차

툴로 샤부르 (Thulo syabru, 2300m)		3–4시간 소요
무 카르카 (Mu-kharka, 2950m)		
촐랑파티 (Cholangpati, 3400m)		1.5–2시간 소요.
트레킹 5–6시간		

아침에 숙소 베란다에서 보면 오늘 올라갈 라우레비나(Lauribina, 3920m)가 잘 보인다. 무 카르카까지는 완만해서 걷기가 편안하다. 촐랑파티로 고도를 바싹 올리고, 그곳에서 고소적응 시간을 가진다.

▲ 툴로 샤부르(Thulo syabru, 2300m) – 무 카르카
(Mu-kharka, 2950m)

촐랑파티로 가는 새로운 길이 열려있다. 마을 어귀의 도로 옆으로 촐랑파티와 신 곰빠의 갈림길 표시가 되어 있다. 무 카르카를 지나 촐랑파티로 오른다. 신 곰빠, 찬단바리로 길을 돌려 갈 필요가 없다.

무 카르카로 가는 길에 군부대가 하나 있다. 새길은 소나무 숲과 다락논과 남의 집 담을 넘어간다. 오르막이 완만하다.

가는 나무를 꼽아 양측으로 자기 땅의 경계를 표시하고 트레커는 그 사이로 지나간다. 담을 넘어 무 카르카 맨 끝에 있는 과수원의 큼직한 집에서 점심을 먹는다. 3-4시간 소요.

▲ 무 카르카(Mu-kharka 2950m) – 촐랑파티
(Cholangpati, 3400m)

곧 룽다가 휘날리고 산이란게 늘 그렇듯이 만병

초가 가득한 길로 급격한 오르막이 시작된다. 힘들게 산을 끝까지 오르면 능선에 산장 건물이 보인다. 촐랑파티(Cholangpati, 3400m)다. 롯지가 2개 있다. 툴로 샤부르 이후로는 시설들이 기본 이하로 모두 좋지 않다. 좋은 풍경으로 위안을 삼자. 1.5 – 2시간 소요.

> ✓ 고도 4380미터의 고사인쿤다 호수에 가면서 고도적응 기간을 빼는 사람들이 많다. 그리고 단 1-2일 때문에 많은 이들이 고산병으로 아프고 힘들어서 실패한다. 반드시 1일 이상 쉬어간다.

4일차

촐랑파티 (Cholangpati, 3400m)	고소휴식

> ✓ 촐랑파티에서 고소적응 휴식을 한다. 라우레비나 쪽으로도 약간만 올리면 앞이 트이면서 매우 멋진 풍경을 선물해 준다. 상행으로는 걸어서 10분 이상 올리지 않는다.

신곰빠 쪽으로 좀 내려도 가본다.

5일차

촐랑파티 (Cholangpati, 3400m)	왕복 10-11시간
라우레비나 (Lauribina, 3920m)	
고사인쿤다 (Gosaikunda, 4380m)	2.5-3시간
라우레비나패스 (4610m)	1.5 시간
고사인쿤다 (Gosaikunda, 4380m)	1시간
	트레킹 7-8시간

▲ 촐랑파티(Cholangpati, 3400m) – 라우레비나
(Lauribina, 3920m)

7시경 하루를 시작한다. 경사가 꽤 있는 오르막으로 능선을 타고 라우레비나로 간다. 능선에 서면 랑탕히말 외에도 카트만두 서쪽의 다울라기리, 마나슬루, 가네쉬 히말, 안나푸르나의 산군들이 나타난다. 길이 만만한 듯한데, 그렇지 않다.

거리를 두고 롯지가 2개 있다. 아래쪽보다 조금 더 위에 있는 롯지가 조망이 조금 낫다. 차를 마실거면 위쪽 롯지로 가자. 1.5시간 소요.

> ✅ 라우레비나(Lauribina, 3920m)는 레드팬더 등 희귀동물의 보호지역이다. 그러나 지역 자체가 휑해서 그런 희귀동물들이 나타나기에 좋지 않다. 또 레드팬더는 산양이나 블루 쉽 보다 더 조심성이 많아 멀리서도 보기 어렵다. 레드팬더는 마칼루 절벽 위에 있는 것을 딱 한번 봤다.

▲ 라우레비나(Lauribina, 3920m) – 고사인쿤다
(Gosaikunda, 4380m)

라우레비나 산장에서 30분 정도 가파른 언덕으로 오르게 되고 그 오르막이 끝나면 개울이 나온다. 이후 산 허리 길로 간다. 조금씩 고도를 올려 시바 신의 전설이 깃들어 있는 108 호수를 방문한다.

오른쪽은 절벽이다. 때로는 철조망이 있는 곳도 있지만 대체로 없다. 자연스럽게 왼쪽으로 딱 붙어서 간다. 실제로 500미터 정도를 올리는 길이다. 얕은 오르막의 작은 언덕길이 계속 나온다. 심심치 않게 오르고 내린다. 전체적으로 힘들지 않은 길이다. 뒤를 돌아보면 평평한 길로 보이는데 걷는 사람 앞에는 늘 오르막만 나타나는 것 같은 느낌을 주는 곳이다.

시바신과 가네쉬를 모신 고갯마루에 서면 양쪽의 벽마다 힌두의 신들이 조각된 벽과 오만 낙서가 가득하다. 이 지역 사람들은 신상을 만지며 축복을 바란다. 신상만 사람의 손길로 반짝이며 매끄럽다.

첫 번째 호수는 시라시와티쿤다 호수이고, 두 번째 호수 마이라브쿤다 호수이다. 롯지가 나타나고 롯지 옆을 지나면 갑자기 눈 앞에 큰 호수가 나타난다. 세번째 호수 고사인쿤다(Gosaikunda, 4380m)다.

성수기라면 방이 없거나 비싸다. 힌두교의 성지 순례기간인 8월의 달 축제엔 사람들이 넘쳐 롯지에도 방이 없고 텐트 칠 곳도 마땅치 않다. 성수기가 아니면 롯지는 보통 한 곳만 연다. 방값은 1000루피이다. 점심을 먹고 호수를 지나 라우레비나 패스 구경을 하고 온다. 2.5-3시간

▲ 고사인쿤다(Gosaikunda, 4380m) – 라우레비나 패스(4610m)

안나푸르나나 쿰부 히말에 비해 부족한게 많은 랑탕을 트레킹하는 이유와 답은 고사인쿤다 호수에 있다. 그리고 또 다른 답은 라우레비나 패스를 얻으며 얻게 된다.

점심 식사를 한 다음, 물 한 병과 간식 몇 가지를 들고 가볍게 오른다. 난이도가 그리 높지 않고 길도 정확하다. 오르면 오를수록 풍경이 계속 좋아져서 힘들지만 계속 오르게 된다. 대략 쿰부의 고쿄 리 오르는 것보다도 쉽다.

108 호수가 있다고 하는데 정말인가? 생각한다. 수르야쿤다 등 크고 작은 호수들이 계속 보인다. 언제 도착하려나 하며 걸으면 계속 호수이고, 또 길이다. 걷다가 꽤 큰 호수를 지나면 저 앞에 룽다가 휘날리고 돌탑이 보인다. 정상인 라우레비나라 패스(4610m)다. 1.5 시간 소요된다.

풍경이 훌륭하다. 그동안 봐오던 랑탕과 안나푸르나 등의 산군 외에 시샤팡마 등 티벳 측의 산군들이 마중 나와 있다. 성수기에는 작은 찻집이 문을 여는데, 겨울 등 비수기에는 아무도 없다. 바람도 매우 쎄서 오래 있지 못한다. 호수도 얼어 모두 얼음호수로 변한다.

▲ 라우레비나 패스(4610m) – 고사인쿤다(Gosaikunda, 4380m)

다행히 날씨가 좋으면 고사인쿤다 호수를 바라보며 서서히 하산한다. 롯지가 호수 옆이고, 호수가

있으면 풍경도 낭만이 있다. 밤에 밖에 나와보면 호수 위로 뜨는 달과 수많은 별이 아름답다. 멀리 보이는 설산들도 묘한 분위기와 함께 아름답다. 랑탕계곡을 오르는 이유가 랑시샤 카르카라고 한다면, 고사인쿤다를 오르는 이유는 호수는 물론 라우레비나 패스에 있다. 랑탕 산군 최고의 박진감 넘치는 절경이 펼쳐진다. 다음 날 아침 일찍 길출을 보며 하산한다.

> ✅ 헬기 하산인 경우 고사인쿤드에서 점심 후 헬기 탑승하고 바로 카트만두로 간다.
> ✅ 겨울철에 라우레비나 패스를 넘는 경우 거친 내리막이 눈과 얼음으로 얼어 있다. 튼튼한 아이젠과 스틱을 반드시 준비한다.

힌두 신화와 고사인쿤다.

한때 세계 유일의 힌두교 왕국이었던 네팔은 신들의 나라라고 부른다. 힌두교 경전 바가바타 푸라나(Bhagavata Purana), 비슈누 푸라나(Vishnu Purana), 대서사시 라마야나(Ramayana), 마하바라타(Mahabharata) 등에 언급된 고사인쿤다 호수와 관련된 힌두의 신화는 매우 특이하게도 탁월한 수행자와 연결되어 있다.

어느 날 시바의 숭배자이자 고행자인 두루바사스가 하늘의 꽃으로 만든 꽃다발을 인드라 신에게 바쳤다. 그런데 인드라가 타고 있던 코끼리가 몸을 흔들었다. 꽃다발이 땅에 떨어졌고 코끼리는 꽃다발을 짓밟았다. 두루바사스는 자신의 공양을 무례하게 취급한 모든 신들이 힘을 잃기를 바란다는 저주를 퍼부었다.

이후 신들이 힘을 잃었다. 신들은 아수라(악마)들이 걸어오는 전쟁에서 이길 수가 없었다. 아무런 방법을 찾을 수 없다가 비슈누에게 한 가지 방법을 알아냈다. 바로 불사의 감로수인 암리타를 마셔 영원히 죽지 않는 신의 힘을 회복

하는 것이었다.

암리타는 우유의 바다를 휘저어 나오는 영약이었으나 신들의 힘만으로는 부족했다. 역시 힘을 잃은 악마들의 힘도 빌렸다. 거대한 산 만다라를 뽑아다 지지대로 삼고 커다란 거북이 등 위에 고정시켰다. 거대한 뱀인 바수키를 밧줄 삼아 신들과 악마들은 우유의 바다를 1,000년간 저었다.

맨 처음 나온 것은 전세계를 멸망시킬 수 있는 죽음의 독약이었다. 위기의 순간, 시바가 나타나 주저없이 그 독약을 삼켰다. 아무리 시바라도 그 독을 마시면 죽기 때문에 이후 독은 목구멍에 그대로 저장해 놓았다. 오늘날에도 시바의 목이 파랗게 물들어 있는 것은 그 때문이라고 전해진다.

하지만 시바는 온몸이 시퍼렇게 독으로 물들며 뜨거운 열기에 고통스러워했다. 삼지창(트리슐, Trishul)으로 근처의 높은 산을 여러 번 찍어 3번째 찍은 곳에서 많은 양의 물이 나왔다. 곧 그 물로 열기를 식혀 위기를 넘겼다.

그 3번째 찍은 곳이 고사인쿤다 호수라고 한다. 또 고사인쿤다 등 근처의 108개의 호수에서 발원하여 흐르는 강을 트리슐리 강이라고 한다.

캄보디아 앙코르와트의 맨 처음. 돌다리를 길게 장식하고 있는 신과 악마들이 두 줄로 서서 암리타를 정제하는 석상도 이 신화에서 유래한다. 앙코르와트 한 편에 사람들이 너무 많이 만져 반짝이는 요정 압살라도 이 신화에서 탄생했다.

● 자나이 푸르니마(Janai Purnima) 축제

네팔어 자나이(Janai)는 신성한 실. 푸르니마(Purnima)는 보름달을 뜻한다. 자나이 푸르니마를 시작으로 네팔의 축제 시즌도 공식적으로 시작된다. 네팔에서는 이 행사가 매년 8월 시작되지만 날짜는 매년 달라진다. 2024년은 8월 19일 월요일(네팔력 2081년)

이 축제기간에는 고사인쿤다를 방문하기 위해 네팔과 인도에서 매년 약 3만명의 사람들이 몰려 온다. 순례객들이 고사인쿤다에 못 가는 경우, 고사인쿤다와 물이 연결되었다고 전해지는 파탄의 쿰베슈와르 사원(Kumbheshwar temple complex)에서 참배를 한다.

고사인쿤다 (Gosaikunda, 4380m)	
라우레비나 (Lauribina, 3920m)	트레킹 2.5–3시간 소요.
촐랑파티 (Cholangpati, 3400m)	
A: 무 카르카 (Mu–kharka 2950m) 툴로 샤부르 (Thulo syabru, 2300m)	트레킹 3 – 4시간
	B: 신 곰빠(3350m)
	1.5시간
A: 6–7시간 소요 / B: 5–6시간 소요	

▲ A: **고사인쿤다**(Gosaikunda, 4380m) **– 툴로 샤부르**(Thulo syabru, 2300m)

고사인쿤다에서 절벽길을 지나 라우레비나로 가는 능선을 타고 간다. 촐랑파티에서 길이 급하게 무 카르카로 내간다. 과수원에서 점심 식사를 하고 느긋하게 마을길을 걸어 툴로 샤부르(Thulo syabru, 2300m)에 숙박한다. 샤부르베시에 충분히 갈수 있으나 샤뷰르베시 보다는 툴로 샤뷰르가 인심도 좋고 더 낫다. 다음 날 새벽에 일찍 떠나도 일정상 별 무리 없다. A: 6–7시간 소요

급하게 하산하는 경우, 샤부르베시로 하산. 야간 지프 전세로 카트만두로 갈 수 있다.

▲ B: **고사인쿤다**(Gosaikunda, 4380m) **– 촐랑파티**(Cholangpati, 3400m) **– 신 곰빠**(3350m)

라우레비나에서를 들려서 촐랑파티를 지나 능선을 내내 타고 신곰빠로 향한다. 오래된 만병초 군락과 소나무, 전나무 등 침엽수림이 빽빽한 길을

걷는다. 숲의 나무 냄새가 아주 좋은 길이다. 신 금빠(3350m)에 도착해 점심 먹고 편히 쉰다. 안 전한 고도에 도달했으니 편안하게 쉬면서 맛있는 것도 먹자. B: 5-6시간 소요

> 🏹 급하게 하산하는 경우, 둔체로 하산. 야간 지프 전세로 카트만두로 간다.

6일차

A : 툴로 샤부르 (Thulo syabru, 2300m)	트레킹 1.5시간
샤부르베시 (syabrubesi, 1460m)	
카트만두 (1380m)	지프/버스 8-10시간 소요
B : 신 곰빠 (3350m)	트레킹 3시간
둔체 (Dhunche, 2000m)	
카트만두 (1380m)	지프버스 6-7시간 소요
A : 트레킹 1.5시간. / 지프/버스 8-10시간 B : 트레킹 3시간. 지프/버스 6-7시간	

▲ A : 툴로 샤부르 - 샤부르베시(syabrubesi, 1460m)

6시쯤 일어나 샤부르베시로 하산한다. 빠이로 측 이 아닌, 툴로 샤부르 마을 중턱의 도로가 개설 된 측으로 나가 내내 도로로 걷다가 다리를 건너 샤부르베시로 간다. 체크포인트에서 체크 아웃 신고하고 버스를 타고 카트만두로 간다. 1.5-2시 간 소요.
샤부르베시 버스 터미널에서 지프나 버스를 탄 다. 약 120km. 지프/버스 8-10시간 소요.

▲ B : 신 곰빠 - 둔체

6시쯤 출발한다. 둔체로 가는 길은 내리막이고 넓고 정확한 길이다.
데우랄리. 1시간 소요.

갑자기 내리막이 험해지다 도로와 만난다. 산행 이 끝난다. 둔체 2시간 소요. 트레킹 합 3시간.

▲ 둔체 - 카트만두

둔체 체크포인트에서 체크아웃한다. 덜컹거리는 지그재그 길을 다시 달려 고샤인쿤다 호수에서 발원한다는 트리슐리 강 옆을 달려 카트만두로 간다.
지프/버스 6-7시간.

> ✓ 카트만두로 가는 중에도 경찰 검문이 자주 있다. 짐을 자세히 뒤지는데, 한국 사 람이라고 말을 해야 빠르게 끝난다.
> ✓ 카트만두에 도착하면 길이 막히는 시간 이다. 버스/지프는 파슈파티나트 근처에 내 려주거나 타멜 외곽에 내려주고 간다. 버스/ 지프가 내리는 곳은 항상 택시가 기다린다. 전세지프가 중간에 이러는 경우 택시비 400루피를 빼고 약정한 금액을 준다.

파슈파티나트 - 타멜 택시 : 300- 400루피

랑탕 3. **랑탕 써킷**(GLangtang Circuit)

일정: 카트만두 출발/도착 17일(고산적응기간 포함)
최고 고도: 랑시샤 카르카(Langshisa Kharka, 4160m), 캉진 리(Kangjin Ri, 4650m), 체르코 리(Tserko Ri, 4984m), 고사인쿤다(Gosaikunda, 4380m), 라우레비나 패스(4,610m)

난이도: ★★★　　**편리성: ★★★**
풍경: ★★★★　　**이용도: ★★**

성수기: 4월말-5월 중순. 10월 초-11월 중순.

랑탕 3. 일정소개

랑탕 써킷(Langtang Circuit) 코스는 네팔 중앙 및 에베레스트로 대표되는 동쪽 히말라야와 안나푸르나로 대표되는 서쪽의 히말라야의 산군들을 다양하게 볼수 있는 코스다. 티벳과 네팔의 경계인 랑시샤 카르카(Langshisa Kharka, 4160m)-의 멋진 풍경을 보고 그 지역의 최고봉인 캉진 리(Kangjin Ri, 4650m), 체르코 리(Tserko Ri, 4984m)를 각자의 컨디션과 상황에 맞춰 오른다.

랑탕 계곡을 타고 내려가 반대측 능선을 타고 108호수 중 가장 큰 호수인 고사인쿤다 호수(Gosaikunda, 4380m) 로 간다. 능선으로 오르는 동안 서쪽으로 랑탕, 가네쉬 히말과 안나푸르나, 마나슬루 등이 보인다. 고사인쿤다에서 하루를 보낸 뒤 아침 일찍 라우레비나 패스로 올라 전망대와 패스에서 일출을 본다. 그러고 나면 하산길이다. 하산길은 가파르다.

곱테(Gopte, 3440m)의 숨가쁜 능선의 오르내림을 지나 타레파티(Thearepati, 3690m)에서 길이 갈리며 주갈 히말과 내내 같이 한다. 쿠툼상에 도달하면 도로가 있고, 버스가 다닌다. 여기에서 트레킹을 마칠지, 히말라야 옛길과 도로를 섞어서 걸으며 트레킹을 연장할지 결정해야 한다.

트레킹을 계속 이어 간다면 치사빠니까지 하산한 후 시바뿌리 국립공원을 가로질러 순다리잘 입구로 나간다. 순다리잘에서 다시 네팔의 대표적인 히말라야 조망대인 나갈콧에서 힘들었던 트레킹의 마무리를 한다.

나갈콧에서 일출을 보고 근처의 사원들을 방문해보고 카트만두로 돌아오는 길에 유네스코 세계문화유산인 박타풀과 파탄의 옛 왕궁과 사원에 들러 문화재들을 둘러보고 카트만두 타멜로 돌아와 덜벌 스퀘어, 스와얌부나트, 보우다넛 등을 둘러보면 비교적 충실한 산행과 관광을 한 셈이다.

랑탕은 사람과 문화가 아닌 자연만을 보고 가는 곳이다. 고소적응 기간을 충분히 잡고 트레킹 기간을 유연하게 잡아 16박 17일로 했으나, 얼마든지 신축적으로 조절할 수 있는 여정이다.

랑탕 3. 랑탕 써킷(Langtang Circuit) 일정표

일	구 간	시 간
1	카트만두(1380m) – 둔체(Dhunche, 2000m) – 샤부르베시(syabrubesi, 1460m) ⊘ **랑탕 1. 랑탕계곡. 랑탕 2. 고사인 쿤다를 참조하여 고사인쿤다 호수까지 트레킹한다.**	약 120km. 지프/버스 8–10시간
2	샤부르베시(syabrubesi, 1460m) – 뱀부(Bamboo, 1970m) – 라마호텔(Lama Hotel, 2410m)	트레킹 7–8시간
3	라마호텔(Lama Hotel, 2410m) – 고다 타벨라(ghoda tabela, 3030m) – 랑탕(Langtang, 3430m)	트레킹 8–9시간
4	랑탕(Langtang, 3430m)	고소휴식
5	랑탕(Langtang, 3430m) – 캉진마을(Kanjin Gompa, 3830m)	트레킹 3–4시간
6	캉진마을(Kanjin Gompa, 3830m) – 랑시샤 카르카(Langshisa Kharka, 4160m) – 캉진마을(Kanjin Gompa, 3830m)	트레킹 상행 5–6시간 하산 4–5시간
7	A : 캉진마을(Kanjin Gompa, 3830m) – 캉진 리(Kangjin Ri, 4650m) – 캉진마을(Kanjin Gompa, 3830m) – 랑탕(Langtang, 3430m) ⊘ **랑탕 써킷의 경우 랑탕 마을까지만 하산한다.** B : 캉진마을(Kanjin Gompa, 3830m) – 체르코 리(Tserko Ri, 4984m) – 캉진마을(Kanjin Gompa, 3830m)	A : 캉진 리 8시간 B : 체르코 리 왕복 11–12시간
8	A : 랑탕(Langtang, 3430m) – 고다 타벨라(ghoda tabela, 3030m) – 라마호텔(2410m) – 뱀부(Bamboo 1970m) ⊘ **랑탕 써킷의 경우 뱀부까지만 하산한다.** B : 캉진마을(Kanjin Gompa, 3830m) – 랑탕(Langtang, 3430m) – 탕시샵(Thangshysap, 3200m) – 고다 타벨라(ghoda tabela, 3030m) – 라마호텔(2410m) – 뱀부(Bamboo, 1970m) ⊘ **랑탕 써킷의 경우 뱀부까지만 하산한다.**	A : 약 6–7시간 소요 B : 9–10시간 소요.

9	뱀부(Bamboo, 1970m) - 툴로 샤부르(Thulo syabru, 2300m) 랑탕 2. 고사인쿤다를 참조하여 고사인쿤다 호수/ 라우레비나 패스 (Lauribina Pass, 4610m)까지 트레킹한다.	트레킹 4시간
10	툴로 샤부르(Thulo syabru, 2300m) 쉬어 간다.	고소휴식
11	툴로 샤부르(Thulo syabru, 2300m) - 무 카르카(Mu-kharka, 2950m) - 촐랑파티(Cholangpati, 3400m) - 라우레비나(Lauribina, 3920m)	트레킹 5-6시간
12	라우레비나(Lauribina, 3920m) - 고사인쿤다(Gosaikunda, 4380m)	트레킹 3시간
13	고사인쿤다(Gosainkunda, 4460m) - 라우레비나 패스(Lauribina Pass, 4610m) - 페디(Phedi, 3712m) - 곱테(Gopte, 3440m)	트레킹 9-10시간
14	곱테(Gopte, 3440m) - 타레파티(Thearepati, 3690m) - 마긴고트(Magingoth, 3285m) - 쿠툼상(Kutumsang, 2540m) ✓ **쿠툼상- 카트만두 버스/지프 운행**	트레킹 8-9시간
15	쿠툼상(Kutumsang, 2540m) - 골푸반장(Golphu Banjyang, 2130m) - 치플링(Chipling, 2170m) - 치사빠니(Chisapani, 2165m)	트레킹 7-8시간
16	치사빠니(Chisapani, 2165m) - 순다리잘(Sundari Jal, 1460m) - 나갈콧 전망대(Nagarkot, 2175m) ✓ **치사빠니. 순다리잘, 나갈콧 – 카트만두 버스/지프 운행**	트레킹 4시간, 택시 1시간
17	나갈콧 전망대(Nagarkot, 2175m) - 박타풀(Bhaktapur) - 파탄(Patan) - 카트만두 **나갈콧, 박타풀, 파탄 – 카트만두 택시/버스운행**	택시/버스로 이동

랑탕 써킷

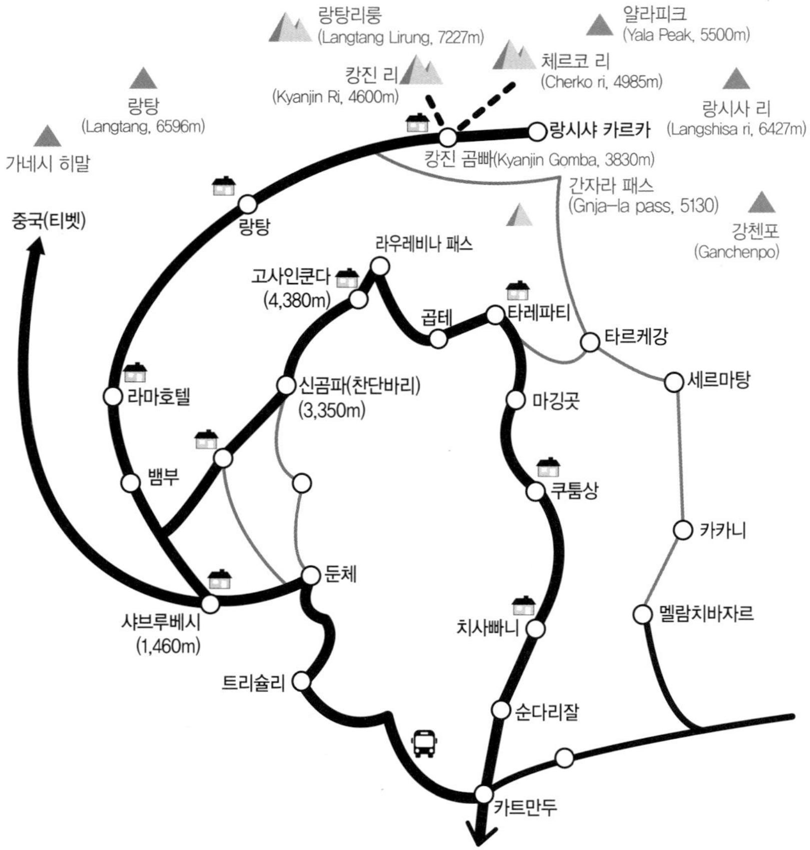

랑탕리룽
(Langtang Lirung, 7227m)

얄라피크
(Yala Peak, 5500m)

캉진 리
(Kyanjin Ri, 4600m)

체르코 리
(Cherko ri, 4985m)

랑탕
(Langtang, 6596m)

랑시사 리
(Langshisa ri, 6427m)

가네시 히말

랑시샤 카르카

캉진 곰빠(Kyanjin Gomba, 3830m)

중국(티벳)

간자라 패스
(Gnja-la pass, 5130)

랑탕

라우레비나 패스

강첸포
(Ganchenpo)

고사인쿤다
(4,380m)

곱테

타레파티

라마호텔

신곰파(찬단바리)
(3,350m)

마깅곳

타르케강

세르마탕

뱀부

쿠툼상

카카니

둔체

치사빠니

멜람치바자르

샤브루베시
(1,460m)

트리슐리

순다리잘

카트만두

랑탕 산군

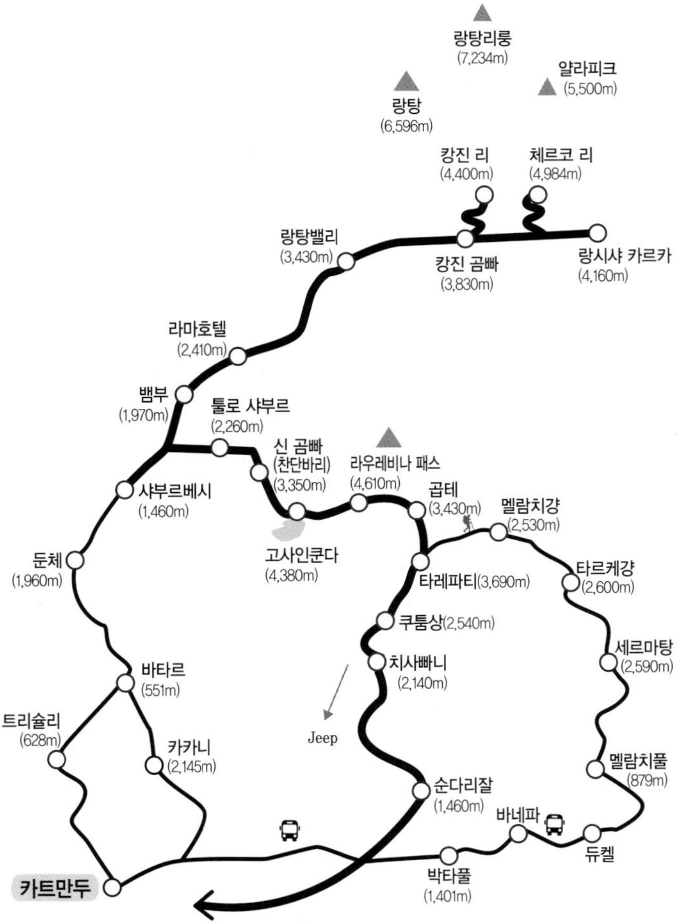

▲ 랑탕리룽
(7,234m)

▲ 얄라피크
(5,500m)

▲ 랑탕
(6,596m)

캉진 리
(4,400m)

체르코 리
(4,984m)

랑탕밸리
(3,430m)

캉진 곰빠
(3,830m)

랑시샤 카르카
(4,160m)

라마호텔
(2,410m)

뱀부
(1,970m)

툴로 샤부르
(2,260m)

신 곰빠
(찬단바리)
(3,350m)

▲ 라우레비나 패스
(4,610m)

곱테
(3,430m)

멜람치걍
(2,530m)

샤부르베시
(1,460m)

고사인쿤다
(4,380m)

타레파티(3,690m)

타르케걍
(2,600m)

둔체
(1,960m)

세르마탕
(2,590m)

쿠툼상(2,540m)

치사빠니
(2,140m)

바타르
(551m)

Jeep

멜람치풀
(879m)

트리슐리
(628m)

카카니
(2,145m)

순다리잘
(1,460m)

바네파

듀켈

카트만두

박타풀
(1,401m)

13일차

고사인쿤다 (Gosaikunda, 4380m)	1.5-2시간 소요.
라우레비나 패스 (4610m)	
페디 (Phedi, 3712m)	3시간 소요.
곱테 (Gopte, 3440m)	4-4.5시간
트레킹 9-10시간	

✓ 1-12일

● 랑탕 1. 랑탕 계곡(Langtang Valley) – 랑시샤 카르카(Langshisa Kharka, 4160m) 코스

● 랑탕 2. 고사인쿤다 호수(Gosaikunda, 4380m), 라우레비나 패스(4610m) 코스를 참조하여 고사인쿤다 호수까지 트레킹한다.

✓ 랑탕 2. 고사인 쿤다 호수(Gosaikunda, 4380m), 라우레비나 패스(Lauribina Pass, 4610m) 5일차. 고사인쿤다(Gosaikunda, 4380m) – 라우레비나 패스(4610m) 참조.

✓ 랑탕을 써킷하는 이유는 랑시샤 카르카와 고사인쿤다 호수, 라우레비나 패스를 걷는데 있다. 위 3가지 곳을 제외하면 랑탕에 대한 매력은 많이 떨어진다. 라우레비나 패스까지 도달했다면 헬람부로 가지 않고 그대로 둔체/샤브르베시로 하산해도 무방하

다고 생각한다.

✓ 고사인쿤다(Gosaikunda, 4380m) 호수에서 하산하는 경우도 라우레비나패스 전망대와 라우레비나 패스에 올라 붉게 지는 해를 바라보는데 드는 시간은 왕복 3시간 정도. 투자할 가치가 충분하다. 개인적으로는 체르코 리, 캉진 리에 오르는 것보다 더 나은 선택이라고 생각한다.

라우레비나 패스에 오르면 그동안 봐오던 랑탕 히말 외에도 네팔 서쪽의 가네쉬 히말, 다울라기리, 마나슬루, 안나푸르나 지역의 산군들을 감상할 수 있다. 네팔 동쪽의 쿰부 산군도 나타나지만 에베레스트는 가려 보이지 않는다. 시샤팡마와 티벳 측의 산군들도 볼 수 있다.

✓ 계절에 상관없이 보조배낭에 항상 아이젠과 스패츠를 챙겨야 한다. 아이젠과 스패츠는 포터에게 맡겨서는 안 된다.

✓ 하산하다보면 여러가지 유혹이 생기는 길이다. 라우레비나 패스를 넘어 고생스럽게 곱테(Gopte, 3440m)를 지나 타레파티로 내려가면 생각지도 않은 곳에서 도로가 나타나고 버스가 나타난다. 도로가 공사중이거나 트레킹로가 사라지거나 무너지거나 등등 여러 가지 현실적인 이유가 생기면서 자신도 모르게 버스에 올라타게 된다. 그리고 너무나 허무하게 트레킹이 종료되기도 한다. 랑탕 써킷 트레킹이 이제는 실질적으로 완벽하게 이뤄지지 않는 이유이기도 하다.

> ✓ 이정표의 시간을 참조만 한다. 현지 마을 사람들 기준으로 되어 있어 최소 1.5배는 더 생각해야 한다.

▲ 라우레비나 패스(4610m) – 페디(Phedi, 3712m) 3시간 점심.

오늘은 약 21km. 내리막길이 매우 거칠다. 한동안 나무 하나 없는 거친 너덜길로 내려 꼽듯 간다. 그 와중에 오르막과 내리막이 반복된다. 2015년 대지진으로 이 지역도 완파되어 찻집이나 롯지는 겨우 복구했으나 성수기에도 사람들이 많이 다니지 않아 트레킹 코스 전 지역의 시설이 좋지 않다. 1시간 반 소요.

키 작은 나무들이 조금 나오기 시작한다. 더 가면 성수기에는 영업을 하는 찻집이 있다. 비수기에는 문을 열지 않는다. 30분 소요.

본래 페디는 어떤 높은 지역의 아랫동네를 말한다. 그래서 네팔에는 수많은 페디가 있다. 깊은 협곡의 너덜길을 걸으면서 이게 길은 맞는 건지, 잘 가는 것인지 의심하며 페디(Phedi, 3712m)에 도착한다. 페디의 롯지에서 휴식하며 이른 점심을 든든하게 먹는다. 1시간 소요.

▲ 페디(Phedi, 3712m) – 곱테(Gopte : 3440m) 4시간

드디어 하산길 생고생이 시작된다. 롯지에서 나오자마자 난코스다. 고사인쿤다에 108호수가 있으니 여기도 짝을 맞춰 108 언덕이 있는 건가? 하는 생각이 들 정도다.

크고 급경사의 언덕은 아니나 넘어도 넘어도 언덕이 계속 나온다. 그나마 내리막이라 고도가 내려 가면서 오르고 내린다. 그래도 하산길이라 난이도가 높지는 않다.

산 길이 많이 거칠다. 간혹 계곡을 건너고, 여기저기 바닥과 옆이 구멍이 뚫린 현수교를 건넌다. 롤러코스터 같은 언덕을 대략 다 넘으면 긴 의자가 있는 언덕이 하나 나온다. 여기서 언덕이 대충 마무리된다. 3시간 소요.

산 허리길을 따라 걸어 곱테(Gopte, 3440m)의 롯지에 도착한다. 1시간 소요.

> ✓ 곱테부터 사람들이 말없이 지도를 자세히 보는 경우가 많다. 그리고 가이드를 불러 지름길을 묻고, 대개는 다음 날 도로가 연결된 곳으로 가 버스를 타고 카트만두로 가는 경우가 많다. 힘들게 걷는데, 버스가 보이면 다들 다리에 힘이 풀리나보다.

14일차

곱테 Gopte, 3440m)	2-3시간 소요
타레파티 Thearepati, 3690m)	
마긴고트 (Magingoth, 3285m)	2-3시간
쿠툼상 (Kutumsang, 2540m)	3시간
트레킹 8-9시간	

⊘ 트레킹의 실질적인 마지막 날이다. 쿠툼
상 아래부터 전 포인트에서 도로와 버스가
연결된다.

▲ 곱테(Gopte, 3440m) - 타레파티(Thearepati,
3690m)

A: 마긴고트(Magingoth, 3285m) - 순다리잘
(Sundari Jal) - 나갈콧(Nagarkot) 전망대

B: 멜람치 풀 바잘 (Melamchipul Bazar, 879m)
- 둘리켈(Dhulikhel) 전망대

오늘은 거리 약 14km, 1000미터 정도를 내린
다. 곱테를 출발해 남동쪽으로 완만하게 250미
터 정도 언덕을 하나 올라 타레파티(Thearepati,
3690m)에 도착한다.

타레파티에서 길이 마긴고트(Magingoth, 3285m)
와 멜람치풀 바잘 (Melamchipul Bazar, 879m) 둘
로 나뉜다. 양측 모두 2-3시간이 걸린다. 2-3시
간 소요.

▲ 타레파티(Thearepati, 3690m) - 마긴고트
(Magingoth, 3285m)

A코스 : 마긴고트(Magingoth, 3285m) 측으로 나
간다. 타레파티부터 갑자기 이정표 인심이 후해
진다. 랑탕 관광지도도 나오고 이정표도 여럿 나
온다. 타레파티에 찻집이 몇 개 생겼다. 기존 등
산로가 산사태로 붕괴되고 새로 계단길이, 만들어
졌다. 돌계단 길은 하산에 불편하지만 우기에는
유용하다. 마긴고트(Magingoth, 3285m) 로워 마
을에 롯지가 1개 있다.

언덕을 올라 30분쯤 가면 윗마을인 어퍼 마긴고
트에 상당히 큰 롯지가 1개 있다. 왼쪽으로 주갈
히말의 설산들이 보인다. 전망 좋은 롯지에 앉아

점심을 먹는다. 2-3시간 소요

▲ **마긴고트**(Magingoth, 3285m) – **쿠툼상**(Ku-tumsang, 2540m)

계속 내리막이다. 여유있게 걷는다. 작은 언덕을 넘어 만병초 군락을 지나 1시간 정도 걸으면 고도가 낮아지면서 키 높은 나무들이 나오기 시작한다. 쿠툼상 근처부터는 길들이 혼잡해지고 도로도 나타난다. 넓은 잔디밭과 군부대와 체크포인트가 나온다.

하얗게 빛나는 큰 불탑은 2015년 4월 25일 대지진으로 사망한 이 지역의 약 70명의 희생자를 기리는 위령탑이다. 쿠툼상에서 여러 지역으로 연결된다. 이정표가 서 있다. 내일은 골푸반장(Golphu vanjang) 측으로 간다. 마을 아래로 수많은 다락논들이 펼쳐져 있고 쿠툼상 마을 끝에 롯지가 있다. 산행은 사실상 마무리 되었다. 3시간 소요.

> ⊘ 여정을 쿠툼상에서 마무리 짓고 카트만두로 나가는 경우, 여행사에 연락. 차를 전세내서 다음 날 아침 마을 아래에 대기시키면 된다. 여기서부터는 도로가 계속된다. 산이 아니라 마을 버스가 다니는 산골 동네로 생각하면 된다.
> 쿠툼상-나갈콧: 3-4시간 소요.
> 쿠툼상-카트만두: 7시간 소요.
> ⊘ 타레파티에서 2개의 코스로 헬람부 계곡을 진행된다.

A. 코스가 짧고 편하다. 여행사를 통해 여정을 짜는 경우 보통 1-2일 긴 B 코스를 선택하게 된다. 그러나 둘 다 조금 내려가자마자 도로와 버스를 만나게 된다. 산 길로도 서로 만난다. A는 나갈콧, B는 둘리켈 전망대 근처를 지난다. 두 코스 모두 네팔의 가장 유명한 고산 휴양지로 고급 호텔과 리조트들이 밀집되어 있다. 일단 어느 한쪽으로 도달하면 길은 서로 연결된다.

라우레비나 패스에서 보던 랑탕, 시샤팡마, 안나푸르나 산군, 에베레스트(쿰부)산군이 펼쳐진다. 날이 좋으면 석양과 일출이 모두 아름다운 곳이다.

> ⊘ 나갈콧 – 둘리켈 양대 고산 전망대를 모두 가로지르는 1일 트레킹 길도 매우 아름답다. 그러나 주택지와 섞여 있어 등산로가 매우 혼잡하다. 길 찾기가 힘들어 가이드가 필요하다.
> ⊘ 카트만두 – 헬람부 트레킹만을 원하는 경우, 순다리잘 체크포인트로 시바뿌리국립공원을 가로 질러 – 치사빠니(Chisapani, 2165m) – 쿠툼상 – 타레파티를 지나 멜람치풀 바잘로 써킷하여 원점으로 하산하기도 했다. 그러나 도로 개설로 인한 트레킹 코스의 대규모 파손과 마을 인구의 증가로 매우 복잡한 산간마을 소풍이 되었다. 고심 끝에 헬람부 트레킹을 써킷의 하산코스로 집어 넣고 따로 구분하지 않은 이유이다.
> ⊘ 만약 시간문제로 헬람부를 선택한다면, 안나푸르나 산군과 티벳 산군, 에베레스트 산군들을 모두 볼수 있는 나갈콧 – 둘리켈을 연결하는 1일 산행 코스를 추천한다. 네팔과 티벳을 가로지르는 히말라야 산군의 한가운데 서서 동부와 서부의 산군들을 모두 감상할 수 있는 멋진 전망대. 좋은 시설의 호텔, 음식점이 많다. 방문 후에 카트만두로 가는 교통편도 좋다. 그러나 호텔의 객실 구하기가 어렵고 비싸다는 문제가 있다.

15일차

쿠툼상 (Kutumsang, 2540m)	1.5시간 소요.
골푸반장 (Golphu Banjyang, 2130m)	
치플링 (Chipling, 2170m)	2시간
치사빠니 (Chisapani, 2165m)	4시간 소요
트레킹 7~8시간	

⊘ 도로가 쿠툼상부터 계속 이어져 있다. 로컬 버스와 지프는 쿠툼상, 골프반장, 치소빠니와 연계되는 여러 마을에서 탈 수 있다. 쿠툼상에서 버스나 지프를 타면 트레킹은 끝난다.

아침에 일찍 일어나 쿠툼상의 일출을 바라보며 산과 작별한다. 주갈 히말이 나와 있고, 치사빠니로 가는 동안에도 내내 보인다. 아래로는 조망이 트이면서 랑탕산군들과 안나푸르나 산군, 쿰부산군들이 다시 나온다. 치사빠니(Chisapani, 2165m) 까지 트레킹하면 18km. 9~10 시간이 걸린다.

▲ **쿠툼상**(Kutumsang, 2540m) — **골푸반장**(골. 굴. Golphu Banjyang, 2130m)

쿠툼상의 체크포인트에서 하산체크를 하고 떠난다. 능선을 따라 골푸반장(Golphu Banjyang, 2130m)으로 가는 길은 훤히 보이지만, 도로공사로 잘린 산 길은 복잡하다. 트레킹 코스가 절벽으로 변한 경우도 많다. 이 지역은 계절에 따라 풍란이 많이 핀다. 골푸반장(Golphu Banjyang, 2130m)에 도착하면 큰 건물들이 보이고 오토바이나 자동차도 많이 다닌다. 버스는 하루 2번 카트단두로 연결된다. 1.5시간 소요

▲ **골푸반장**(Golphu Banjyang, 2130m) — **치플링** (Chipling, 2170m)

여전히 주갈히말과 함께 걷는다. 다락논 사이로 난 도로와 마치 지리산 능선의 풍경처럼 산 능선들의 포개진 모습이다. 동네 사람들이 바닥에 화살표와 지명을 써 놓은 것을 잘 확인한다. 도로는 굽이굽이 산을 도느라 속도가 늦다. 도로를 피해 지름길로 작은 언덕을 올라 조촐한 초르텐 하나가 있는 토툰단다 (Thotundanda)의 작은 간이 찻집에 도착한다. 토툰단다에서 바라보는 치플링은 혼잡 그 자체다. 다락논 사이로 난 도로는 위, 아래와 사방으로 뻗어나가 갈 길을 짐작하기 어렵다. 치플링(Chipling, 2170m)에 도착하면 이정표가 있고 집도 번듯하고 작은 가게들도 많이 있다. 2시간 소요

▲ **치플링**(Chipling, 2170m) — **탄쿠네 반장**(Thankune Bhanjhang, 1830m)

치플링 마을 이후로도 도로를 피해 동네 길로 다락논을 따라 급경사길을 가게 된다. 가이드가 없는 경우 도로로 가는 게 낫다. 정차한 버스가 자꾸만 유혹한다. 걷다 보면 탄쿠네 반장(1,830m)에 도착한다. 1.5시간 소요.

▲ **탄쿠네 반장**(Thankune Bhanjhang, 1830m) — **파티 반장**(Pati Banjyang, 1830m)

이 구간은 그냥 도로로 걷는다. 이후 트레킹로들은 대개 사라지고 없다. 조금 걸어 내려가면 파티 반장(Pati Banjyang, 1830m)이다. 30분 소요.

▲ **파티반장**(Pati Banjyang, 1830m) — **치사빠니** (Chisapani, 2165m)

도로로 가면 2시간 반. 트레킹 코스는 지름길인 동시에 경사가 급하고 좁은 오르막이다. 위쪽 동네에 비하면 고도는 낮아졌는데, 코스는 굉장히 힘든 코스다. 힘겹게 오르막을 다 오르면 도로와 만나고 곧 치사빠니(Chisapani, 2165m)에 도착한다. 치사빠니도 2015년 지진 피해가 심했다. 아직도 철거하지 않고 옆으로 기울어지거나 파손된 채 방치된 건물과 집들이 많다. 1.5 - 2시간 소요.

▲ **치사빠니**(Chisapani, 2165m)

동네 이름의 뜻은 '차가운 물'이다. 치사가 '차다'는 뜻이고, 빠니가 '물'이라는 뜻이다. 경치 좋고 소풍 지역으로 유명한 곳이라 네팔 사람들이 많다. 시야가 탁 트여 산군들이 죽 나와있고, 시바뿌리 나갈준국립공원(Shivapuri Nagarjun National Park) 매표소가 있다.
왼쪽으로 하루정도 트레킹하면 줄레(Jhule)를 거쳐 나갈콧이다. 오른쪽으로 가면 치사빠니 매표소에서 시바뿌리 국립공원을 가로질러 순다리잘

매표소로 나가게 된다.

16일차		
치사빠니 (Chisapani, 2165m)	1.5시간 소요	
순다리잘 (Sundari Jal, 1460m)		
나갈콧 전망대 (Nagarkot, 2175m)	2시간	
트레킹 4시간, 택시 1시간		

아침 6시 즈음에 일어나 롯지에서 나가 높은 곳으로 올라가 주갈 히말의 일출을 본다. 오늘은 10km 정도 걸은 후 차를 타고 나갈콧이나 카트만두로 간다.

▲ **치사빠니**(Chisapani, 2165m) **− 물 카르카**(Mul-kharka, 1855m)

마을 입구에 시바뿌리 나갈준국립공원(Shivapuri

Nagarjun National Park) 매표소가 있다. 입장료 외국인 1000루피. 자연보호기금 50루피를 내고 시바뿌리국립공원 안으로 들어간다.

매표소를 지나 계단길을 걸어 숲으로 간다. 숲은 반·대편 순다리잘 매표소에 도달할때까지 계속된다. 순다리잘은 입장료 싸고 경치 좋으니 카트만두 사람들의 대표적인 소풍 지역이다.

고도가 낮아지며 키 큰 나무들이 서 있고 주 갈 히말 외에도 가네쉬 히말도 보인다. 국립공원 안에 군부대가 있다. 결국 시바뿌리국립공원의 언덕을 하나 넘어오면 물 카르카(Mul kharka, 1855m)에 도착한다. 롯지가 하나 있다. 차 한잔 마시고 쉬어 간다. 3시간 소요.

뿌연 안개 속으로 카트만두가 보인다. 순다리잘에 도착하면 엄청난 오토바이와 고물 차들의 매연으로 숨 쉬기도 힘든 지경이 될 것이다. 그런 이유로 카트만두로 가지 않고 나갈콧으로 간다.

▲ **물카르카**(Mul kharka, 1855m) – **순다리잘**(Sundari Jal, 1460m)

일상생활에서 쓰는 물은 빠니(pani)다. 그러나 순다리(Sundari)는 아름답다. 깨끗하다. 라는 뜻이다. 또 잘(Jal)은 신에게 공양하는 물을 말한다. 그러므로 최상의 깨끗한 물을 신에게 공양한다. 라는 뜻이 된다.

순다리잘의 물은 카트만두로 공급된다. 순다리잘로 내려가는 계단은 높고 가팔라 힘들다. 올라가는 길이라면 신에게 가는 길이니 자세를 낮춰 신중하게 올라가라는 뜻으로 역시 힘들다.

순다리잘(Sundari Jal, 1460m)국립공원 매표소로 나온다. 트레킹은 이제 끝이다. 버스/택시 정류장이 있는 곳으로 걸어간다. 1시간 소요.

▲ **순다리잘**(Sundari Jal, 1460m) – **나갈콧 전망대** (Nagarkot, 1932m)

버스 정류장에 있는 택시를 타고 나갈콧에 간다. 1시간 소요.

⊘ **나갈콧 전망대**(Nagarkot, 2175m)
카트만두 공항에서 28km. 에베레스트 산에

서 161km 떨어진 곳이다.

네팔 중앙부에 위치해 안나푸르나, 마나슬루, 다울라기리, 칸첸중가, 가네쉬히말, 랑탕히말, 주갈히말, 로왈링 히말과 카트만두 및 시바뿌리 국립공원도 잘 보인다. 매년 10월-11월 사이에 산이 가장 잘 보인다. 우기인 6월-9월 사이는 산이 잘 보이지 않는다.

고대로부터 티벳 등 북방에서 카트만두 계곡으로 들어오는 외부의 침략자들을 방어하기 위한 진지가 구축된 곳이었다. 이후 왕족들의 여름 휴양지로 이용되었다. 힌두의 설화에 따라 구축된 짱구나라얀(Changunarayan), 나갈콧(Nagarkot) 등 오래된 사원들도 유명하다. 나갈콧 전망대로 가벼운 소풍 트레킹도 좋다.

산을 가기 어려운 사람들에게 가장 좋은 선택지 중 하나다. 4성급 호텔들이 있고 일출과 일몰을 보며 편하게 쉴 수 있는 곳이다. 뷔페식당과 사우나 및 수영장도 갖추고 있다. 카트만두의 매연이 싫은 사람들에게는 좋은 선택이다.

1박당 100달러 정도의 네팔에서는 고급의 숙소도 있고, 1박에 2000루피 이하의 경제적인 숙소들과 홈스테이도 많아 선택의 폭이 넓은 편이다. 봄과 가을의 성수기는 방을 잡기 어렵다. 호텔 전문 예약 사이트 등에서 예약해야 한다. 1박을 하지 않고 새벽 일출시간에 일찍 오른 뒤 하산하거나 저녁 해 지는 시간에 올라 고급 호텔과 리조트들의 식당 시설을 이용하는 것도 좋은 방법이다.

로컬 버스와 택시들이 운행하지만 버스시간을 맞추기 어려워 택시를 이용하는 것이 편리하다. 카트만두 시내에서 택시로 1시간 정도면 나갈콧 전망대에 도착한다.

추천숙소: 1박 가격은 대략 100-120 달러 정도. 예약 필요.

솔티 웨스트엔드 리조트 나가르코트 (Soaltee Westend Resort Nagarkot)

호텔 컨트리 빌라 (Hotel Country Villa)

클럽 히말라야, 바이 에이스 호텔 (Club Himalaya, by ACE Hotels)

카트만두에서
둘러볼만한 곳

박타풀(Bhaktapur)

박타풀은 9세기경 시작된 왕국에서 기원한다. 이른바 신사들의 마을이라는 바드가운이라고도 불렸다.

카트만두, 파탄과 함께 말라 왕조의 3개 왕국 중의 하나다. 17세기 말라 왕조에 의해 건설 되었다. 1934년 대지진에 많은 손실이 있었다. 2015년 대지진에 대규모로 파손되어 아직도 복구가 되지 않고 있다. 유네스코 세계 문화유산으로 지정되어 있다.

그러나 3개 왕조의 문화 유산 가운데 건물로는 들러볼 만한 곳이 가장 많은 곳이다.

드한 광장 중간에 위치한 목조 건물이 "레스토랑"으로 사용되고 있다. 옛 목조 건물의 높은 곳에 앉아 광장과 왕궁을 바라보며 차와 식사를 한다. 사진을 촬영하고 먼 곳의 설산을 조망하는 독특한 운치가 있다. 왕의 음료라고 불리는 주주더히도 별다른 거부감 없이 맛 볼수 있는 싸고 괜찮은 요거트다.

입장료 외국인 2000루피. 독특하게 입장하자마자- 우측에 위치한 박물관 관람료가 따로 있다. 그러나 볼거리가 없고 컬렉션도 빈약하고 제약도 많아 흥미는 사라진다

박타풀은 살 것은 없고 주주더히가 최고다. 3곳의 관광지 중 기념품을 살만한 곳은 파탄의 장인 골목과 카트만두 덜벌 스퀘어 광장 뒷골목과 근처 어썸 시장의 도매상이다.

파탄(Patan)

파탄은 독특하게도 볼만한 문화유적들이 한군데에 뭉쳐져 있다. 공방들이 있는 곳과 전망하며 식사할만한 곳이 구분되어 있다. 어느쪽으로 들어가냐에 따라 관람하는 방법은 달라진다.

공방들이 모여 있는 곳은 입장료를 내고 싶어도 매표소를 찾지 못하는 애매한 곳이지만 파탄의 공방 골목을 다양하게 볼수 있다.

파탄의 사원을 둘러보고 싱잉보울 공방과 나무로 만든 조각품 등을 사면 만족스럽다. 대개 장인들이 직접 물건을 판매하는 가게는 장인 정신과 자존심이 살아 있어 가격 할인이 어렵다. 그러나 상인들이 파는 물건은 할인도 많이 된다. 어떻게 해도 가격이 아주 높지는 않다. 자신의 예산에 맞춰 구경하고 흥정도 하고 물건을 산다.

파슈파티나트 사원

네팔의 수도인 카트만두 동쪽 바그마티 강변에 있는 힌두 사원. 카트만두에서 가장 오래된 사원이다. 시바신을 모신 사원으로 힌두의 4대 성지 중 하나로 전세계의 힌두교인들이 찾는곳이다. 카트만두 공항에서 타멜 등 시내로 들어가는 경우 반드시 거쳐가게 되어 있다.

서기 400년부터 건축이 시작됐다. 흰개미와 지진에 의한 파손으로 1692년까지 여러 왕조에 의해 계속 건축되어 현재의 모습을 갖췄다. 1979년 유네스코 세계 문화 유산으로 지정되었다. 파슈파티나트 사원은 수많은 예술 작품, 그림, 건축물이 있는 웅장한 사원이며 사두들이 기도를 드리는 곳이다. 그러나 화장장으로만 알려져 있기도 하다. 사원이 개방한 시간 동안 요가수행자와 사두들과 함께 사원에서 뿜어내는 강렬한 기운을 느끼면서 명상을 해볼수도 있다. 산책을 하고 있으면 사원 근처에 사슴과 원숭이들이 가득하다.

힌두의 예배인 아라티가 매일 밤 6시에 열린다. 인도 바라나시의 뿌자처럼 매우 잘생긴 남자 제사장들이 아름다운 춤과 동작. 장엄한 음악으로 힌두의 제례를 관장한다. 가장 이상적인 외국인들이 방문시간은 오후 5시-7시 사이다.

오전 5시–12시 개방, 오후 5시–7시 제례 및 관람
가능.
외국인 입장료 1000루피.

카트만두 – 타멜
고급숙소를 제외한 대개 트레커들의 숙소는 타멜
이다. 여행자들이 카트만두에 가면 주로 숙소를
잡고 쉬는 곳이 타멜이다. 방콕에 카오산로드가
있다면 카트만두에는 타멜이 있다고 생각하면 된
다. 좋은 숙소, 맛있는 식당이 많은 곳이고, 한국
식당도 있는 곳이다. 조금씩 중국인들에게 밀려
어썸 시장 방면으로 내려가고 있다.

히말라야 트레킹 가이드, 네팔

1판 1쇄 발행 2026년 1월 5일

지은이 최찬익
발행인 도영
표지 및 내지 디자인 손은실

발행처 마레책방
등록 2023-00154
주스 서울시 성북구 솔샘로 24길 15 110동 1501호
전화 02) 909-5517 **Fax** 02) 6013-9348, 0505) 300-9348
이메일 anemone70@hanmail.net
ISBN 979-11-983865-4-0 13910
© 최찬익

이 책은 저작권법에 따라 보호받는 저작물이므로 무단전재와 무단복제를 금지하며,
이 책 내용의 전부 또는 일부를 이용하려면 반드시 저작권자와 마레책방의 서면 동의를 받아야 합니다.
* 책값은 뒤표지에 있습니다.